Franz Lehner

Einführung in Multimedia

Franz Lehner

Einführung in Multimedia

Grundlagen, Technologien und Anwendungsbeispiele

Die Deutsche Bibliothek – CIP-Einheitsaufnahme
Ein Titeldatensatz für diese Publikation ist bei
Der Deutschen Bibliothek erhältlich

Prof. Dr. Franz Lehner ist Inhaber des Lehrstuhls für Wirtschaftsinformatik an der Universität Regensburg. Seine Forschungsschwerpunkte sind u. a. Multimedia-Anwendungen und Teleteaching, Information Management, Organizational Memory und Wissensmanagement.

1. Auflage September 2001

Lektorat: Ulrike Lörcher

Der Gabler Verlag ist ein Unternehmen der Fachverlagsgruppe BertelsmannSpringer.
www.gabler.de

Umschlaggestaltung: Ulrike Weigel, www.CorporateDesignGroup.de
Gedruckt auf säurefreiem und chlorfrei gebleichtem Papier

ISBN-13: 978-3-409-11870-5 e-ISBN-13: 978-3-322-82386-1
DOI: 10.1007/ 978-3-322-82386-1

Vorwort

Multimedia nimmt nicht nur in der wissenschaftlichen und öffentlichen Diskussion einen immer breiteren Raum ein, sondern gewinnt auch als Qualifikation für immer mehr Berufsfelder an Bedeutung. Mit dem vorliegenden Buch wird versucht, einen Beitrag zur Abdeckung des zunehmenden Bedarfs an Wissen und Weiterbildung, der sich aus dieser Entwicklung ergibt, zu leisten. Ziel ist es, dem Leser einen Überblick über die Grundlagen und die Technologien von Multimediaanwendungen zu geben. Es richtet sich vor allem an Studierende an Universitäten und Fachhochschulen und ist in Verbindung mit dem Aufbau eines Schwerpunktes zur Multimedia-Ausbildung an der Universität Regensburg entstanden. Ein Teil der Aktivitäten des genannten Schwerpunkts ist in der Schriftenreihe „Multimedia und Telekooperation" dokumentiert, welche seit einigen Jahren in der Gabler Edition Wissenschaft erscheint und auf die an dieser Stelle ergänzend hingewiesen wird.

Seit Multimedia in die Hochschulen einen breiteren Eingang gefunden hat, ist auch eine gewisse Stabilisierung des Multimedia-Verständnisses zu beobachten. Der Begriff findet sich zwar nach wie vor in sehr vielen Facetten, die zugrundeliegenden Technologien sind jedoch zu einem fast selbstverständlichen Bestandteil unserer Wirklichkeit geworden. Insbesondere die Ausbildung und Weiterbildung haben in den letzten Jahren die Möglichkeiten, die durch die neuen Medien geboten werden, aufgegriffen und vielfältig genutzt. Dies zeigt sich auch in einigen Beispielen, die zur Abrundung des Inhalts in den Band aufgenommen wurden. Die inhaltliche Gliederung versucht den vielfältigen Zielsetzungen gerecht zu werden, die mit der Ausbildung verbunden sind, und den Stoff möglichst umfassend und zugleich anwendungsorientiert aufzubereiten. Zu diesem Zweck wurde eine Strukturierung in vier Hauptkapitel vorgenommen.

Kapitel 1 beschäftigt sich mit den Grundlagen und dem Umfeld. Diese beinhalten neben Begriffsklärung und Definitionen vor allem die Entwicklung des Multimediamarktes, Berufsbilder, den Arbeitsmarkt, sowie relevante politische und rechtliche Aspekte.

Im Kapitel 2 geht es um multimediale Daten, ihre Speicherung sowie die Manipulation dieser Daten. Da die Daten die Grundlage für alle Anwendungen bilden, stellen diese Ausführungen einen ganz zentralen Aspekt des Themas dar, die für das Verständnis der Technologien genauso wesentlich sind wie für den Gesamtzusammenhang. Das ist auch der Grund, warum die Daten vor den Multimediatechnologien und den Entwicklungswerkzeugen behandelt werden. Diese werden dann aufbauend auf die Daten im Kapitel 3 erörtert. Dabei wird grob zwischen Offline- und Online-Technologien unterschieden. Während die Offline-Technologien durch CD-ROM und DVD mittlerweile eine weite Verbreitung und auch einen gewissen Standard erreicht haben, ist im Online-Bereich noch vieles im Fluss. Aufgrund der großen Bedeutung des Internets und der Rolle, welche Multimedia für dieses Medium hat, wurde diesem Teilaspekt hinreichend Platz eingeräumt. Mit der steigenden Nutzung und der zunehmenden Verbreitung von E-Commerce erweitert sich natürlich auch das Angebot an neuen multimedialen Diensten und Anwendungen ständig. Wichtige Entwicklungen betreffen zur Zeit neben der Integration von bestehenden Selbstlernangeboten die Übertragung von Videos und Filmen. Hier ist in den nächsten Jahren mit weiteren technologischen Verbesserungen zu rechnen.

Mit Anwendungsbeispielen wird der Kreis zum einleitenden Kapitel geschlossen, in dem das Umfeld aufgezeigt wurde. Die Beispiele sollen die Relevanz, aber auch die vielfältige Verwendung der heute in der Praxis eingesetzten Technologien verdeutlichen. Das Kapitel 4 bildet in diesem Sinne die Abrundung und stellt zugleich eine Verbindung zwischen Umfeld, Kontext, Daten und Technologien her.

An der Entstehung dieses Buches waren viele Personen beteiligt. Ich möchte daher abschließend noch allen, die zur Verwirklichung wesentlich beigetragen haben, für ihre Unterstützung danken. Die Kapitel 1.1 und 1.2 wurden von F. Biersack, C. Dal Zotto, B. Hawelka, U. Nikolaus und K. Stiller erstellt. Am Kapitel 3.1 wirkten neben dem Autor B. Hawelka und T. Schnetzer mit, Kapitel 3.2 wurde von K. Schäfer verfasst. Am Kapitel 4 mitgearbeitet haben K. Schäfer, U. Nikolaus und P. Ebel. Für diese Mitwirkung sei an dieser Stelle ein herzliches Dankeschön ausgesprochen.

Unter den studentischen Mitarbeitern möchte ich Ralph Lüders, Daniel Ferling, Marianne Proksch, Wolfgang Hackenbroch und Philipp Großmann besonders hervorheben, die im Rahmen von studentischen Arbeiten zur Entstehung einzelner Textteile beigetragen haben. Dank gebührt nicht zuletzt Herrn Dipl.-Kfm. Stefan Berger für die mühevolle Formatierung des Manuskripts.

Regensburg, im Mai 2001

Franz Lehner

Inhaltsübersicht

1 Grundlagen - Was ist Multimedia?

1.1 Begriffsklärung und Definitionen

1.1.1 Multimedia im Alltagssprachgebrauch

Spätestens die Wahl von Multimedia zum Wort des Jahres 1995 hat es gezeigt: Multimedia steht im Mittelpunkt des öffentlichen Interesses. Der Begriff ist in Presse, Funk und Fernsehen allgegenwärtig, das „Multimedia-Zeitalter“ (Die Welt 10.07.99) hat begonnen. Für einen Fachterminus aus dem Computerbereich, hinter dem sich recht komplexe technische Zusammenhänge verbergen, ist diese Popularität erstaunlich: „Multimedia“ hat den fachsprachlichen Kontext längst hinter sich gelassen und ist in den Alltagssprachgebrauch eingegangen.

Durch diese Profanisierung scheint Multimedia sich jedoch allmählich zu einem Modewort mit austauschbarem Inhalt zu entwickeln. Man sieht und liest die seltsamsten Dinge: CD-Wechsler sind plötzlich „Multi-Media im Auto“, Badewannen werden zum „Multimediapool“; Zeitschriftenartikel beschwören die „Multimedia-Zukunft“ oder „Multi-MIDI-Mania“ und selbst Udo Jürgens ist unversehens ein „Multimedia-Dauerbrenner“ (stern 40/99, 86).

Wie lässt sich all dies erklären? -- In gewisser Weise ist Multimedia das Opfer seiner eigenen Popularität: Der Begriff ist konnotativ sehr positiv besetzt, mit ihm werden Sekundärbedeutungen wie Dynamik, Fortschritt, Innovation oder Modernität verbunden. Damit eignet er sich hervorragend für Marketingzwecke, wo ein unscharfes Begriffsverständnis eher von Vorteil sein kann: je unpräziser der Begriff, desto universeller die Einsetzbarkeit.

Hinzu kommt, dass das Phänomen Multimedia noch immer recht neu ist; die Anzahl derer, welche den Begriff kennen (und verwenden) dürfte noch immer die Zahl jener, die mit Multimedia-Systemen bereits intensiven Kontakt hatten, noch immer deutlich übersteigen. Insofern spiegeln sich auch Unsicherheit und Halbwissen in der Multimedia-Diskussion wider. Da das Thema sich zudem – wie die nächsten Kapitel noch zeigen werden – durch eine grosse Komplexität und Vielschichtigkeit auszeichnet, sind Missverständnisse vorprogrammiert.

Für die Alltagssprache mag diese Begriffsunschärfe unerheblich sein; für die wissenschaftliche Diskussion sind ungenaue Definitionen jedoch keine solide Basis. Dementsprechend kritisch äussert man sich dazu in Fachkreisen: Multimedia werde in Literatur und Praxis „häufig nur als Schlagwort ohne begriffliche Fundierung verwendet“ (Grob/Bensberg 1995), zu kritisieren sei die „Mehrdeutigkeit de[s] Begriffe[s] Multimedia“ (Fricke 1997, 403) sowie sein „geradezu inflationäre[r] Gebrauch“ (Kerres 1998, 83). Dadurch würden nicht nur „Mißverständnisse und falsche Erwartungen erzeugt“ (Grob/Bensberg 1995), sondern z.B. auch „die Evaluation von Multimedia ... durch den schillernden und für wissenschaftliche Forschung sehr unpräzisen Begriff 'Multimedia' zusätzlich erschwert“ (Klimsa 1997, 402). Eichhorn (1997, 153) vertritt sogar die Meinung: „Man hätte den Hardware-Herstellern und Software-Produzenten zwei Jahr (sic) lang verbieten sollen, von Multimedia zu sprechen und sie verpflichten müssen, das Medium in dieser Zeit optimal zu entwickeln, dann wäre der Markt wahrscheinlich heute übersichtlicher und ehrlicher“.

1.1.2 Der Begriff Multimedia in der wissenschaftlichen Diskussion

Vor diesem Hintergrund kann es nicht verwundern, dass sich die Forderung nach einer präzisen Begriffsbestimmung für die Multimedia-Forschung in der Literatur immer wieder findet (z.B. Weidenmann 1997, 65; Eichhorn 1997, 149; Gerpott 1996, 233; Grosky 1994, 22). Es fehlt auch keinesfalls an Versuchen, den Begriff Multimedia zu definieren, doch leider konnte bis heute keine dieser Definitionen wirklich universelle Akzeptanz erlangen.

Dennoch ist eine zunehmende Konsolidierung des Multimedia-Verständnisses festzustellen: Der Begriff wird in wissenschaftlichen Veröffentlichungen in der Regel exakter gebraucht als in der Alltagssprache; teilweise auch mit unterschiedlicher Bedeutung. Die derzeit noch existierenden Differenzen bzgl. der Multimedia-Definition werden im wesentlichen durch die beteiligten Forschungsdisziplinen bestimmt, d.h. es lassen sich bestimmte fachspezifische Sichtweisen identifizieren. Ramesh Jain, Co-Editor des ACM Multimedia Systems Journal, beschreibt die aktuelle Situation treffend so:

> *Multimedia today reminds me of the fable „Six Blind Men and an Elephant“, where each blind man perceived something completely different – a nose as a snake, the leg as a tree trunk, the tail as a rope – and none comprehended the whole. ... Likewise, a narrow perspective leads most people to consider as multimedia only limited aspects of it. (Jain 1994, 3).*

In der Tat ist die Multimedia-Thematik ausgesprochen vielschichtig. In technischer Hinsicht (mit der sich insbesondere die Informatik beschäftigt) ist zu untersuchen, wie sich multimediale Anwendungen beim heutigen Stand der Computertechnik schnell, effizient und zuverlässig realisieren lassen. Die technische Sichtweise auf Multimedia spiegelt sich beispielsweise in folgender Definition von Judith Jeffcoate wider:

> *A computer platform, communications network or software tool is a multimedia system if it supports the interactive use of at least one of the following types of information – audio, still image or motion video – in addition to text and graphics. (Jeffcoate 1995, 8)*

Die Pädagogik hingegen wird eher den Anwendungsaspekt in den Vordergrund stellen und untersuchen, welche pädagogische Konzepte mit Hilfe von Multimedia umsetzen lassen. Der pädagogische Nutzen des Multimedia-Einsatzes ist oberstes Gebot:

Multimedia ist die Integration von verschiedenartigen Medien. Voraussetzung dabei ist, daß die Medien einen inhaltlichen Bezug zueinander haben, der didaktisch begründbar ist. (Helm 1992, 58)

Kognitionspsychologisch ist wiederum interessant, welche Denkprozesse multimediale Präsentationen beim Betrachter auslösen. Menschliche Wahrnehmungs- und Kognitionsprozesse stehen hier im Mittelpunkt des Interesses:

Multimedia-Systeme sind moderne Mediensysteme, in denen unterschiedliche Darstellungs- und Wahrnehmungssysteme auditiver und visueller Natur technisch und inhaltlich durch einen PC digital verknüpft sind und auf die interaktiv zugegriffen werden kann. (Eichhorn 1997)

Die Liste der Beispiele liesse sich sicher ohne weiteres fortsetzen – die Mediengestaltung etwa wird sich vornehmlich mit Fragen der Ästhetik oder Ergonomie beschäftigen. Festzustellen bleibt, dass zahlreiche wissenschaftliche Fachdisziplinen an der Multimedia-Diskussion beteiligt sind. Jede von ihnen betrachtet den Forschungsgegenstand mit unterschiedlicher wissenschaftlicher Fragestellung, Schwerpunktsetzung und Forschungsmethodik.

Dies hat zur Herausbildung unterschiedlicher Sichtweisen auf die Multimedia-Thematik geführt – mit entsprechenden Auswirkungen auf das Begriffsverständnis. Die existierenden Unterschiede sollten jedoch nicht als Divergenz, sondern eher als Bereicherung empfunden werden – denn betrachtet wird ein und dasselbe Phänomen, wenn auch aus unterschiedlichen Perspektiven.

Gerade das Thema dieser Arbeit – multimediales Lernens in Unternehmen – ist in hohem Masse interdisziplinär: Sowohl Technische Fragestellungen (Multimedialität), pädagogische Aspekte (Lernen) und Anwendungsbezug (Unternehmensperspektive) sind hier von Bedeutung. Insofern gilt es hier mehrere Perspektiven gleichzeitig zu berücksichtigen.

Glücklicherweise lassen sich durchaus Gemeinsamkeiten identifizieren, eine Integration der unterschiedlichen Sichtweisen scheint möglich. Grauer und Merten (1997, 5) etwa betonen, „daß Multimedia naturgemäß über eine Vielzahl von Sichten verfügt, aber durch wesentliche Eigenschaften gekennzeichnet werden kann". Judith Jeffcoate hält das Konzept der Kommunikation für das entscheidende Bindeglied:

What all these uses [of the term Multimedia] have in common is the concept of multiple ways for people to communicate with each other. 'Multimedia' is about extending channels of communication between people to involve all their senses - sight, hearing and touch. (Jeffcoate 1995, xv)

In Kapitel 1.2.1 wird ein Modell vorgestellt, welches auf dem Kommunikationsgedanken basiert und sich um eine weitgehend interdisziplinäre Betrachtungsweise des Themas Multimedia bemüht. Dieses Modell, beschreibt den Zusammenhang zwischen Multimedia und menschlicher Informationsverarbeitung und wird das theoretische Rahmenkonzept für die Betrachtung multimedialen Lernens in dieser Arbeit bilden.

1.2 Sichten und Perspektiven auf Multimedia

Wie schon im letzten Abschnitt erläutert wurde, haben sich im Laufe der Zeit sehr heterogene Begriffsauffassungen für Multimedia herausgebildet, die zu Mißverständnissen und Unschärfen in der breit geführten Diskussion geführt haben. Dadurch ist Multimedia in verschiedenen wissenschaftlichen Forschungsbereichen zu einem zentralen Thema geworden, ohne daß ein einheitliches, interdisziplinäres Begriffsverständnis existiert. Immer wieder wird deswegen in wissenschaftlichen Veröffentlichungen betont, daß das Forschungsgebiet Multimedia einen interdisziplinären Charakter hat und eine Kooperation unterschiedlicher Fachbereiche dringend notwendig sei (z.B. Chorafas, 1994; Grosky, 1994; Monk, 1995).

Vor diesem Hintergrund sollten sich die verschiedenen, an der Multimediaforschung beteiligten, Wissenschaftsbereiche zum Ziel setzen

- Wissen und Forschungsergebnisse zwischen den einzelnen Disziplinen auszutauschen, die Sichtweise der anderen Forschungsgebiete auf Multimedia kennenzulernen und vom Fachwissen dieser Bereiche zu profitieren sowie
- die vielfältigen Anforderungen, die Multimedia mit sich bringt, zu diskutieren und die in interdisziplinären Kooperationen liegenden Möglichkeiten und Chancen für die Multimediaforschung zu ermitteln.

Aus diesem Grund wird im folgenden Abschnitt dieses Beitrags Multimedia anhand eines Kommunikationsmodells erläutert und problematisiert. Auf diesem basierend werden im Anschluß die unterschiedlichen Perspektiven verschiedener Fachgebiete auf Multimedia dargestellt und deren Zusammenhang im interdisziplinären Kontext verdeutlicht. Abschließend werden die Ergebnisse zusammengefaßt und einige Konsequenzen für den Bereich der interdisziplinären Zusammenarbeit diskutiert.

1.2.1 Ein Modell der Multimedia-Kommunikation

Es ist eine grundsätzliche Frage, ob Multimedia einen eigenen definierbaren Forschungsgegenstand darstellt oder doch nur einen „Oberbegriff für eine Vielzahl neuartiger Produkte und Dienstleistungen aus dem Computer-, Telekommunikations- und Medienbereich“ (Goedhart/Künstner, 1995, 17) ist. Eine interdisziplinäre Zusammenarbeit im Bereich Multimedia ist jedoch nur dann sinnvoll, wenn den verschiedenen Betrachtungsweisen zumindest ein gemeinsames Grundverständnis zugrunde liegt – nicht aber, wenn die Fachdisziplinen den Begriff Multimedia jeweils für verschiedene, inhaltlich nicht in Beziehung stehende Fragestellungen verwenden.

Eine Literaturrecherche in verschiedenen Wissenschaftsbereichen zeigt jedoch, daß Interdependenzen zwischen den Forschungsarbeiten im Bereich Multimedia bestehen, die sich in einer interdisziplinären Gesamtbetrachtung sogar gegenseitig ergänzen. Diese Zusammenhänge werden im folgenden anhand eines Kommunikationsmodells dargestellt, das nicht nur die Komplexität der Thematik reduzieren, sondern auch als Grundlage zur Verdeutlichung der unterschiedlichen Perspektiven auf Multimedia dienen soll.

1.2.1.1 Multimedia als Kommunikationsproblem

Die Erkenntnis, daß Multimedia ein Kommunikationsproblem ist, kann nicht nur aus der Informations- und Kommunikationstheorie abgeleitet werden, sondern findet sich auch in weiten Teilen der Fachliteratur wieder (Grob/Bensberg, 1995; Jeffcoate, 1995; Steinmetz/Nahrstedt, 1995; Lukesch, 1997; Grauer/Merten, 1997 u.a.). Als wissenschaftliches Grundmodell für Kommunikationsprozesse wird häufig ein Standardmodell aus der „Mathematical Theory of Communication" von Shannon und Weaver (1964) verwendet. Das Modell von Shannon und Weaver versucht den Kommunikationsvorgang als solchen mathematisch zu beschreiben. Da Multimedia insbesondere den Kommunikationsvorgang zwischen Mensch und Computer betrifft, wird im folgenden das Kommunikationsverständnis von Shannon und Weaver zunächst für den speziellen Fall der Mensch-Maschine-Kommunikation erläutert und danach beschrieben, welche Auswirkungen der Einsatz von Multimedia auf diesen Kommunikationsvorgang hat.

1.2.1.2 Grundlagen der Mensch-Maschine-Kommunikation

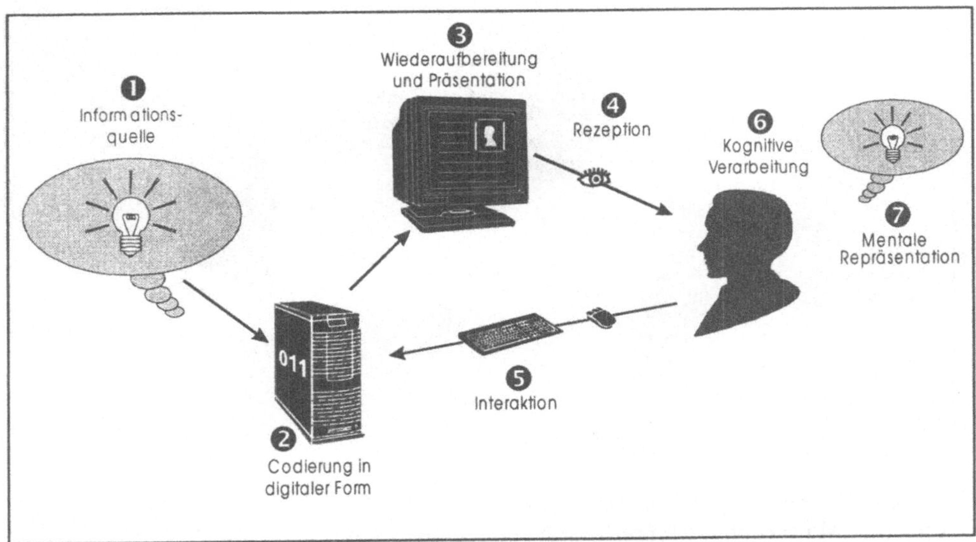

Abb. 1-1: Allgemeine Darstellung einer Mensch-Maschine-Kommunikation

Nach Shannon und Weaver (1964) besteht jedes Kommunikationssystem aus einer Informationsquelle (information source), einem Transmitter (transmitter), einem Empfänger (receiver) sowie einem Ziel (destination).

Die Informationsquelle bildet den Ausgangspunkt jedes Kommunikationsvorganges (vgl. ❶ in Abbildung 1-1). Es wird in diesem Zusammenhang jedoch darauf verzichtet, die Integration verschiedener Informationen durch die Informationsquelle explizit darzustellen. Die Informationsquelle beinhaltet einfach die Gesamtheit der Informationen, die zum Empfänger übertragen werden sollen. Die Informationen werden am Transmitter codiert und so an den verwendeten Kommunikationskanal angepaßt. Aus der Nachricht wird ein Signal. Im Fall der Mensch-Maschine-Kommunikation dient der Computer (in Abbildung

1-1 dargestellt durch das PC-Symbol) als Transmitter, die Codierung der (häufig analogen) Information erfolgt zunächst binär (❷).

Beim Kommunikationsvorgang selbst werden die binären Daten für das menschliche Verständnis geeignet wiederaufbereitet und präsentiert (❸). In der vormultimedialen Zeit waren die Gestaltungsmöglichkeiten für diesen Aufbereitungsprozeß im wesentlichen auf Text- und Grafikdarstellungen begrenzt. Das Ergebnis wird vom Benutzer rezipiert (❹), der den Kommunikationsvorgang durch Interaktion (❺) aktiv beeinflussen kann.

Empfänger im Sinne von Shannon und Weaver (1964) ist der Benutzer. Er decodiert das über die Sinnesorgane aufgenommene Signal durch kognitive Verarbeitung (❻) und überführt es in eine mentale Repräsentation (❼), die man als Ziel des Kommunikationsvorganges interpretieren kann.

1.2.1.3 Multimediale Mensch-Maschine-Kommunikation

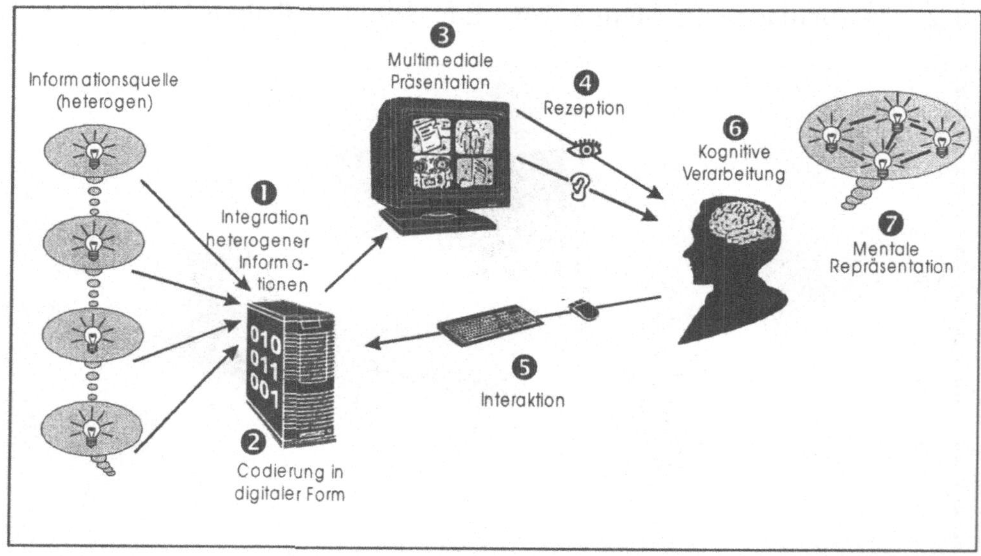

Abb. 1-2: Multimediale Mensch-Maschine-Kommunikation

Der oben beschriebene Kommunikationsprozeß kann durch den Einsatz multimedialer Komponenten maßgeblich verändert werden. Multimedia eröffnet eine Vielfalt neuer Gestaltungsmöglichkeiten und erhöht die Geschwindigkeit der Übertragung, zugleich aber auch die Komplexität des Kommunikationsvorganges. Abbildung 1-2 stellt die Veränderungen zusammenfassend dar.

Veränderung der Informationsquelle (❶) und Codierung in digitaler Form (❷)

Der Multimedia-Einsatz steigert zunächst die technische Komplexität. Multimediale Systeme ermöglichen die Verarbeitung einer Vielzahl neuer Medientypen wie z.B. Video, Audio oder 3D-Animationen. Diese technischen Möglichkeiten gestatten es, Informationen zu übermitteln, die aufgrund ihrer Komplexität und ihrer Vielfältigkeit bisher als nur schwer vermittelbar erschienen. Diese erhöhte Heterogenität der Informationsquelle (❶) führt zu einer technisch komplexeren binären Codierung (❷).

Multimediale Präsentation (❸), Rezeption (❹) und Interaktion (❺)

Der Einsatz multimedialer Techniken führt dazu, daß „im Unterschied zur klassischen Rezeption von Medien in sequentieller Form ... Informationen parallel und assoziativ entsprechend den physiologischen Fähigkeiten und der Anatomie des Menschen präsentiert und aufgenommen werden“ (Grauer/Merten, 1997, 5). Dies macht deutlich, daß insbesondere die Bereiche Präsentation (für die außer den 'klassischen' Medien Bild und Text jetzt auch zeitvariante Medien wie Video oder Audio zur Verfügung stehen, ❸) und Rezeption (bei der in multimedialen Systemen neben dem optischen Sinneskanal auch der akkustische bzw. der haptische angesprochen werden können, ❹) von der Verwendung multimedialer Kommunikationsinstrumente beeinflußt werden und somit die optimale Anpassung an das menschliche Wahrnehmungssystem im Vordergrund steht (Jeffcoate, 1995).

Durch den Einsatz multimedialer Technologien wächst auch die Bedeutung der Interaktion (❺) (Schulmeister, 1996). Multimediale Ein- und Ausgabegeräte eröffnen eine Fülle neuer Interaktionsmöglichkeiten und damit eine Individualisierung der Benutzersteuerung sowie einen assoziativen Zugriff auf Informationen.

Kognitive Verarbeitung (❻) und mentale Repräsentation (❼)

Der Nachweis, daß multimediale Präsentationen einer Erleichterung der kognitiven Verarbeitung (❻) dienen und die mentale Wissensrepräsentation (❼) verbessern, ist schwer zu erbringen. Aussagen in der Literatur hierzu sind in der Regel nur zurückhaltend formuliert (Hasebrook, 1995). Es ist jedoch offensichtlich, daß man sich vom Einsatz multimedialer Technologien letztlich eine Beschleunigung oder Optimierung des Kommunikationsvorganges erhofft.

Insgesamt betrachtet, wird die Mensch-Maschine-Kommunikation durch den Multimedia-Einsatz sowohl vielfältiger als auch komplexer. Als Informationsquelle steht ein breites Spektrum zur Auswahl und die digitale Codierung ist anspruchsvoller. Wiederaufbereitung und Präsentation werden durch den Multimedia-Einsatz abwechslungsreicher und vielgestaltiger, die Rezeption erfolgt multisensorisch und die Interaktionsmöglichkeiten nehmen zu.

Die besondere Herausforderung bei der Gestaltung multimedialer Anwendungen liegt nun darin, diese zusätzlichen Freiheitsgrade zielgerichtet zur Optimierung des Kommunikationsvorganges zu nutzen. Offensichtlich ist der erhöhte Aufwand für eine multimediale Gestaltung der Mensch-Maschine-Kommunikation nur dann zu rechtfertigen, wenn dadurch die zu übermittelnden Informationen in eine effizientere mentale Repräsentation überführt werden können, als das ohne Multimedia möglich wäre. Um eine solche Optimierung zu erreichen, ist eine bewußte Gestaltung jedes einzelnen Kommunikationsschrittes unter Berücksichtigung des Gesamtszenarios erforderlich. Entlang des gesamten Kommunikationsprozesses muß erstens eine Selektion und Fokussierung auf die zu kommunizierenden Informationen erfolgen und zweitens eine kontinuierliche Integrationsleistung erbracht werden. Mit Integration ist hier konkret eine inhaltliche Verknüpfung von Informationen untereinander zu verstehen, die das Verständnis der Zusammenhänge erleichtert und damit die mentale Repräsentation fördert. Dieser Fokussierungs-

und Integrationsprozeß hat eine inhaltliche, technische, gestalterische, sensorische, interaktive und kognitive Komponente. Nur im Zusammenspiel aller Faktoren läßt sich eine Optimierung erreichen und nur in einer konzertierten Integrationsleistung erschließen sich die Stärken von Multimedia.

Es erscheint naheliegend, daß eine Zusammenarbeit mehrerer wissenschaftlicher Fachdisziplinen erforderlich ist, um diese komplexe Aufgabe zu bewältigen. Zum gegenwärtigen Zeitpunkt ist wohl keine Forschungsdisziplin in der Lage, den Prozeß der Multimedia-Kommunikation in ihrer Gesamtheit abzudecken. In einer interdisziplinären Gesamtbetrachtung können die Forschungsaktivitäten jedoch ineinandergreifen und sich gegenseitig ergänzen.

Um dies zu illustrieren, wird im folgenden das Multimedia-Verständnis einiger Fachbereiche exemplarisch dargestellt und der Zusammenhang in einem interdisziplinären Kontext erläutert.

1.2.2 Multimedia aus Sicht der Informatik

1.2.2.1 Der Begriff Multimedia in der Informatik

Computersysteme bilden die technologische Basis jeder Multimedia-Anwendung. Für die Informatik als Lehre von der automatischen Verarbeitung von Informationen mit der Hilfe von Computern stehen Fragen der technischen Realisierung naturgemäß im Mittelpunkt. Obwohl die in Multimedia-Systemen verwendeten Medien (Audio, Video, Grafik, Text, ...) im Anwendungskontext unterschiedlich und vielfältig erscheinen, sind sie rechnerintern alle als „multidimensional arrays of numbers derived from various sensors" (Grosky, 1994, 12) realisiert.

Die Umwandlung von heterogenen und häufig analogen Mediendaten in eine digitale, computergerechte Repräsentation ist Aufgabe der Informatik und stellt sie aufgrund der hohen Komplexität teilweise vor noch ungelöste Fragen. Dies trifft insbesondere auf den Bereich der rechnergestützten Darstellung, Speicherung und Präsentation von kontinuierlichem, d.h. zeitabhängigem Medienmaterial zu. Audio, Video oder 3D-Animationen stellen an Kompressionsverfahren ganz neue Anforderungen, benötigen Echtzeitgarantien von Betriebssystemen, erzeugen erhöhten Synchronisationsaufwand usw. Trotz großer Fortschritte bleiben auf diesen Gebieten noch viele offene Fragen.

Der Umgang mit den oben genannten technischen Fragestellungen bestimmt maßgeblich die Perspektive der Informatik auf den Multimedia-Begriff. Hier hat sich, im Gegensatz zu anderen Disziplinen, bereits ein weitgehend einheitliches Begriffsverständnis herausgebildet. Der Definition von Steinmetz (1993), die von zahlreichen Autoren (z.B. Gerpott, 1995; Pordesch, 1996; Grauer/Merten, 1997) als Grundlage ihrer Betrachtungen verwendet wird, soll auch hier gefolgt werden. Demnach ist ein Multimedia-System „durch die rechnergesteuerte, integrierte Erzeugung, Manipulation, Darstellung, Speicherung und Kommunikation von unabhängigen Informationen gekennzeichnet, die in mindestens einem kontinuierlichen (zeitabhängigen) und einem diskreten (zeitunabhängigen) Medium kodiert sind" (Steinmetz, 1993, 19).

1.2.2.2 Multimedia im Forschungsbereich Informatik

Jede neue Technologie kann erst dann im Anwendungsbereich erprobt werden, wenn für die technischen Probleme zumindest grundlegende Lösungen vorliegen und erste Prototypen existieren. Aus diesem Grund wurden Informatiker zuerst mit den vielfältigen Problemen multimedialer Technologien konfrontiert. Apers, Blanken und Houtsma (1997) sehen in der Informatik sogar den wesentlichen Schrittmacher: „The concept of multimedia has evolved during the last decade, due to ongoing advances in information technology“ (Apers/Blanken/Houtsma, 1997, 4).

Bei vielen der zu lösenden Fragen bzgl. der Codierung von und dem Umgang mit multimedialen Daten konnte auf Ergebnisse von Teildisziplinen der Informatik wie z.B. aus dem Bereich der Datenbanken, Computernetzwerke, Computergrafik oder der künstlichen Intelligenz zurückgegriffen werden. Obwohl Multimedia innerhalb der Informatik als Forschungsgebiet mittlerweile etabliert ist, bleiben historische Bindungen zu den traditionellen Forschungsgebieten in den Veröffentlichungen erkennbar. Dabei ist allerdings ein immer stärkeres Zusammenwachsen und die Entwicklung eines eigenen Profils der Multimediaforschung innerhalb der Informatik zu beobachten. Grosky (1994) sieht Multimedia innerhalb der Informatik auf dem Weg zu einem „gereiften Forschungsfeld“.

Die offenen Fragen und ungelösten Problemstellungen in der Multimedia-Forschung sind nach wie vor vielfältig und reichen von der Entwicklung technischer Detaillösungen für Multimedia-Entwicklungsumgebungen bis hin zur Erstellung multimedialer Anwendungen. Einen Überblick über diese Vielfalt bietet eine Aufzählung relevanter Forschungsthemen auf dem Gebiet der Informatik in der ersten Ausgabe des ACM Multimedia Systems Journal:

- Emerging technologies and hardware systems for integrating digital video and audio capabilities in computer systems
- Operating system mechanisms for digital multimedia, and support for real-time distributed multimedia systems
- Storage models and structures underlying multimedia information systems and multimedia encoding
- Digital video and audio networking and communication architectures, protocols, interfaces, media synchronization, and admission control
- System methodologies, tools and architectures for supporting multimedia applications, services, interactive environments, distributed platforms, structured interaction support, and programming languages and abstractions.

(Rangan/Ferrari/Herrtwich, 1993, 1)

1.2.2.3 Wo positioniert sich die Informatik im Kommunikationsmodell?

Sicherlich liegt der Schwerpunkt der Multimedia-Forschung in der Informatik, der Kernkompetenz des Faches entsprechend, auf der technischen Seite des Multimedia-Einsatzes (② in Abbildung 1-3). Die Forschungsfragen sind dabei häufig fokussiert auf technische Detaillösungen. Diese technische Komponente muß jedoch stets im Gesamtkontext der Multimedia-Kommunikation gesehen werden. Abgesehen von ihrem Hauptinteresse ist die Informatik sowohl an der Informationsintegration (① in Abbildung 1-3) interessiert (schon die Überführung häufig analoger Ausgangsdaten in das einheitliche digitale Format stellt eine bedeutende Integrationsleistung dar), als auch an der technischen Realisierung der multimedialen Präsentation (③). Außerdem beschäftigt sich die Informatik mit multimedialen Entwicklungswerkzeugen, Benutzerschnittstellen, multimedialen Ein- und Ausgabegeräten, sowie mit der Gestaltung der Mensch-Maschine-Schnittstelle (...).

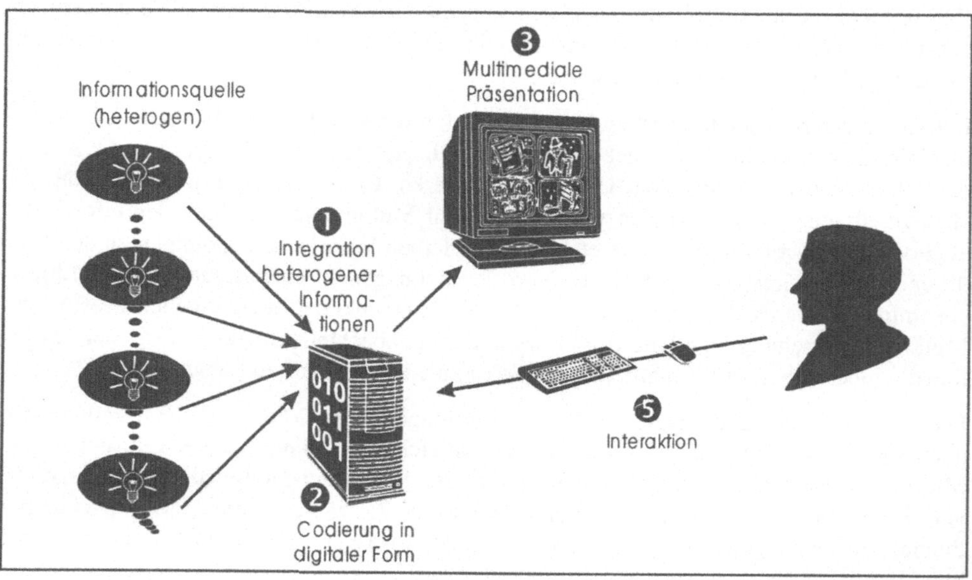

Abb. 1-3: Informatik-Sicht auf Multimedia

Ohne die Lösung der noch offenen technischen Probleme ist der Aufbruch in die multimediale Zukunft nicht möglich. Die Herausforderung für die Informatik liegt darin, bei der Konzentration auf technische Detaillösungen den Gesamtzusammenhang der Kommunikation nicht aus den Augen zu verlieren.

1.2.3 Multimedia aus Sicht der Pädagogischen Psychologie/Pädagogik

1.2.3.1 Der Begriff Multimedia in der Pädagogische Psychologie und Pädagogik

Pädagogische Psychologie und Pädagogik beschäftigen sich mit Multimedia vorwiegend im Rahmen medialer Kommunikation. "Im Unterschied zu den Formen der unmittelbaren personalen Kommunikation von Angesicht zu Angesicht werden bei der medialen Kommunikation zum Transport einer Botschaft technische Vermittlungsglieder (lat. « medium » = Mittel, Vermittelndes) zwischen einem Kommunikator und dem Empfänger einer Mitteilung eingesetzt" (Lukesch, 1997, 8). Weidenmann (1997) definiert diese Medien als "Objekte, technische Geräte oder Konfigurationen, mit denen sich Botschaften speichern und kommunizieren lassen" (Weidenmann, 1997, 66). Medium und Botschaft kennzeichnen das mediale Angebot, mit dem sich ein Benutzer auseinandersetzen muß. Dieses Angebot kann auch jene Eigenschaften vereinen, die als Multimedia bezeichnet werden.

Weidenmann (1997) bietet ein Raster zur Beschreibung (multi-)medialer Angebote an. Dieses Raster ist gegliedert nach Medialität, Codierung und Modalität. Um eine exaktere Unterscheidung zu anderen Medien zu ermöglichen, sollen als zusätzliche Kriterien Interaktivität und eine Charakterisierung der Informationsdarbietung als zeitabhängig oder zeitunabhängig aufgenommen werden (Kerres, 1997). Demnach können multimediale Angebote aus Sicht der Psychologie/Pädagogik typologisch durch folgende fünf Aspekte definiert werden:

- Multimedialität (Technikaspekt): Gemeint ist die Integration verschiedener Speicher- und Präsentationstechnologien in einer Benutzerplattform (im Gegensatz zum sog. Medienverbund).
- Multicodierung (Symbolaspekt): Basale Zeichensysteme (Bild, Sprache, Zahlen etc.) sind in einem System integriert.
- Mediendynamik (Zeitaspekt): Zeitabhängige und zeitunabhängige Informationspräsentation (z.B. Video vs. Standbild, geschriebener vs. gesprochener Text) ermöglichen im Gegensatz zu früheren computerbasierten Systemen erst neuere multimediale Systeme.
- Interaktivität (Steuerungsaspekt): Sie ermöglicht die individuelle Steuerung bzw. Beeinflußung des Programmablaufs durch den Benutzer.
- Multimodalität (Kanalaspekt): Verschiedene Sinneskanäle werden gleichzeitig angesprochen. Diese Eigenschaft wird in der Wissenschaft jedoch nicht immer als zwingend für Multimedia angesehen (z.B. Hasebrook, 1995).

1.2.3.2 Multimedia im Forschungsbereich Pädagogik / Pädagogische Psychologie

Die Hauptthemen der Pädagogischen Psychologie bewegen sich im Dreieck Mediales Angebot, Lernereigenschaften und Lernergebnisse. Als Lernergebnisse werden nicht nur kognitive Ergebnisse (Wissen und Können) betrachtet, sondern auch nicht-kognitive Ergebnisse wie Akzeptanz, Motivation und Emotionen. Im Zentrum dieses Dreiecks stehen die Lerneraktivitäten (beobachtbares Verhalten, kognitive und nicht-kognitive Prozesse) als Verbindungsstück. Die Auseinandersetzung zwischen medialem Angebot und Lerner findet dabei in einer bestimmten Umgebung statt (z.B. Einzel-Lernplatz oder Klasseneinsatz, Einbettung in Curricula etc.). Im Zusammenhang mit multimedialen Anwendungen setzt sich die Pädagogische Psychologie v.a. mit dem Einsatz in der Aus- und Weiterbildung auseinander und interessiert sich dementsprechend für die Informationsbeschaffung und das Lehren/Lernen mit Multimedia.

Der Forschungsgegenstand der Pädagogik ist weiter gefaßt. Im Zentrum der Pädagogik steht die Bildung des Menschen. Der Bildungsbegriff geht über das rein kognitive Lernen hinaus, er umfaßt vielmehr auch emotionale, handlungsbezogene, soziale und ästhetische Aspekte des menschlichen Daseins (Klafki, 1996). Entsprechend steht nicht nur Lehren bzw. Lernen mit Multimedia im Vordergrund, sondern auch die gesamten Auswirkungen der Technologie auf den Menschen und seine informationelle Umwelt.

Unterscheidungen zwischen den Disziplinen lassen sich tendenziell auch hinsichtlich ihrer Methoden treffen: Während die Psychologie weitgehend empirisch arbeitet, stehen in der Pädagogik eher hermeneutische Methoden im Vordergrund.

Trotz dieser Unterschiede, haben beide Disziplinen - Psychologie und Pädagogik - einen gemeinsamen Forschungsgegenstand: Sie beschäftigen sich mit allen Prozessen, an denen der Mensch beteiligt ist. In Bezug auf Multimedia sind drei Perspektiven besonders wichtig: Die Anwendung (1), die Entwicklung (2) und die Implementation (3) multimedialer Systeme in vorhandene Curricula. Auf der Implementation liegt ein besonderer Schwerpunkt der Pädagogik.

1.2.3.2.1 Die Sicht auf die Anwendung

Lernen findet in der Auseinandersetzung eines Lerners, der bestimmte lernrelevante Merkmale aufweist, mit einem medialen Angebot statt. Dieses Angebot stellt Anforderungen an den Lerner, z.B. an seine kognitive Fähigkeiten oder an sein Wissen. Im konkreten Umgang mit dem medialen Angebot treten verschiedene Lerneraktivitäten auf. Beobachtbares Nutzungsverhalten und kognitive Verarbeitung bestimmen letztendlich über den Lernerfolg. Die Zusammenhänge zwischen Medienmerkmalen, Lernermerkmalen, Lernerfolg und Benutzeraktivitäten stehen im Interesse der Forschung.

In Bezug auf multimediale Anwendungen interessieren besonders die Fragen:

Wie wirken sich Multicodierung, Multimodalität, Interaktivität und Mediendynamik auf Lernerfolg und Benutzeraktivität aus?
Über welche Kompetenzen muß der Nutzer verfügen, um erfolgreich mit multimedialen Systemen umgehen zu können und wie können sie operationalisiert werden?
Wie können diese (häufig unter dem Schlagwort Medienkompetenz geforderten) Kompetenzen vermittelt werden?

1.2.3.2.2 Die Sicht auf die Entwicklung

Pädagogische Psychologie und Pädagogik versuchen dem Produzenten multimedialer Anwendungen Hilfen und Anleitungen zu geben, um den Zielen der verbesserten Informationsübermittlung entsprechend möglichst optimale Systeme zu schaffen.

Bei der Entwicklung (Teile davon sind Analyse, Planung, Produktion, Einsatz, Evaluation, Revision) multimedialer (Lern-)systeme sind folgende Fragen weitgehend ungeklärt:

Wie können didaktische Methoden in multimedialen Anwendungen umgesetzt werden?
Können herkömmliche Entwicklungsschemata übertragen werden oder müssen neue entworfen werden?
Was bedeuten Interface-Design und Software-Ergonomie aus pädagogisch/psychologischer Sicht?
Durch Evaluation muß abgeklärt werden, ob sich Handlungsabläufe durch multimediale Anwendungen tatsächlich vereinfachen, bzw. ob und welche Effekte oder Nebeneffekte (gewünscht oder ungewünscht) auftreten.

1.2.3.2.3 Implementation von Multimedia in vorhandene Bildungskonzepte

Es deutet sich an, daß sich die anfängliche bildungsoptimistische Haltung, ein mehr an Medien bedeute automatisch größeren Lernerfolg, nicht bewahrheitet. Vielmehr ist der Erfolg multimedialer Anwendungen von verschiedenen Faktoren abhängig.

Lernen findet immer in konkreten Lernfeldern statt, die sich vor allem darin unterscheiden, ob man alleine, alleine in einer Gruppe oder gemeinsam lernt und wie sich das multimediales Lernen mit den weiteren Umständen (z.B. Einbettung in Curriculum, in Arbeitsvorgänge, Einstellung der Vorgesetzten, Räumlichkeiten) arrangiert.

- Ziel von Psychologie und Pädagogik ist, möglichst optimale Arrangements für die jeweilige Zielgruppe von Lernern zu finden.
- Maßgeblich für den Erfolg einer multimedialen Applikation ist weiterhin deren Einführung in eine Bildungsinstitution. Dabei geht es vor allem darum, in der Institution (bei den Menschen) Akzeptanz für das Produkt zu schaffen, Motivation für die Verwendung zu erzeugen und in einem adäquaten Prozeß das Produkt in die Verhaltensabläufe (z.B. Arbeitsabläufe) zu integrieren. Dazu sind Überlegungen notwendig, wie Multimedia in den einzelnen (Bildungs-) Sektoren (z.B. Schule, Hochschule, Jugendarbeit, betriebliche Bildung ...) sinnvoll implementiert bzw. neue Curricula für multimediale Anwendungen erstellt werden können.
- Noch nicht vollständig geklärt sind die erweiterten Möglichkeiten durch Multimedia im Bereich des Fernlernens und des Selbststudiums.

1.2.3.3 Wo positionieren sich Pädagogik und Pädagogische Psychologie im Kommunikationsmodell?

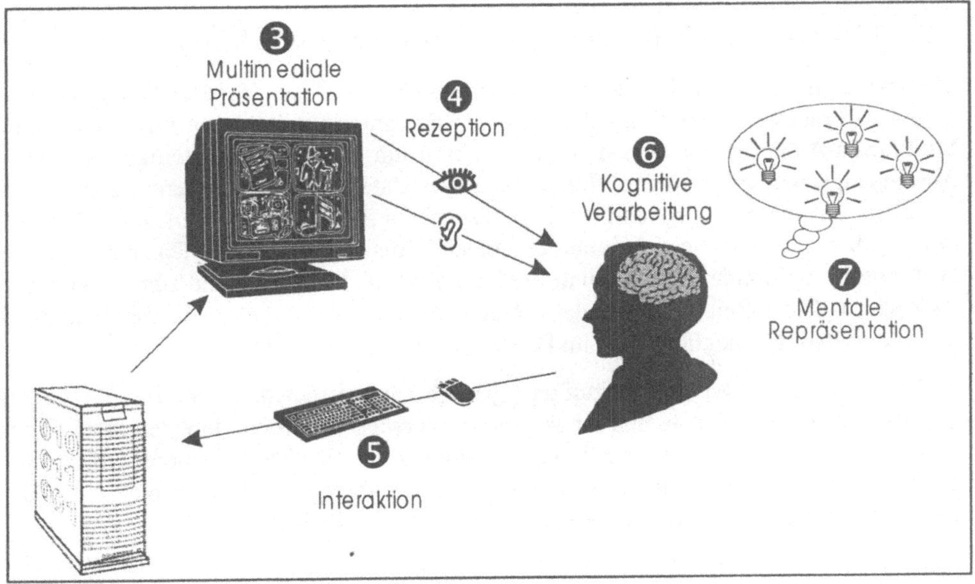

Abb. 1-4: Informatik-Sicht auf Multimedia

Das Forschungsinteresse der beiden Disziplinen ist breit gestreut, entsprechend den bereits oben erläuterten Schwerpunkten plazieren sich Psychologie und Pädagogik weit gefächert im Kommunikationsmodell. Ausgenommen bleibt lediglich die Frage nach der digitalen Codierung der Inhalte.

Durch die Möglichkeit von multimedialen Präsentation (③ in Abbildung 1-4) werden bessere Möglichkeiten der Veranschaulichung von Informationen erhofft. Zudem eröffnen sich neue (verbesserte) Möglichkeiten zur Motivierung der Lernenden (z.B. situiertes Lernen).

Durch Multicodierung und die Rezeption über verschiedene Wahrnehmungskanäle (Multimodalität) (④) können die Inhalte möglicherweise adäquater und prägnanter dargestellt werden und somit eine effektivere Abspeicherung und einen effektiveren Abruf ermöglichen.

Interaktion (...) erlaubt eine Individualisierung des Lernens, und eine aktive Einbeziehung der Lernenden in der Erarbeitung des Lerngegenstands. Durch Selbstbestimmung in der Interaktivität soll die Motivation (z.B. Lernmotivation, Arbeitsmotivation) gesteigert werden. Gleichzeitig wird der Lerner aktiv in den Lernprozeß einbezogen und somit günstige Verarbeitungsprozesse (kognitive Prozesse) (⑥) während der Verwendung eines Programms stimuliert.

1.2.4 Multimedia aus Sicht der Betriebswirtschaftslehre, insbesondere Personalwirtschaft und Organisation

1.2.4.1 Der Begriff Multimedia in der Betriebswirtschaftslehre

Multimedia im Bereich der Betriebswirtschaftslehre eröffnet grundsätzlich zwei verschiedene Fragestellungen. Zum einen kann es sich um die strategische Ausrichtung von Multimedia-Anbietern handeln und zum anderen um die in diesem Beitrag relevanten Anwendungsmöglichkeiten von Multimedia in der Unternehmung. Letztere beziehen sich vor allem auf die Nutzung multimedialer Techniken im Marketing, Personalwesen und Organisationsbereich. Die sich daraus ergebenden Auswirkungen betreffen zum einen die Distributions-, Kommunikations- und Produktpolitik im Marketing und zum anderen die im Zentrum dieses Beitrags stehenden Veränderungen in der Arbeitsorganisation und bei den Weiterbildungsmöglichkeiten im Personalwesen (Gerpott, 1996).

Zunächst soll jedoch typologisch auf eine geringe Zahl verschiedener Merkmale rechnergestützter Systeme, Dienste und Anwendungen verwiesen werden, da eine scharfe Begriffsklärung aufgrund der Vielzahl der Definitionen und der stark variierenden Auffassungen von Inhalt und Bedeutung des Begriffs Multimedia in der Betriebswirtschaftslehre (Grauer/Merten, 1997) nicht möglich ist.

Das sind

- die Übertragung von Informationen durch mehrere Medien,
- die Interaktivität, also die aktive Einbindung des Benutzers,
- die Verwendung diskreter (zeitunabhängiger) und stetiger (zeitabhängiger) Medien,

- die zweckgerichtete Integration der Medien.
- Je nach Ausprägung der einzelnen Merkmale kann zwischen unterschiedlichen Graden von Multimedialität differenziert werden.

Im Folgenden wird vor allem die Verwendung und der Einsatz von Multimedia im Bereich Personalwirtschaft und Organisation betrachtet und anschließend in das beschriebene Kommunikationsmodell integriert.

1.2.4.2 Multimedia im Forschungsbereich Personalwirtschaft und Organisation

Unternehmungsinterne und -externe Umweltbedingungen lösen zahlreiche Organisationsentwicklungsprozesse in den Unternehmungen aus. Gleichzeitig steigt der quantitative und qualitative Bedarf an Weiterbildung, der jedoch mit traditionellen Weiterbildungsformen nicht mehr bewältigt werden kann. Um diese Lücke zu schließen kann die Multimediatechnologie eingesetzt werden. Interaktive, computergestützte Medien werden schon für Kommunikations- und Verhaltenstraining erfolgreich eingesetzt. Anspruchsvolle Programme zu Lernzielen wie zum Beispiel Fremdsprachen, Verhandlungsführung, interkulturelles Lernen oder Teamtraining, behaupten sich auf dem Medienmarkt (Hartge, 1996). Heute spricht man im Sinne von Multimedia immer öfter von Virtual Reality, Immersion und Cyberspace: Virtual Reality (VR) steht für Verfahren, mittels Computer komplexe Daten oder Modelle in einer dreidimensionalen Umgebung in Echtzeit zu visualisieren und es dem Anwender zu ermöglichen, mit diesen Modellen sowohl zu interagieren als sie auch zu manipulieren. Das Ziel von VR ist die Effizienz und Effektivität von Anwendern durch die dreidimensionale Darstellung und Manipulation der Daten zu verbessern (Breining, 1998).

Die rechnergestützten Lernmethoden, wie CBT, werden durch VR-Umgebungen um eine Komponente erweitert, die das Erleben von Abläufen und Zusammenhängen in einer bisher - für CBT-Systeme - nicht erzielbaren Integration ermöglichen. Insbesondere bei Tätigkeiten wie der Montage von kleinen Bauteilen ist das Erlernen und Üben der feinmotorischen Bewegungen besonders trainingsintensiv. In einer VR-Umgebung können für entsprechende Montageaufgaben bereits frühzeitig unterschiedliche Abläufe und Vorgehensweisen direkt durch den Menschen auf der Basis digitaler Informationen (virtueller Prototypen) simuliert werden, noch bevor die ersten Bauteile dafür prototypisch gefertigt werden. Neben produkt- und produktionsorientierten Einsatzbereichen kommen solche multimediale Technologien auch in der Prozeßmodellierung und -steuerung und im Bereich der Architektur zum Einsatz (Breining 1996).

Durch die Integration moderner multimedialer Telekommunikationstechniken werden verteilte virtuelle Welten möglich, die von sehr vielen Benutzern gemeinsam erlebt werden können. Weiterhin sind die gemeinsame Bearbeitung von Anwendungen ("application sharing"), eine Prüfung und gegebenfalls Veränderung der Arbeitsschritte möglich. So ist der Einfluß der neuen multimedialen Anwendungen nicht nur auf die Personal- sondern auch auf die Organisationsentwicklung erklärbar, da sich mit dem Einsatz multimedialer Techniken die Aufgabenbündel und damit die Stellenbildung sowie das Koordinationssystem und die hierarchische Organisationsstruktur ändern. Aus diesem Grund werden Autonomie und Entscheidungsdelegation, Interaktivität und Kooperation gefordert.

Multimediale Anwendungen, wie zum Beispiel Online Training, reduzieren Reisekosten, Ausfallzeiten, Lernstreß und erhöhen den Spaß am Lernen durch neue Lernmethoden mit Erlebnischarakter für den Benutzer (Meier/Dombrowski/Seidl, 1996). Ferner wird durch die vollständige Durchdringung der Unternehmungen mit multimedialen Lernsystemen das Prinzip der lernenden Organisation gestützt. Durch einen Gesamtprozeß der mediengestützten Information, der die Organisations- und Personalentwicklungsprozesse transparent macht, werden Innovation und Adaption an Veränderungen erleichtert.

Der Einsatz der multimedialen Techniken für die Personal- und Organisationsentwicklung bringt jedoch nicht nur Vorteile, sondern auch Nachteile. Die breite Masse der Lernsoftware verfügt über eine unzureichende Qualität, während viele gute Lernprogramme selbständige und erfahrene Lernende voraussetzen, so daß sie sich nicht für alle Lerngruppen und Lernziele eignen. Ferner reagieren die meisten Programme nicht sehr flexibel auf individuelle Lernfortschritte, sondern begnügen sich mit Feedback auf grundlegende Verständnisschwierigkeiten. Die Einführung neuer Technologien wird also durch externe und interne Hindernisse erschwert. Die externen Hindernisse, die vor allem durch technische und infrastrukturelle Probleme gekennzeichnet sind, sollten mit fortschreitender Entwicklung geringer werden; die internen Hindernisse dagegen muß jede Unternehmung selbst überwinden.

Auf jeden Fall kann die Betriebswirtschaftslehre im Allgemeinen und die Personalwirtschafts- sowie die Organisationslehre im Speziellen vom Einsatz und der Anwendung multimedialer Technologien profitieren, wenn sie in ständiger Interaktion mit anderen Forschungsbereichen bleibt, so daß die Lücke zwischen wirtschaftlich Erwünschtem und technisch sowie psychologisch Möglichem geschlossen werden kann. In diesem Sinne kann die Notwendigkeit der interdisziplinären Zusammenarbeit im Bereich Multimedia nur betont werden.

1.2.4.3 Wo positioniert sich Personalwirtschaft und Organisation im Kommunikationsmodell?

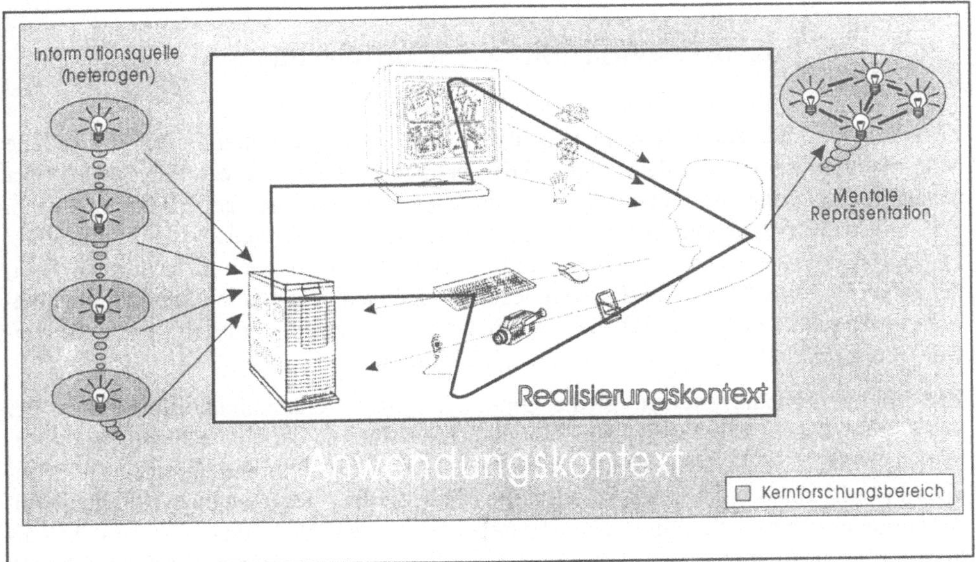

Abb. 1-5: Multimedia aus Sicht der Personalwirtschafts- und Organisationslehre

Faßt man die oben angesprochenen Ausführungen zusammen, wird klar erkennbar, daß durch neue Anwendungs- und Nutzungsformen von Inselmultimedia oder netzwerkgestützten Multimedia (Gerpott, 1996) wie multimediale CD-ROM, Computer Conferencing, Telearbeit, Virtuelle Realitäten, Telekooperation usw., nicht nur geschäftliche Transaktionen im Management, sondern auch die Weiterbildung im Mitarbeiterbereich, sowie die Zusammenarbeit mit Kunden und Lieferanten beeinflußt werden (Pribilla/Reichwald/Goecke, 1996). Diese Formen dienen u.a. der Überbrückung von Raum und Zeit, der Flexibilisierung von Unternehmungsstrukturen, der Komplexitätsreduktion von Führungsaufgaben, der Beschleunigung von Information und Kommunikation sowie der Verbesserung von Weiterbildungsprogrammen.

Demnach besteht das anwendungsbezogene Hauptinteresse der Personalwirtschafts- und Organisationslehre in der instrumentellen Nutzung des multimedial verbesserten Kommunikationsvorganges bei der Arbeitsorganisation und der mentalen Repräsentation von Erlerntem. Der Kommunikationsprozeß soll somit eine möglichst effiziente und zielgerichtete Informationsvermittlung erlauben, die eingebettet ist in einen Anwendungskontext. Die Realisierung der multimedialen Mensch-Maschine-Kommunikation steht eher im Hintergrund und kann als eine „black box“ behandelt werden.

Voraussetzung des wirkungsvollen Einsatzes von Multimedia in einer Unternehmung ist jedoch die Schaffung einer innovativen Unternehmungskultur und ihre Abstimmung mit Personal, Organisationsstruktur und Unternehmungsstrategie. Somit ist die Nutzung und Anwendung von Multimedia nicht mehr nur als ein rein technischer Prozeß zu sehen, sondern die menschlichen Aktoren werden gefordert, diesen Prozeß in soziotechnischer Art und Weise auszugestalten. Dann erst können die positiven Aspekte von Multimedia umfassend in der Unternehmung genutzt und negative Wirkungen abgeschwächt werden (Minnig, 1995).

1.2.5 Die Interdisziplinarität von Multimedia

Zusammenfassend läßt sich festhalten, daß jedes der vorgestellten Forschungsgebiete Multimedia unter einer anderen Perspektive betrachtet, daß sich diese Sichtweisen aber trotzdem im Gesamtzusammenhang des Kommunikationsprozesses gegenseitig ergänzen. Dies gilt nicht nur für die hier näher betrachteten Disziplinen Betriebswirtschaftslehre, Pädagogik, Pädagogische Psychologie und Informatik, sondern auch für andere Disziplinen wie z.B. Kunst/Design im Bereich der multimedialen Präsentation, die Kommunikationswissenschaft in Bezug auf die eigentliche Informationsübermittlung oder aber anwendungsorientierte Disziplinen wie z.B. die Medizin.

Ziel von Multimediasystemen ist die Optimierung des Kommunikationsprozesses, der aus verschiedenen, interdependenten Vorgängen besteht und die unterschiedlichsten Forschungsbereiche mehr oder weniger tangiert. Die isolierte Optimierung eines Teilbereiches bringt jedoch nicht zwangsläufig eine Verbesserung des gesamten Kommunikationsvorganges mit sich. Ein sog. „microscopic knowledge", das sich auf Details konzentriert und nur eine Art „tunnel vision" aus der Sicht der eigenen Disziplin anbietet, ist für ein umfassendes Verständnis von Multimedia nicht ausreichend, da immer Teile des Gesamtprozesses unbeachtet bleiben. Notwendig ist vielmehr der Aufbau eines sog. „macroscopic knowledge", das den Gesamtzusammenhang zu erfassen sucht (Chorafas, 1994). Die Suche danach bedeutet einerseits sicherlich eine Infragestellung eigener Ansichten, kann andererseits aber auch immer eine Bereicherung sein. Monk (1995) vergleicht die interdisziplinäre Arbeit im Bereich Multimedia mit Reisen in verschiedenen Wissenschafts- und Anwendungsbereichen: Wie Reisen in ferne Länder erweitert interdisziplinäre Zusammerarbeit den Horizont und bereichert die ursprüngliche Kultur.

Sicherlich kann die Zusammenarbeit von Individuen mit unterschiedlichem kulturellen und fachlichen Hintergrund ihr hohes innovatives Potential nur dann verwirklichen, wenn jedes Individuum Werte und Konzepte der anderen versteht und akzeptiert. Das erfordert Kompromißfähigkeit und Disziplin (Monk, 1995) aller Betroffenen und muß durch verschiedene Maßnahmen unterstützt werden. Deshalb wäre es sinnvoll, die Multimediaforschung in einem eigenen Forschungsgebiet zusammenzufassen, damit Wissenschaftler und Praktiker aller Bereiche miteinbezogen werden und die Wirkungen von Multimedia auf den Menschen und seine Kommunikationssysteme nicht unbeachtet bleiben.

1.2.6 Fazit

Multimedia eröffnet eine Vielzahl neuer Möglichkeiten für die Gestaltung und Optimierung der Mensch-Maschine-Kommunikation. Zur Nutzung dieses großen Potentials ist jedoch ein Gesamtverständnis erforderlich, für das die isolierten Kenntnisse einzelner Fachdisziplinen nicht ausreichen. Die von den beitragenden Fachgebieten vorgelegten

Teilergebnisse sind jedoch mittlerweile soweit fortgeschritten, daß die Basis für eine erfolgsversprechende interdisziplinäre Zusammenarbeit geschaffen ist und sie zu einer Verstärkung der fachbereichsübergreifenden Kooperation ermutigen.

1.3 Entwicklung des Multimediamarktes

1.3.1 Vorbemerkungen zur Marktentwicklung

Multimedia ist eine Technologie, die der Marktentwicklung noch voraus ist. Der Multimedia-Markt ist geprägt durch das Zusammenwachsen der Bereiche Telekommunikation, Informatik und Medien (vgl. dazu Abbildung 1-6).

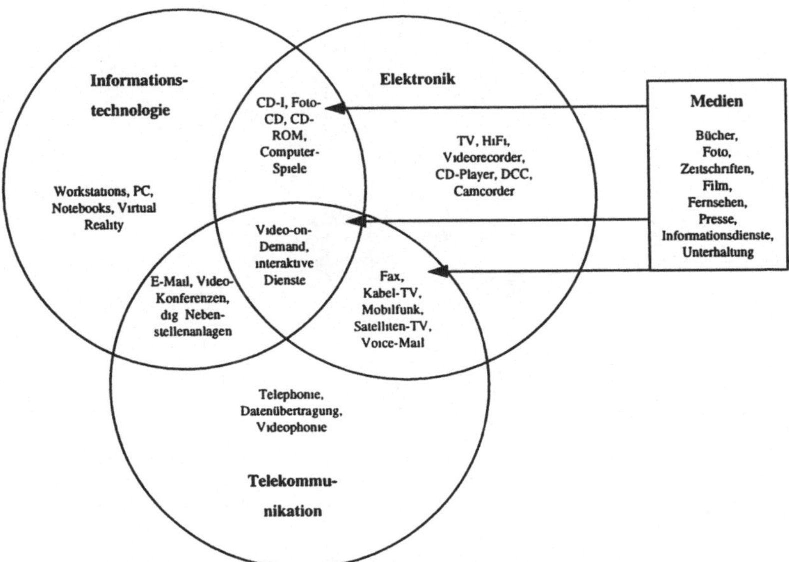

Abb. 1-6: Konvergenz der TIME-Industrien und -Märkte

Dabei ist in der Praxis sowohl ein Medien- als auch ein Produktverbund festzustellen (vgl. Schlattmann 1998, 57-77). Im Rahmen der neueren Entwicklungen ist inzwischen eine ganze Industrie entstanden, die sich mit Telekommunikation, Informationsdiensten, multimedialen Anwendungen usw. befassen. Das Spektrum reicht von der Werbebranche, wo Marketing und Vertrieb durch multimediale Online- und Offline-Medien unterstützt werden, über Software- und Systemhäuser, die neue Anwendungen auf Internetbasis entwickeln, bis zu den Netzwerk- und Service-Providern. Schätzungen der Europäischen Union zufolge sollten durch die neuen vernetzten Multimedia-Technologien 20 bis 40 Millionen Arbeitsplätze geschaffen werden. 1996 ging man noch immer von 10 Millionen aus (vgl. Segerer 1996, 28). Diese Zahlen sind schwer nachvollziehbar und scheinen aus heutiger Sicht zu hoch gegriffen, dennoch ist der wirtschaftliche und strukturelle Wandel unübersehbar. Zur volkswirtschaftlichen Bedeutung der Medienindustrie siehe z.B. Schlattmann (1996, 120-140).

Betrachtet man den Begriff Multimedia aus der Perspektive neuer Produkte und Dienstleistungen im Computer-, Telekommunikations- und Medienbereich, so fällt unmittelbar die Heterogenität auf, die eine klare Abgrenzung aus Sicht der Praxis schwer macht. Aus diesem Grund wird der Multimedia-Begriff in diesem Kapitel im Unterschied zu den wissenschaftlichen Definitionsansätzen weit gefaßt und offen verwendet. Beispiele für neue Geschäftsfelder und beteiligte Branchen sind der Buch- und Filmmarkt, Verlage, Druckereien und Online-Publishing, digitales und interaktives Fernsehen, E-Learning u.a.m. Multimedia steht in diesem Umfeld als Oberbegriff, wobei die verbindenden Merkmale die integrative Verwendung verschiedener Medien und die Möglichkeit ihrer interaktiven Nutzung sind (vgl. Goedhart/Künstner 1995). Dies steht in Einklang mit der Abgrenzung von Multimedia nach Grob/Bensberg (o.J.), die nach den Kriterien Medienintegration und Interaktion erfolgt (vgl. Abbildung 1-7).

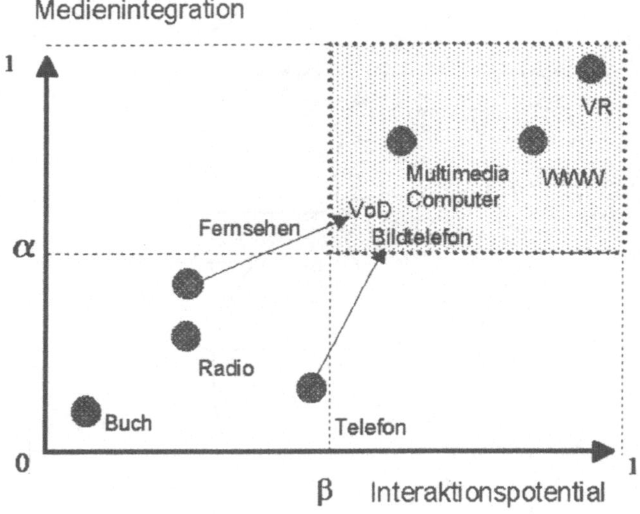

Abb. 1-7: Abgrenzung von Multimedia (Quelle: Grob/Bensberg)

Versucht man eine grobe Klassifizierung vorzunehmen, so lassen sich einerseits private und geschäftliche Anwendungen, andererseits Standalone- oder Offline-Anwendungen sowie netzgebundene oder Online-Anwendungen unterscheiden. Dazu kommt noch der digitale Rundfunk (vgl. z.B. Stark/Schenk 1999), der in manchen Publikationen ebenfalls dazugezählt wird. Insbesondere der Markt für netzbasierte Multimedia-Anwendungen befindet sich zur Zeit in einer frühen Entwicklungsphase, die zuverlässige Marktprognosen noch kaum erlaubt. Es besteht allerdings die übereinstimmende Auffassung, dass es sich um einen starken Wachstumsbereich handelt.

Vor dem dargelegten Hintergrund kann davon ausgegangen werden, dass sich das Spektrum der Medien in Zukunft noch stark erweitern wird. Bereits jetzt ist zu beobachten dass sich klassische Massenmedien und Individualmedien immer mehr aufeinander zu entwickeln und sich zum Teil bereits überschneiden. Dies hängt damit zusammen, dass auch typische Individualmedien inzwischen mit wenig Aufwand zu vervielfältigen und zu verbreiten sind. Außerdem ist eine Tendenz zu individuellen oder persönlichen Formen beim Medienmix festzustellen, die durch die zunehmenden Möglichkeiten der Medienintegration unterstützt werden. Wenn davon ausgegangen wird, dass Medien immer nur ein Mittel zur Kommunikation und Dokumentation sind, dann läßt sich die generelle Entwicklungstendenz im Medienbereich gemäß Abbildung 1-8 verdeutlichen. Ein dominanter Trend ist dabei die Individualisierung der Mediennutzung.

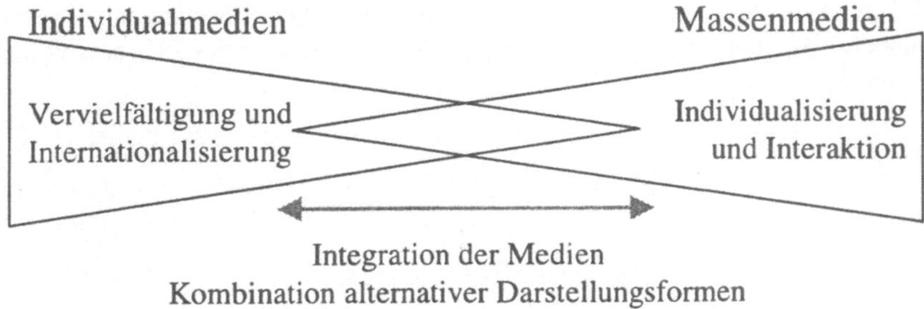

Abb. 1-8: Entwicklungstendenzen im Medienbereich (nach Szyperski 1999, 6)

Traditionellerweise lässt sich ein Markt charakterisieren durch das Produktangebot, die Kundengruppen, die Produzenten und gegebenenfalls Regionen. Die Entwicklung ist im Augenblick so dynamisch, dass es schwer ist, die Einsatzbereiche und die Marktentwicklung systematisch oder vollständig zu beschreiben. Es kann daher lediglich ein Versuch in diese Richtung unternommen werden. Die Dynamik bezieht sich auf Produkte und Produzenten in gleicher Weise. Im ersten Fall entstehen durch technologische Weiterentwicklungen immer wieder neue Dienstleistungen und Anwendungen. Im zweiten Fall sind häufig strukturelle Verflechtungen, Kooperationen und Allianzen zwischen Unternehmen zu beobachten (vgl. z.B. Dirk 1999, Markus 1999, Hess/Schumann 1999, 15, Schlattmann 1998, 57-77, Seufert 1999, 119), was als Indikator für die frühe Phase der Marktentwicklung gewertet werden kann.

In den weiteren Ausführungen wird versucht, trotz dieser Schwierigkeiten eine etwas nähere Beschreibung des Multimediamarktes vorzunehmen. Die Gliederung des nachfolgenden Textes folgt dabei einigen ausgewählten Merkmalen (vgl. dazu u.a. Kolb 1998, 102 ff), nämlich Marktpotentiale, Kundengruppen und Anwendungsfelder, Multimedia-Wertschöpfungskette, sowie Akteure, beteiligte Industrien und Anbieterstrukturen. Die meisten Multimedia-Anwendungen setzen sich aus mehreren Komponenten zusammen, wobei sich das Endprodukt oft erst durch die spezifische Kombination und die Marktstrategien bildet. Den Abschluß bilden daher einige Anmerkungen zu multimedialen Marktplätzen.

1.3.2 Marktpotentiale

Über die künftigen Marktentwicklungen bestehen erhebliche Unsicherheiten. Es ist daher nicht verwunderlich, dass die betroffenen Unternehmen trotz euphorischer Entwicklungsprognosen oft nur sehr zurückhaltend agieren. Organisatorische und personelle Verantwortlichkeiten werden konzentriert oder nur ganz vorsichtig aufgebaut, um finanzielle Risiken beim Engagement im entstehenden Multimedia-Markt zu begrenzen. Ein überdurchschnittliches Wachstum oder gar ein Explodieren des Marktes ist im Augenblick eher unwahrscheinlich. Trotzdem vermitteln eine Vielzahl von Initiativen und Förderprogrammen, Pilotprojekte, aber auch Marktstudien den Eindruck, als ob die Erschließung des Massenmarktes für Multimedia-Produkte unmittelbar vor dem Durchbruch steht (vgl. Kolb 1998, 107). Legt man die Erfahrungen der jüngeren Vergangenheit zugrunde (z.B. CD-I), so sollte man aber gegenüber allzu optimistischen Einschätzungen vorsichtig sein. Dennoch kann man insbesondere in Folge der Ausbreitung des Internets von einem nachhaltigen Wachstum ausgehen.

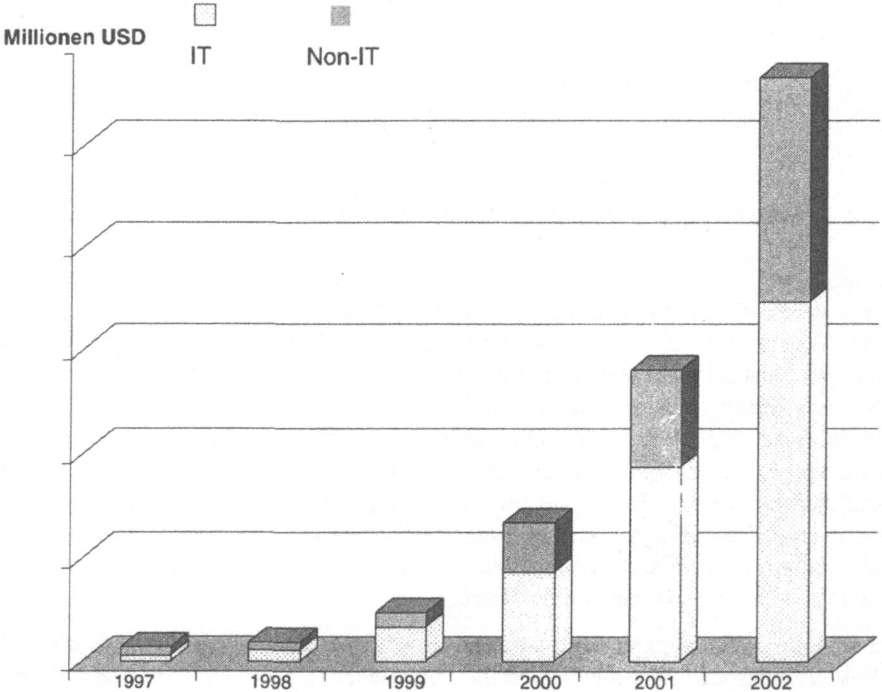

Abb. 1-9: Marktentwicklung für Internet-Lernangebote

Im Augenblick sind es vor allem die Einschätzungen zum Bereich Teleteaching und E-Learning, die diese Vorstellungen intensiv nähren. Die Zunahme der Bedeutung des Online-Lernens über das Internet wird daher noch etwas näher erläutert. Abbildung 1-9 zeigt, wie die Marktentwicklung von Lernangeboten im Internet gemäß einer Studie von Bob Jecmen, IDC (1999) eingeschätzt wird.

Die in diesem Markt erzielten Umsätze setzen sich zusammen aus Lerninhalten, Dienstleistungen sowie Bereitstellung der Infrastruktur zur Distribution. Die International Data Corporation schätzt das weltweite Marktvolumen für E-Learning bis 2002 auf 15 Milliarden Dollar. Ganz ähnlich wird die Entwicklung für Europa beurteilt. Abbildung 1-10 zeigt eine Schätzung der Umsatzentwicklung beim E-Learning für Westeuropa aufgeschlüsselt nach Art der Übertragung. Auch wenn es sich dabei um keine empirisch gesicherten Daten handelt, so ist die Tendenz dennoch plausibel. Vor drei Jahren setzten die Unternehmen noch primär auf die Weiterbildung mittels CD-ROM. Inzwischen hat man aber festgestellt, dass die Inhalte schnell veralten und nach kurzer Zeit nicht mehr genutzt werden. Aus diesem Grund geht der Trend nun eindeutig zum Lernen im Internet und Intranet. Die schnelle Aktualisierung und Möglichkeit einer Betreuung durch Tutoren machen das Medium zusätzlich interessant.

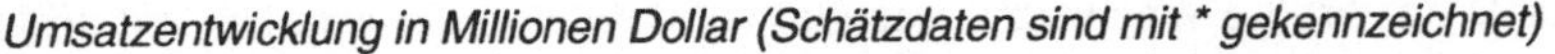

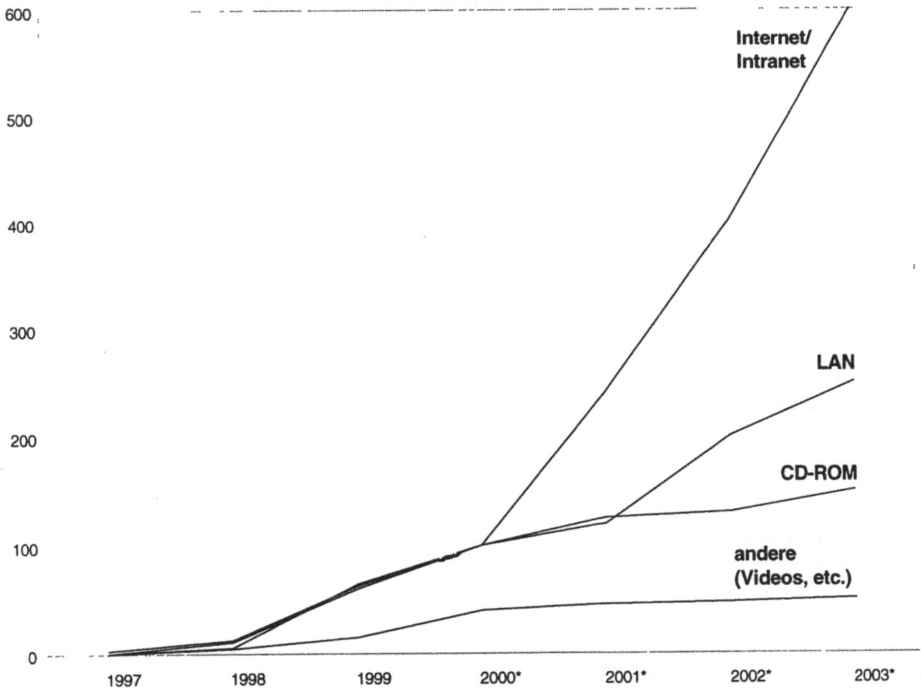

Abb. 1-10: Entwicklung von E-Learning in Westeuropa (IDC, zit. in Computer Zeitung cz 16/2000)

Die Potentiale des Multimedia-Marktes werden aber trotz aller Bedenken hoch eingeschätzt, und dies gilt in besonderer Weise für Europa. Zwischen 1995 und 2000 schätzte man das Umsatzwachstum mit verschiedenen Formen von Multimedia-Anwendungen von ca. 1,5 Milliarden USD Umsatz auf über 37 Milliarden USD. Abbildung 1-11 zeigt diese Entwicklung im Überblick, wobei in allen differenzierten Anwendungsbereichen deutliche Steigerungspotenziale zu erkennen sind (vgl. Sommerlatte 1995, 21). Die Entwicklung wird im Augenblick noch von einem Technologie-Push vorangetrieben. Mit einer zunehmenden Entwicklung des Marktes und der Wettbewerbsdynamik ist jedoch eine Zunahme der Nachfrage absehbar. Dabei fällt auf, dass die Herstellung und Entwicklung von CD-ROMs mit Abstand den größten Bereich ausmacht. Da es sich um den Stand von 1996 handelt, kann davon ausgegangen werden, dass sich das Verhältnis inzwischen stark zu Online-Anwendungen verschoben hat. Für die meisten Unternehmen ist dieses Geschäftsfeld außerdem nur ein Teil ihres Geschäfts. Häufige Zusatzaktivitäten bestehen z.B. im Verlegen und Herstellen von klassischen Printmedien sowie von audiovisuellen Produkten (vgl. Kopp 1999, 109). Einer aktuellen Analyse des deutschsprachigen Multimediamarktes zufolge sind allerdings im Jahr 2000 wieder starke Steigerungsraten zu verzeichnen gewesen. Mit ca. 900 Neuerscheinungen ist die Anzahl höher als in den beiden vorhergehenden Jahren zusammen (vgl. o.V. 2000). Zur Situation auf dem Film- und Buchmarkt siehe insbesondere Schlattmann (1998, 149ff). Sehr zögerlich läuft (zumindest in Deutschland) schließlich noch der DVD-Vertrieb an (vgl. dazu z.B. o.V. 1999). Legt man das weiter unten in Abbildung 1-15 vorgestellte 3-Schichten-Modell zugrunde, so dürfte das größte Wachstumspotential vermutlich in der zweiten und dritten Schicht zu finden sein, nicht aber in der Multimedia-Kernbranche.

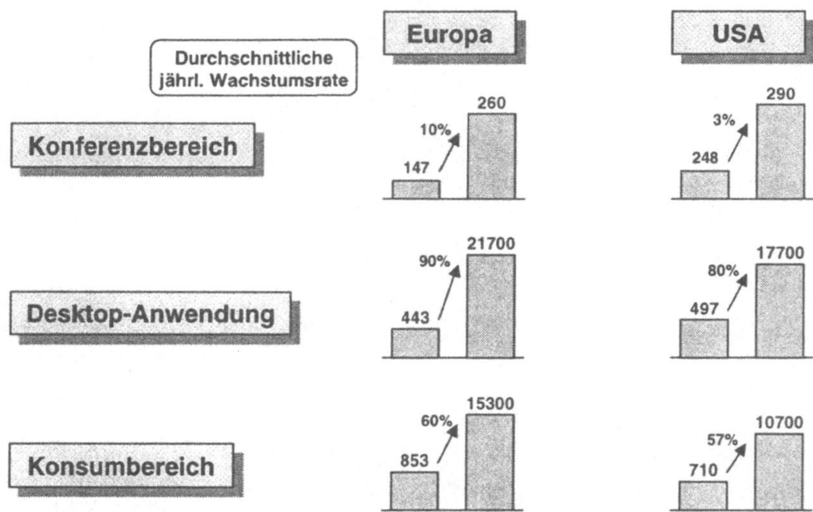

Abb. 1-11: Gesamtumsätze (in Millionen USD) mit Multimedia-Systemen (nach Knetsch 1995)

Zum Marktvolumen findet sich auch bei Zumbruch (1996) eine Aussage. Dabei wird vor allem das Investitionsvolumen im Bereich Werbung und PR betrachtet und bis zum Jahr 2000 eine Steigerung in Deutschland von damals 40 Milliarden DM auf etwa 150 Milliarden DM erwartet. Da hier ein entsprechend enger Bezug zu den neuen Medien gegeben ist, wird natürlich auch von einem starken Impuls für den Multimedia-Markt ausgegangen. Abbildung 1-12 schlüsselt die Geschäftsfelder etwas näher auf, wobei der CD-ROM-Anteil unübersehbar ist. Interessant ist in diesem Zusammenhang vor dem Hintergrund der zunehmende Bedeutung des Online-Handels, dass die CD-ROM neben Büchern, Software und Flugreisen auch im Internet zu den am häufigsten gekauften Produkten zählt (vgl. Hess/Schumann 1999, 7). Reduziert man den Fokus allerdings auf das Tätigkeitsfeld der Multimedia-Agenturen, so stellt man fest, dass diese ihre Umsätze nicht mehr wie bis Mitte der 90er Jahre primär mit CD-ROMs machen, sondern zu etwa 80 Prozent mit Internet-Aufträgen. Zur Entwicklung im Internet, seiner Nutzergruppen und der Rezeption von Online-Medienangeboten siehe insbesondere Stark/Schenk (1999). Details zum Film- und Buchmarkt finden sich bei Schlattmann (1998, 149ff), der auch die allgemeinen ökonomischen Rahmenbedingungen des Medienmarktes analysiert (vgl. Schlattmann 1998, 110-119).

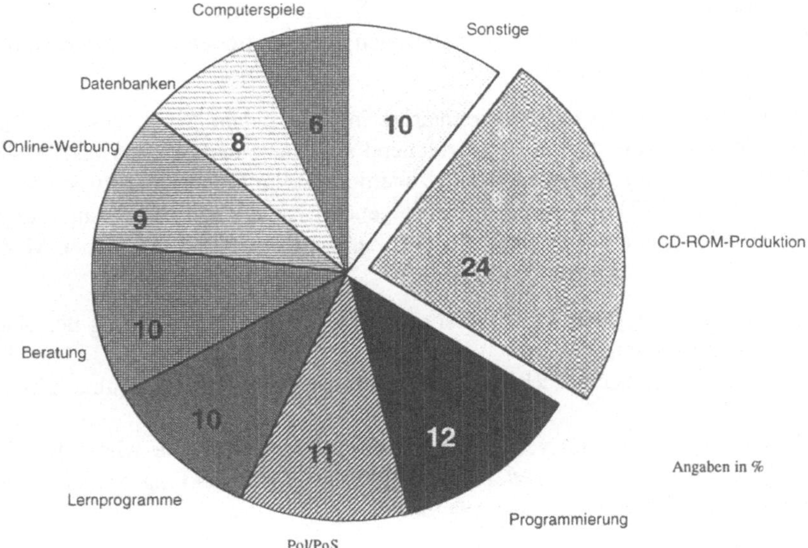

Abb. 1-12: Geschäftsfelder der Multimedia-Kernbranche (Kopp 1999, 109)

Von Seufert (1999) wurden die Thesen von den neuen Medien als Wachstumsmotor bzw. vom beschleunigten Strukturwandel zugunsten der elektronischen Medien auf ihren empirischen Gehalt überprüft. Hierzu wurden die Umsatzentwicklung aller Medienprodukte sowie der Konsumelektronik seit 1980 in Deutschland untersucht. Aus den untersuchten Daten wurde deutlich, dass die These von den Medien als Wachstumsmotor höchstens für den Zeitraum 1980 bis 1990 zutrifft. In dieser Zeit war ein überdurchschnittlicher Umsatzzuwachs von 75% bei den Medien gegenüber 65% beim BIP festzustellen. Aufgrund des relativ geringen Anteils an der Gesamtwirtschaft fällt jedoch auch dieses Wachstum nicht allzu sehr ins Gewicht. Überraschend wurde in dieser Studie festgestellt, dass sich das Wachstum der Medienmärkte nach der deutschen Wiedervereinigung nicht fortgesetzt hat. Von 1992 bis 1996 lag der Umsatzzuwachs bei allen Medien mit nur 18% sogar leicht unter dem BIP-Wachstum. (Vgl. Seufert 1999, 113). Nur ein kleiner Teil der Umsätze ist dabei auf den Kauf neuer digitaler Online- und Offline-Angebote zurückzuführen. 1996 lagen die Gesamtumsätze hier bei 2,2 Milliarden DM. Zur Struktur der Mediennutzung (Verhältnis PC/Online-Nutzung zu traditionellen Medien) siehe z.B. Kuri

(2000, 162). Ein wesentlicher Grund für das relativ geringe Umsatzvolumen in diesem Bereich ist der nur langsam fortschreitende Diffusionsprozess der zur Nutzung erforderlichen Computerausrüstung in privaten Haushalten (vgl. Seufert 1999, 114).
Betrachtet man den Medienmarkt unter dem Gesichtspunkt von Teilmärkten, so ist eine relativ starke horizontale Marktkonzentration festzustellen. In praktisch allen Segmenten (z.B. Zeitschriften, Tonträger, Videos) liegen die Marktanteile der fünf größten Unternehmen zusammen meist über 60 Prozent oder sogar deutlich höher. Andererseits lässt sich aber für Deutschland auch feststellen, dass sich die horizontale Konzentration seit den 80er Jahren kaum verändert hat, so dass hier von keinem neuen Trend gesprochen werden kann. Dieses Bild ändert sich allerdings, wenn man die Aktivitäten der Unternehmen medienübergreifend betrachtet. Generell ist auch hier in Deutschland ein Trend zu medienübergreifenden und zu internationalen Kooperationen von Unternehmen festzustellen. (vgl. Seufert 1999, 118 – 119)

Die bisherige Entwicklung der Medienmärkte in Deutschland zeigt, dass die Veränderungen auf der Angebotsseite nicht ausreichend sind für einen raschen und grundlegenden Strukturwandel und ein schnelles und überdurchschnittliches Marktwachstum. Nach Seufert (1999, 121-122) wären dafür die folgenden grundlegenden Veränderungen des Nutzungs- und Kommunikationsverhaltens in Zusammenhang mit den neuen Medien bei den privaten Haushalten erforderlich

- Ausweitung der Ausgaben für Medienprodukte sowie eine Steigerung der Nachfrage nach Werbeleistungen;
- stärkere Nachfrage nach technischen Geräten, die für die Mediennutzung notwendig sind;
- Angleichung des Nutzungsverhaltens auf internationaler Ebene wie z. B. Überwindung sprachlicher und kultureller Barrieren, um die Entwicklung größerer und internationaler Medienmärkte zu unterstützen.

Diese Verhaltensänderungen sind bisher nicht sichtbar, so dass die Vorstellungen in Bezug auf die Entwicklung des Medienmarktes zumindest kurzfristig Utopie bleiben werden. Auch wenn derzeit kaum ein Bereich so viele Innovationen präsentieren kann, erwarten Experten weder beim Medienangebot noch bei der Mediennutzung dramatische Umwälzungen bis zum Jahr 2005. Diese Meinung wird u.a. gestützt von der Analyse „Medienlandschaft 2005 im deutschsprachigen Raum" des Prognos Instituts in Basel. Und auch dann dürften die Medien aufgrund ihres geringen Anteils an der Gesamtwirtschaft allenfalls eine marginale Rolle spielen (vgl. Seufert 1999, 122).

1.3.3 Kundengruppen und Anwendungsfelder

Bei den Kundengruppen kann grob zwischen dem kommerziellen Bereich, dem privaten Bereich und dem öffentlichen Bereich unterschieden werden. Die künftige Entwicklung des Marktes hängt dabei wesentlich von der Diffusion der Technologien, aber auch von der Akzeptanz bzw. den Aneignungsmustern in diesen Bereichen ab (zur Medienakzeptanz siehe insbesondere Szyperski 1999, 195-276). Entscheidend ist dabei weniger das technisch Machbare als die Befriedigung spezifischer Bedürfnisse bei den Zielgruppen.

Die Nutzung der neuen Medien und der Mediendienste setzt natürlich eine entsprechende technische Ausstattung beim Anwender voraus. Zu diesem Thema werden regelmäßig Erhebungen durchgeführt. So besaßen 1998 erst ca. 20 bis 25 Prozent der Haushalte in Deutschland einen PC (in den USA ca. 47 Prozent), wobei es natürlich sowohl regionale als auch soziale Unterschiede gibt. Bei den Online-Anschlüssen ist das Verhältnis ähnlich. Während in Deutschland 1998 gerade 8 bis 10 Prozent der Haushalte über einen solchen Anschluß verfügten, waren es in den USA bereits 28 Prozent (vgl. zu den Online-Nutzerzahlen auch multiMEDIA 21/1999, 6). Dazu kommt eine häufig bemängelte Kultur der Mediennutzung hierzulande. (vgl. Szyperski 1999, 10, siehe auch Schumann/Hess 1999, 2 und 6-7, Kuri 2000, 160 und 162)

	Kommerzieller Bereich	**Privater Bereich**	**Öffentlicher Bereich**
PC und CD-ROM (offline)	• Berufliche Aus- und Weiterbildung • Präsentation Marketing • Kataloge • Technische Anleitungen	• Spiele • Nachschlagewerke • Sach- und Fachinformation, Ratgeber • Lernsoftware • Filme	• Stadt-/Landesinformation • Kulturelle Inhalte (Museen, Theater, Konzert) • Lernsoftware für Schulen und Universitäten
Schmalbandige Netze	• Bildtelefonie • Multimedia-Mail • Desktop-Videokonferenz • Telearbeit	• Bildtelefonie • Multimedia-Mail • Telearbeit • Teleshopping • Telespiele • Online-Information • Audio-on-Demand	• Bildtelefonie • Multimedia-Mail • Bürgerinformationssysteme • Umweltinformationssysteme • Verkehrsinformationssysteme
Breitbandige Netze	• Kooperatives Arbeiten • Videokonferenzen • Visualisierung und Simulation	• Video-on-Demand • Interaktives Fernsehen	• Telelearning • Telemedizin • Verwaltungskooperation • Virtuelle Museen

Abb. 1-13: Beispiele für Multimedia-Dienste und Anwendungen (Quelle: Kolb 1998, 103)

Erschwert wird eine systematische Betrachtung auch durch die Tatsache, dass sich der Begriff „Multimedia“ im allgemeinen Gebrauch immer mehr zu einem unpräzisen Modeausdruck entwickelt, der sehr vieles umfassen kann. Von klassischen CD-ROM-Anwendungen über Internet-Applikationen bis zum Business-TV sowie interaktiven und digitalen Fernsehanwendungen ist ein äußerst breites Spektrum zu finden. Vor diesem Hintergrund ist es nicht wirklich verwunderlich, dass Kunden-, Adopter, Nutzer- und Betroffenen-Gruppen nicht einfach zu identifizieren sind. Wegen der Rückwirkungen auf die Entwicklungen in Wirtschaft und Gesellschaft bleiben konkretere Aussagen weitgehend spekulativ. Unbestritten ist allerdings, dass die Verbreitung multimedialer Anwendungen im öffentlichen, privaten und kommerziellen Sektor gleichermaßen zunehmen,

wobei Offline- bzw. Standalone-Lösungen (z.B. Lern-CD-ROMs) immer stärker durch netzbasierte Lösungen abgelöst werden.
In Anlehnung an die in der Medienbranche übliche Differenzierung kann bei den Techniken und Anwendungen grob zwischen dem Offline-Bereich (CD-ROM, DVD, PC- und Kiosk-Systeme), den schmalbandigen Netzen sowie den Breitbandnetzen unterschieden werden. Dazu kommt noch der digitale Rundfunk (digitaler Hörfunk und Fernsehen), der sich allerdings noch weitgehend in der Erprobungsphase befindet. Man erhält damit eine erste Übersicht, sollte aber nicht vergessen, dass die Übergänge oft fließend sind. Bei den Netzen wiederum kann, z.B. nach Art der Trägermedien, der zeitlichen Übertragung (synchron, asynchron oder isochron) und nach Art der Kommunikationsbeziehungen weiter differenziert werden. Der Offline-Bereich entwickelt sich seit einigen Jahren mit großer Dynamik und es kommt ihm im Augenblick auch der größte Marktanteil zu. Dieser dürfte allerdings in den kommenden Jahren zugunsten des Internetangebots deutlich abnehmen. Dies trifft auch auf die herausragenden Sektoren Unterhaltung und Bildung zu. Mit schmalbandigen Netzen sind vor allem herkömmliche Telefonnetze und ISDN gemeint. Aufgrund der beschränkten Bandbreite für die Übertragung spielen hier multimediale Elemente eher eine ergänzende als eine dominierende Rolle. Durch den Einsatz verbesserter Technologien bei der Übertragung und Kompression von Daten ist allerdings mit einer Verbesserung zu rechnen. Die Breitbandnetze, welche für Multimedia-Anwendungen wie Video-on-Demand oder E-Learning sinnvoll sind, existiert im deutschsprachigen Raum bisher keine ausreichende Infrastruktur. Ein leistungsfähiges Netz ist aber im Aufbau und wird bereits jetzt von Hochschulen (B-WIN und G-WIN) und größeren Unternehmen genützt. (vgl. Kolb 1998, 102-104). Abbildung 1-13 stellt abschließend nochmals die Kundengruppen den Technik- und Anwendungsbereichen gegenüber und nennt Beispiele für Dienste und Anwendungen.

1.3.4 Multimedia-Wertschöpfungskette

Ein wichtiger Aspekt von Multimedia-Anwendungen ist ihre Zusammensetzung aus mehreren Komponenten, die erst in der Kombination das vermarktete Endprodukt ergeben. Für den Prozess der Zusammensetzung und Integration ist in der Zwischenzeit der Begriff „Multimedia-Wertschöpfungskette“ üblich (vgl. z.B. Kolb 1998, 106, Knetsch 1995, 15, Goedhart/-Künstner 1995, Sommerlatte 1995, 18, Wittkemper 1996, 357). Abbildung 1-14 zeigt das Beispiel einer solchen Multimedia-Wertschöpfungskette.

Andere Autoren verwenden auch die Bezeichnung Online-Wertschöpfungskette, welche die Offline-Medien jedoch ausschließt (vgl. z.B. Bullinger 1995). Beispielsweise ist für alle Netzanwendungen zunächst eine entsprechende Netzinfrastruktur (z.B. ISDN) erforderlich, die bereitgestellt werden muß. Für die meisten Produkte müssen Inhalte hergestellt und in multimediale Form gebracht werden, die dann als Daten auf zentralen Servern bzw. Großrechnern für einen beliebigen dezentralen Zugriff abgelegt werden. Die Server selbst müssen konzipiert, entwickelt, installiert und betrieben werden. Die eigentliche Nutzung durch den Verbraucher oder Anwender erfolgt schließlich auf einem entsprechend ausgestatteten Endgerät (z.B. Multimedia-PC oder Fernsehgerät). Auch für diese Geräte ist die entsprechende Software zu beschaffen oder zu entwickeln und zu implementieren. Zu den eigentlichen Produkten kommen noch sogenannte Mehrwert-

Dienste sowie das Service-Providing (z.B. Abrechnung mit Kunden, Pflege von Datenbeständen, Vermietung von Speicherkapazität, Komprimierung und Codierung von Daten). Der Anteil der einzelnen Komponenten differiert recht stark nach Anwendung, wobei allerdings im kommerziellen Bereich der Anteil der Software und der Netzleistung dominieren (vgl. Goedhart/-Künstner 1995).

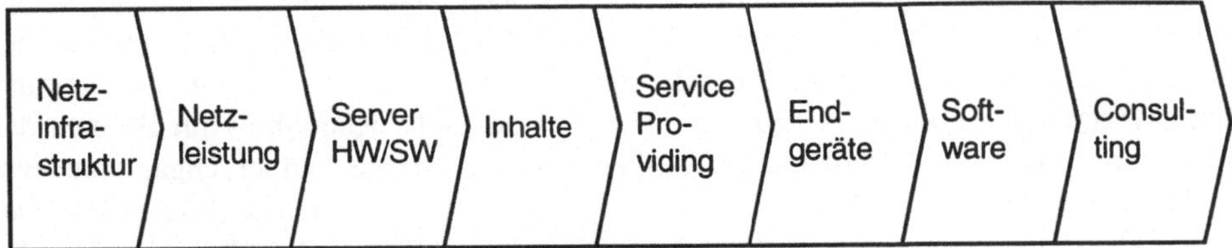

Wertschöpfungskette „Multimedia"

- → Netzinfrastruktur (IuK-Industrie)
- → Netzleistung
- → Server (Computerindustrie)
- → Inhalte (Medienindustrie)
- → Service Provision (Service Provider)
- → Endgeräte (IuK-Industrie, zunehmend Consumerindustrie)
- → Software (Softwarehäuser, Systemhäuser)
- → Lösungen und Consulting (Dienstleister, Systemhäuser, Berater)

Abb. 1-14: Multimedia-Wertschöpfungskette und betroffene Branchen (Kolb 1998, 106)

Die einzelnen Stufen der Wertschöpfung können jeweils beteiligten Branchen oder Industrien zugeordnet werden. Multimedia-Produkte und -Dienste entstehen häufig durch die Integration der einzelnen Stufen, was wiederum eine Kooperation der verschiedenen Komponentenanbieter notwendig macht. Die vollständige Eigenrealisierung ist aus Kosten- und/oder Wirtschaftlichkeitsgesichtspunkten oft nicht zweckmäßig. Kooperationsbestrebungen in diesem Umfeld sind in den USA bereits zu beobachten, so dass ein ähnlicher Trend auch für Deutschland erwartet werden kann. Durch die ohnehin bestehende Globalisierung des Medien- und Kommunikationssektors ist darüber hinaus auch ein Trend zur internationalen Zusammenarbeit zu erwarten.

1.3.5 Akteure, beteiligte Industrien und Anbieterstrukturen

Unter den Unternehmen, die am Multimedia-Markt aktiv sind, lassen sich einige Key-Player identifizieren. Wichtige Anbieter und Akteure in diesem Markt sind Unternehmen der Computer-, Medien-, und Telekommunikationsindustrie, sowie aus der Unterhaltungsindustrie, der Film- und Medienindustrie, dem Verlagswesen, dem Versandhandel und der Touristik. Aber auch öffentliche Unternehmen wie Post/Telekom und die Deutsche Bahn gehören dazu (vgl. z.B. Goedhart/Künstner 1995, Szyperski 1999, Schumann/-Hess 1999, Segerer 1996, 19-26, Schlattmann 1998, Holfelder 1995, Schult 1998 und 1999, Schnieders 1996, Schusser 1996). Schließlich gehören auch die Unternehmen

der Multimedia-Kernbranche dazu, bei denen es sich aber überwiegend um kleine oder kleinere Unternehmen handelt (vgl. Kopp 2000).
Bei den großen Gruppen fällt auf, dass sich neben den etablierten Anbietern der Medienbranche vor allem auch Anbieter aus dem Telekommunikations- und dem Informatikbereich engagieren. Diese beiden Gruppen verhalten sich tendenziell unterschiedlich. Die meisten Unternehmen aus der Medienbranche verfolgen eine defensive Strategie, indem sie ihre klassischen Produkte durch multimediale Angebote und Angebote im Internet ergänzt. Dies ist möglicherweise durch die Zersplitterung und nationale Orientierung der Medienwirtschaft erklärbar, die zudem nicht über das hohe Know-how im Bereich der Informations- und Kommunikationstechniken verfügt. Demgegenüber engagieren sich bei den neuen Geschäftsfeldern (Electronic Commerce, Online-Dienste, Suchhilfen) wenige große Mediengruppen (z. B. Bertelsmann) und vor allem Unternehmen aus der Informatik- und Telekommunikationsbranche: Als Erklärung ist hier anzunehmen, dass der Aufbau des Online-Geschäfts neben einer kritischen Masse an Nutzern vor allem eine globale Ausrichtung und eine entsprechende Kompetenz im Bereich der Informations- und Kommunikationstechnik erfordert. (vgl. Hess/Schumann 1999, 14 – 15). Kopp (1999, 108, nach Michel Medienforschung und Beratung) schlägt eine Strukturierung der Multimedia-Wirtschaft in drei Schichten vor (vgl. Abbildung 1-15).

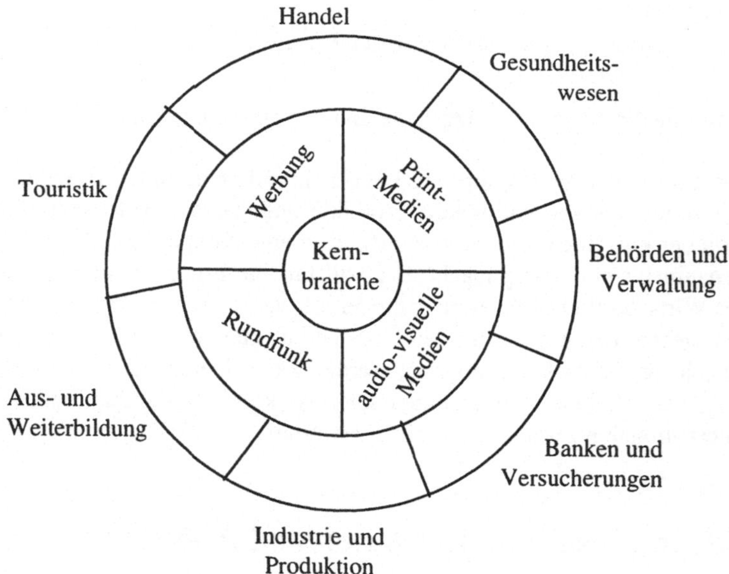

Abb. 1-15: 3-Schichtenmodell der Multimedia-Wirtschaft (Kopp 1999, 108)

Den inneren Kreis bildet die Multimedia-Kernbranche. In diesem Bereich sind Multimedia-Produzenten und Dienstleister tätig, die in erster Linie multimediale Anwendungen konzipieren, herstellen und vertreiben. Dazu zählen Multimedia-Agenturen, aber auch Abteilungen in meist größeren Unternehmen, die solche Anwendungen für die Werbung, für Schulungszwecke oder andere Aufgaben erstellen. Typische Geschäftsfelder der Kernbranche sind die CD-ROM-Produktion, die Erstellung multimedialer Datenbanken oder Produktkataloge, Lehr- und Lernsysteme, Computerspiele, digitale Enzyklopädien, Kiosksysteme, d.h. Point-of-Sale-System (PoS) und Point-of-Interest-System (PoI) u.a.m.

Zur zweiten Schicht zählen Unternehmen der Medien- und Kommunikationsbranche. Für dieses Unternehmen zählt der Einsatz von Multimedia-Anwendungen zum Kerngeschäft. In zunehmendem Maße gewinnt hier allerdings auch die Medienproduktion an Bedeutung. Typisch für diesen Bereich ist, dass die Mitarbeiter für andere Tätigkeiten ausgebildet wurden, aber zunehmend Multimedia-Kompetenzen benötigen. Betroffen davon sind vor allem Mitarbeiter mit redaktionellen, gestalterischen und technischen Medienberufen (vgl. Kopp 1999, 108).

Die dritte Schicht wird aus Unternehmen gebildet, in denen multimediale Technologien angewendet werden, sei es für das Angebot neuer Produkte oder Dienstleistungen, sei es zur Veränderung von Arbeitsprozessen oder der Arbeitsorganisation. Gemeinsam ist diesen Unternehmen, dass Multimedia nur peripher zum Einsatz kommt und daher auch ein entsprechendes Anwendungswissen bei den Mitarbeitern ausreicht.

Zwischen den drei Schichten besteht nicht immer eine klare Abgrenzung und es kann aufgrund von Marktentwicklung durchaus zu Verschiebungen kommen. Interessant ist, dass manche Anbieter der dritten Schicht inzwischen so spezialisiert sind, dass es zu einem Outsourcing in den Kernbereich kommt (z.B. Post Consult – Clip Multimedia).

Kolb (1998, 107-109) unterscheidet mehrere Gruppen von Anbietern und Akteuren, ohne eine nähere Beziehung oder Ordnung zu beschreiben. Die Gruppen werden nachfolgend kurz zusammengefaßt.

Zur ersten Gruppe zählen zunächst die Energieversorger. Den Hintergrund bilden hier die großen, unternehmensinternen Datennetze, die auf diesem Weg neuen Nutzungsmöglichkeiten zugeführt werden sollen. Über Kooperationen werden Dienstleistungen unter dem Stichwort Multimedia angeboten, wobei es sich aber meist ganz allgemein um Mehrwert-, Daten- und Telefondienste handelt.

Eine zweite Gruppe sind industrielle Großunternehmen, die in diesem Markt neue Geschäftsfelder sehen (z.B. Mannesmann, Thyssen, Deutsche Aerospace). Ziel ist aber auch hier nicht unbedingt der Multimedia-Markt im engeren Sinn, sondern ganz allgemein der Telekommunikationsmarkt. Eine weitere Gruppe, die aufgrund ihrer besonderen Rolle die Entwicklung stark vorantreibt, setzt sich aus Computerindustrie, Netzwerkspezialisten, Medienanbietern/Verlagen und Elektronikindustrie zusammen.

Das unmittelbarste Interesse besteht aber vermutlich von Seiten der Unterhaltungs-(geräte)-industrie. Aufgrund von übereilten oder falschen Strategieentscheidungen in den letzten Jahren (z.B. bei Standards) ist hier auch eine defensive und abwartende Haltung zu erkennen. Daneben sind natürlich auch die klassischen Medienunternehmen einschließlich Verlage, Rundfunkunternehmen und Presse zu erwähnen, bei denen es insbesondere um die Inhalte geht, die transportiert und kommuniziert werden sollen. Ähnlich gelagert ist die Situation bei Unternehmen im Aus- und Weiterbildungsbereich.

Und schließlich ist noch eine Fülle von Neugründungen meist kleiner Unternehmen zu beobachten, die sich im Dienstleistungsbereich und bei der Produktion multimedialer Systeme engagieren. 1996 waren dies in Deutschland etwa 300 Unternehmen mit ca. 1800 Arbeitsplätzen und einer jährlichen Steigerungsrate von mindestens 10 Prozent (vgl. Kolb 1998, 109, vgl. dazu auch Kapitel 2.4). Kopp berichtet von einem Anstieg im deutschsprachigen Raum von etwa 100 Multimedia-Dienstleistungsunternehmen im Jahr 1991 auf über 1.750 im Jahr 1998 (vgl. Kopp 1999, 114). Dieser Trend hält aufgrund der allgemeinen technologischen Dynamik noch immer an und umfasst neben Neugründungen natürlich auch Fusionen und Schließungen. Abschließend lässt sich festhalten, dass das Engagement der Unternehmen selten ausschließlich auf den noch unsicheren Multimedia-Markt alleine ausgerichtet ist, sondern auf vielfältige Weise mit verwandten Geschäftsfeldern (z.B. Telekommunikation, Internet, Softwareentwicklung) verflochten ist.

	Hersteller von Multimedia-Systemen	Betreiber von Multimedia-Systemen	Gateway-Anbieter	Anbieter von Multimedia-Inhalten und -Diensten
Abgedeckte Funktionen/ Wertschöpfung	• Lieferung einzelner System-komponenten. - Netzinfrastruktur - Server - Software/ Systeme - Endgeräte • Systemintegration	• Betrieb der technischen Infrastruktur • Angebot technischer Dienstleistungen, z.B. - Netzleistung - Serverbetrieb	• Kontrolle der Kundenschnitt-stelle in Multi-media-Systemen - Marketing - Akquisition/ Vertrieb - Kunden-verwaltung - Abrechnung	• Angebot von Multi-media-Inhalten, z.B. - Spiele - Videofilme - Finanzinforma-tionen • Angebot und Vermarktung von Multimedia-Diensten, z.B. - Homeshopping/ Homebanking - VoD
Anbieter, Beispiele, Privatkunden	• Microsoft • Oracle • Philips • Sony • Siemens • Alcatel • Intel	• Telekom • Vebacom • CNI	• Bertelsmann • CompuServe • Burda • Telekom • Microsoft • Philips	• Bertelsmann • Burda • Sega • CNN • Disney • dpa • Otto • Deutsche Bank • Philips
Anbieter, Beispiele, Geschäfts-kunden	• Microsoft • Oracle • Siemens • Alcatel • Intel • Picture Tel	• Telekom • Vebacom • CNI	• CompuServe • Telekom • Reuters	

Abb. 1-16: Anbieterrollen im Multimedia-Geschäftssystem (nach Wittkemper 1996, 357)

Dass die Multimediawirtschaft nur schwer faßbar ist, zeigen die teilweise recht unterschiedlichen Sichtweisen, die in der Fachliteratur zu finden sind. Eine sowohl von Kopp als auch von Kolb deutlich abweichende Gliederung des Multimedia-Marktes findet sich z.B. bei Wittkemper. Auf der Grundlage der Multimedia-Wertschöpfungskette leitet er vier Anbieter-Rollen in diesem neuen Markt ab, die nachfolgend wiedergegeben werden (Wittkemper 1996, 357-358):

- Hersteller von Multimedia-Systemen liefern die für netzbasierte Multimedia-Anwendungen erforderlichen Systemkomponenten – Netztechnologie, Server, Software und Endgeräte – und integrieren diese zu einem lauffähigen Gesamtsystem.
- Betreiber von Multimedia-Systemen stellen Anbietern von Multimedia-Diensten und z.T. für Gateway-Anbieter die technische Infrastruktur zur Verfügung.
- Gateway-Anbieter kontrollieren die Kundenschnittstelle eines Multimedia-Dienstangebotes, indem sie Funktionen wie Kundenakquisition und –management übernehmen. Nur sie haben den direkten Kundenzugang durch das Führen der Kundendatei sowie der Abrechnungssysteme. Sie kontrollieren auch die Benutzeroberfläche, die Programmführung bzw. wie diese Funktion von dem Betrieb der Infrastruktur getrennt werden kann.

- Anbieter von Multimedia-Inhalten und –Diensten stellen die durch Multimedia-Systeme abrufbaren Inhalte gegen Bezahlung zur Verfügung. Sei können dabei als Zulieferant eines Betreibers oder Gateway-Anbieters auftreten – beispielsweise eine Nachrichtenagentur, die einem Online-Diensteanbieter Informationen verkauft -oder selbst als Dienste- und Gateway-Anbieter im Markt aktiv werden. Bertelsmann hat z.B. für seinen Pay-TV-Sender Premiere letzteres Modell gewählt und kontrolliert als Inhalteanbieter selbstständig Akquisition, Verwaltung und Abrechnung seiner Kunden.

Abbildung 1-16 faßt diese Rollen nochmals zusammen und stellt sie in einen Zusammenhang mit der Wertschöpfungskette, die im nächsten Abschnitt noch etwas genauer vorgestellt wird In der Literatur finden sich inzwischen eine Fülle von Beispielen mit einer näheren Beschreibung beteiligter Industrien oder Unternehmen. Wittkemper (1996, 359-374) beschreibt z.B. die Industrien und Unternehmen der Märkte in den USA, Japan, Frankreich und England, wobei der Fokus primär auf der Telekommunikation liegt. Bei Szyperski (1999) finden sich das Verlags- und Druckereiwesen sowie Business TV als besonderes Anwendungsfeld. Schumann/Hess (1999) setzen sich mit dem Verlags- und Print-Bereich sowie Online-Diensten, Nachrichten- und Medienagenturen und der Online-Werbung auseinander (vgl. dazu auch Sandkuhl/Kindt 1996), und bei Schusser (1996) findet sich ein Überblick zum Musikmarkt. Für detailliertere Informationen und Beispiele wird auf diese Quellen verwiesen.

1.3.6 Multimediale Marktplätze

Bisher wurde vorwiegend die Marktentwicklung aus der Perspektive multimedialer Produkte und Dienstleistungen betrachtet. Dabei wird der „Markt“ selbst zunehmend durch multimediale Elemente geprägt; d.h. es kommen Web-Applikationen zum Einsatz, welche sich durch ihre Multimedialität auszeichnen.

Die Perspektive der Wertschöpfungskette wird durch die Fokussierung von Marktplätzen um die Perspektive des Handels ergänzt, für den sich in den letzten Jahren wesentliche Rahmenbedingungen geändert haben. Allgemein ist ein Markt ein Ort, an dem Angebot und Nachfrage aufeinandertreffen und Transaktionen möglich sind. Bei elektronischen oder virtuellen Märkten dient das Internet als Trägermedium. Auf die Besonderheiten multimedialer, elektronischer Märkte soll daher noch etwas näher eingegangen werden. Die einfachste Form sind reine Shopping-Systeme. Diese werden auch als Electronic Mall bezeichnet. Virtuelle oder elektronische Marktplätze stellen sowohl aus Sicht der Funktionalität als auch der systemtechnischen Voraussetzungen deutlich höhere Anforderungen. Beides läuft unter dem Begriff Electronic Commerce. In der Literatur finden sich sehr viele Definitionen für Electronic Commerce, wobei manche sehr eng gefaßt sind und eine Gleichsetzung mit dem Verkauf von Produkten oder Dienstleistungen über das Internet vornehmen. Der elektronische Handel beinhaltet jedoch weit mehr als nur den Online initiierten Austausch von Waren und Dienstleistungen. Er stellt ein unternehmerisches Konzept dar, bei dem Kommunikations-, Informations- und Transaktionsprozesse miteinander verbunden werden (vgl. Lampe 1999). Electronic Commerce umfaßt damit die gesamte Abwicklung von Geschäften auf elektronischer Basis. Und schließt damit neben den Geschäftsprozessen auch die Unterstützung von Produkt- und Kundenlebenszyklen mit ein. Die Abgrenzung zum hier fokussierten multimedialen Markt nicht immer eindeutig zu ziehen ist. Bezüglich Details wird hier auf die umfangreiche Fachliteratur verwiesen (siehe z.B. Bullinger 1995, Alpar 1996, Schwickert/-Pörtner 1997, Werner/-Stephan 1997, Choi et al. 1997, Gersch 2000, Krause 1999, Hermanns/-Sauter 1999, Lampe 1999, Abts/Mülders 2000, 271-309). Zur technischen Realisierung von elektronischen Marktplätzen siehe z.B. Assfalg et al. (1998), zum Marktvolumen siehe z.B. Kuri (2000, 159-160). Die Konzentration erfolgt im weiteren auf einige medienspezifischen Aspekte und Beispiele für die Mediennutzung.

Internet und Online-Dienste erlauben sowohl die Distribution herkömmlicher (physischer) Produkte als auch den Vertrieb von digitalisierten Inhalten (Software, Musik, Dokumente, Videos, usw.). Durch die Kombination dieser beiden Gruppen mit den beiden klassischen Wertschöpfungsstufen der Medienindustrie (Herstellung von Inhalten und Distribution von Inhalten) lassen sich vier Geschäftsansätze abgrenzen. Dazu kommen die für physische und digitale Produkte gleichermaßen wichtigen Such- und Navigationshilfen. Mittels Aggregation können schließlich verschiedene Informationen, Produkte, Dienstleistungen oder sonstige Einzelangebote zu zielgruppenspezifischen Gesamtangeboten verbunden werden. Abbildung 1-17 zeigt diese sechs Geschäftsansätze im Überblick.

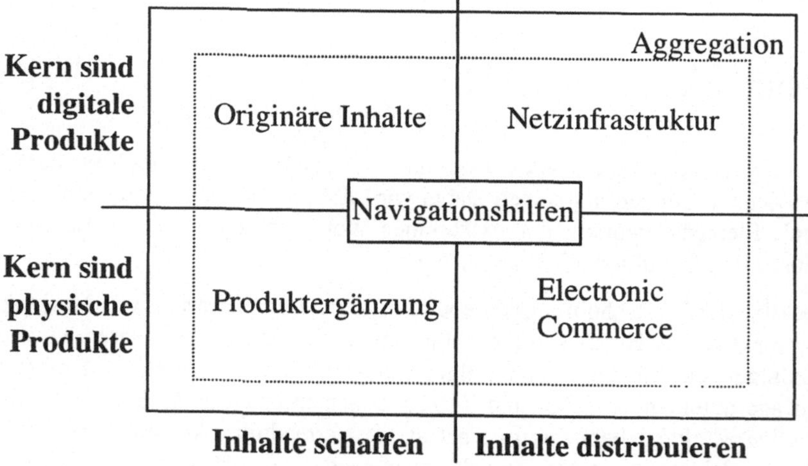

Abb. 1-17: Geschäftsansätze für den Online-Handel (Hess/Schumann 1999, 8)

Die neuen Möglichkeiten werden zunächst am Beispiel des Karstadt-Konzerns etwas näher dargestellt, der seit einiger Zeit Multimedia-Anwendungen stark forciert. Diese Anwendungen sollen folgenden Zwecken dienen (vgl. Middendorf 196, 298):

- allgemeine Kundeninformation (z.B. Hausleitsystem)
- Unterstützung und Ausweitung der Kundenselbstbedienung und der Bestellabwicklung
- Unterstützung und Qualifizierung des Verkaufspersonals im Kundengespräch
- Animation im Verkaufsraum und Einbeziehung in die bestehende Waren- und Produktpräsentation
- direkte und zeitlich unabhängige Kommunikation mit dem Kunden

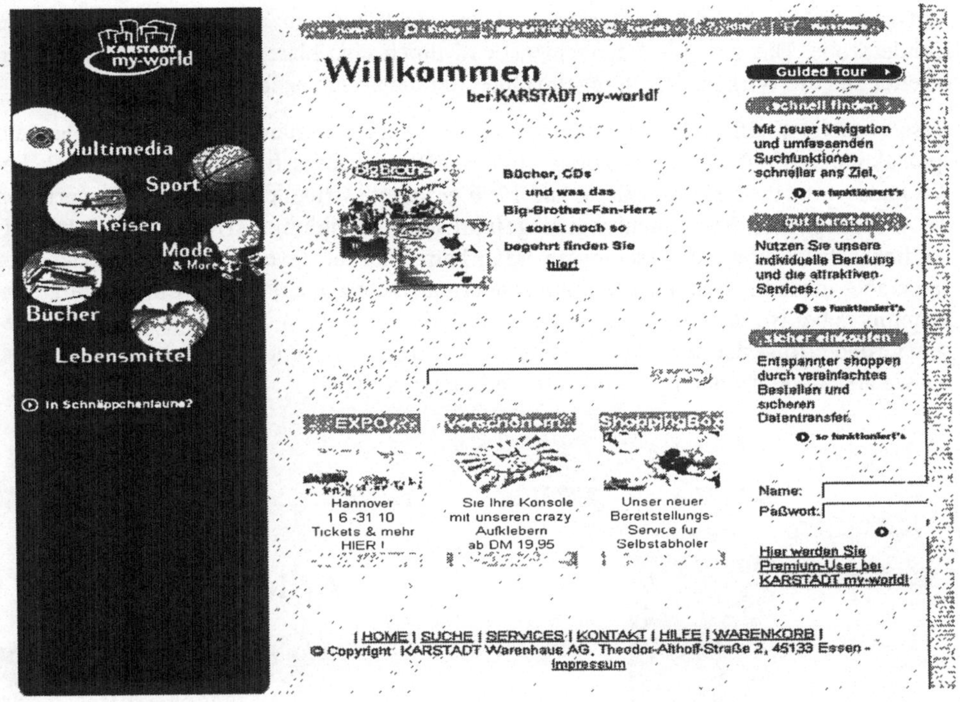

Abb. 1-18: Screenshot virtuelles Kaufhaus „my-world“

Durch die Integration verschiedener Online- und Offline-Angebote entsteht quasi ein virtuelles Kaufhaus im Baukastenprinzip. Das interaktive und multimediale Angebot wächst dabei mit der Entwicklung neuer Anwendungen. Folgende technische Plattformen werden von Karstadt zu diesem Zweck eingesetzt:

MultiMediaMaster als Kundeninformations- und Bestellterminal; dieser integriert eine zunehmende Anzahl von Funktionen und Inhalten wie z.B. MusicMaster (vgl. Segerer 1996, 251-258), aber auch die Möglichkeit das Sortiment von anderen Branchen darzustellen

CyberBar (noch nicht in allen Filialen verfügbar)

Online-Services: Angebot eines Teiles der Produkt- und Servicepalette über das Internet

CD-ROM als Offline-Medium für verschiedene Inhalte (z.B. Bilddatenbank zur Sortimentsdarstellung, Golf & Country CD ROM, CBT zum Nachschlagen und für die Schulung von Mitarbeitern)

Interaktives Fernsehen (wird als Pilotversuch betrieben, der im Erfolgsfall weitergeführt wird). Mit K-TV ist beim Kaufhof-Konzern ein Beispiel bekannt, das Eingang in die tägliche Praxis gefunden hat (vgl. Lehner 2000, 210)

Die hier kurz dargestellte Entwicklung kann fast schon als typisch angesehen werden. Sie findet sich in ähnlicher Weise mit dem „Galeriakonzept" und dem Warenhaus der Zukunft z.B. bei Kaufhof. Neben Internet und interaktiven Fernsehen setzt man sehr stark auch auf stationäre Multimediasysteme wie Infodesk, Mediastation, Sportinfo-System, Surf-Inn, und als besondere Attraktion einen „elektronischen Spiegel“ für die virtuelle Kleiderprobe. Das gesamte Engagement wird durch eine klare strategische Zielsetzung geleitet und die Wirkung durch regelmäßige Marktanalysen beobachtet.

Dass virtuelle Kaufhäuser keineswegs zum Selbstläufer werden, läßt sich nicht nur am spektakulären Konkurs des Londoner Internet-Warenhauses boo.com sehen. Auch bei Karstadt wird das bereits skizzierte und 1996 gestartete virtuelle Kaufhaus „my-world“ in der ursprünglichen Form nicht weiter geführt (vgl. Abbildung 1-18), sondern ohne öffentliche Diskussion still geschlossen. Man betrachtet die Investitionen der letzten vier Jahre aber nicht als verlorenes Kapital sondern als wichtige Erfahrung. Eine wichtige Erkenntnis dabei ist, dass auch bei den neuen Medien vor allem die Marke zählt. Aus diesem Grund erfolgt der neue Auftritt unter einem neuen Konzept und der Internet-Adresse www.karstadt.de, wobei my-world zum Teil integriert wird.

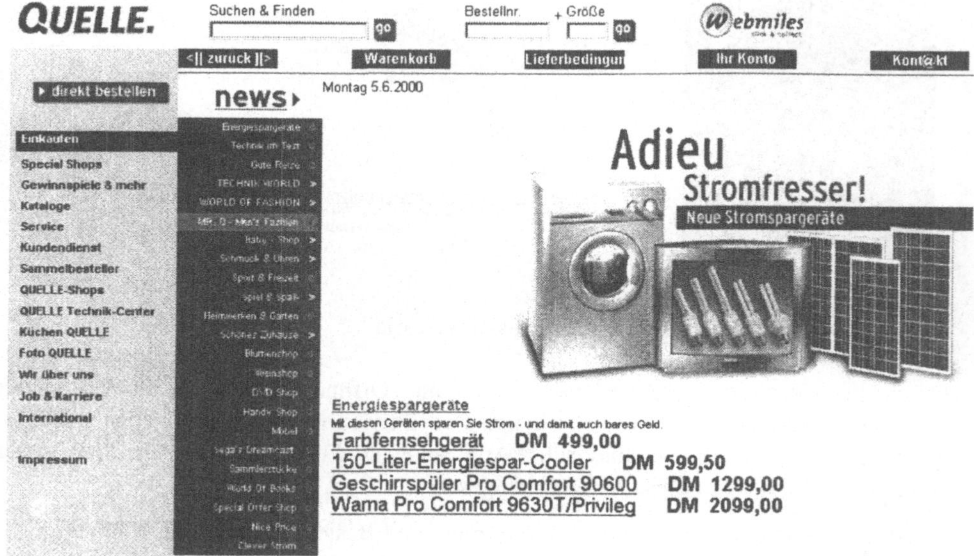

Abb. 1-19: Screenshot Quelle

Abbildung 19 zeigt stellvertretend für viele ähnliche Beispiele das Shopping-System von Quelle. Ein besonders bekanntes und häufig zitiertes Beispiel für eine Mall ist die Electronic Mall Bodensee (EMB, www.bodan.net), wo inzwischen über unterschiedliche Rubriken ein sehr differenziertes Angebot an Waren und Dienstleistungen geboten wird, das natürlich über diverse Links Zugang zu weiteren Informationen ermöglicht (vgl. Abbildung 1-20). Die Erfahrungen mit dieser Mall zeigen, dass regionale elektronische Marktplätze trotz oder wegen der allgemeinen Globalisierungstendenzen ebenfalls gute Chancen für eine positive Entwicklung haben (vgl. Szyperski 1999, 9).

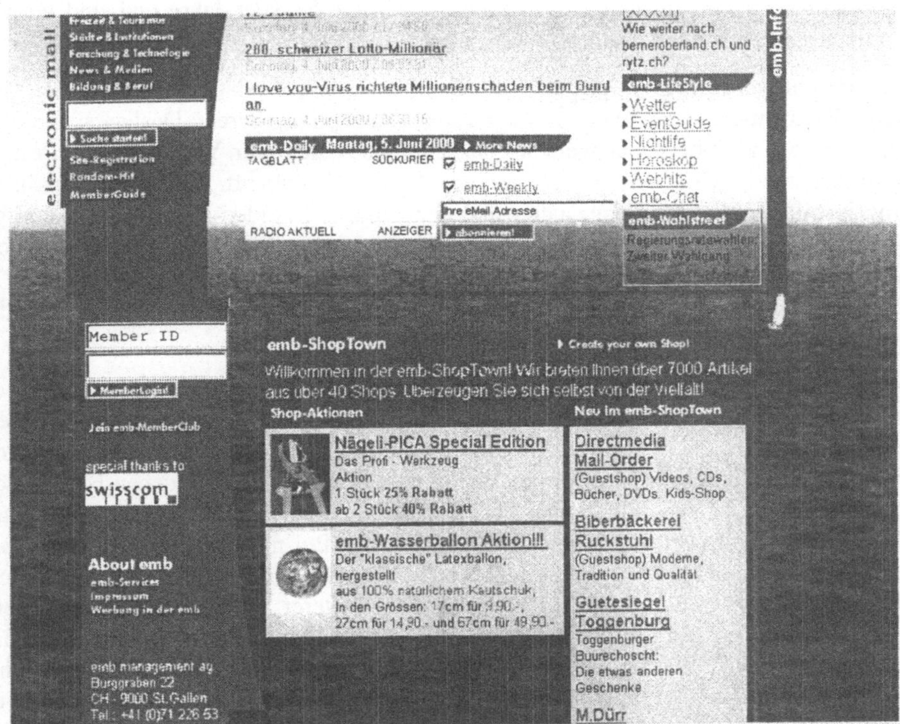

Abb. 1-20: Screenshot EMB

1.4 Berufsbilder und Arbeitsmarkt

Gegenstand dieses Abschnitts sind die Entwicklung bei den Arbeitsplätzen und die Berufsbilder im Bereich der neuen Medien. Hierzu soll zunächst kurz erläutert werden, was im folgenden unter einem Berufsbild zu verstehen ist. Der Begriff des Berufsbildes läßt sich allgemein folgendermaßen definieren (SVD/WIF 1996, 11):

> *"Ein Berufsbild – eine primär für die Allgemeinheit bestimmte pauschale Information über einen Beruf bzw. eine Berufsgruppe – beschreibt die typische, merkmalsrelevante Tätigkeitsstruktur eines Berufes (allenfalls einer Berufsgruppe). Die zur Erfüllung des konkreten Aufgabengebietes notwendigen Voraussetzungen, Fähigkeiten und Eigenschaften ergänzen in der Regel die Beschreibung. Dagegen fehlen Aussagen zur instantiellen Einordnung, zu Information, Kommunikation, Kompetenz und Verantwortung".*

Ergänzend ist allerdings anzumerken, dass sich die nachfolgenden Ausführungen aus pragmatischen Gründen auch mit Punkten befaßt, die gemäß dieser Definition nicht zu einem Berufsbild im engeren Sinne gehören. Die Berufsbilder der neuen Medien sind noch relativ jung. Sie entstanden allmählich seit Mitte der 90er Jahre und sind im Moment noch starken Veränderungen unterworfen.

Nach Ansicht des DMMV (Deutscher Multimedia Verband) existieren derzeit vier Multimedia-Berufsbilder, und zwar Management, Konzeption, Screen-Design sowie Programmierung und Projektmanagement. Darüberhinaus sieht der Verband im Informations-Broker und im Online-Redakteur weitere Berufe mit Zukunft. Offiziell gibt es in der Berufsausbildung den Mediengestalter und den Film- und Video-Editor. Ansonsten gilt für die meisten Multimedia-Jobs: Es gibt weder eine exakte Tätigkeitsbeschreibung noch ein abgegrenztes Tätigkeitsfeld (vgl. Reidel 1998, siehe auch Issing 1998). Daher ist auch verständlich, dass Trainee-Programmen in der Praxis sowie dem Training-on-the-Job eine besondere Bedeutung zukommt.

Als Leitbild für typische Berufe können zur Zeit Ausbildungsmodelle dienen, welche die Grundlage für die Fachausbildung darstellen. Eine Vorreiterrolle in Deutschland spielte die Multimedia-Berufsakademie in Friedrichshafen. Die im Zuge der Ausbildungskonzeption für die Studiengänge an dieser Multimedia-Akademie entstandenen Berufsbilder haben eine wichtige Vorbildwirkung. Die abschließend dargestellten Berufsbilder bauen teilweise darauf auf (vgl. z.B. aber auch Kopp 2000). Bei manchen Berufsbildern (z.B. Media-Planer) handelt es sich um kein neues Berufsbild, sondern um bestehende Berufsbilder, die eine Erweiterung erfahren. Bezüglich weiterer Informationen zum Thema Multimedia-Berufe wird auf die Internet-adressen www.dmmv.de, www.mmb-michel.de und www.aim-mia.de verwiesen. Einen genaueren Überblick über die Gehaltsstrukturen und Arbeitszeiten in dieser Branche gibt der „dmmv Multimedia Gehalts-spiegel“, der vom DMMV zusammen mit dem High-Text-Verlag herausgegeben und regelmäßig aktualisiert wird.

Multimedia-Produzent: Hier handelt es sich um den Generalisten im Multimedia-Team, der die Herstellung von audiovisuellen Medien gleichermaßen beherrscht wie den Umgang mit der digitalen Technik und mit interaktiven Systemen. Er betreut die Produktion von der Konzeption bis zum fertigen Produkt. Nützlich für die Tätigkeit sind Zusatzerfahrungen in der traditionellen Medienarbeit, auf dem Gebiet der Informatik, sowie über Grafik, Film, Foto, Journalistik, Pädagogik, Öffentlichkeitsarbeit u.ä. Besonders wichtig sind neben den genannten Kenntnissen noch Erfahrungen auf dem Gebiet des Projektmanagements.

Multimedia-Manager: Aufgabe ist die Leitung von Multimedia-Projekten im Team, Beratung von Kunden, Controlling und Budgetverantwortung.

Multimedia-Konzeptionist (Multimedia-Konzepter): Diese Berufsgruppe kümmert sich um Kundenberatung und Betreuung, wobei es insbesondere in Zusammenarbeit mit dem Produzenten um Akquisition, Vertrieb und Marketing geht. Das Aufgabengebiet umfaßt also die gesamte Konzeption von Multimedia-Anwendungen. Zum Beratungsumfang gehört neben der technischen Seite auch die Finanzplanung und die Kalkulation des Multimedia-Produkts. Eine kaufmännische Zusatzausbildung ist daher von Vorteil. Ähnlich wie beim Produzenten kommt es auch hier häufig vor, dass ein Produkt vom ersten Beratungsgespräch bis zur Auslieferung an den Kunden zu begleiten ist.

Multimedia-Programmierer (Online-Entwickler): Diese Berufsgruppe entwickelt und gestaltet auf dem PC multimediale Produkte. Zur Herstellung werden gängige Programmiersysteme und spezialisierte Multimedia-Entwicklungsumgebungen benutzt (z.B. Autorensysteme). Neuerdings kommt in verstärktem Umfang auch die Entwicklung von Web-Anwendungen dazu (z.B. mit Frontpage oder ähnlichen Werkzeugen). Ein wichtiges Kriterium ist die benutzerfreundliche Bedienungsoberfläche bzw. Bedienerführung. Aufgrund des hohen Programmieranteils ist eine Grundausbildung in Informatik oder eine entsprechende Praxiserfahrung äußerst nützlich.

Multimedia-(Screen-)Designer: Diese Berufsgruppe erstellt die Programmiervorgaben. Dazu gehört neben der eigentlichen Oberflächengestaltung auch der Weg oder Verlauf, der dem Benutzer einer Multimedia-Anwendung im allgemeinen vorgegeben ist. Entscheidend sind die Fähigkeiten auf dem Gebiet der grafischen Gestaltung, wobei die Gestaltungselemente nach ästhetischen und funktionalen Kriterien mit den technischen Möglichkeiten verknüpft werden. Der Multimedia-Designer ist der eigentliche Mediengestalter im Team. Seine Rolle entspricht der des Grafikers bei Printmedien. Die Begabung für die visuelle Gestaltung ist daher die vermutlich wichtigste Voraussetzung. Häufig gehören neben dem Entwurf aber auch die Umsetzung zu den Aufgaben. Zusätzlich zu klassischen Design-Techniken kommen Bildbearbeitungssoftware (z.B. Photoshop), Animationssoftware (z.B. 3-D-Studio) oder Autorensysteme.

Infografiker: Dieses Berufsbild setzt sowohl technisches als auch journalistisches Interesse voraus. Die Aufgabe besteht in der Informationsaufbereitung, die möglichst auf einen Blick komplizierte Sachverhalte veranschaulichen soll. Meist gelingt dies mit einer Grafik besser als mit einem Text. Der Bedarf nach diesen Fachleuten besteht z.B. bei Nachrichtenmagazinen, Zeitungen, Werbeagenturen u.ä.

Multimedia-Netzwerkbetreuer: Das Aufgabengebiet umfaßt Planung, Installation und Wartung der Technik. Er paßt Hard- und Software an und richtet die Multimedia-Anwendung für die Benutzung in marktgängigen Netzwerkumgebungen ein. Zum Aufgabenprofil zählen auch Sicherungsmaßnahmen und Virenabwehr. Er sollte über eine Grundausbildung auf dem Gebiet der Informatik und der Kommunikationstechnik verfügen.

Web-Master: Verwaltung von Web-Sites, Steuerung von technischen Abläufen für Multimedia-Anwendungen. Er sollte über eine vertiefte Ausbildung auf dem Gebiet der Informatik und der Kommunikationstechnik sowie Erfahrung mit einschlägigen Programmiersprachen wie HTML, Java usw. verfügen.

Online-Redakteur: Bearbeitung von Texten, Konzeption von Informationsangeboten für das Internet. Im Umfeld dieser Aktivitäten sind auch der Informations-Broker und der Digital Publisher zu sehen.

Media-Planer: Der Aufgabenbereich liegt zwischen werbenden Unternehmen und Medien. Es geht z.B. darum, Werbebanner auf den richtigen Internetseiten zu platzieren. Generell geht es um die richtigen Kommunikationswege, damit die Werbebotschaften an der gewünschten Stelle und bei der gewünschten Zielgruppe ankommen.

Multimedia-Autor: Er entwickelt aus Produktideen und Anforderungen die an die Produktion gestellt werden einen detaillierten Produktionsplan, der mit einem Drehbuch vergleichbar ist. Anhand dieses Plans setzen die Mitglieder des Multimedia-Entwicklungsteams die Phasen des Produktionsablaufs um. Der Autor muß dazu die Gestaltungsmöglichkeiten der verschiedenen Mediensysteme kennen. Voraussetzungen für diese Tätigkeit sind sprachliche Fähigkeiten, Textgestaltung, didaktisches Geschick und Kenntnis in Dramaturgie. Man spricht auch von CBT- bzw. WBT-Autor, wenn die zu entwickelnden Produkte dem Bereich Lernsoftware angehören.

Die Entwicklung auf dem Arbeitsmarkt wird insgesamt sehr positiv gesehen, wenngleich die euphorischen Schätzungen Mitte der 90er Jahre inzwischen durch realistischere Zahlen abgelöst werden. Sommerlatte (1995, 21) ging von etwa 10 Millionen neuen Arbeitsplätzen in Europa in diesem Umfeld aus (vgl. auch Segerer 1996, 28). Dazu zählen neben den Arbeitsplätzen in der Medienindustrie (ca. 3 Millionen) und im dazugehörigen Dienstleistungssektor (ca. 2 Millionen) auch die Telearbeitsplätze (ca. 5 Millionen). Ähnliche Zahlen, finden sich auch in anderen Veröffentlichungen. So berichtete Zumbruch (1996) von rund 600 Multimedia-Agenturen, die sich in etwa einem Jahr verdoppeln sollten. Diese Entwicklung ist auch eingetreten, denn 1998 waren es bereits 1.750 Multimedia-Agenturen im deutschsprachigen Raum, die 1999 auf 2.179 anstiegen.

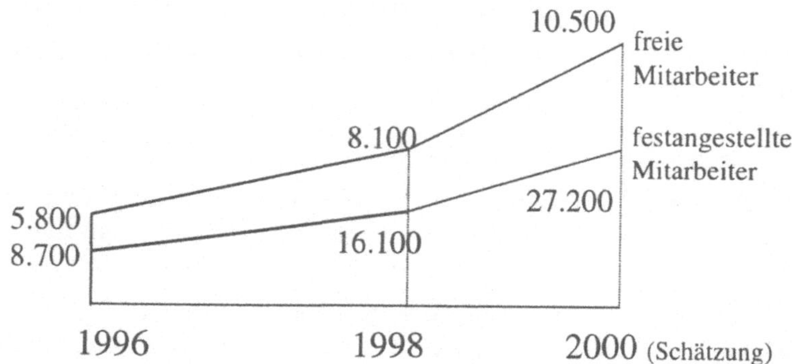

Abb. 1-21: Trend im Verhältnis von freien und festen Mitarbeitern (nach Kopp 2000,209)

Das breite öffentliche Interesse und die ausführliche Berichterstattung in den Medien täuschen allerdings darüber hinweg, dass dieser Wirtschaftsbereich zwar wächst, aber insgesamt gesehen nicht zu den größten in Deutschland zählt. Das statistische Jahrbuch 1997 weist in der Multimedia-Kernbranche gerade einmal 30.000 Beschäftigte in Deutschland aus. 1998 waren es 36.000. Auch der allgemein vermittelte Eindruck einer Jobgarantie in diesem Bereich kann zumindest bisher noch nicht bestätigt werden. Trotz des relativ geringen Volumens wächst der Arbeitsmarkt in diesem Bereich aber deutlich. Eine Steigerung bis maximal 50.000 Beschäftigte im Jahr 2000 wurde von vielen für möglich gehalten (vgl. Kopp 1999, 113). Diese Prognose wird von den aktuellen Zahlen bestätigt, wobei für 1999 56.600 Beschäftigte angegeben werden. Die Anzahl der Arbeitsplätze liegt bereits über 100.000. Ein weiterer zentraler Aspekt dieses Berufsfeldes ist der hohe Anteil freier Mitarbeiter. Durchschnittlich hat heute ein Unternehmen in der Multimediabranche 16.4 (ein Jahr vorher 12.1) fest angestellte und 10 (ein Jahr zuvor 8.7) freie Mitarbeiter. Mit der steigenden Arbeitsplatzanzahl ist auch ein Trend zur Festanstellung erkennbar. Abbildung 1-21 verdeutlicht diese Entwicklung als Trenddarstellung. Ein ähnliches Bild zeichnet Lorentz (1999), der dabei Multimedia- und Online-Arbeitsplätze zusammenfaßt.

Abbildung 1-22 zeigt das Ergebnis einer Umfrage unter 102 Firmen in Bezug auf die fest angestellten Mitarbeiter in den Kernberufen. Es liegt die Vermutung nahe, dass fest angestellte Mitarbeiter weiterhin primär für diese Tätigkeitsbereiche angestellt werden, während für Spezialfälle und Spitzenbedarf auf freie Mitarbeiter zurückgegriffen wird. (Kopp 1999, 111)

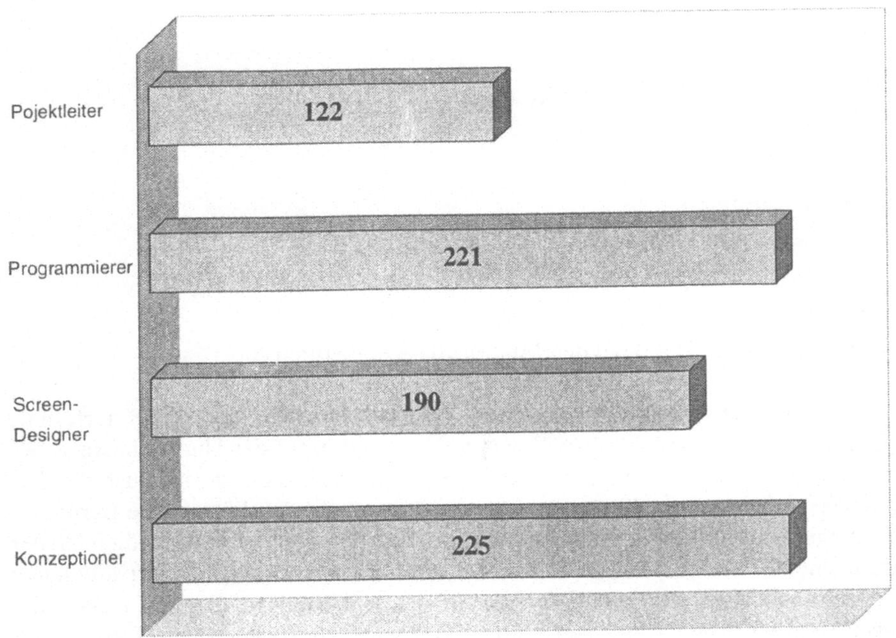

Abb. 1-22: Kernberufe in der Multimedia-Produktion

Neben den typischen Kernberufen finden sich natürlich noch einige weitere Funktionsbereiche, die stärker spezialisiert sind. Dazu können z.B. Mediendidaktik, Online-Didaktik, Online-Redaktion, aber auch branchenübergreifende Tätigkeiten wie Netzwerkbetreuung und Techniker gezählt werden. Auf der Basis der bereits genannten Untersuchung ergibt sich der in Abbildung 1-23 dargestellte Akademikeranteil bei den Multimedia-Berufen. Bei den Qualifikationen und der Ausbildung fällt zunächst auf, dass der akademische Bildungsweg (Universitäten und Fachhochschulen) mit ca. 80% dominiert (vgl. Kopp 1999, 111). Aufgrund der komplexen Anforderungen dürfte sich an dieser Situation wohl auch in naher Zukunft nicht ändern. Dazu kommt die Notwendigkeit, mit den ständigen Veränderungen im künstlerischen, technischen und gestalterischen Bereich Schritt zu halten. Mindestens ebenso wichtig sind daneben persönliche Eignungen im Bereich der Soft Skills wie Teamfähigkeit, Kreativität und Flexibilität. Darüber hinaus werden in Stellenanzeigen manchmal explizit Eigenschaften wie Dynamik, sicheres Auftreten und Stressfestigkeit formuliert. Es ist in diesem Zusammenhang gut verständlich, dass die permanente Weiterbildung neben der Berufstätigkeit unabdingbar ist. (vgl. Kopp 1999, 112).

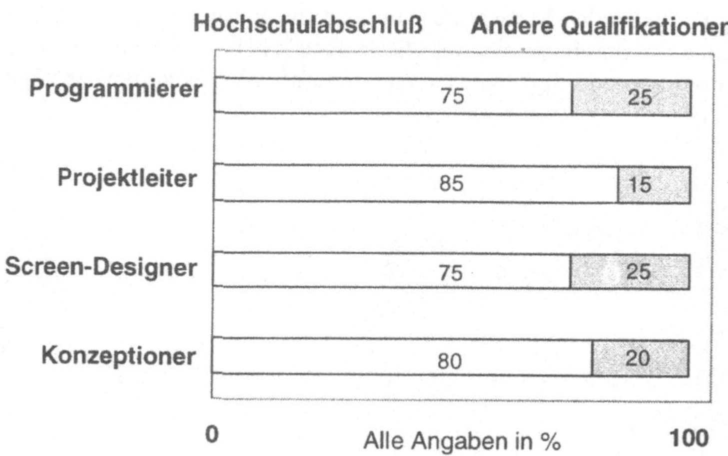

Abb. 1-23: Akademiker-Anteil bei den Multimedia-Kernberufen

Die durchschnittlichen Arbeitszeiten über alle Tätigkeitsbereiche lagen 1998 nach einer dmmv-Umfrage bei wöchentlich 46,5 Stunden. Nur 10 Prozent der Unternehmen geben an, Überstunden zu bezahlen. Bei Abteilungsleitern und Projektleitern sind auch deutlich höhere Wochenarbeitszeiten üblich. Das interessante und abwechslungsreiche Berufsfeld ist also durchaus mit einer erhöhten Belastung verbunden. Die Verdienstmöglichkeiten sind im Augenblick wieder leicht im Sinken begriffen. Besonders hoch dotiert sind neben den leitenden Funktionen Positionen im Marketing. Der Mittelwert liegt im Augenblick zwischen 60 und 80 TDM, wobei aber Leitungsstellen fast unabhängig vom Tätigkeitsbereich doppelt so gut oder sogar noch besser bezahlt werden.

1.5 Politische und rechtliche Aspekte

Im Zusammenhang mit der Entwicklung von Multimeda-Anwendungen sind es immer wieder rechtliche Fragen, die Hersteller, Künstler oder Vertrieb vor überraschende Probleme stellen. Dies liegt sicher an den enormen technischen Möglichkeiten bei Produktion, Vervielfältigung, Vertrieb usw., aber natürlich auch an der Tatsache, dass viele Produkte auf bereits vorhandene Werke aufbauen. Das bekannteste Beispiel dafür ist vermutlich die Sampling-Technologie in der Musik. Dabei werden bestehende Musikstücke verändert, verfremdet oder überarbeitet, so dass das Ursprungswerk oft nicht mehr zu erkennen ist. Ganz ähnlich ist die Situation bei der Herstellung von CD-ROMs, wo ebenfalls häufig auf bestehendes Material (Bilder, Texte, Videos, usw.) zurückgegriffen wird. Durch die verfügbaren Technologien ist auch die Vervielfältigung mit einem relativ geringen Aufwand möglich. Die digitale Kopie ist in ihrer Qualität vom Original gewöhnlich nicht zu unterscheiden.

In Verbindung mit dem vom Fraunhofer-Institut entwickelten MP3-Verfahren zur Komprimierung von Audiodaten ist das Problem inzwischen ganz aktuell geworden. Weltweite Online-Tauschbörsen wie Napster bieten MP3-Files gratis zum Download an. Legal wäre das nur bei selbst produzierter Musik. Zum Teil stehen Songs auf diese Weise im Internet noch vor der Veröffentlichung im Handel zur Verfügung. Gegen Napster, MP3.com und ähnliche Firmen laufen inzwischen bereits zahlreiche Klagen von so bekannten Namen wie Madonna oder Metallica. Bei Prügner (1997) findet sich das Beispiel eines japanischen Cartoonisten, dessen Geschichte „Captain Harlock" im Internet verfügbar ist und überall auf der Welt Verwender oder Nachahmer gefunden hat. Reiji Matsumoto hat in diesem Fall akzeptiert, dass seine Werke im Internet kopiert werden. Aus rechtlicher Sicht ist die Sache aber etwas komplizierter. Neben der Vervielfältigung kommen aber noch weitere neue Rechtsprobleme dazu, die mit der Präsenz im Internet zu tun haben. Die Produkte und Ergebnisse stehen plötzlich weltweit zur Verfügung, während sowohl das Urheberrecht als auch alle anderen Immaterialgüterrechte wie Marken- oder Kennzeichenrecht, der Musterschutz und das Wettbewerbsrecht territoriale Rechte sind. Der Rechtsschutz kann dabei in den unterschiedlichen nationalen Rechtssystemen verschieden ausgeprägt sein. Was in Deutschland verboten ist, kann anderswo erlaubt sein. Die Globalität des Internets bedingt es, dass die nationalen Grenzen praktisch keine Bedeutung mehr haben. Theoretisch müssten also die Rechtsordnungen aller Staaten beachtet werden.

Eng damit in Zusammenhang steht die Frage, wer für allfällige Verletzungen von Recht haftet. Auch die Abgrenzung zwischen privatem Bereich und Massenmedien ist nicht mehr einfach möglich. Durch die einfache Vervielfältigung und Verfügbarmachung für ein Massenpublikum erhebt sich natürlich die Frage, ob nicht die Regelungen des Medienrechts zur Anwendung kommen müssten. Obwohl nicht auf alle Fragen und Probleme erschöpfend eingegangen werden kann, sollen dennoch einige ausgewählte Punkte noch näher behandelt werden (für weitere Details siehe z. B. Hartmann/Merx, 2000). In den nachfolgenden Ausführungen sollen zunächst die medienpolitischen Aspekte erläutert werden, bevor im Anschluß daran auf die eigentlichen Rechtsprobleme eingegangen wird.

1.5.1 Medienpolitische Aspekte

Multimedia-Anwendungen berühren eine ganze Reihe von Rechtsgebieten. Sie werfen dementsprechend neue Fragen und Probleme auf, die bisher erst zum Teil gelöst wurden (siehe insbesondere Hartmann/Merx 2000, zu medienpolitischen und medienrechtlichen Aspekten siehe auch Peiser 1999). Betrachtet man die Entwicklung entsprechender Infrastrukturen und Anwendungen, dann lassen sich zumindest drei Ebenen unterscheiden, wo das Interesse einer öffentlichen Einflussnahme auf die künftige Entwicklung besteht (vgl. Kolb 1998, 109-110):

- allgemeine politische bzw. gesellschaftliche Ziele hinsichtlich Multimedia
- konkrete Maßnahmen im Sinne staatlicher Programme (z.B. Förderprogramme, Forschungsprogramme, Aufbau einer Infrastruktur)

- unmittelbarer Regulationsbedarf, d.h. gesetzliche Rahmenbedingungen für die Entwicklung von Multimedia-Infrastrukturen und -Anwendungen

Auf allen drei Ebenen, die anschließend noch etwas näher beschrieben werden, sind inzwischen mehr oder weniger umfangreiche Aktivitäten zu beobachten. Aufgrund der beobachtbaren gesellschaftlichen und wirtschaftlichen Veränderungen besteht natürlich auch ein entsprechender politischer Regelungsbedarf. Bei den politischen und gesellschaftlichen Zielen wird immer wieder der Begriff von der Informations- und Wissensgesellschaft verwendet. Da es sich um eine globale Entwicklung handelt, können nationale Akteure nur mehr bedingt über Details zum Ob und Wie entscheiden. Ein wichtiges politisches Ziel ist daher die Erhaltung der Wettbewerbsfähigkeit der eigenen Wirtschaft durch eine möglichst rasche und breite Anwendung der neuen Technologien, um Wachstum und Beschäftigung langfristig zu sichern. Dem Multimedia-Markt wird aus volkswirtschaftlicher Sicht dabei eine zentrale Rolle beigemessen, welche zu Prozessinnovationen sowie zu Wachstum- und Substitutionsprozessen in praktisch allen Wirtschaftsbereichen führen soll (vgl. Kolb 1998, 110, vgl. auch Schlattmann 1998, 120-140). Zu beobachten ist in diesem Zusammenhang, dass wirtschaftspolitische und ökonomische Ziele zur Zeit offensichtlich medienpolitische und gesellschaftliche Ziele dominieren. Medien und Kommunikation werden als Ware bzw. Dienstleistung verstanden, deren Erstellung und Bereitstellung über die Selbststeuerungskräfte des Marktes geregelt wird.

Auf der zweiten Ebene erfolgt eine Umsetzung der Zielvorgaben bzw. ihre Förderung durch staatliche Maßnahmen und die Schaffung allgemeiner Rahmenbedingungen. Hier sind gegenüber den 80er Jahren, in denen es um den Aufbau der Netze und der Telekommunikationsinfrastrukturen ging, entscheidende Veränderungen zu beobachten. Zu einem Grundprinzip ist inzwischen der Wettbewerb unter privaten Anbietern geworden, der sowohl zur Kostensenkung beitragen soll als auch zu einer raschen Schaffung einer leistungsfähigen Infrastruktur und der allgemeinen Verbreitung von multimedialen Technologien und Anwendungen führen soll. Auf staatliche Förderprogramme kann natürlich nicht ganz verzichtet werden. Diese konzentrieren sich dann meist auf Pilotanwendungen oder ausgewählte Anwendungsbereiche wie Aus- und Weiterbildung, Wissensmanagement, Teleservice und Telearbeit u.a.m.

Auf der dritten Ebene geht es schließlich um konkrete regulatorische Maßnahmen. Hier ist zunächst einmal festzustellen, dass die rechtliche Stellung von Multimedia-Anwendungen, Dienstleistungen und Produkten weder einfach noch eindeutig sind. Die Anwendungen können ganz oder partiell in den Schutzbereich verschiedener Verfassungsgarantien fallen, wobei Kolb (1998, 112) konkret folgende anführt: Rundfunkgarantie, Verfassungsgarantie freier Individualkommunikation, Pressefreiheit, Freiheitsrechte im gewerblichen Bereich sowie Freiheit der Wissenschaft. Es ist daher für eine Multimedia-Anwendung im Einzelfall zu prüfen, welche der beteiligten Grundrechte anwendbar sind, oder ob gegebenenfalls ein Ausgleich bei Interessenskonflikten zu suchen ist. Durch die weltweit beobachtbare Tendenz zur Deregulierung und Liberalisierung von Märkten kommen zusätzliche Schwierigkeiten hinzu. Insbesondere in den für den Multimedia-Markt wichtigen Sektoren Telekommunikation und Rundfunk bestand ja in vielen europäischen Ländern eine ausgeprägte staatliche Regulierung. Die Veränderungen fanden in Deutschland ihren Niederschlag vor allem im Telekommunikationsgesetz und im Multimedia-Gesetz, welche die rechtlichen Rahmenbedingungen für digitale IuK-Dienste vorgeben, die nicht als Rundfunk einzustufen sind (z.B. Entfall der Zulassungspflichten, Konzentrationskontrollen) (vgl. Kolb 1998,113).

1.5.2 Rechtliche Aspekte der Mutltimediaproduktion und Nutzung

Verschiedene Schutzrechte, die für die herkömmlichen Medien, Produkte und Anwendungen geregelt waren, müssen für ihr multimediales Pendant neu interpretiert oder verfasst werden. Soweit rechtliche Unsicherheiten bestehen ist eine Erweiterung oder Neuformulierung unumgänglich. In Abbildung 1-24 wird eine Gegenüberstellung bestehender Schutzrechte und offener Fragestellungen am Beispiel von Presseprodukten gezeigt. Mit dieser Darstellung soll ein erster Eindruck von der Komplexität der Situation vermittelt werden, bevor in den weiteren Ausführungen auf einzelne Aspekte, Rechte und Pflichten näher eingegangen wird. Für einen allgemeinen Überblick siehe z. B. Zimmerling/Werner (2001).

Bisherige Schutzbereiche	Offene Fragen bei Multimedia-Anwendungen
Verbraucherschutz • Preistransparenz • Gewährleistung • Haftung • Werbungskennzeichnung	• Verbindliche Preisangaben für die Telekommunikationskosten beim Abruf von Dateien • Haftung für Mängel aufgrund von Übertragungsfehlern, Beweisbarkeit von Fehlern
Datenschutz • Zulässigkeit der Erfassung und Speicherung • Auskunftsrecht • Kontrollinstanzen	• Dateibegriff bei Audio- und Videosequenzen • Identifikation speichernder Stellen in verteilten Anwendungen • Schaffung von Notariatsfunktionen (Trusted Third Party)
Urheberschutz • Eigentumsrechte	• Fehlender Schutz von Kombinationen geschützter Elemente (Bilder, Wort etc.) • Identifizierung von Originalen und deren Verbindungen
Persönlichkeitsschutz • Recht am eigenen Wort und Bild • Schutz vor Persönlichkeitsverletzungen • Gegendarstellung	• Zulässigkeit des Kopierens und Weiterleitens von Video-Mails • Wie kann eine Gegendarstellung in einem Netz überhaupt erfolgen

Abb. 1-24: Schutzrechte bei alten und neuen Medien (Quelle: Kolb 1998, 114)

Das wohl wichtigste Recht im Umfeld von Multimedia ist das Urheberrecht. Im Unterschied zum Patentrecht spielt es für den Schutz eines Werkes durch das deutsche Urheberrechtsgesetz (UrhG) keine Rolle, ob das Werk registriert ist oder einen Copyright-Vermerk trägt. Das Urheberrecht entsteht mit der Schaffung des Werkes selbst. Voraussetzung ist lediglich der Werkcharakter, d. h. es muss sich um das Resultat eines menschlichen, geistigen Schaffensprozesses handeln und es muss sich vom üblicherweise Hervorgebrachten durch seine Besonderheit oder Eigentümlichkeit abheben. Werke im Sinne des Urheberrechts können Texte, Bilder, Filme, Musikstücke, Grafiken, Unterrichtsmaterialien und vieles andere mehr sein. Auch Software kann urheberrechtlich geschützt sein. Urheber kann eine einfache Person oder eine Gruppe sein.

Bestimmte Rechte des oder der Urheber sind nicht übertragbar. Dazu gehören neben der Urhebereigenschaft auch das Recht, sich gegen Entstellungen oder andere Beeinträchtigungen des Werkes zu wehren. Nur für einige im Gesetz taxativ genannte Fälle ist keine Zustimmung des Urhebers erforderlich (freie Werknutzung). Dazu zählt z. B. die Vervielfältigung für den privaten Gebrauch. Interessant ist noch, dass der deutsche Gesetzgeber die Sicherung des Lohns für ein Werk in den Vordergrund stellt, während z.B. der amerikanische Supreme Court explizit den Vorrang von Wissenschaft und Kunst als Zweck und Ziel des Schutzes durch das amerikanische Urheberrecht betont (vgl. Prügner 1997). Das US-Copyright hat den Charakter einer Ware, die verkauft und gekauft werden kann.

Neben den Urheberrechten im engeren Sinn existieren auch noch die sogenannten Leistungsschutzrechte. Diese regeln die Rechte der Interpreten und ausübenden Künstler, der Veranstalter, der Produzenten und Distributoren (z. B. auch Datenbankbetreiber) usw. Die Leistungsschutzrechte sehen laut Gesetz einen eingeschränkten Schutz vor unerlaubter Benutzung der Leistungen vor. Dies trifft vor allem auf die ausübenden Künstler (Musiker, Schauspieler usw.) zu, deren Darbietungen fünfzig Jahre ab der Aufführung ohne ihre Zustimmung nicht in einer Multimediaproduktion verwendet werden dürfen. Für die Musik- und Filmproduzenten gilt das Gleiche, allerdings nur für einen Zeitraum von fünfundzwanzig Jahren.

Bei der Herstellung von Multimedia-Produkten wird häufig auf bestehende Werke zurückgegriffen (z. B. Fotos, Texte, Präsentationen, Software, Elemente einer Homepage). Von besonderer Bedeutung ist das Recht der Bearbeitung. Wer ein existierendes Werk als Grundlage für die Schaffung eines neuen Werkes benutzt, bearbeitet dieses. Das Recht der freien Werknutzung wird überschritten, wenn mehr als nur einfache Stücke hergestellt werden, oder wenn die Vervielfältigung erfolgt, um das Produkt der Öffentlichkeit zugänglich zu machen. In diesem Fall ist die Zustimmung der Urheber auf jeden Fall erforderlich.

Je nach verwendeter Quelle ist nicht nur die Zustimmung des letzten Urhebers in einer Kette, sondern auch die Zustimmung des Schöpfers des Originalwerkes erforderlich. Ein Nutzer ist übrigens verpflichtet die gesamte Kette bis zum Originalurheber zurück zu verfolgen (die sogenannte „chain of title"). Wer sich z.B. auf unrichtige Zusicherungen seines Lizenzgebers verläßt, läuft trotzdem Gefahr, gegenüber dem wahren Urheber schadenersatzpflichtig zu werden. Allerdings kann sich der Schadenersatzpflichtige in der Folge wiederum an den Lizenzgeber halten, was aber wegen der damit verbundenen Probleme vermutlich nur ein geringer Trost sein dürfte. Nur wenn sich die Bearbeitung so weit vom Original entfernt, dass das Original nicht mehr erkennbar ist und wenn das Original nur als Anregung für das neue Werk gedient hat, ohne dass geschützte Elemente übernommen wurden, kann von einer freien und somit zulässigen Übernahme gesprochen werden (vgl. Pilz/Mayer-Schönberger 1988, 20-21).

Es sollte daher immer zuerst geprüft werden, ob es sich um urheberrechtlich geschützte Inhalte handelt, bevor diese in einer Multimedia-Produktion verwendet werden. Dies ist im Zweifel anzunehmen, da die Rechtssprechung den Schutz der Urheberrechte sehr früh ansetzt. Um diese Zustimmung zu erhalten, ist mit dem Urheber eine vertragliche Vereinbarung zu schließen. Bei Werknutzungsbewilligungen ist besonders auf die beabsichtigte Nutzung zu achten (z.B. Beschränkung auf ein bestimmtes Gebiet oder auf ausgewählte Medien, Verwendung im Internet). Diese Rechte sind ausdrücklich einzuräumen. Am Rande sei hier angemerkt, dass die Einräumung des Verbreitungsrechtes für einen europäischen Staat ohne weitere Vereinbarungen die Verbreitung innerhalb der gesamten Europäischen Union zulässig macht (vgl. Pilz/Mayer-Schönberger 1998, 21 – 22).

Ein häufiges Problem bei der Erstellung von Multimedia-Produkten ist, dass oft gar nicht klar ist, wer über die Urheberrechte verfügt. Der Urheber eines Fotos oder einer Animation mag überhaupt unbekannt sein, vielleicht ist jedoch auch nur seine Adresse nicht auffindbar. Möglicherweise ist unklar, ob die benötigten Rechte beim Autor, beim Verlag oder bei Erben liegen. So mühselig diese Suche sein kann, sie bleibt in keinem Fall erspart. Der Hinweis, dass der Urheber nicht gefunden werden konnte, wird von keinem Gericht als Entschuldigung anerkannt. Wenn nun die Rechte eines Urhebers oder eines anderen Leistungsschutzberechtigten verletzt werden, so sieht das Urheberrecht viele Sanktionsmöglichkeiten vor (Zahlung eines angemessenen Entgelts, Schadenersatz, Anspruch auf Unterlassung, Rechnungslegung, Vernichtung des Werkes, usw.). Darüber hinaus besteht neben diesen zivilrechtlichen Ansprüchen oft zusätzlich die Möglichkeit einer Privatklage nach dem Strafrecht (vgl. Pilz/Mayer-Schönberger 1998, 23 – 24).

Ein besonderes Problem werfen Nutzungs- oder Lizenzverträge auf, die vor der Verbreitung des Internet geschlossen wurden. Nach §31, Abs. 4 des deutschen Urheberrechtsgesetzes können sich solche Verträge nicht auf eine zum Zeitpunkt des Vertragsabschlusses unbekannte Nutzungsart beziehen. Die Weichen sind aber auch an anderer Stelle aus juristischer Sicht bereits zu Gunsten der Urheber gestellt worden. Sowohl die Europäische Union mit ihrer Datenbankrichtlinie als auch die UN-Organisation für geistiges Eigentum (Wipo) werten in ihrem urheberrechtlichen Rahmenvertrag zum digitalen Publizieren die Speicherung von Werken in elektronischen Datenbanken als neue Nutzung. Ein solcher Vorgang muß daher vom Urheber genehmigt werden (vgl. Prügner 1997).

Da sich Multimedia-Produzenten aus den genannten Gründen vor jeder Produktion mit einer ganzen Reihe von Urhebern und Verwertungsgesellschaften beschäftigen müssen, besteht das Ziel in einer einheitlichen, möglichst internationalen Verwertungsgesellschaft, die den Zugang zu den Verwertungsrechten an allen benötigten Einzelelementen ermöglicht. Man spricht in diesem Zusammenhang auch vom „One-Stop-Shopping“ (vgl. z.B. Pilz/Mayer-Schönberger 1998). Zwischen den europäischen Verwertungsgesellschaften besteht zu diesem Zweck bereits ein Netz von Clearingstellen, um den Verwaltungsaufwand für Multimedia-Produzenten in Grenzen zu halten. In Frankreich wurde zu diesem Zweck bereits frühzeitig eine Gesellschaft mit der Bezeichnung Sesam geschaffen. In Deutschland ist dafür inzwischen die Clearingstelle Multimedia für Verwertungsgesellschaften (CMMV, http://www.cmmv.de/) zuständig.

Die CMMV hat sich zur Aufgabe gemacht, die Rechteinhaber von Urheber- und Leistungsschutzrechten der urheberrechtlich geschützten Werke, die bei einer Multimedia-

Produktion verwendet werden, zentral zu bestimmen. Gesellschafter der CMMV sind die deutschen Verwertungsgesellschaften, wie etwa die GEMA (Gesellschaft für musikalische Aufführungs- und mechanische Vervielfältigungsrechte, www.gema.de), die VG WORT oder die VG BILD-KUNST, und alle anderen deutschen Verwertungsgesellschaften. Verwertungsgesellschaften kümmern sich stellvertretend um die Urheberrechte einer Vielzahl von Urhebern. Als Informationsvermittlungsstelle erleichtert die CMMV dem Multimedia-Produzenten die Suche nach den Rechteinhabern musikalischer, literarischer, künstlerischer und visueller Werke. Die CMMV gibt somit dem Multimedia-Richtproduzenten rechtzeitig eine Basis, auf der er sein Produkt kalkulieren und planen kann. Bei der Inanspruchnahme entsteht eine Nutzungsgebühr.

Abschließend zum Urheberrecht sollen noch die Änderungen bzw. Anpassungen zusammengefaßt werden, welche durch das Multimediagesetz (siehe weiter unten) vorgenommen wurden (vgl. Abts/Mülder 2000, 314-315):

- Untersagt sind die Herstellung und der Vertrieb von Umgehungsmitteln welche technische Identifizierungs- und Schutzsysteme (z.B. digitale Wasserzeichen) ausschalten.
- Sammelwerke und Datenbanken (dazu werden auch Linksammlungen gezählt) werden auch in elektronischer Form geschützt.
- Shareware darf nicht ohne Erlaubnis des Nutzungsberechtigten weiter verkauft werden, wenn ihr Vertrieb z.B. in einer beigefügten Liesmich-Datei untersagt wird.
- Links auf fremde Seiten sind erlaubt, müssen aber deutlich machen, dass der Verfasser ein anderer ist als derjenige, der den Link eingerichtet hat.
- Das Herunterladen von Webseiten, die durch eine Link erreicht wurden ist erlaubt, allerdings nur für den Privatgebrauch.

Vor allem in Verbindung mit dem Electronic Commerce spielt im Zusammenhang mit Multimedia auch das Werberecht eine Rolle. Dieses ist in Deutschland durch das Gesetz gegen unlauteren Wettbewerb (UWG) geregelt. Vom rechtlichen Standpunkt aus macht es keinen Unterschied, ob ein Unternehmen in einem Printmedium, über den Rundfunk oder über das Internet wirbt. Wenn die Werbung einer deutschen Firma für den deutschen Markt bestimmt ist, so darf dies nur im Rahmen des in Deutschland geltenden UWGs geschehen. Durch die globale Verfügbarkeit des Internet ergeben sich hier jedoch Veränderungen, welche durch ein Kollisionsrecht geregelt werden. Maßgeblich ist der sogenannte Begehungsort. Für seine Bestimmung werden das Ziel oder die Zielgruppe der Werbung herangezogen. Wenn die Werbung eines deutschen Unternehmens etwa von einem im Ausland aufgestellten Server erfolgt, so ist die Feststellung des anwendbaren Rechts nach verschiedenen Kriterien möglich. Ist die Werbung z.B. in deutscher Sprache, oder werden Kontaktadressen in Deutschland angegeben, so ist davon auszugehen, dass deutsches Recht gilt (vgl. Abts/Mülder 2000, 315-316). Trotzdem bleiben durch den weltweiten Wirkungsraum von Internetfirmen gerade in diesem Bereich noch viele offene Fragen, die im Zweifel nur durch ein Gericht geklärt werden können.

Neben dem Urheberrecht spielt gerade im Multimediabereich das Kennzeichenrecht noch eine wichtige Rolle. Nach diesem Recht sind in vielen Ländern Namen, Firmenbezeichnungen, aber auch Titel, Marken oder Produktbezeichnungen geschützt. Dieser Schutz gilt aber gewöhnlich nur national oder in bestimmten Bereichen. Ein Markenschutz in Deutschland garantiert damit also noch nicht automatisch den Schutz in anderen Ländern oder anderen Wirtschaftsbereichen. Dem steht allerdings entgegen, dass berühmte Marken oft einen eigenständigen Marktwert verkörpern und eine sektorübergreifende Bedeutung bekommen. Diesen Marken wird dann oft eine umfassenderer Schutz zugebilligt. Von Bedeutung für Multimedia-Produkte ist ferner noch die Differenzierung zwischen Wort- und Bildmarken (z. B. der Begriff Coca Cola und der spezifische Schriftzug). Von Bedeutung ist dies sowohl in Bezug auf die Verwendung als auch hinsichtlich der Erstellung neuer Kennzeichen. Wer eine internationale Vermarktung zum Ziel hat, sollte zur Sicherung der eigenen Rechte möglichst auch eine Registrierung der Kennzeichen in den Zielländern durchführen.

Ein wichtiger Punkt betrifft die Verantwortung bzw. Haftung für den Inhalt. Nach dem Strafrecht sind bestimmte Inhalte verboten, wobei aber wieder Unterschiede zwischen den Rechtssystemen verschiedener Länder bestehen (z.B. rechtsextremes und nationalsozialistisches Material sind in Deutschland verboten, nicht jedoch in den USA, wo wiederum pornografische Inhalte wesentlich strenger geahndet werden). Ein Autor kann sich im allgemeinem nicht darauf berufen, von einem solchen Verbot nichts gewusst zu haben. Zur Haftung im strafrechtlichen Sinne zählen natürlich auch Verletzungen des Urheberechtes. Schließlich sind auch noch die Vorschriften des Verwaltungsrechtes zu beachten, zu denen z. B. das Glückspielgesetz und das Telekommunikationsgesetz zählen. (vgl. Pilz/Mayer-Schönberger 1998, 27).

Zu den Medien im Sinne des Medienrechts zählen digitale Datenträger ebenso wie Multimedia-Produkte oder die Publikation im Internet. Es geht dabei um die Distribution von Bildern, Texten, Informationen usw. zum Zweck der Massenvervielfältigung, -verbreitung oder -herstellung. Wesentliche Teile des Medienrechts sind daher auf Multimedia-Produkte verwendbar. Insbesondere gelten unter diesen Voraussetzungen regelmäßig aktualisierte Informationen im Internet als periodische Medien (wie z. B. Zeitungen). Gerade hier tauchen aber in der Praxis viele Probleme auf, weil die Zuständigkeit von Gerichten oft unklar ist (z. B. bei Servern im Ausland) oder der Medieninhaber nicht ausgeforscht werden kann. Der Medieninhaber ist jene Person, die ein Medienunternehmen oder einen Mediendienst betreibt oder das Erscheinen der Medienprodukte besorgt. Neben den theoretischen Problemen sind aber auch ganz praktische Probleme bei der Rechtsdurchsetzung deutlich geworden. (Wo und wie lange ist eine Gegendarstellung im Internet zu veröffentlichen? Wer ist überhaupt der Medieninhaber im Internet? Wie kann eine Beschlagnahmung im Internet erfolgen? usw.).

Das Multimediagesetz (Informations- und Kommunikationsdienstegesetz, www.iukdg.dg) in der Fassung von 1997 ist ein Rahmengesetz, das aus folgenden Teilen besteht:

- Artikel 1: Gesetz über die Nutzung von Telediensten
- Artikel 2: Gesetz über den Datenschutz bei Telediensten
- Artikel 3: Gesetz zur digitalen Signatur (Signatur-Gesetz)
- Artikel 4: Änderungen des Strafgesetzbuches (z.B. nationalsozialistische Propaganda)
- Artikel 5: Änderung des Gesetzes über Ordnungswidrigkeiten (die Verbreitung von Schriften in elektronischer Form wird herkömmlichen Schriften gleichgesetzt)
- Artikel 6: Änderung des Gesetzes über die Verbreitung jugendgefährdender Schriften
- Artikel 7: Änderung des Urheberrechtsgesetzes
- Artikel 8: Änderung des Preisangabengesetzes
- Artikel 9: Änderung der Preisangabenverordnung (Regelung der Online-Präsentation von Preisen)

Mit dem neuen Gesetz wurden also zusätzlich klare Regelungen für den Verbraucherschutz, Datenschutz und Jugendschutz geschaffen. Mit dem Verbraucherschutz soll das Angebot transparent gehalten werden und der Kunde oder Konsument über die Identität des Anbieters informiert werden. Das gleiche gilt für die Kosten der Nutzung, den Gesamtpreis und/oder einzelne Preisbestandteile, und es soll auch der Bezugsnachweis der Leistung gewährleistet sein. Schließlich soll bekannt sein, ob die Nutzung anonym erfolgt bzw. welche personenbezogenen Daten erhoben und weiter verarbeitet werden. Für den Datenschutz wird generell vom Grundsatz der Nichterhebung personenbezogener Daten bzw. vom Prinzip der Datenvermeidung ausgegangen, um die Anonymität des Benutzers so weit wie möglich zu wahren. Zum Jugendschutz und zum Schutz vor weiteren unzulässigen Angeboten (z.B. rassistische oder nationalsozialistische Angebote) sollen z.B. Provider verpflichtet werden, einen Jugendschutzbeauftragten zu ernennen (vgl. Kolb 1998, 114-115).

Darüber hinaus entstehen weitreichende Verantwortlichkeiten für die Betreiber von Web-Anwendungen (vgl. Geis/Kölbl 1999). Demnach sind Betreiber elektronischer Informations- und Kommunikationsdienste auch für die Inhalte verantwortlich. Darunter fallen auch herkömmliche, private Hompages. Das Besondere ist dabei, dass der Inhaber der Homepage neben den eigenen Inhalten auch für die fremden Inhalte verantwortlich ist, die er bereit hält oder die er über Hyperlinks zugänglich macht. Die Rechtsfolgen sind gravierend, wenn man von der Bereitstellung widerrechtlicher Inhalte auf den fremden Seiten Kenntnis hatte. Nicht verantwortlich ist man für die Schaffung des Zugangs zu den fremden Inhalten, wenn man keine Kenntnis von diesen hatte.

Ein wichtiger Aspekt betrifft schließlich noch das Arbeitsrecht, da manche Multimedia-Systeme ihre Bedeutung u.a. durch die Möglichkeit der Telearbeit erlangt haben (vgl. z.B. Lehner/Dustdar 1997, Lehner 1996). Der rechtliche Status von Telearbeitern richtet sich nach der allgemeinen Rechtsgrundlage, wobei die generell üblichen Schutzbestimmungen für Arbeitnehmer auch hier gelten. Durch die Tendenz zur Scheinselbstständigkeit besteht allerdings eine ernsthafte Gefahr, dass diese Rechte ohne sachliche Notwendigkeit untergraben werden. Aufgrund arbeitsmarktpolitischer Zielsetzungen sowie noch unzureichender Erfahrungsdaten ist aber in diesem Bereich auf absehbare Zeit mit keinen zusätzlichen Regelungen zu rechnen. Vielmehr wird das Problem der Scheinselbständigkeit zunächst als Angelegenheit der Tarifpartner betrachtet (vgl. Kolb 1998, 116).

1.5.3 Schlußbemerkung

Mit dieser kurzen Darstellung ist aber keineswegs eine erschöpfende Aufzählung der veränderten Situation gegeben, vielmehr bestehen noch in zahlreichen Anwendungsfeldern Probleme, die erst Schritt für Schritt von der öffentlichen Diskussion erfasst werden, und die überdies nicht immer auf einer nationalen Ebene angesiedelt sind. Ein Beispiel stellt der Einsatz multimedialer Anwendungen im Rahmen von medizinischen Dienstleistungen dar, wo u.a. Fragen der Haftung und der Leistungsverrechnung einer Regelung bedürfen (vgl. z.B. Gnann 2001). Ein anderes Beispiel ist die internationale Vernetzung bzw. die Telepräsenz, welche insbesondere im Umfeld von Electronic Commerce dazu führt, dass nationale Regelungen unterlaufen werden. Durch die praktisch beliebige Wahl des Geschäftssitzes kann es im Umfeld von Tele-Shopping u.a. zu Problemen mit Verbraucherschutzrechten oder bei Mitbestimmungsrechten kommen. Hier sind auf absehbare Zeit internationale Regelungen und Vereinbarungen unabdingbar.

Zusammenfassend lässt sich feststellen, dass bei Multimedia-Produkten in Deutschland deutsches Recht gilt, und zwar unabhängig davon, ob das Angebot offline oder über das Internet verfügbar ist. Das Problem ist hier u. U. nur die möglicherweise lange Verfahrensdauer. Ganz anders ist die Situation aber international, wo man rasch an die Grenzen des Rechtes stoßen kann. Da der internationale Markt aber immer wichtiger wird, sollten die Verwertungsrechte in solchen Fällen beizeiten geklärt werden. Hohe Kosten in Verbindung mit einer unsicheren Rechtsdurchsetzung müssen von Herstellern multimedialer Produkte aber nach wie vor einkalkuliert werden. Ob und inwieweit es gelingt, international bindende Vereinbarungen für diesen Bereich zu schaffen, die auch die Besonderheiten des Internets berücksichtigen, bleibt vorläufig abzuwarten.

Literatur zum 1. Kapitel

Abts, D., **Mülder**, W.: Aufbaukurs Wirtschaftsinformatik. Braunschweig/Wiesbaden 2000

Alpar, P.: Kommerzielle Nutzung des Internet. Unterstützung von Marketing, Produktion, Logistik und Querschnittsfunktionen durch das Internet und kommerzielle Online-Dienste. Berlin et al. 1996 (2. Aufl. 1998)

Apers, P.M., **Blanken**, H.M., **Houtsma**, M.A.: Multimedia Databases in Perspective. London 1997.

Assfalg, R., **Goebels**, U., **Welter**, H.: Internet Datenbanken. Konzepte, Methoden, Werkzeuge. Bonn 1998

Backhaus, K., **Stadie**, E., **Voeth**, M.: Standortfaktor Telekommunikation und Multimedia. Münster 1997

Breining, R.: Virtual Reality und Lerntechnologie. Personalführung, 31, 58-62 1998.

Breining, R.: Chancen und Risiken neuer computerbasierter Arbeitsumgebungen - Auswirkungen der virtuellen Realität auf die Arbeitswelt im nächsten Jahrtausend. In C. Weigl (Hrsg.), Konzepte, Ergebnisse und Erfahrungen in der betrieblichen Gesundheitsförderung. Tagungsband zum gleichnamigen Workshop am 25./26.1.1996 in Neumarkt i.d. Opf. (104-109). Regensburg 1998

Bullinger, H.-J.: Electronic Business. Märkte, Technologien, Erfolgsstrategien für Anbieter und Nutzer. Proceedings zum IAO-Forum am 23.11.1995, Stuttgart 1995

Choi, S.-Y., **Stahl**, D. O., **Whinston**, A. B.: The Economics of Electronic Commerce. Indianapolis, IN, 1997

Chorafas, D.:Intelligent multimedia Databases. From object orientation and fuzzy engineering to intentional database structures. Englewood Cliffs, NJ 1994

Cordes, R., **Glowalla**, U., **Ehrhart**, C.: Der Multimediamarkt zwischen Vision und Realität. In: Glowalla, U, Schoop, E. (Hrsg.): Deutscher Multimedia-Kongreß ´96: Perspektiven multimedialer Kommunikation. Berlin et al. 1996, 345-354

Eberspächer, J. (Hrsg): Neue Märkte durch Multimedia. Proceedings zum Kongress am 30. November und 1. Dezember. Berlin et al. 1995

Euler, D.: Didaktik des computerunterstützten Lernens. Praktische Gestaltung und theoretische Grundlagen. Nürnberg 1992

Euler, D.: (Multi)mediales Lernen - Theoretische Fundierungen und Forschungsstand. Unterrichtswissenschaft, 4, 291-311.

Fricke, R.: Evaluation von Multimedia. In L. J. Issing , P. Klimsa (Hrsg.), Information und Lernen mit Multimedia (401-413). Weinheim 1997

Geis, I., **Kölbl**, St.: Digitale Signatur. Noch immer Rechtsunsicherheiten. In: Diebold Management Report 7/1999, 15-18

Gerpott, T.: Multimedia. Versuch einer Gegenstandsbestimmung. Karriereführer special: Multimedia und Telekommunikation, 3, 1995,6-8.

Gerpott, T.: Multimedia. Wirtschaftswissenschaftliches Studium, 25, 1996,15-20.

Gersch, M.: E-Commerce – Einsatzmöglichkeiten und Nutzenpotentiale. Arbeitsbericht CCEC 1, Nr. 82, Institut für Unternehmensführung und Unternehmensforschung, Ruhr-Universität Bochum, März 2000

Glowalla, U., **Schoop**, E. (Hrsg.): Perspektiven multimedialer Kommunikation. Berlin et al. 1996

Gnann, W.: Telemedizin. Wiesbaden 2001

Goedhart, F., **Künstner**, Th.: Zukunft Multimedia. Grundlagen, Märkte und Perspektiven in Deutschland. In: Kubicek, H. et al. (Hrsg): Jahrbuch Telekommunikation und Gesellschaft 1995. Band 3, Multimedia, Heidelberg 1995, 13-18

Grauer, M.,**Merten**, U.: Multimedia. Entwurf, Entwicklung und Einsatz in betrieblichen Informationssystemen. Berlin 1997

Grob, L., **Bensberg**, F.: Multimedia. Arbeitsbericht Nr. 3, Institut für Wirtschaftsinformatik, Universität Münster, o.J., http://www.wi.uni-muenster.de/aw/calcat/ab3/ Index.htm

Grosky, W.I.: Multimedia Information Systems. IEEE MultiMedia, 1, 1994, 12 - 24.

Hannafin, M.J. , **Peck**, K.L.: The Design, Development, and Evaluation of Instructional Software. New York 1988

Handke, J.: Multimedia mit Toolbook und Macromedia Director. Praxisorientierte Einführung in die Multimedia-Programmierung. München 1997

Handke, J.: Multimedia-Anwendungen mit Macromedia Director. München 1999

Hartge, T.: Neue Medien im Personalmanagement. Personalführung [Plus: Medienpower im Personalmanagement, Software für die Personalentwicklung], 31, 1996, 4-7.

Hartmann, M., **Merx**, O. (Hrsg.): Multimedia-Recht für die Praxis. Berlin et al. 2000

Hasebrook, J.: Multimedia-Psychologie. Heidelberg 1995

Hermanns, A., **Sauter**, M. (Hrsg.): Management Handbuch Electronic Commerce. München 1999

Hess, Th., **Schumann**, M.: Medienunternehmen im digitalen Zeitalter – eine erste Bestandsaufnahme. In: Schumann, M., Hess, Th. (Hrsg.): Medienunternehmen im digitalen Zeitalter. Wiesbaden 1999, 1-18

Holfelder, W.: Multimediale Kiosksysteme - Informationssysteme zum Anfassen. Braunschweig 1995

Issing, L. J.: Ausbildung für Medienberufe - Perspektiven für den Multimedia-Bereich. In: Issing, L. J., Klimsa, P. (Hrsg.): Information und Lernen mit Multimedia. 2. Aufl., Weinheim 1997, 451-462

Issing, L. J. , **Klimsa**, P. (Hrsg.).: Information und Lernen mit Multimedia. Weinheim 1997

Jeffcoate, J.: Multimedia in Practice. Technology and Applications. New York 1995

Jonassen, D.H. (Hrsg.).: Instructional Designs for Microcomputer Courseware. Hillsdale 1988

Kerres, M.: Software-Engineering fuer multimediale Teachware. In C. Seidel (Hrsg.), Computer Based Training (25-44). Goettingen 1993

Kerres, M.: Technische Aspekte multimedialer Lehr-Lernmedien. In L. J. Issing , P. Klimsa (Hrsg.), Information und Lernen mit Multimedia (7-24). Weinheim 1997

Knetsch, W.: Neue Märkte durch Multimedia. In: Office Management, 5/1995, 14-18

Kolb, H.-P.: Multimedia – Einsatzmöglichkeiten, Marktchancen und gesellschaftliche Implikationen. Frankfurt/Main 1999

Kopp, H.: Berufliche Perspektiven im Bereich der neuen Medien. In: Kopp, H., Michl, W. (Hrsg.): Neue Medien in der Lehre. Neuwied 1999, 106-116

Kopp, H.: Berufliche Perspektiven im Bereich der neuen Medien. In: Lehner, F., Maier, R. (Hrsg.): Electronic Business und Multimedia. Wiesbaden 2000, 197-216

Kozma, R. B.: Learning with Media. Review of Educational Research, 61, 1991, 179-211.

Krause, J.: Electronic Commerce und Online Marketing. München 1999

Kuri, J.: Report Trends: Internet. Die Etablierung des Internet als elektronisches Medium und Handelsplatz. In: c´t 4/2000, 158-162

Lampe, F.: Marketing und Electronic Commerce. Wiesbaden 1999

Lehner, F., **Dustdar**, Sch. (Hrsg.): Telekooperation in Unternehmen. Gabler Edition Wissenschaft, ISBN 3-8244-6433-0, Wiesbaden 1997

Lehner, F., **Igl**, G., **Schmid**, M.: Berufsbilder und Berufschancen für Wirtschaftsinformatiker. Forschungsbericht Nr. 21, ISBN 3-932345-22-3, Schriftenreihe des Lehrstuhls für Wirtschafts-informatik III, Universität Regensburg, Mai 1998 (2. erw. Auflage, November 1998, 3. Aufl. Februar 1999)

Lehner, F.: Multimedia und Telekooperation - Herausforderung für mittelständische Unternehmen In: Schriftenreihe der Industrie- und Handelskammer Regensburg, Heft 17, "Elektronischer Marktplatz Bayern", Regensburg 1996, 17-51

Lehner, F.: Organisational Memory. Konzepte und Systeme für das organisatorische Lernen und das Wissensmanagement. München 2000

Lorentz, K.: Die Branche boomt – auf Kosten des Profits. In: multiMEDIA, 9. Jg., 21/1999, 14

Lukesch, H.: Medien und ihre Wirkungen. Eine Einführung. Donauwörth 1997

Markus, D.: Strategische Kooperationen in der Multimediaindustrie. Entstehung, Evolution und Management. Frankfurt et al. 1999

Mayes, J.T.: The 'M-Word': Multimedia Interfaces and Their Role in Interactive Learning Systems. In Edwards, A.D. (Hrsg.), Multimedia Interface Design in Education. Proceedings of the NATO Advanced Research Workshop on Multi-Media Interface Design in Education, held at Castel Vecchio Pascoli, Lucca, Italy, September 20-24, 1989 (1-22). Berlin 1992

Meier, A., **Dombrowski**, M. , **Seidl**, H.-J.: Multimedia in der Personalentwicklung - Einsatzmöglichkeiten und Grenzen. Personalführung, 31, 1996, 444-447.

Merx, O. (Hrsg.): Qualitätssicherung bei Multimedia-Projekten. Berlin et al. 1999

Middendorf, G.: Multimedia Market Place aus Sicht des Handels. In: Glowalla, U., Schoop, E. (Hrsg.): Perspektiven multimedialer Kommunikation. Berlin et al. 1996, 295-302

Minnig, C.: Mensch und Informationstechnologie. Zeitschrift Führung und Organisation, 64, 1995, 180-185.

Monk, A.: Interdisciplinary approaches to multimedia research. In S.J. Emmot, Information Superhighways. Multimedia users and futures (263-270). London 1995

o.V.: Wieder mehr Neuerscheinungen im multimedialen CD-ROM-Markt. In: multiMEDIA, 10. Jg., 12/2000, 12-13

o.V.: DVD-ROM in Deutschland: Ein verschleppter Marktstart. In: multiMEDIA, 9. Jg., 21/1999, 9-11

Peiser, W.: Folgen der Digitalisierung aus Kommunikationswissenschaftlicher Sicht. In: Schumann, M., Hess, Th. (Hrsg.): Medienunternehmen im digitalen Zeitalter. Wiesbaden 1999, 123-136

Pribilla, P., **Reichwald**, R., **Goecke**, R.: Telekommunikation im Management. Stuttgart 1996

Pilz, M., **Mayer-Schönberger**, V.: Wer hat Recht? In: Fugliéwicz-Bren, M. (Hrsg.): Handbuch Multimedia, Wien 1998, 17-30

Pordesch, U.: Multi-Media. Datenschutz und Datensicherung, 16, 1996, 224.

Prügner, H.: Auch im Web bleibt das Recht an eigenen Bildern, Texten und Songs gewahrt. In: Computer Zeitung, cz Nr. 37, 11. Sept. 1997,

Rangan, P.V., **Ferrari**, D., **Herrtwich**, R.G.: Editorial. ACM Multimedia Systems, 1, 1993, 1.

Reidel, M.: Der Markt für Multimediajobs ist noch zu unübersichtlich, Computer Zeitung, Nr 46, 12. Nov 1998, 57

Sandkuhl, K., **Kindt**, A.: Telepublishing. Berlin et al. 1996

Schifman, R. S., **Heinrich**, Y., **Heinrich**, G.: Multimedia-Projektmanagement. Von der Idee zum Produkt. 2. Aufl. Berlin et al. 2000

Schlattmann, G.: Multimedia im Buch- und Filmmarkt. Eine sozio-ökonomische Analyse. Wiesbaden 1998

Schnieders, Th.: Konzeption und Realisierung multimedialer Kataloge. Frankfurt 1997

Schulmeister, R.: Grundlagen hypermedialer Lernsysteme. Theorie – Didaktik – Design. 2. Aufl., München 1997

Schult, Th. J., **Neth**, H.-J.: Enzyklopädische CD-ROMs In: c´t Heft 15, 1998, 124-133

Schult, Th.: Multimedia-Enzyklopädien: besser als 24 Bände? In: c´t Heft 2, 1999, 88-99

Schumann, M., **Hess**, Th. (Hrsg.): Medienunternehmen im digitalen Zeitalter. Wiesbaden 1999

Schusser, O.: Die CD-ROM-Technologie – Herausforderung für den deutschen Musikmarkt. Wiesbaden 1996

Schwickert, A. C., **Pörtner**, A.: Der Online Markt: Abgrenzung, Bestandteile, Kenngrößen. Arbeitspapiere Wirtschaftsinformatik, 2/97, Universität Mainz, 1997

Segerer, J.: Interaktive Verkaufsförderung. Kiosksysteme für den POI/POS, Offline- und Internet-Anwendungen. Bonn et al. 1996

Seufert, W.: Auswirkungen der Digitalisierung auf die Entwicklung der Medienmärkte. In: Schumann, M., Hess, Th. (Hrsg.): Medienunternehmen im digitalen Zeitalter. Wiesbaden 1999, 109-122

Shannon, C.E., **Weaver**, W.: The Mathematical Theory of Communication. Urbana 1964

Sommerlatte, T.: Neue Märkte durch Multimedia – Chancen und Barrieren. In: Eberspächer, J. (Hrsg.): Neue Märkte durch Multimedia. Berlin et al. 1995, 16-30

Stark, B., **Schenk**, M.: Die Rezeption der Online-Medienangebote – erste Trends. In: Schumann, M., Hess, Th. (Hrsg.): Medienunternehmen im digitalen Zeitalter. Wiesbaden 1999, 91-108

Steinmetz, R.: Multimedia-Technologie: Einführung und Grundlagen. Berlin 1993

Steinmetz, R., **Nahrstedt**, K.: Multimedia: Computing, Communications , Applications. Upper Saddle River 1995.

SVD/WIF (Hrsg.): Berufe der Wirtschaftsinformatik in der Schweiz, 4. Auflage (herausgegeben von der schweizerischen Vereinigung für Datenverarbeitung und vom Wirtschaftsinformatik-Fachverband), Zürich 1996

Szyperski, N. (Hrsg.): Perspektiven der Medienwirtschaft. Kompetenz – Akzeptanz – Geschäftsfelder. Lohmar/Köln 1999

Weidenmann, B.: Multicodierung und Multimodalität im Lernprozeß. In L. J. Issing, P. Klimsa (Hrsg.), Information und Lernen mit Multimedia. Weinheim 1997, 65-84

Werner, A., **Stephan**, R.: Marketing-Instrument Internet. Heidelberg 1997

Wittkemper, G.: Internationale Multimedia-Trends: Die Entwicklung der Märkte in USA, Japan, Frankreich und England. In: Glowalla, U., Schoop, E. (Hrsg.): Perspektiven multimedialer Kommunikation. Berlin et al. 1996, 355-376

Zimmerling, J., Werner, U.: Schutz vor Rechtsproblemen im Internet. Berlin et al. 2001

Zumbruch, A.: Multimedia-Markt: Herausforderung durch neue Medien. In: Glowalla, U., Schoop, E. (Hrsg.): Perspektiven multimedialer Kommunikation. Berlin et al. 1996, 303-305

2 Multimediale Daten, Datenspeicherung und Datenmanipulation

2.1 Multimediale Daten und Medien

In diesem Kapitel sollen die Grundlagen für multimediale Daten und Medien behandelt werden. Im Mittelpunkt stehen hier vor allem Bilder, Audio und Video, die Grundlagen ihrer Wahrnehmung sowie die korrespondierenden Technologien. Auf die gängigen Formate und Standards zur Speicherung der Daten in Dateien wird später in Kapitel 2.3 eingegangen. Der Schwerpunkt liegt bei den kontinuierlichen Medien Audio und Video. Zunächst soll aber eine Erläuterung und Klassifikation multimedialer Daten vorgenommen werden, sowie die Entwicklung von Text zu Hypertext und Hypermedia nachgezeichnet werden.

2.1.1 Medienbegriff und Klassifikation von Medien

Der Medienbegriff ist vielschichtig und in einer allgemeinen Definition nur schwer zu fassen. Mit der Klassifikation wird der Versuch einer Erläuterung und Präzisierung unternommen, der eine abstrakte Begriffsklärung ersetzen soll, welche der Heterogenität und Dynamik auf diesem Gebiet ohnehin nicht gerecht werden kann. Multimediale Daten werden im vorliegenden Kontext als Abbildung der Medien in computergestützt verarbeitbarer Form verstanden (z.B. Bilder als Bitmaps in einer Bilddatei, Musik als digitalisierte Aufnahme in einer Audiodatei). Abbildung 2-1 zeigt die bekanntesten Medien im Überblick. Dabei wird zwischen diskreten und kontinuierlichen Medien unterschieden. Innerhalb dieser Unterteilung erfolgt eine weitere Differenzierung zwischen Text und Bild sowie Video und Ton bzw. Audio.

Die meisten Klassifikationen multimedialer Daten bzw. Medien beruhen auf der Wahrnehmung bzw. den menschlichen Sinnen, der Größe bzw. dem Speicherplatzbedarf, sowie dem Zeitverhalten. Sie werden nachfolgend noch etwas näher erläutert, wobei die Ausführungen auf Grauer/Merten (1997) und Steinmetz (1993) aufbauen

Klassifikation von Medien bezüglich Perzeption

Bei der Perzeption handelt es sich um ein Klassifikationsschema, das von der menschlichen Sinneswahrnehmung abgeleitet wurde. Es handelt sich hierbei um das Sehen, Hören, Fühlen, Schmecken und Riechen. Die beiden letzteren Sinne werden derzeit nur von experimentellen Prototypen angesprochen. Für den Tastsinn (Fühlen) hat die Forschung bereits begonnen erste Anwendungen zu entwickelt, steckt aber im Vergleich zum Sehen und Hören noch im Anfangsstadium (vgl. dazu auch Kapitel 2.5). Anwendungsbeispiele sind Touch- oder Force-Feedback-Systeme und die bereits länger bestehenden Ein- und Ausgabesysteme für Blindenschrift. Die meisten in der Praxis verwendeten Anwendungen beschränken sich jedoch auf die Sinne Sehen und Hören. Medien zur visuellen Aufnahme sind hierbei Texte, Hypertexte, Einzelbilder und Bewegtbilder. Auditive Medien sind Ton, Geräusch, Sprache und Musik.

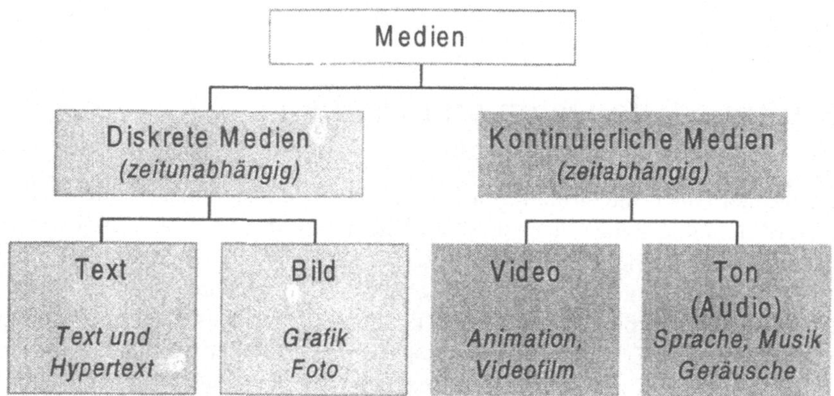

Abb. 2-1: Medienkategorien

Klassifikation von Medien bezüglich Dateigröße

Bei diesem Klassifikationsschema werden die multimedialen Daten aufgrund ihres Speicherplatzbedarfs eingeteilt. Abbildung 2-2 zeigt die einzelnen Medientypen aufsteigend nach der Größe des Speicherbedarfs geordnet.

Klassifikation von Medien bezüglich Zeitverhalten

Die am meisten verbreitete und gebräuchlichste Einteilung multimedialer Daten ist die Klassifikation nach dem Zeitverhalten. Man unterscheidet hierbei diskrete (statische) und kontinuierliche (dynamische) Medien.

Diskrete Medien sind dadurch gekennzeichnet, dass sie zeitunabhängig sind. Beispiele hierfür sind Texte, Hypertexte, Grafiken und Bilder, deren Information ausschließlich aus einer Folge einzelner Elemente oder aus einem Kontinuum ohne Zeitkomponente besteht. Die Gültigkeit der mit den Daten codierten Information ist somit zeitunabhängig.

Kontinuierliche Medien wie Audio- und Videosequenzen hingegen sind zeitabhängig. Die mit den Medien transportierte Information ist nur zu einem bestimmten Zeitpunkt gültig und auch richtig. Beim gleichzeitigen Abspielen von Video und Audio wäre ein verzögerter Start der Audiosequenz als falsche Information einzustufen. Darüber hinaus ändern sich die Darstellungswerte zeitabhängiger Medien mit der Zeit. Die Information steckt nicht nur in den einzelnen Werten (z.B. Einzelbild), sondern auch im Zeitpunkt des Auftretens oder im Grad der Änderung (z.B. Bildabfolge). Zu diesen Medien gehören Ton und Bewegtbild natürlichen oder künstlichen Ursprungs ebenso wie Signale von Sensoren (z.B. für Temperatur). Allerdings treten die Werte bei Letzteren zumeist nicht als eine kontinuierliche Sequenz, sondern aperiodisch auf. Deshalb können sie trotz ihrer

Zeitabhängigkeit nicht unbedingt den kontinuierlichen Medien zugerechnet werden (vgl. Steinmetz 1993).

Medium	**Medienbeschreibung**	**Speicherplatzbedarf**
Einfacher Text	DIN-A4-Seite als einfacher Fließtext	4 kB
Strukturierter Text	DIN-A4-Seite Text mit Markierungen (HTML)	5-6 kB
Computergenerierte Bilder	zweifarbige Bitmap-Grafik von 640*480 Pixel im GIF-Format (= 50% Datenkom-pression)	20 kB
Digitalisierte Bilder	24-Bit Farbtiefe, 640*480 Pixel unkomprimiert Kompression mit JPEG	900 kB 45-90 kB
Sequenzen von Bildern	n Bilder aneinander gereiht z.B. computergenerierte Bilder, Diashow, Folienpräsentation	n*20 kB
Digitalisierte Tonsequenzen	Audio mit 8-Bit, 8 kHz, Mono Audio mit 16-Bit, 44 kHz, Stereo	22 kB/s 172 kB/s
Digitalisiertes Video	25 Bilder/s 320*240 Pixel (MPEG) Fernsehqualität PAL/NTSC (MPEG) HDTV (MPEG)	5,6 MB/s (227 kB/s) 166 MB/s (1,8 MB/s) 1,7 GB/s (7,5 MB/s)

Abb. 2-2: Beispiele für den Speicherplatzbedarf unterschiedlicher Medien

2.1.2 Vom Text zu Hypertext und Hypermedia

Text ist das traditionelle Medium zur Speicherung und Weitergabe von Informationen. Er ist gekennzeichnet durch eine fest vorgegebene Struktur, die meist hierarchisch ist, und liegt in sequentieller Form vor (Fickert, 1992). Der klassische Informationsträger für Texte ist das Papier (z.B. gedruckte Artikel, Bücher usw.). Auch im Multimediabereich bildet der Text ein zentrales Basismedium. Es gibt kaum multimediale Anwendungen ohne textuelle Elemente. Der linear angeordnete Text erfuhr durch die Möglichkeiten des Computers eine Weiterentwicklung, mit der die Grenzen von Linearität und hierarchischen Strukturen gesprengt werden konnten.

Diese Weiterentwicklung des linearen Textes ist der sogenannte **strukturierte Text**, für den sich in der Fachliteratur der Begriff **Hypertext** durchgesetzt hat. Die Ausführungen dazu basieren u.a. auf Boles et. al. (1996), Brusilovsky/Kommers/Streitz (1996), DeBra (o.J.), Fickert (1992), dem Seminar Multimedia-Datenformate (1995) und Steinmetz (1993). Dabei handelt es sich um ein Netzwerk aus Komponenten, zwischen denen der Benutzer, je nach Wunsch, mit Hilfe von Verknüpfungen navigieren kann, d.h. der Wechsel zwischen den Textbestandteilen unterliegt keiner fest vorgegebenen zeitlichen Abfolge in Form eines zwingenden Leseflusses, sondern resultiert alleine aus den Aktionen des Benutzers bei der Verwendung des Textes.

Hypertext kann nur mit Hilfe des Computers verwirklicht werden und dient der Produktion und Rezeption nichtlinearer Dokumente, denen eine beliebige Netzwerkstruktur mit assoziativen Verweisketten zugrunde liegt (Fickert 1992). Es ist nun möglich, Dokumente modular aufzubauen und in einem beliebigen Detaillierungsgrad zu erstellen. Zusätzlich ermöglichen Hypertextsysteme dem Benutzer auf komfortable Art und Weise durch das Dokument zu navigieren (vgl. Abbildung 2-3). Streng genommen enthalten Hypertextsysteme nur strukturierten Text. Werden jedoch auch andere multimediale Daten, wie Ton, Bild, Video oder Animation mit in die Netzstruktur aufgenommen, so spricht man von **Hypermedia**.

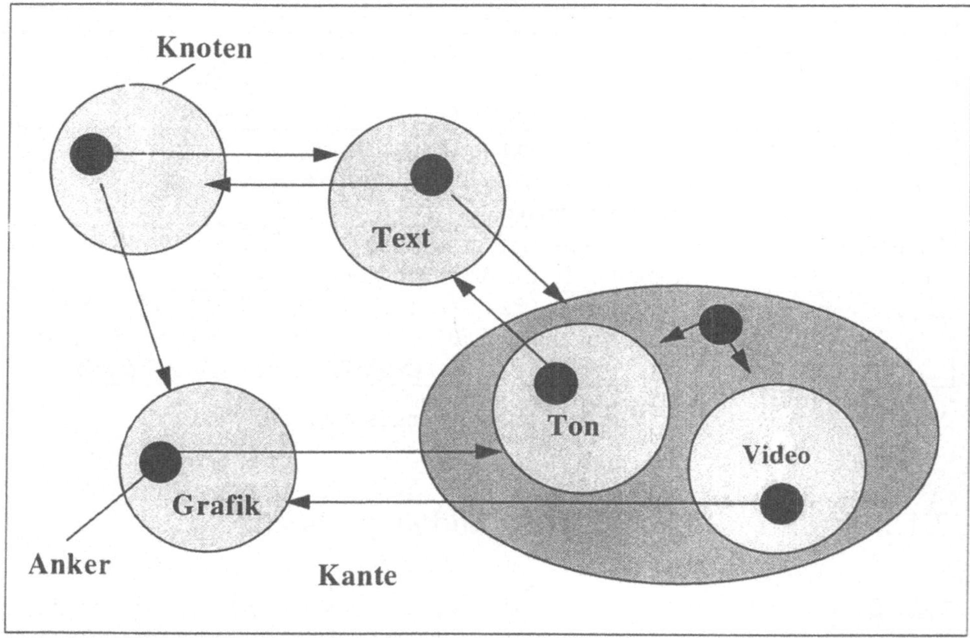

Abb. 2-3: Hypertext(media)-Struktur

Ein Hypermedia-System ist dabei nicht immer identisch mit einem Multimedia-System. Eine Videokonferenz mit zum Beispiel simultaner Übertragung von linearem Text und Bildern wird zwar dem multimedialen Aspekt gerecht, besitzt jedoch nicht die Eigenschaften von Hypermedia (vgl. Steinmetz 1993). Oft wird auch zwischen den Begriffen Hypertext und Hypermedia in der Literatur keine strikte Trennung vorgenommen. Bei den weiteren Ausführungen wird deshalb vorwiegend der Begriff Hypertext verwendet, der aber auch den multimedialen Aspekt von Hypermedia einschließt.

Im Internet (bzw. Intranet) spielt die Hyptertext-Technologie durch die sogenannten Links bzw. Hyperlinks, mit denen Dokumente fast beliebig verbunden werden können, eine zentrale Rolle. Hyptertext-Systeme lassen sich durch Graphen beschreiben (vgl. Abbildung 2-3), wobei die Informationseinheiten den Knoten entsprechen. Durch die Kanten werden Beziehungen zwischen den Informationseinheiten modelliert. Als Vorteile dieser Darstellungsart gelten die benutzerfreundliche Art der Navigation durch Wissensräume, welche das Retrieval von Informationen unterstützen sowie die einfache Pflege und Erweiterbarkeit. Nicht verschwiegen werden soll aber, daß es natürlich auch Probleme mit der „Orientierung“ und der Übersichtlichkeit geben kann. Aus diesem Grund hat man sich bemüht, dem Benutzer das Navigieren zu erleichtern. Dabei hat man neben den klassischen Inhaltsverzeichnissen, Registern und Glossararten verschieden hypertextspezifische Techniken entwickelt, die in Fickert (1992) und DeBra (o.J.) ausführlich beschrieben sind. Es handelt sich dabei um Pfade, Markierung gelesener Bereiche, Fisheye View, Birdeye View, autorendefinierte Übersichten, geführte Unterweisungen, Backtrack-Funktionen, Dialoghistorien, Bookmarks und autorendefinierte Wegweiser.

Pfade: Hierbei handelt es sich um eine Methode, bei der der Benutzer gezielt durch das Dokument geführt werden kann. Es können drei Haupttypen von Pfaden unterschieden werden:

- Sequentielle Pfade, bei denen entweder eine geordnete oder eine ungeordnete, aber thematisch zusammengehörende Reihenfolge vorliegt.
- Verzweigende Pfade, bei denen dem Benutzer bei Verzweigungen die Entscheidung über den weiteren Pfad überlassen wird
- Bedingte Pfade, bei denen das System aufgrund vorangegangener Antworten des Benutzers auf Testfragen des Autors entscheidet, welcher weitere Weg eingeschlagen werden soll.

Bei der Abarbeitung der Pfade können wiederum drei Methoden unterschieden werden:

- Schritt für Schritt (dem Benutzer wird ermöglicht, den Pfad schrittweise abzuarbeiten)
- automatische Präsentation (Diese Art der Abarbeitung entspricht einer Slide Show. Die einzelnen Komponenten des Hypertextsystems werden dabei automatisch präsentiert)
- variable Pfade (Hierbei wird dem Benutzer ermöglicht, die Reihenfolge in der Pfadpräsentation unter bestimmten Umständen selbst festzulegen.)

Markierung gelesener Bereiche (breadcrumbs): Um zu vermeiden, dass bereits gelesene Bereiche ein weiteres Mal angesprungen werden, ist es in den meisten Hypertextsystemen möglich, ganze Textstellen, Bildschirmseiten oder verknüpfungsrepräsentierende Elemente wie z.B. Text, Bilder oder Buttons automatisch vom System markieren zu lassen, nachdem sie gelesen wurden.

Fisheye view: Furnas hat 1986 im Zusammenhang mit Hypertext diesen Begriff für eine Art Inhaltsverzeichnis entwickelt, bei dem ein verzerrtes Abbild der Umwelt ähnlich der Linse beim Fischauge wiedergegeben wird. Dabei werden die in der Nähe befindliche Umwelt detailliert und weiter entfernt vom Betrachtungspunkt liegende Objekte nur unscharf dargestellt.

Birdeye view: Mit Hilfe graphischer Übersichten soll dem Benutzer ein Globaleindruck über die gesamte Netz- oder Baumstruktur des Hypertextsystems vergleichbar der Vogelperspektive vermittelt werden.

Autorendefinierte Übersichten: Wenn keine automatische Übersicht generiert werden kann, wird empfohlen, dass die Hypertextautoren selbst (manuell) eine Übersicht erstellen.

Geführte Unterweisungen (guided tours): Hier wird versucht, dem Benutzer mit Hilfe von kontrolliert geführten Unterweisungen Unterstützung bei der Navigation zu geben. Es wird dabei besonders darauf geachtet, dass keine deterministischen Pfade entstehen, sondern eine nichtlineare Verkettung. Diese Methode wird gemäß der Terminologie von NoteCards als 'guided tour' bezeichnet.

Backtrack-Funktionen, Dialoghistorien oder retrospektive graphische Übersichten: Gemeinsames Merkmal bei diesen Methoden ist die Möglichkeit, bei Verlust der Orientierung durch den Benutzer zu bekannten Stellen zurückzukehren. Diese Methoden können programmtechnisch oder autorenspezifisch implementiert sein.

Leserdefinierte Fixpunkte (bookmarks), Autorendefinierte Wegweiser (thumb tabs): Bei beiden handelt es sich um eine Zusammenstellung von Fixpunkten. Der Leser ist somit in der Lage, ein großes Hypertextsystem für seinen individuellen Gebrauch übersichtlicher zu gestalten. Fixpunkte werden allgemein für wichtige oder interessante Informationen für eine große Anzahl von Lesern vergeben. Nicht selten werden sie bereits von Hypertextautoren zur Verfügung gestellt.

Die Suchproblematik wird darüberhinaus durch das Angebot zusätzlicher Suchhilfen (z.B. Verzeichnisse, Suchmaschinen, intelligente Agenten) zumindest teilweise entschärft.

Aufgrund der vielfältigen Fähigkeiten, die ein Hypertextsystem beherrschen soll, ist es nicht einfach ein derartiges System ohne entsprechenden Bauplan zu erstellen. Aus diesem Grund wurden verschiedene Referenzmodelle entworfen, die die Architektur von Hypertextsystemen betreffen. Bekannte Referenzmodelle sind:

1. Hypertext Abstract Machine

2. Trellis Model

3. Dexter Model

4. Tower Model

Das Dexter Hypertext Referenz Model, das in Boles (1996) und dem Seminar Multimedia-Datenformate (1995) beschrieben wird, soll stellvertretend kurz etwas näher dargestellt werden. Es strukturiert ein Hypertext-System in drei Schichten (layers): Storage Layer, Within-Component Layer und Run-Time Layer. Die einzelnen Schichten sind voneinander getrennt und verständigen sich über festgelegte Schnittstellen. Im Einzelnen haben die Schichten folgende Aufgaben:

- Die Storage-Schicht beschreibt die Datenbasis. Es werden die einzelnen Komponenten mit ihren Daten, Attributen und Darstellungseigenschaften definiert. Die Dateneinheiten werden durch abstrakte Objekte repräsentiert, wobei in dieser Phase auf den genauen Aufbau und die darin verwendeten Medientypen nicht näher eingegangen wird. Zur Verknüpfung der einzelnen Daten werden Kanten bzw. Links definiert. Aus dieser Definition geht hervor, dass dadurch ein statisches und für Hypermedia zu unflexibles Netz aus Komponenten entsteht.
- Die Within-Component-Schicht definiert die Struktur der Datenobjekte. Weiterhin legt es die erlaubten Medientypen und deren Verwendungsweise fest. Aufgrund der unüberschaubaren Anzahl von Medientypen und der Tatsache, dass deren Eigenschaften vom verwendeten System abhängen, wird diese Phase des Dexter Models

von den Autoren nicht weiter betrachtet. Es wird lediglich auf spezielle Modelle zur Erstellung solcher Objekt- und Datenstrukturen verwiesen.

- Die Run-Time-Schicht erweitert die Datenbasis des Storage Layers um zeitliche Aspekte, Präsentation der Daten und Möglichkeiten zur Interaktion. Aufgrund der Allgemeingültigkeit des Dexter Models wurde bewusst auf speziellere Funktionalität verzichtet und somit nur der Grundstock an Funktionen zur Präsentation und Editierung eines Hypertextes zur Verfügung gestellt.

Wie beim Dexter Model wird auch in den anderen Referenzmodellen eine Schichtenarchitektur vorgeschlagen. Meist handelt es sich hierbei um eine Datenschicht, eine Präsentationsschicht und um eine Struktur- bzw. Eigenschaftsschicht, die die Daten beschreibt. Für die Erstellung eines Hypertextdokuments werden Hypertext-Beschreibungssprachen verwendet. Die wohl am häufigsten verwendete Hypertext-Beschreibungssprache ist HTML. Das World Wide Web, das am weitesten verbreitete und bekannteste Hypermedia-System, stellt textuelle, graphische und auditive Informationen sowie Interaktions-möglichkeiten zur Verfügung (Schwickert 1997). Über Web-Browser kann auf diese Informationen zugegriffen werden, die mit den genannten Auszeichnungssprachen dargestellt werden. Beispiele für weitere Sprachen neben HTML sind SGML (Standard Generalized Markup Language) und ODA (Open Document Architecture) (bzgl. weiterer Details siehe z.B. Brusilovsky/Kommers/Streitz (1996), Seminar Multimedia-Datenformate (1995) und Steinmetz (1993), sowie Kapitel 2.3).

2.1.3 Grundlagen der Akustik und der digitalen Audiotechnik

Das Hören ist neben dem Sehen der wohl wichtigste Sinn des Menschen. Die Akustik ist die Lehre vom Schall, die auch die physikalischen Grundlagen für die Audiotechnik und für deren Einsatz in Multimediasystemen liefert. Für Multimediasysteme ist nur der hörbare Schall relevant. Das Medium Audio bezeichnet die Gesamtheit aller akustischen Signale im Bereich des Hörschalls. Die Darstellung, Verarbeitung, Speicherung und Übertragung von Tonsignalen ist eine der wesentlichen Aufgaben von Multimediasystemen. Praktisch die gesamte professionelle Klangaufzeichnung und Verarbeitung erfolgt heute digital. Für eine ausführlichere Darstellung zu Ton und Klang wird auf die angeführte Literatur verwiesen (z.B. Henning 2000).

Eine Klangwelle ist eine eindimensionale akustische Druckwelle. Sie wird u.a. charakterisiert durch Amplitude bzw. Schalldruck (gemessen in Dezibel) und Wellenlänge bzw. Frequenz. Die Wellenlänge gibt dabei die Entfernung zweier Punkte mit der gleichen Amplitude entlang der Ausbreitungsrichtung der Welle an. Die Frequenz ergibt sich dann als Quotient aus der Schallgeschwindigkeit und der Wellenlänge und wird in s-1 oder Hertz (Hz) gemessen. Für Schallvorgänge in Flüssigkeiten, Gasen und Festkörpern werden folgende Frequenzbereiche unterschieden:

- Infraschall: 0 bis 20 Hz
- Hörschall: 20 Hz bis 20 kHz
- Ultraschall: 20 kHz bis 1 GHz
- Hyperschall: 1 GHz bis 10 THz

Wesentliches Merkmal der digitalen Audiotechnik ist, dass das ursprüngliche kontinuierliche Audiosignal in eine Folge diskreter binärer Werte umgewandelt wird. Dann lässt es sich mit den Verfahren der Datenverarbeitung übertragen oder speichern. Die digitale Signalverarbeitung hat den Vorteil, dass digitale Audiodaten verlustfrei verarbeitet werden können. Am Anfang jeder digitalen Übertragung steht eine Analog/Digitalwandlung (A/D-Wandlung), an deren Ende eine entsprechende Digital/Analog-Wandlung (D/A-Wandlung).

Zur A/D-Wandlung wird in kurzen Zeitabständen die Amplitude eines Signals gemessen und als absoluter binärer Zahlenwert festgehalten (Henle, 1993). Dabei entnimmt der Wandler regelmäßig „Proben" aus dem analogen Signal. Deshalb spricht man von „Samples" bzw. bezeichnet den Vorgang als Sampling. Die Anzahl der Samples, die pro Sekunde erfasst werden, bezeichnet man als Sampling-Frequenz. Da diese nicht beliebig hoch sein kann, geht immer ein gewisser Teil des analogen Signals verloren, der nicht erfasst wird. Eine unnötig hohe Sampling-Frequenz ist wegen des erhöhten Rechenaufwands und Speicherplatzbedarfs unerwünscht. Das Nyquist-Theorem besagt, dass es für die Abtastung einer Klangwelle, die aus einer linearen Superposition von Sinuswellen besteht, ausreicht, wenn die Sampling-Frequenz doppelt so hoch ist wie die höchste dargestellte Frequenzkomponente (Tannenbaum 1997). Um also einen Frequenzgang zu erzielen, der dem Bereich des Hörschalls entspricht (20 Hz bis 20 kHz), genügt eine Sampling-Frequenz von 40 kHz. Daraus folgt aber auch, dass Signale mit einer höheren als der halben Sampling-Frequenz nicht richtig wiederhergestellt werden können. Statt dessen kann der D/A-Wandler Frequenzen im hörbaren Bereich erzeugen, die ursprünglich gar nicht vorhanden waren. Dies sind sogenannte Alias-Frequenzen, man spricht vom Aliasing-Fehler. Deshalb ist es notwendig, den A/D-Wandler nur mit Signalen einer Frequenz zu beschicken, die kleiner als die halbe Sampling-Frequenz ist. Dazu muss man dem Wandler ein Tiefpassfilter vorschalten. Um den technischen Aufwand zu begrenzen, wählt man für CD- bzw. Studioqualität eine höhere Sampling-frequenz von 44,1 bzw. 48 kHz.

Die durch das Sampling ermittelten analogen Spannungswerte müssen in binäre Information überführt werden. Dieser Vorgang heißt Quantisierung. Es existieren verschiedene Quantisierungsverfahren zur Zuordnung der Amplitude des Signals zum passenden binären Wert. Auf diese soll hier nicht näher eingegangen werden. Die Genauigkeit der digitalen Samples hängt davon ab, wie viele Bits pro Sample verwendet werden. Gebräuchliche Werte sind 8, 16 oder 20 Bit. Entsprechend sind 256 (28), 65536 (216) bzw. 1048576 (220) getrennte Werte möglich. Der durch die endlich große Anzahl von Bits verursachte Fehler wird als Quantisierungsrauschen bezeichnet (Tannenbaum 1997). Dabei handelt es sich jedoch nicht um ein zufälliges Signal, vielmehr kann der Pegel dieses Rauschens aus der Anzahl der verwendeten Bits berechnet werden (Henle 1993).

Man unterscheidet beim Medium Audio weiterhin zwischen Mono- und Stereophonie sowie Weiterentwicklungen wie z.B. der Quadrophonie. Bei der Monophonie haben alle Audioquellen denselben räumlichen Ort. Es wird nur ein Kanal verwendet. Dies ist zur digitalen Sprachübertragung (z.B. über ISDN) völlig ausreichend. Bei der Stereophonie hingegen werden zwei getrennte Kanäle verwendet. Dadurch können Audioquellen auch räumliche Positionen zugeordnet werden. Dies ist bei Musik und Video sowie zur Ortung von Geräuschen oft gewünscht. Die Informationsmenge wird dabei verdoppelt (Steinmetz 1993).

Vor der Übertragung digitaler Audiodaten muss durch eine geeignete Kodierung sichergestellt werden, dass diese möglichst sicher und effizient ablaufen kann. Um den Signal/-Rausch-Abstand einer digitalen Aufnahme zu verbessern, kann man vor der A/D-Wandlung eine Höhenanhebung einfügen, die sogenannte Preemphasis. Nach der D/A-Wandlung wird der lineare Frequenzgang durch eine entsprechende Deemphasis wieder hergestellt. Dabei wird gleichzeitig das Quantisierungsrauschen in dem Frequenzbereich abgesenkt, wo es als besonders störend empfunden wird (Henle 1993). Mit Signalformkodierung bezeichnet man die verschiedenen Verfahren, ein Audiosignal zu digitalisieren. Der erste Schritt ist die beschriebene Umwandlung eines analogen Audiosignals in digitale Information. Dazu existieren im wesentlichen drei Verfahren, nämlich die Pulse-Code-Modulation, die Differential PCM, Delta Modulation und Adaptive DPCM. Die Techniken unterscheiden sich im Aufwand für die Realisierung, in der Präzision bei der Rekonstruktion des ursprünglichen Signals und in der erzeugten Datenmenge.

Die Puls-Code-Modulation (PCM) ist die klassische Methode ohne Kompression, wie sie auch bei CD-DA oder DAT eingesetzt wird. Unterstützt wird eine Abtastung mit 11025, 22050 oder 44100 Hz bei 8 oder 16 Bit in Mono oder Stereo. Abbildung 2-4 zeigt die Vorgehensweise der PCM-Technik, die auch als Nulldurchgangs-Analyse bezeichnet wird. Das analoge Signal wird in gleichmäßigen Intervallen abgetastet. Pro Sekunde erfolgen 8000 Messungen. Die Meßwerte werden durch je 8 Bits dargestellt. Da sehr große Datenmengen anfallen, verwendet man Techniken zur Datenkomprimierung.

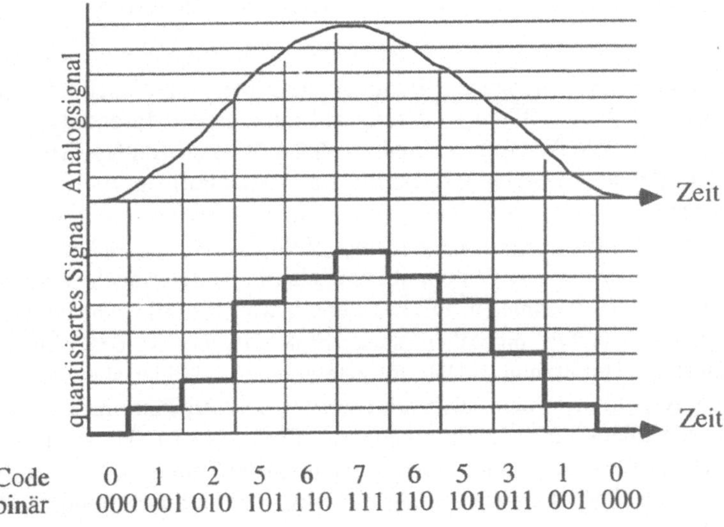

Abb. 2-4: Analog/digital-Wandlung mit der PCM-Technik (Heinrich/Lehner/Roithmayr 1994)

Differential PCM (DPCM) und Delta Modulation können auf eine Folge linear quantisierter, PCM-kodierter Abtastwerte angewandt werden, Hier wird nur der erste Wert mit seiner vollen Anzahl an Bits abgelegt, jeder weitere wird als Differenz zum vorherigen kodiert. Bei der Delta Modulation beschränkt man sich dabei auf genau ein

Bit (Steinmetz 1993). Gleichzeitig wird über das sogenannte Over-Sampling das Quantisierungsrauschen so beeinflusst, dass dieses weitgehend in nicht hörbare Frequenzbereiche fällt. Beim Over-Sampling wird mit einer Frequenz weit oberhalb der durch das Nyquist-Theorem vorgegebenen abgetastet. Dadurch lässt sich auch das A-liasing reduzieren (Henle 1993).

- Schließlich gibt es noch Adaptive DPCM (ADPCM). Sind die Differenzwerte bei DPCM mit wenigen Bits kodiert, können entweder nur sehr grobe Übergänge oder nur sehr genau kodiert werden. Entweder werden dann hochfrequente Signalanteile korrekt kodiert, während die Niederfrequenten kaum berücksichtigt werden, oder es wird eine gute Auflösung der niederfrequenten Anteile erreicht, aber Hochfrequente gehen verloren und es entstehen Signalverzerrungen. Bei ADPCM kann durch Division der Werte durch eine adaptiv einzustellende Konstante die Schrittweite des Signals vom Kodierer verändert werden. Der Dekoder multipliziert die komprimierten Werte wieder mit der Konstanten (Steinmetz 1993).

Durch die **Fehlerkodierung** will man verhindern, dass durch Störungen bei der Übertragung Information verlorengeht. Dabei werden die Daten durch Inter-Leaving verschachtelt und zusätzliche redundante Daten übertragen. Mit Hilfe der zusätzlichen Information kann dann ein Fehler bemerkt und fehlende Werte berechnet werden. Ein Beispiel hierfür ist CRC (Cyclic Redundancy Check) (Henle 1993).

2.1.4 Grundlagen der Bild- und Farbspeicherung

Das wohl wichtigste Medium ist das Bild und ohne Bilder wären auch multimediale Anwendungen kaum denkbar. Bilder sind aufgrund ihres großen Informationsgehalts eine sehr gute Ergänzung von Text bzw. im multimedialen Bereich von Hypertext (Hasebrook 1995). Mit der bildhaften Darstellung, die Illustrationen, Grafiken, Fotos, aber auch ganze Bildsequenzen bis hin zur Animation mit einschließt, gewinnen multimediale Anwendungen erst ihre eigentliche Bedeutung (Huber 1994). Es ist inzwischen ohne Probleme möglich, ganze Sequenzen von Bildern abzuspeichern und diese auch wieder als Bildsequenz oder Animation abzuspielen. In der Literatur wird die Bildsequenz nicht als eigener multimedialer Datentyp angesehen, sondern als Erweiterung des Bildes betrachtet. Bei der technischen Umsetzung in Dateiformate ergeben sich hier aber sehr wohl Unterschiede, die in Kapitel 2.3 weiter ausgeführt werden. Die Ausführungen in diesem Kapitel beruhen vor allem auf den Arbeiten von Davies (o.J.), Huber (1994), Loviscach/Fastenrath (1996), dem Seminar Multimedia-Datenformate (1995) und Steinmetz (1993). Für eine ausführlichere Darstellung zur Bild- und Farbdarstellung wird außerdem auf die angeführte Literatur verwiesen (z.B. Henning 2000).

In der digitalen Bilderwelt dominieren Grafiken und Fotos. Von Grafik wird hauptsächlich dann gesprochen, wenn es sich bei dem Bild um eine Ansammlung von geometrischen Figuren handelt. Die eigentliche Bedeutung des Wortes Grafik ist Zeichnung, die meist mit Stift, Feder, Pinsel oder Spritzpistole (Airbrush) erstellt wird (Huber 1994). Diese Grundformen sind auch in Grafikprogrammen wie z.B. Adobe Photoshop oder dem bei Windows mitgelieferten Malprogramm Paint, wiederzufinden. Die Grafik ihrerseits tritt dabei in zwei verschiedenen Formen auf:

- Vektorgrafik
- Flächengrafik

Der wesentliche Unterschied zwischen diesen Formen beseht in der Art der Speicherung. Bei der Vektorgrafik werden lediglich markante Punkte und Strich- bzw. Flächeneigenschaften gespeichert (manche sprechen daher auch von Strichgrafik), wogegen bei der Flächengrafik (auch Raster- oder Pixelgrafik) jeder einzelne Punkt in einer Datei abgelegt werden muss. Daraus ergeben sich für die Vektorgrafik folgende Vorteile (Huber 1994):

- geringerer Speicherplatzbedarf
- höhere Abbildungsgenauigkeit (beliebig kleiner Maßstab wählbar)
- verlustfreie Skalierbarkeit

Vektorgraphik.

Objekte werden als "graphisch" bezeichnet, wenn sie sich als Graphik darstellen lassen; sie sind zweidimensional (z.B. ein Schaltplan) oder dreidimensional (z.B. ein Bauteil). Modelle für die Objekte sollten deren Dimensionalität berücksichtigen können; sie sind "konzeptionell", zeigen also die Sichtweise des Anwendungsprogrammierers auf die Objekte ("konzeptionelles Schema"). Die Darstellung der Objekte im internen Schema erfolgt durch die Datenstrukturen (vgl. dazu den nächsten Abschnitt). Im konzeptionellen Schema unterscheidet man zwischen 2D-Modellen und 3D-Modellen. Die weiteren Ausführungen in diesem Abschnitt beruhen auf Heinrich/Lehner/Roithmayr (1994).

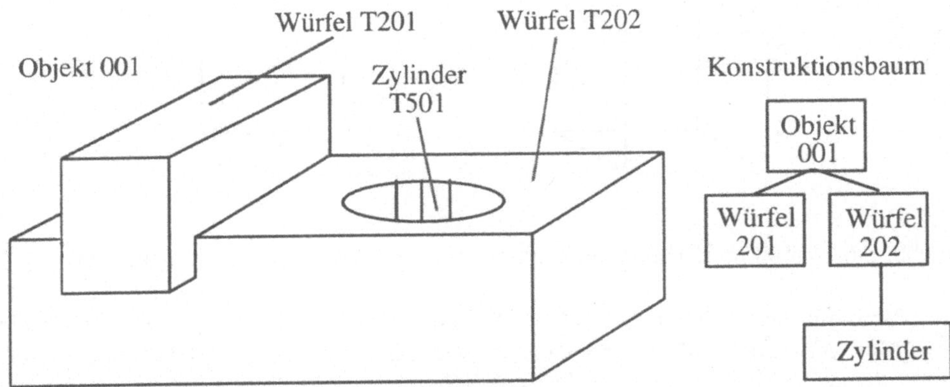

Abb. 2-5: Räumliches Objekt (Quelle: nach Meier)

Die bekannteste Darstellungsform zum Beschreiben graphischer Objekte ist der Konstruktionsbaum über graphische Primitive (z.B. Punkt, Linie, Würfel, Zylinder). Das Objekt wird in seine Einzelteile zerlegt und das Konstruktionsprinzip als Baumstruktur gespeichert. Für jedes Einzelteil sind die topologischen und die metrischen Daten zu speichern. Die Behandlung von Überschneidungen oder Überdeckungen erfolgt bei der Rekonstruktion des Bildes durch Algorithmen. Abbildung 2-5 zeigt ein räumliches Objekt in Vektorgraphik. Das Objekt besteht aus den graphischen Primitiven Würfel und

Zylinder. Die Segmente des Konstruktionsbaums sind strukturierte Daten, welche die Position, Anordnung und Größe der einzelnen Bestandteile beschreiben.

2D-Modelle: Diese Modelle sind entweder lineal oder areal. Ein Modell ist lineal, wenn es aus Linien (z.B. Gerade, Kreis, Ellipse) und Punkten zusammengesetzt ist. Zur Abbildung eines linealen Modells werden Operationen wie Aneinanderhängen oder Übereinanderlegen verwendet. Damit kann man jedes Objekt in eine zweidimensionale Graphik abbilden. Werden dabei auch Muster-Operationen verwendet, geht das lineale Modell in das areale Modell über. Muster können Zeichenfolgen oder Raster sein. Sie können durch die Graphiksoftware vordefiniert sein, oder sie werden vom Benutzer definiert. Sie lassen sich beliebig positionieren (z.B. drehen). Areale Modelle, die das "Malen am Bildschirm" ermöglichen, werden z.B. von Graphiksoftware benutzt.

3D-Modelle: Dreidimensionale Modelle sind das Drahtmodell, das Flächenmodell und das Volumenmodell.

Beim Drahtmodell wird ein dreidimensionales Objekt im Raum aus Linien und Punkten zusammengesetzt; das Objekt wird wie aus Drähten aufgebaut. Am Objekt verdeckte Linien sind sichtbar; bei Schnitten entstehen nichtkorrekte Abbildungen. Dies zeigt Abbildung 2-6. Berechnungen (z.B. des Volumens oder des Gewichts) können nicht durchgeführt werden.

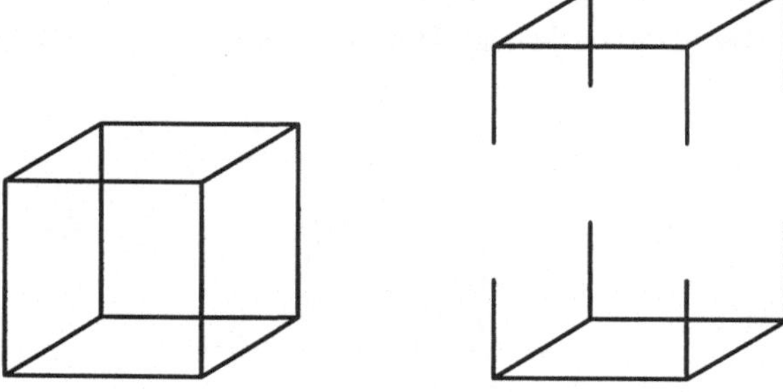

Abb. 2-6: Würfel im Drahtmodell und horizontaler Schnitt (Quelle: Purgathofer)

Beim Flächenmodell wird das Objekt aus den Flächen, die es begrenzen, konstruiert. Man verwendet dafür Grundelemente (wie z.B. Kreisflächen, Ellipsenflächen) oder allgemeine Flächen, die mathematisch definiert sind oder die interpoliert werden. Wie beim Drahtmodell entstehen Ungenauigkeiten bei Schnitten. Dies zeigt Abbildung 2-7.

Beim **Volumenmodell** werden für die Konstruktion einer Graphik volle Körper verwendet. Jede Abbildung wird aus körperhaften Grundbausteinen (wie Kugel, Würfel, Zylinder) zusammengesetzt. Komplizierte Körper werden mit Mengen-Operationen aus diesen Grundbausteinen zusammengesetzt. Abbildung 2-8 zeigt einen Würfel im Volumenmodell; durch Schnitte entstehen keine Probleme.

2 1/2D-Modell: Dabei handelt es sich um ein 2D-Modell, das durch verschiedene Tricks einige Eigenschaften des 3D-Modells haben kann ("Pseudo-3D-Modell").

Aufgrund der Eigenschaft der extremen Genauigkeit und der verlustfreien Skalierbarkeit werden Vektorgrafiken speziell zum Speichern technischer Zeichnungen verwendet. Bekannte Beispiele für vektor-basierte Grafikformate sind Windows Metafile WMF und das Portable Document Format PDF von Adobe.

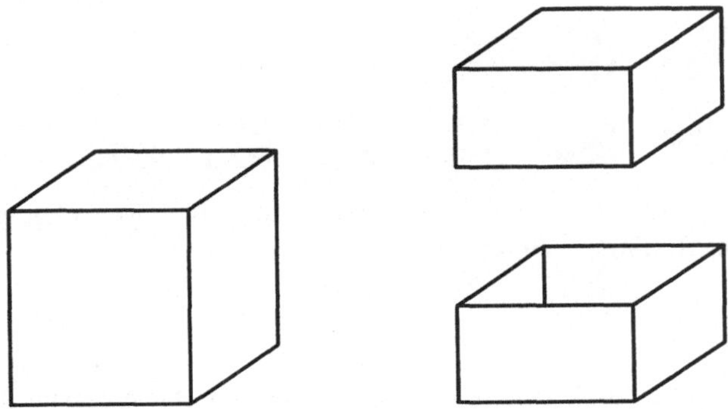

Abb. 2-7: Würfel im Flächenmodell und horizontaler Schnitt (Quelle: Purgathofer)

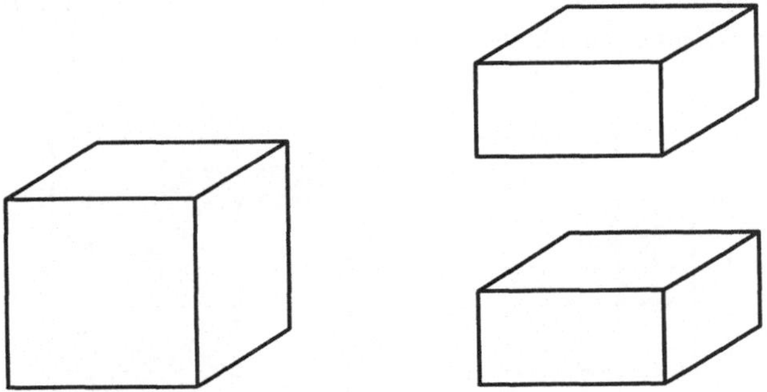

Abb. 2-8: Würfel im Volumenmodell und horizontaler Schnitt (Quelle: Purgathofer)

Flächengraphik

Bei der Flächengraphik ist das Bild aus einem Raster von Bildpunkten (Pixel) zusammengesetzt. Die Flächengraphik wird auch als Rastergraphik oder Pixelgrafik bezeichnet. Die Aufgabe der graphischen Datendarstellung besteht im Erzeugen einer geeigneten Abbildung einer Graphik mit elementaren Datentypen. Diese Abbildung muß die Verarbeitung und die Rekonstruktion der Graphik gewährleisten. Die Datendarstellung der Flächengraphik wird an ihrer einfachsten Form, der **Mosaikgraphik**, noch kurz illustriert. Bei der Mosaikgraphik wird das Bild aus einzelnen Mosaikzeichen zusammengesetzt. Jedem Mosaikzeichen wird durch einen Code eine bestimmte Kombination von Binärzeichen zugeordnet. Diese Form der Darstellung findet vor allem für Geschäftsgraphiken Anwendung. Der Vorteil der Mosaikgraphik liegt im geringen Aufwand für die Speicherung und die Wiederherstellung des Bildes sowie in dem geringen Speicherbedarf. Nachteilig ist die niedrige Auflösung des Bildes (Heinrich/Lehner/Roithmayr 1994).

Abbildung 2-9 zeigt einen Ausschnitt aus dem Zeichenvorrat für Mosaikgraphiken am Beispiel des Bildschirmtext-Systems. Die rechnerinterne Darstellung eines Bildes erfolgt durch die fortlaufende Speicherung der den Mosaikzeichen entsprechenden Binärzeichen. Eingestreut in diese Zeichenfolge werden Steuerzeichen, mit denen die Farbe, die Position am Ausgabegerät, die Zeichengröße usw. festgelegt werden. Die Wiederherstellung des Bildes wird durch die Hardware der graphischen Ausgabegeräte gesteuert.

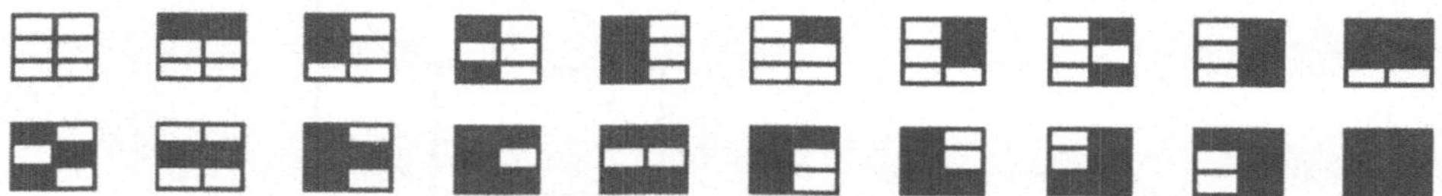

Abb. 2-9: Ausschnitt aus dem Zeichenvorrat für Mosaikgraphik (Heinrich/Lehner/Roithmayr 1994)

Rasterung

Pixelgrafiken sind meist durch eine höhere räumliche und chromatische Auflösung gekennzeichnet sind. Sie entsprechen Abbildungen aus der Realität und werden hauptsächlich mit Hand- oder Flachbettscannern eingescannt, um sie der digitalen Welt zur Verfügung zu stellen. Eine Weiterentwicklung bilden digitale Fotokameras, mit deren Hilfe es möglich ist, Fotos direkt auf einen Computer zu übertragen.

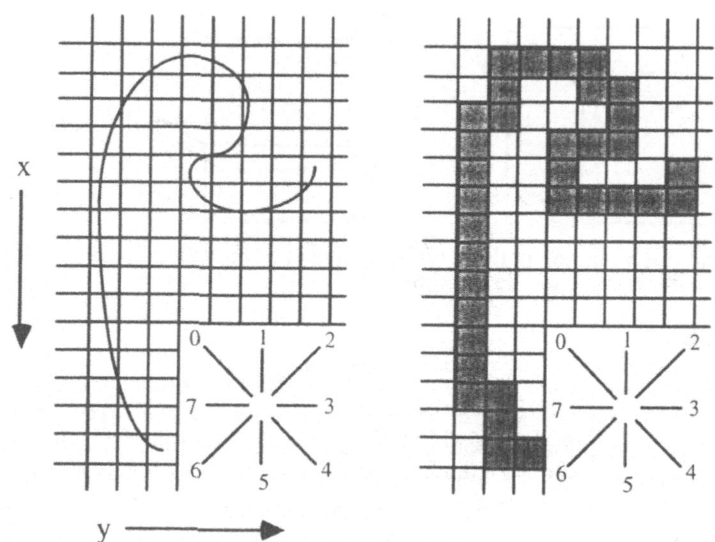

Abb. 2-10: Digitale Darstellung einer Linie (Quelle: nach Kazmierczak)

Bei der angesprochenen räumlichen und chromatischen Auflösung handelt es sich um Werte, die über die Qualität des Bildes Auskunft geben. Die räumliche Auflösung gibt die Anzahl der Pixel für die Höhe und Breite des Bildes wieder, die chromatische Anzahl der verwendeten Bits pro Pixel dient zur Speicherung der Farbinformation. Will man beispielsweise ein Bild einscannen, so müssen je nach gewünschter Bildqualität diese beiden Angaben gemacht werden.

Abbildung 2-10 zeigt die durch ein rechteckiges quadratisches Gitter überlagerte Darstellung einer Linie als Bildvorlage (linker Teil, sog. Rasterung) und die Darstellung der Bildvorlage als Linienapproximation durch markierte Rasterelemente (rechter Teil, sog. Quantisierung). Eine Rasterfläche wird entweder nur schwarz oder nur weiß dargestellt, je nachdem, ob die ursprüngliche Rasterfläche einen Teil des Linienzugs enthielt oder nicht. Wird ein schwarzes Rasterfeld symbolisch durch die Zahl 0, ein weißes durch die Zahl 1 dargestellt, dann erhält man die Bildvorlage als eine rechteckige Zahlenanordnung; die Bildvorlage ist als binäre Bildmatrix gespeichert. Eine Zeile der Bildmatrix heißt Bildzeile, eine Spalte der Bildmatrix heißt Bildspalte; ein Element der Bildmatrix wird als Bildpunkt bezeichnet. Die einem Bildpunkt zugeordnete Zahl (0 oder 1) ist der Grauwert des Bildpunkts. Da ein digitalisiertes Schwarz/Weiß-Bild nur aus zwei Grauwerten besteht, wird es als Binärbild bezeichnet.

Die Qualität der Digitalisierung wird entscheidend von der **Rasterung**, also von der verwendeten Größe der Rasterflächen, bestimmt. Verwendet man große Rasterflächen, gehen Bilddetails verloren; sehr kleine Rasterflächen führen zu sehr vielen Daten und damit zu einem hohen Verarbeitungsaufwand. Bei einer pragmatischen Vorgehensweise wählt man die Rasterung entsprechend der Bildvorlage (eine feine Strichzeichnung erfordert eine stärkere Rasterung als eine plakative Bildvorlage) und dem Zweck der Bildauswertung. Theoretische Grundlage für die Wahl der Rasterung ist das **Shannon´sche Abtasttheorem**. Es besagt, daß bei einem bandbegrenzten Signal die Abtastfrequenz mindestens doppelt so groß sein muß wie die größte im Signal auftretende Frequenz.

Farbmodelle

Bilder werden aber nicht nur eingescannt und anschließend am Bildschirm weiterverarbeitet und gespeichert, sondern auch wieder ausgedruckt. Oft kommt es beim Ausdruck trotz hoher räumlicher und chromatischer Auflösung zu erheblichen Farbabweichungen gegenüber dem Original. Ein Braun am Bildschirm entspricht nicht immer dem Braun auf dem Ausdruck. Grund hierfür sind die verschiedenen zum Einsatz kommenden Farbmodelle, die nachfolgend kurz angesprochen werden. Weitere Informationen zu Farbmodellen findet man in Davies (o.J.) und dem Seminar Multimedia-Datenformate (1995).

Bei Druckern wird das **Deckfarbmodell CMYK**, das für die Grundfarben Cyan, Magenta, Gelb (yellow) und wegen Mischproblemen Schwarz (black) steht, und am Bildschirm das Leuchtfarbmodell RGB mit den Farben Rot, Grün und Blau verwendet (Loviscach/Fastenrath 1996). Moderne Softwarepakete bieten aber bereits Farbkorrekturmöglichkeiten an.

Das **RGB-Modell** beruht auf dem Prinzip der additiven Farbmischung. Ein RGB-Signal besteht aus 3 getrennten Signalen für Rot (R), Grün (G) und Blau (B). Durch Mischung dieser aktiv leuchtenden Primärfarben lassen sich alle anderen Farben erzeugen. Mischt man alle 3 Farben in gleichen Anteilen, ergibt sich neutrales Weiß. Dieses Modell harmoniert sehr gut mit dem technischen Aufbau von Farbmonitoren, ist aber schlecht geeignet für Kompression und damit ineffizient.

Das **YUV-Modell** stammt von den Fernsehnormen PAL und SECAM her. Hier werden Luminanz (Leuchtdichte) und Chrominanz (Farbinformation) unterschieden. Im Parameter Y ist die Luminanz-, in den Parametern U und V die Chrominanzinformation kodiert. Dadurch lassen sich Helligkeit, Kontrast und Farbsättigung sehr leicht beeinflussen, außerdem eignet es sich sehr gut zur Kommpression. Deshalb werden das YUV-Modell und seine Abwandlungen von den gebräuchlichen digitalen Videostandards zugrunde gelegt.

2.1.5 Bewegtbildwahrnehmung sowie digitale Video- und Fernsehtechnik

Unter Video werden im folgenden Bewegtbilder natürlichen oder künstlichen Ursprungs verstanden. Auf die Fragestellung der Kombination, der Kompression und der Synchronisation von Audio und Video wird im darauffolgenden Kapitel noch etwas näher eingegangen. In den Quellen, auf die dieses Kapitel aufbaut, finden sich weitere Details zum Thema (Steinmetz (1993), Wilke/Imhof (1996), Booz Allen Hamilton (1995), Tannenbaum (1997), Leuthold/Orum (1996), sowie Henning (2000)).

Aus der Verarbeitung von Bewegtbildern durch Auge und Gehirn lassen sich wichtige Voraussetzungen für digitales Video ableiten. Zunächst ist die Bewegtbildauflösung durch die Trägheit des menschlichen Auges begrenzt. Dadurch wird eine diskrete Folge von Einzelbildern ab etwa 16 Bildern pro Sekunde als kontinuierliches Video wahrgenommen. Ab etwa 25 Bildern pro Sekunde erscheint ein Video ohne störendes Ruckeln der Bildfolgen. Dieser Effekt bildet die Grundlage für die Aufzeichnung und Verarbeitung von Video. Bei einer Bildfrequenz unter 50 Hz erkennt das Auge außerdem eine periodische Helligkeitsschwankung. Dies wird als Flimmereffekt bezeichnet. Bei Fernsehnormen wie PAL oder NTSC, die mit Bildfrequenzen von 25 bis 30 Hz diesen Grenzwert nicht erreichen, wird der Flimmereffekt durch Verwendung des Halbzeilenverfahrens kompensiert. Dabei werden statt 25 Vollbilder pro Sekunde (sogenannte Frames) 50 Halbbilder (sogenannte Fields) dargestellt. Diese Technik nennt man auch Interlacing. Der Mensch nimmt nämlich bei 25 Frames/s ein Flimmern wahr, nicht aber bei 50 Fields/s. Bei Multimediasystemen werden Vollbildfrequenzen ab 75 Hz als ergonomisch ausreichend empfunden. Dieses Verfahren heißt non-interlace oder progressiv.

Das ortsabhängige Auflösungsvermögen des Auges ist ebenfalls begrenzt. Dadurch können einzelne Bildpunkte nur bis zu einer gewissen Größe bzw. einem gewissen Abstand erkannt werden. Schnelle Bewegungen und hohe Frequenzen setzen dieses Auflösungsvermögen noch weiter herab. Dies kann ausgenutzt werden, um in einem Video schnelle Bewegungen mit einer geringeren Ortsauflösung zu kodieren. Allgemein ist der Anspruch an die Ortsauflösung bei Video geringer als bei einem Standbild. Bei Low-Cost-Lösungen wie AVI begnügt man sich mit 160x120 bis zu 320x240 Pixel pro Frame („Briefmarkenkino").

Das Auge reagiert wesentlich empfindlicher auf Helligkeitsänderungen als auf Farbänderungen. Die Luminanzinformation ist also wichtiger als die Chrominanzinformation. Dies kann ausgenutzt werden, indem man der Luminanz eine größere Bandbreite zuordnet. Bei MPEG beispielsweise wird im YCbCr-Format die Luminanzkomponente Y mit der doppelten horizontalen und vertikalen Auflösung gegenüber den Farbdifferenzkomponenten Cb und Cr kodiert. Dies wird als Color-Subsampling bezeichnet.

In den bisherigen Ausführungen wurde implizit davon ausgegangen, dass ein analoges Video vorliegt, welches zur Speicherung und Weiterverarbeitung digitalisiert werden muss. Dies ist zwar immer noch in vielen Fällen erforderlich, es gibt aber auch schon vollständig digitale Aufzeichnungsverfahren. Allerdings hat sich von diesen herstellerspezifischen Verfahren noch keines als Standard durchsetzen können. Die drei bekanntesten Verfahren sind:

- Digital BetaCam: sehr teuer, wird im professionellen Bereich eingesetzt
- DV (Sony Digital Video): wird vielleicht der neue Standard, verwendet als digitalen Bus FireWire (IEEE 1394)
- Digital VHS (JVC): abwärtskompatibel zu VHS und SVHS

HDTV (High Definition Television) gilt als zukünftige Generation der Fernsehtechnik, ist aber kein digitales Fernsehen. Vielmehr werden durch Verdoppelung der Abtastzeilen und Erhöhung von Luminanzbandbreite und Kontrastumfang die Bildqualität sowie durch Übertragung in CD-Qualität die Tonqualität deutlich verbessert. Außerdem wird ein Breite-zu-Höhe-Verhältnis von 16:9 wie bei Kinofilmen vorgegeben. HDTV wird von MPEG-2 unterstützt. Es existieren unterschiedliche HDTV-Systeme in Europa (HD-MAC), USA (NTSC) und Japan (MUSE), die untereinander wiederum nicht kompatibel sind.

Eine internationale Norm für digitales Fernsehen wurde von CCIR bereits 1982 verabschiedet. Auf seine technischen Einzelheiten soll an dieser Stelle aber nicht näher eingegangen werden. In Deutschland ging 1997 das erste digitale Fernsehprogramm DF1 auf Sendung. Bisher konnte es sich jedoch nicht durchsetzen. Viele Konsumenten scheuen den Umstieg wegen der hohen Kosten und mangelnden Vertrauens in die Zukunftssicherheit des durch die sog. D-Box vorgegebenen Standards. Außerdem fehlt es noch an attraktiven Programmangeboten wie z.B. Exklusivübertragungen oder der oft diskutierten „Interaktivität" des Zuschauers.

2.1.6 Streaming, Kompression und Synchronisation als zentrale Funktionen beim Medium Video

In diesem Kapitel werden wichtige Funktionen bzw. Basistechnologien besprochen, die für das Medium Video von zentraler Bedeutung sind. Konkret handelt es sich dabei um Streaming, Kompression und Synchronisation. Den Ausführungen in diesem Kapitel liegen als Quellen Steinmetz (1993), Grauer/Merten (1997), Tannenbaum (1997) sowie Leuthold/Orum (1996) zugrunde. Außerdem wird auf die Darstellungen bei Henning (2000) verwiesen.

Streaming

Streaming (vgl. dazu auch Kapitel 3.2) bedeutet, dass das Betrachten von Teilen der Nutzdaten bereits möglich wird, noch bevor die Daten bzw. der gesamte Video- oder Audiostrom vollständig übertragen wurden. Das wird durch eine geordnete Übertragung der sonst eigenständig über das Internet übertragenen Datenpakete erreicht. Die Zeit, die zum vollständigen Übertragen der Daten nötig ist, kann bereits für das Verarbeiten der eingetroffenen Teile genutzt werden. Ein Videostream kann damit unmittelbar ab dem Eintreffen der ersten Bildsequenzen betrachtet werden.

Manche Systeme bieten auch die Möglichkeit den Stream während der Übertragung zu steuern. So bietet z. B. das RealMedia System Bedienelemente, mit denen der Benutzer den Datenstrom anhalten und das Video zurück oder vorspulen kann, als wären die Daten auf dem lokalen Rechner vorhanden. Andere Systeme wie z. B. das Autorensystem Macromedia Flash 4 oder der Director 7 unterstützen Streaming indem sie die Daten innerhalb der zu übertragenden Anwendung so geschickt unterteilen und anordnen, dass eine gewisse interaktive Nutzung bereits möglich ist, noch bevor der Download komplett abgeschlossen ist.

Komprimierung

Das Grundprinzip der Kompression ist einfach. Praktisch alle Formen von Daten enthalten redundante Informationen. Durch den Einsatz geeigneter Kodierungsverfahren können diese redundanten Elemente entfernt werden. Solange die zur späteren Dekompression notwendige zusätzliche Information kleiner ist als die entfernten Redundanzen, werden die Daten dabei komprimiert.

Unter Komprimierung versteht man im allgemeinen eine Reduzierung der Datenmenge durch mathematische Methoden. Die Datenmenge wird maßgeblich bestimmt durch die Auflösung des Contents. Auflösung bedeutet bei der visuellen Darstellung die Anzahl der Punkte in jeder Dimension und auch die Anzahl der möglichen Farben, also die Farbtiefe. Bei der Übertragung von Ton bedeutet Auflösung zum einen die Anzahl der pro Sekunde abgetasteten Lautstärkewerte, also die Samplingrate (gemessen in 1/s), und zum anderen die Anzahl der pro Abtastung zur Verfügung stehenden Speichermenge, also die Quantisierung (gemessen in Bit). Die Qualität von Bild- und Tonübertragung ist mit der zur Verfügung stehenden Speichermenge direkt positiv korreliert. Wählt man nun aber die Datenmenge groß genug, so finden sich immer Engpässe. Sei es in der Kapazität des benutzten Speichermediums oder in der Übertragungsrate der zur Verfügung stehenden Übertragungskanäle und -Übertragungsraten. Man ist in der Wahl der Auflösung nicht völlig frei sondern muss gewisse Mindestanforderungen zur Darstellung der Information erfüllen. Trifft man dann noch auf Engpässe in der Übertragung oder der Speicherung, welche die benötigten Speichermengen oder Übertragungsraten unterschreiten, ist ein Informationstransfer zunächst einmal nicht möglich.

Hier greift das Konzept der Komprimierung, bei der eine vorhandene digitale Datenmenge so codiert wird, dass nach dem Komprimierungsverfahren weniger Speicherplatz benötigt wird. Die Datenendgeräte müssen jedoch, meist in Echtzeit, in der Lage sein, die anfallende Datenmengen beim Sender zu komprimieren und beim Empfänger zu dekomprimieren. Ob dies zu Bewältigen ist, ist von der Rechenleistung der benutzten Geräte abhängig. Zum Beispiel wurde in der „MBone – Lösung“ zum Komprimieren eine Silicon Graphics INDY Workstation benutzt, weil dieser Rechnertyp in der Echtzeit MPEG-Komprimierung einem Standard PC überlegen war.

Beispiel: Wie bereits erläutert erhält man die Speichergröße eines Bildes, in dem man die Anzahl der Punkte auf der X-Achse mit denen der Y-Achse multipliziert und mit das Ergebnis nochmals mit der Farbtiefe multipliziert. Berücksichtigt man die Tatsache, dass jeweils 8 Bit ein Byte darstellen und 1024 Byte ein Kilobyte sind, dann errechnet sich Datenmenge eines gewöhnlichen PAL Fernsehbildes (Echtfarben, 24 Bit Quantisierung) in Megabyte wie folgt:

768*576*24 Bit =10.516.832 Bit = 1.327.104 Byte = 1.296 Kbytes = 1,266 Mbytes

Dies würde bedeuten, dass eine Verbindung zwischen zwei Computern mit einer Übertragungsrate von 64kb/s (ein ISDN B-Kanal) für die Übertragung eines PAL-Farbbildes im unkomprimierten Zustand 164 Sekunden oder knapp drei Minuten benötigen würde. Da die menschliche Wahrnehmung erst ab ca. 20 Bildern pro Sekunde, also 0,05 Sekunden pro Bild, beginnt eine Folge von Einzelbildern als Bewegung zu sehen, ist ohne Komprimierung die Übertragung von bewegten Bildern über eine Modem- oder einfache ISDN-Strecke nicht zu bewerkstelligen ist. Zudem wurden bei dieser Betrachtung weder die anfallenden Tondaten noch der Protokoll Overhead der bei der Übertragung über das Internet immer anfällt berücksichtigt. Natürlich kann man auch durch Verringerung der Bildgröße und der Farbtiefe die Anforderungen an die Übertragungsrate weiter reduzieren.

Je nach Art der gewünschten Übertragung (Video, Bilder, Ton, Text usw.) eignen sich unterschiedliche Komprimierungsarten, die grob in verlustfreie und verlustbehaftete Komprimierung untergliedert werden können.

Die verlustfreie Komprimierung liefert die exakt selben Daten nach der Dekomprimierung, die vor dem Komprimieren vorhanden waren. Daten- und Informationsverluste sind ausgeschlossen, jedoch muss dieses Verfahren alle Daten berücksichtigen. Ein Beispiel für verlustfreie Komprimierung ist der LZW–Algorithmus, der sowohl für grafische Anwendungen (z. B. das Internetgrafikformat GIF) als auch zur Komprimierung von Programmen angewandt wird. Wie am Beispiel der komprimierten Programme deutlich wird, muss nach dem Dekompressionsvorgang eine zu den Originaldaten hundertprozentig identische Kopie vorhanden sein, um den korrekten Programmablauf garantieren zu können. Auch die Übertragung von Textdokumenten muss verlustfrei geschehen, da sonst die im Text enthaltene Information verfälscht werden kann. Bei verlustfreien Verfahren erreichen die Kompressionsraten etwa das Verhältnis von zu 2:1.

Verlustbehaftete Komprimierungsverfahren sind dadurch gekennzeichnet, dass nach dem Dekomprimieren nicht exakt die selbe Datenmenge vorhanden ist wie vor dem Komprimieren. Entscheidend bei der Bewertung der Verluste ist, ob wichtige Informationen verändert oder entfernt wurden, oder ob Daten verändert wurden, die für die eigentlich übertragenen Informationen bedeutungslos sind. Ein Beispiel ist die JPEG-Komprimierung von Bildern, die Merkmale der menschlichen Wahrnehmung nutzt um die Menge der unwichtigen, also kaum oder gar nicht wahrnehmbaren, Daten des Bildes zu identifizieren und zu reduzieren. Der Vorteil der verlustbehafteten Komprimierung ist, dass viel größere Komprimierungsraten erreicht werden können als bei verlustfreien Verfahren. Dies ist auch der Grund, warum in Datennetzen wie dem Internet, die mit unkontrollierbaren Engpässen behaftet sind, verlustbehaftete Verfahren bevorzugt werden, wenn für die Ausgabe kein identisches Ergebnis erforderlich ist. Verlustbehaftete Verfahren führen also zu ähnlichen, aber meist nicht identischen Daten. Dies wird jedoch bei multimedialen Daten wie Bildern und Videos gewöhnlich in Kauf genommen. Sie erreichen aber auch enorme Kompressionsraten von 2:1 bis hin zu 300:1.

Kompression ist ein Vorgang, bei dem mit Hilfe von Algorithmen die ursprüngliche Information durch eine kompaktere mathematische Darstellung ersetzt wird. Dekompression ist der umgekehrte Vorgang. Im günstigsten Fall sind Kompression und Dekompression transparent für den Benutzer. Die dazu verwendeten Algorithmen sind die Kodier- bzw. Dekodierverfahren. An diese Verfahren werden hohe Anforderungen gestellt. Sie sollen nicht zu komplex und effektiv realisierbar sein. Die Qualität der wieder dekomprimierten Daten soll möglichst gut sein. Schließlich sollen bei der Dekompression und teilweise auch bei der Kompression gewisse Zeitschranken nicht überschritten werden.

Man kann zwischen den Anforderungen von Anwendungen im Dialogmodus (z.B. Videokonferenz) und Abfragemodus (z.B. Auskunftsysteme) unterscheiden. An die Kompressionsverfahren werden den Systemklassen entsprechend folgende Anforderungen gestellt:

Dialogmodus

- Die Ende-zu-Ende-Verzögerung soll für die Kompression und Dekompression weniger als 150 ms betragen. Werte um 50 ms werden angestrebt, um den Eindruck eines natürlichen Dialogs zu vermitteln.

Abfragemodus

- Ein schneller Vorlauf bzw. Rücklauf mit gleichzeitiger Anzeige der Daten soll möglich sein.
- Beliebiger Zugriff auf einzelne Passagen im Bereih von ca. ½ s soll möglich sein.
- Die Dekompression soll ohne Kenntnis aller vorheriger Daten möglich sein, so dass sich Passagen nach einem beliebigen Zugriff editieren lassen.

Dialog- und Abfragemodus kombiniert

- Es soll ein Format unabhängig von Bildschirmgröße und Bildfrequenz verwendet werden, um Daten auf verschiedenen Systemen anzeigen zu können.
- Für Audio und Video sollen verschiedene Datenraten mit unterschiedlicher Qualität verfügbar sein.
  Audio und Video sollen exakt synchronisierbar sein.
- Die Realisierung soll in Software oder mit wenigen hochintegrierten Bauteilen kostengünstig möglich sein.
- Die Verfahren sollen über verschiedene Systeme hinweg kompatibel sein.

Abbildung 2-11 gibt einen Überblick über die grundlegenden Kodierverfahren. Diese werden anschließend noch etwas näher erläutert.

Bei den Verfahren der Entropiekodierung werden die zu komprimierenden Daten nur als Bitstrom ohne Beachtung ihrer Bedeutung gesehen. Die Kodierung erfolgt stets verlustfrei.

Entropiekodierung	Lauflängenkodierung	
	Huffman-Kodierung	
	Arithmetische Kodierung	
Quellenkodierung	Prädikation	DPCM
		DM
	Transformation	FFT
		DCT
	„Layered Coding“	Bildposition
		Subsampling
		Subbandkodierung
	Vektorquantisierung	
Hybridkodierung	JPEG	
	MPEG	
	H.261	
	DVI RTV, DVI PLV	

Abb. 2-11: Klassifikation grundlegender Kodierverfahren

- Lauflängenkodierung und Nullunterdrückung: Bei der Nullunterdrückung wird ein sich häufig wiederholendes Zeichen ab drei dieser Zeichen in Folge durch ein Byte als Kennung und ein weiteres Byte, das die Anzahl der ersetzten Zeichen angibt, ersetzt. Die Lauflängenkodierung ist eine Verallgemeinerung dieses Ansatzes. Hier werden alle Folgen identischer Bytes, die aus mehr als drei Zeichen bestehen, durch ein Byte als Kennung, das ersetzte Zeichen selbst und die Anzahl der ersetzten Zeichen ersetzt.
- Diatomic Encoding: Hierfür werden die am häufigsten auftretenden Bytepaare ermittelt und durch einzelne Bytes, die sonst nie auftreten, ersetzt (z.B. das „th“ in englischen Texten).
- Statistische Kodierung: Die Häufigkeit des Auftretens von Zeichen oder Zeichenfolgen wird hier berücksichtigt. Häufig auftretende Zeichen werden mit kurzen, seltener auftretende mit längeren Bitsequenzen kodiert. Die bekanntesten Verfahren, die nach diesen Maßstäben arbeiten, sind die Huffman- und die arithmetische Kodierung.

Die **Verfahren zur Quellenkodierung** verwenden die Semantik der zu kodierenden Daten, d.h. die Eigenschaften eines Mediums werden bei der Kompression mit berücksichtigt. Diese Verfahren arbeiten meist verlustbehaftet.

- Prädiktion: Bytefolgen werden als Differenzen zueinender kodiert. Man nennt das Verfahren daher auch relative Kodierung. Anwendungen dieses Verfahrens sind u.a. die Verfahren DPCM und Delta Modulation (DM).
- Transformation. Die Daten werden in einen anderen mathematischen Raum transformiert, der sich besser für eine Kompression eignet. Zur Dekodierung muss eine entsprechende inverse Transformation möglich sein. Bekannte und sehr effektive Verfahren sind die diskrete Kosinustransformation (DCT) und die schnelle Fouriertransformation (FFT).
- Subbandkodierung: Subbandkodierung ist ein Beispiel für sogenanntes Layered Coding. Hier wird eine selektive Frequenztransformation durchgeführt. Statt alle Daten in einen anderen Raum zu transformieren, wird nur der spektrale Anteil des Signals in vorgegebenen Bereichen betrachtet. Dieses Verfahren eignet sich zur Sprachkompression.
- Vektorquantisierung und Pattern Substitution: Die Pattern Substitution ist zur Kompression von Text geeignet. Häufig vorkommende Muster werden durch einzelne Bytes ersetzt, die jeweils einen Index auf eine Tabelle von Mustern darstellen. Bei Grafik- und Audiodaten arbeitet man statt dessen mit der Vektorquantisierung. Dazu wird ein Datenstrom in Blöcke unterteilt und für jeden Block in einer indizierten Tabelle nach einem ähnlichen Muster gesucht. Eine solche Tabelle kann mehrere Dimensionen beinhalten, d.h. der zu speichernde Index ist ein Vektor.

Die **Verfahren der Hybridkodierung** sind Kombinationen aus Quellen- und Entropiekodierung. Sie werden in den meisten Multimediasystemen eingesetzt. Am Beispiel der JPEG-Normen soll ein hybrider Ansatz kurz beschrieben werden. Weitere Informationen zu JPEG finden sich in Kapitel 2.3 (Dateiformate). Folgende Anforderungen wurden in JPEG verwirklicht:

- Unabhängigkeit der Bildgröße ist gewährleistet.
- Es ist für jedes Höhe-zu-Breite-Verhältnis eines Bildes verwendbar.
- Verwendeter Farbraum und Farbvielfalt sind unabhängig voneinander.
- Das Bild kann beliebige Komplexität und statistische Eigenschaften enthalten.
- Es ist (weitgehend) Stand der Technik bzgl. erreichbarer Kompression und Bildqualität.
- Die Verarbeitung mit einer Softwarelösung ist in vielen Standardprogrammen möglich und kann durch Spezialhardware beschleunigt werden.
- Bilder können sequentiell und progressiv dekodiert werden.
- Eine verlustfreie und eine hierarchische Kodierung sind ebenfalls möglich.

Diese vielfältigen Eigenschaften stehen dem Anwender über eine umfassende Parametrisierbarkeit zur Verfügung. Er kann zwischen Bildqualität sowie Dauer und Grad der Kompression abwägen. Außerdem stellt JPEG folgende Modi als Zusammenstellung verschiedener Möglichkeiten bei der Kompression zur Verfügung:

- Sequentieller verlustbehafteter DCT-basierter Mode (Baseline Process): Dieser Modus wird von jedem JPEG-Dekoder unterstützt.
- Erweiterter verlustbehafteter DCT-basierter Mode: Dieser Modus bietet zusätzliche Alternativen zu dem Sequentiellen.
- Verlustfreier Mode: Dieser Modus arbeitet verlustfrei auf Kosten des erreichbaren Kompressionsgrades.

Hierarchischer Mode: Dieser Modus kodiert dasselbe Bild im komprimierten Bild mehrmals in verschiedenen Auflösungen unter Verwendung der anderen Modi.

Zuerst erfolgt die Bildaufbereitung mit der Blockvorbereitung. Hier gibt es bereits vielfältige Varianten. Dann folgt bei den ersten beiden Modi die Bildverarbeitung mit diskreter Kosinustransformation. Hier werden sowohl Verluste eingebracht als auch die für JPEG typischen hohen Kompressionsraten erzielt. Nun folgt die Quantisierung bzw. differentielle Quantisierung. Abschließend wird eine Entropiekodierung mit Lauflängenkodierung und Huffman- oder arithmetischer Kodierung durchgeführt.

Synchronisation

Synchronisation, sowohl von diskreten als auch kontinuierlichen Medien, ist eine weitere zentrale Funktion von Multimediasystemen. Synchronisation bezeichnet in diesem Kontext die „Schaffung eines Bezugs zwischen in verschiedenen Medien kodierten Informationen". Dieses Teilkapitel baut im wesentlichen auf Steinmetz (1993) auf. Prinzipiell treten in multimedialen Systemen zwischen an sich unabhängigen logischen Dateneinheiten folgende Arten von Beziehungen auf:

- Inhaltliche Beziehungen können zwischen den verschiedensten Medien bestehen. Hier werden dieselben Daten auf verschiedene Weise präsentiert oder es werden verschiedene Aspekte eines konsistenten Sachverhalts beleuchtet (z.B. Tabelle und zugehöriges Diagramm).
- Örtliche Beziehungen beschreiben die Anordnung von Objekten zueinander im zwei- oder dreidimensionalen Raum (z.B. zwischen Text und Bild in einem Dokument oder zwischen Videofenster und Stereoton).
- Zeitliche Beziehungen bestehen vor allem zwischen den kontinuierlichen (allg. den zeitabhängigen) Medien. Sie sind die eigentliche Anwendung der Synchronisation (z.B. lippensynchrone Wiedergabe von Bewegtbild und Ton).

Das Betriebssystem verwaltet die betroffenen Systemkomponenten bzw. Endgeräte zur Ein- und Ausgabe von Audio und Video und die Betriebsmittel zur Verarbeitung der Daten. Dazu gehört sowohl deren Reservierung als auch ein effizientes Scheduling. Die großen Datenmengen, die bei Audio und Video anfallen, erfordern einen erheblichen Speicheraufwand. Dabei empfehlen sich optische Medien wie CD-ROM durch ihre geringen Kosten. Diese Daten lassen sich mit Multimedia-Datenbanksystemen (MM-DBMS) speichern und verwalten. Weiterhin muss überall eine hohe Datenübertragungsrate mit konstanter Ende-zu-Ende-Verzögerung vorliegen. Es gelten ähnliche Anforderungen an die Echtzeitverarbeitung wie bei Dialoganwendungen. Zur Datenübertragung zwischen verschiedenen Rechnern müssen die Netze und Protokolle entsprechend ausgelegt sein.

Am wichtigsten sind die zeitlichen Synchronisationsbeziehungen zwischen verschiedenen Medien, sowohl in lokalen als auch in verteilten Systemen. Eine besondere Rolle spielen die **Zeitanforderungen bei kontinuierlichen Medien**. Bei der Prozesssynchronisation müssen die angegebenen Zeitschranken exakt eingehalten werden. Der Empfänger kontinuierlicher Medien ist der Mensch. Deshalb liegen hier solche harten Synchronisationsanforderungen nicht vor. Beispielsweise werden bei der Synchronisation von Video und Audio Verzögerungen von bis zu 80 ms nicht als störend empfunden. Bei der Synchronisation von Video und Text (z.B. Untertitel) bestimmen die Dauer der Szene und die Länge des Textes, wie lange die Einblendung erfolgen soll. Schwankungen um 250 ms werden durchaus toleriert. Bei der Synchronisation von Bild oder Text und Audio liegt der Wert in einem ähnlichen Bereich (z.B. Vorlesen des Textes oder Beschreibung des Bildes). Diese Erkenntnisse führen zum Begriff der Güte der Synchronisation. Sie kann z.B. als „sehr gut", „gut", oder „schlecht" eingestuft werden. Was dabei letztlich als synchronisiert gelten soll, ist abhängig von Medien und Inhalten. Die Fragestellung, was geschehen soll, wenn eine Audio- oder Videosequenz angehalten wird, wird als Lückenproblem (Gap Problem) bezeichnet. Wenn eine Synchronisation Alternativen in Abhängigkeit der zu erwartenden Zeitdauer der Unterbrechung anbietet (z.B. andere Einzelbilder, Bildsequenzen oder Audiosignale einblenden), spricht man vom bedingten Blockieren (Restricted Blocking).

Grundlegende Synchronisationsverfahren sind das Zeitmultiplexing, die indirekte Adressierung und die direkte Adressierung.

- **Zeitmultiplexing:** Wenn die möglichen Kombinationen der gegebenen Audio- und Videosequenzen vorab bekannt sind, können sie ineinander verschachtelt (interleaved) im Zeitmultiplexverfahren gespeichert werden. Der größte Vorteil ist die einfache Implementierung. Allerdings ist das Verfahren unflexibel, da nur die vorab synchronisierten Medien präsentiert werden können. Damit ist es für Live-Synchronisierung geeignet, nicht aber für die Synthetische. Um eine gewisse Flexibilität zu erreichen, müssten unterschiedliche Kombinationen von Sequenzen mehrmals, d.h. redundant gespeichert werden. Außerdem ist das Verfahren fehleranfällig, da sich durch den zeitlichen Multiplex der Medien ein auftretender Fehler häufig auf beide Medien auswirkt.
- **Indirekte Adressierung:** Zwei Datenströme werden hier synchronisiert, indem sie mit demselben Zeitstempel (time stamp) versehen werden. Bei der Wiedergabe sorgt das ausgebende System durch Überwachung der Zeitstempel für Synchronität. In einem verteilten System ist zusätzlich die Synchronisation der verschiedenen Uhren über Hardware, Software oder hybride Methoden zu realisieren.
- **Direkte Adressierung:** Hier besitzt jede logische Dateneinheit (LDU) in ihrem Daten-strom eine eindeutige Identifikation. Jeder Ereignismarke wird dann ein Tupel aus Datenstrom- und LDU-Identifikation zugewiesen. Dieses Tupel verweist dann eindeutig auf die in Beziehung stehende LDU eines weiteren Datenstroms (z.B. Identifikation der Blöcke auf einer CD-ROM über Zeitmarken).

Bei den Synchronisationsarten wird zwischen Live-Synchronisation und synthetischer Synchronisation unterschieden. Bei der **Live-Synchronisation** gilt, daß die Beziehungen zwischen Medien in der Form wiedergegeben werden sollen, in der sie entstanden sind. Daraus ergeben sich grundlegende Anforderungen für die Realisierung der Live-Synchronisation. Zunächst soll sie die möglichst naturgetreue Wiedergabe verschiedenster vorab entstandener oder örtlich versetzt bestehender Informationsbeziehungen leisten. Die zweite Anforderung ergibt sich aus dem Grad der möglichen Interaktion des Benutzers. Hat er die Möglichkeit, bei der Wiedergabe der gespeicherten Information diese z.B. zu starten und anzuhalten oder ihre Geschwindigkeit zu beeinflussen, muss dies die Synchronisation auch leisten können. Die Realisierung sollte dabei für den Anwender möglichst transparent sein. Bei der **synthetischen Synchronisation** liegt der Schwerpunkt in einer flexiblen Handhabung, insbesondere während der Definitionsphase. Während der Definitionsphase werden die temporalen Beziehungen zwischen LDUs (logische Dateneinheit) hergestellt. Diese können in Datenbanken über Relationen, in Hypertext-

Dokumenten über Links oder in Autorensystemen durch spezielle Sprachen und Methoden ausgedrückt werden. Während der Präsentationsphase erfolgt dann die Auswertung und Umsetzung der zuvor definierten Beziehungen. Die Live-Synchronisation kann als Spezialfall der Synthetischen mit impliziter Definition der Beziehungen durch das Multimediasystem interpretiert werden.

2.2 Multimediale Datenspeicherung und Datenorganisation

2.2.1 Einführung in multimediale Datentypen und Objekte

Noch vor nicht allzu langer Zeit hatten Datenbanksysteme (DBS) hauptsächlich einfache Datentypen, wie z.B. Integer und Strings, zu verwalten. Um mit solchen Typen umgehen und sie repräsentieren zu können, waren einfache Datenstrukturen völlig ausreichend. Mit dem technischen und konzeptuellen Fortschritt beim Handling multimedialer Daten in den letzten Jahren sind auch die Anforderungen an DBS gestiegen; diese müssen nun in der Lage sein, für die komplexeren multimedialen Datentypen eine geeignete Umgebung bereitzustellen. Multimediale Informationssysteme kombinieren verschiedene Typen von Informationsquellen mit einer großen Menge von komplexen Applikationen. Dieses Gebiet gilt momentan als heisses Forschungsthema in der Informatik und Informationswissenschaft.

Dieses Kapitel beschreibt, welche Probleme beim Umgang mit multimedialen Daten speziell im Kontext der Speicherung und Organisation entstehen und reisst, soweit vorhanden, Möglichkeiten zur Bewältigung dieser Schwierigkeiten an. Auf dieser Grundlage werden anschließend mit den Konzepten der multimedialen und der objektorientierten Datenbanksysteme moderne Datenbankarchitekturen vorgestellt und deren Fähigkeiten zum Handling multimedialer Daten untersucht.

Um nun zu verstehen, welche Anforderungen in diesem Sinne an Datenbankmanagementsysteme (DBMS) der neuen Generationen gestellt werden, bietet sich zum Anfang anhand Abbildung 1 (siehe nächste Seite) eine nähere Betrachtung der gebräuchlichsten multimedialen Datentypen an, welche gespeichert und verwaltet werden sollten:

Statische vs. kontinuierliche Medien. Statische Medien sind zeitdiskret, während die kontinuierlichen Typen noch eine zusätzliche Zeitkomponente besitzen.

Datentypen mit Struktur vs. Datentypen ohne Struktur. Typen mit Struktur enthalten zusätzlich zur und/oder anstatt einer reinen Auflistung der kleinsten Teilelemente eines Mediums (Buchstaben, Pixel etc.) Strukturinformationen und Konzepte, aus welchen sich die übrigen Mediendaten teilweise oder vollständig wieder erschließen lassen. Falls also nur die Strukturinformationen gespeichert werden, erfordern Datentypen mit Struktur so in der Regel weniger Speicherplatz als ihre Pendants ohne Struktur. Zum Beispiel benötigt eine typische Vektorgrafik nur einen Bruchteil des Platzes, den dieselbe Grafik im Bitmap-Format auf dem Datenspeicher einnehmen würde. Gespeicherte Datenobjekte ohne Struktur werden aufgrund ihrer Größe und fehlender Struktur auch als BLOBs (**Bi**nary **L**arge **Ob**jects) bezeichnet.

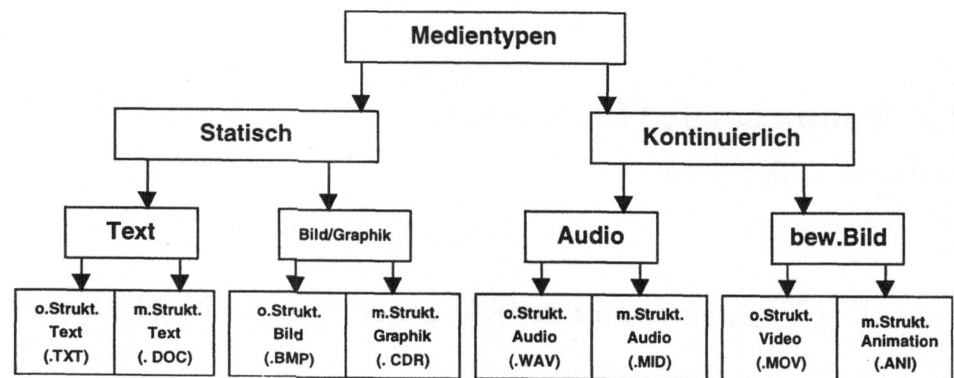

Abb. 2-12: Übersicht über die wichtigsten Medientypen, geordnet nach den Kriterien statisch/kontinuierlich und mit/ohne Struktur, mit jeweils einem Formatbeispiel

Statische Medien:

Text. Oft große Mengen unstrukturierten und strukturierten Textes z.B. in Form eines Buches (Inhaltsverzeichnisse, Kapitel, Abschnitte etc.) oder als Hypertext.

Grafik. Unter Grafiken versteht man Zeichnungen, die in strukturierter Form in einer Datenbank gespeichert werden können. Dazu werden die Basiskomponenten der Grafik (z.B. Linien, Bögen, Kreise) mit ihren jeweiligen Attributen gespeichert, was mit High-Level-Beschreibungsverfahren wie CGM, Pict oder Postscript geschehen kann.

Bild. Im Unterschied zur strukturierten Grafik subsumiert man unter diesem Begriff unstrukturierte Zeichnungen und Photos, deren Repräsentation im Speicher eine Pixel-für-Pixel-Umsetzung ohne Verwendung von Linien-, Kreis- oder ähnlichen Konzepten ist. Einige Bildformate (z.B. JPEG) bedienen sich spezieller, später noch zu erwähnender Kompressionsverfahren, um die Größe der Datenmenge zu reduzieren.

Kontinuierliche Medien:

Animation. Eine Animation ist eine zeitliche Abfolge von (z.T. unabhängig voneinander aufge-bauten und organisierten) Bildern bzw. Grafiken, wobei die Reihenfolge ihrer Wiedergabe festgelegt ist. Dabei wird jeweils ein Bild oder eine Grafik angezeigt und nach einer festgelegten Zeit-spanne durch das/die folgende ersetzt. Die Frequenz variiert je nach Animation (normalerweise zwischen 2 und 30 Bildern pro Sekunde).

Video. Als Video definiert man die zeitliche Sequenz photographischer Daten, die eine Aufnahme eines wirklichen Ereignisses mit einem Gerät, z.B. einem digitalen Videorecorder, repräsentieren. Die Daten werden in Einheiten (Frames) unterteilt, wobei jeder Frame aus einem einzelnen photographischen Bild besteht. In den meisten Fällen wird Video mit einer Frequenz zwischen 24 und 30 Frames pro Sekunde aufgezeichnet und wiedergegeben.

Strukturiertes Audio. Vergleichbar der Animation handelt es sich bei strukturierten Audiodaten um eine Sequenz unabhängiger Komponenten, die allerdings in der Zeit festgelegt sind. Jede dieser Kompo-nenten wird durch eine Beschreibung (Note, Dauer, Klangart) repräsentiert.

Audio. Unstrukturierte Audiodaten sind eine Menge von sequenzierten Daten einer Tonaufnahme. Die Grundeinheiten der Audiodaten werden als Samples bezeichnet. Die zeitliche Abfolge dieser Samples wird vom aufzeichnenden Gerät vorgegeben.

Kombinierte Typen. Die bisher erwähnten multimedialen Datentypen lassen sich auch physikalisch oder logisch miteinander verknüpfen. Eine physikalische Verknüpfung hat die Speicherung in einem neuen Format zur Folge; zum Beispiel lassen sich Audio und Video physikalisch zu einem Film mit Ton mischen, welcher anschließend in einer einzigen Datei abgelegt wird. Kombiniert man aber Audio und Video nur logisch, bleiben die individuellen Formate erhalten; die Kombination geschieht erst zur Laufzeit. Bei der Präsentation liefern die ausführenden Routinen die Daten nun in einer synchronisierten Form – obwohl es sich weiterhin um zwei verschiedene Typen handelt, erscheinen sie doch als Einheit. Desweiteren besteht die Möglichkeit, kombinierten Typen zusätzliche Kontrollinformation beizufügen, die beschreibt, wie die Information präsentiert werden soll.

Präsentationen. Präsentationen sind komplexe kombinierte Objekte, die quasi eine Orchestration von multimedialen Daten zum Zwecke der Modifizierung und Präsentation beschreiben. Eine solche Orchestration kann eine einfache zeitliche Anordnung sein (zeige erst Bild 1, spiele dann Video 2 ab usw.) oder eine noch viel komplexere Spezifikation, z.B. wie die Interaktion von Anwender, System und Applikation die resultierende Präsentation beeinflußt.

Wie bereits jetzt deutlich sein dürfte, stößt man bei der Verwendung multimedialer Datentypen mit herkömmlichen Datenbanksystemen sehr schnell an Grenzen. Im folgenden Kapitel sollen nun die wichtigsten Probleme aufgezeigt und Möglichkeiten ihrer Bewältigung angedeutet werden.

2.2.2 Probleme bei der Verarbeitung multimedialer Daten

Neben neuen Fragen, die speziell bei der Verarbeitung multimedialer Datentypen gestellt werden müssen, erscheinen viele Schwierigkeiten in einem neuen Licht, die man bei traditionellen Typen zum Teil schon gelöst zu haben glaubte. In den folgenden Kapiteln 2.2.2.1 mit 2.2.2.4 sollen nun die wichtigsten Aspekte kurz diskutiert werden.

2.2.2.1 Speicherbedarf und -management

Während man es bei reinem Text mit einem Medium zu tun hat, dessen Speicherbedarf heutzutage im Vergleich als eher gering anzusehen ist, beanspruchen vor allem multimediale Daten ohne Struktur und darunter besonders zeitkontinuierliche Medien enormen Speicherplatz.

Durch stetigen Fortschritt und Preisverfall in der Speichertechnologie ist es inzwischen sinnvoll und möglich, auch Videodaten und andere „Platzverschwender" in einigermaßen akzeptablen Mengen zu speichern. Dazu haben auch die beständige Weiterentwicklung und die Verbesserung von Kompressionsverfahren beigetragen. Durch Beseitigung von Redundanzen im Bitstrom sowie Vereinfachungen mit dem Resultat von geringen, aber fast unmerklichen Qualitätsverlusten lassen sich vor allem Datentypen ohne Struktur auf einen Bruchteil ihrer bisherigen Größe stauchen.

Die Kompression sowie evtl. eine weitere Umwandlung vor der Speicherung oder Übertragung der Datenobjekte werden mittels sog. Codecs vorgenommen. Da es bei multimedialen Daten leicht vorkommen kann, daß eine Veränderung keine sichtbaren oder eindeutigen Auswirkungen hat, da das menschliche Wahrnehmungsvermögen dafür nicht ausreichend ist, ist eine Versionskontrolle der gespeicherten Objekte überlegenswert. Diese sollte sich aber nicht nur auf die einzelnen Basis-Elemente beziehen, sondern vielmehr auf deren Komposition zu komplexen Objekten. Auf diese Weise kann zum einen der Zugriff auf frühere Versionen eines Objektes ermöglicht und zum anderen die Speichergeschwindigkeit erhöht werden, indem bei der Speicherung nur die Änderungen bezüglich des bereits archivierten Objekts angehängt werden. Doch selbst bei Anwendung effektiver Kompressionsverfahren hat man es noch mit relativ großen Datenmengen zu tun, zu deren Verwaltung ein ausgeklügeltes Speichermanagement eminent wichtig ist; anhand von Abbildung 2-13, die den Speicheraufbau hierarchisch in Form einer Pyramide betrachtet, soll diese Problematik verdeutlicht werden:

Multimediale Daten können auf verschiedenen Ebenen, die jeweils verschiedene Speicherarten (online, near-line, offline) repräsentieren, abgelegt werden. Generell bedeutet eine höhere Stufe in dieser Pyramide höhere Performance, höhere Kosten, kleinere Speicherkapazität und kleinere Datenpermanenz.

Auf welcher Hierarchieebene die Daten im Sinne der Effizienz optimalerweise gespeichert werden, muß die Aufgabe eines Datenbankmanagmentsystems sein. Bei einer verteilten Speicherung der multimedialen Daten, was aufgrund des o.g. hohen Speicherbedarfs durchaus üblich ist, trifft man zusätzlich noch auf Probleme, die typischerweise bei Netzwerken auftreten, wie z.B. Datenverfügbarkeitsraten, limitierte Bandbreite oder netzwerkbedingte Verzögerungen, deren nähere Abhandlung aber den Rahmen dieses Kapitels sprengen würde.

Die Problematik der Speicherverwaltung ist generell ein wichtiges Thema im Kontext von DBMS, die mit großen Datenmengen umgehen müssen. Einige Aspekte sind allerdings speziell bei der Verwaltung multimedialer Daten von Interesse:

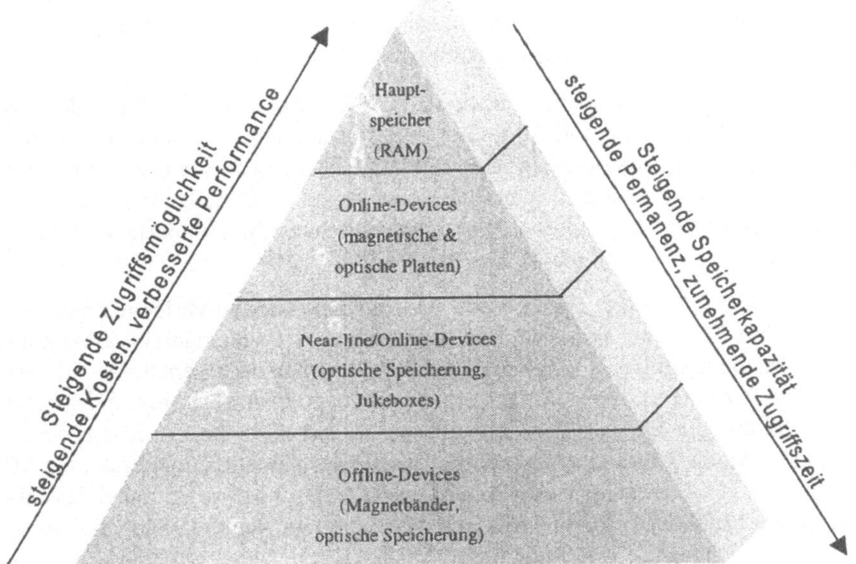

Abb. 2-13: Hierarchischer Speicheraufbau in Pyramidenform (aus Adjeroh et. al. 1997, 27)

Höhere Stufen der Pyramide werden dazu benutzt, kleinere und deshalb weniger speicherintensive Abstraktionen vorzuhalten, welche dann für das schnelle Durchsuchen (Browsing) bzw. eine Vorschau der Datenbank (Preview) verwendet werden können.

Je feiner die Granularität der Daten ist, desto größer ist der Aufwand zu ihrer Verwaltung. Der „level of granularity“ bestimmt, welches das Basis-Objekt für die Dekomposition, Speicherung und Abfrage multimedialer Daten sein soll; ein Multimediaobjekt kann demnach ein ganzer Videofilm sein, eine Szene dieses Films oder ein einzelner Frame daraus, evtl. sogar nur ein bestimmtes Objekt in diesem Frame. Vor diesem Hintergrund ist es nun wichtig, wie die Daten auf die Speicherebenen verteilt werden, wieviel Verwaltungsaufwand dazu nötig ist, wie schnell sie vollständig wieder aufgefunden werden können und wie träge das System bei ihrer Präsentation reagiert, denn im Extremfall muß bei einem Netzwerkfehler der ganze Film oder aber nur ein einzelner Frame neu übertragen werden.

2.2.2.2 Integration, Komposition und Präsentation multimedialer Daten

Im Gegensatz zu „herkömmlichen“ Datentypen sind bei der Präsentation multimedialer Daten gewisse Restriktionen zu beachten, welche sich in erster Linie auf die Zeitabhängigkeit einiger multimedialen Typen beziehen. Kontinuierliche Medien sind per definitionem zeitabhängig, so daß der Faktor Zeit eine wichtige Rolle bei Zugriff und Präsentation darstellt. Sie erfordern eine Präsentation einer bestimmten Datenmenge während eines vorgegebenen Zeitraums, um dem Benutzer als natürlich und sinnvoll zu erscheinen. Kann eine ausreichende „data availability rate" vom präsentierenden System nicht geliefert werden, sollte der Benutzer die Möglichkeit haben, eine bestimmte Mindestqualität („quality of service") anzugeben, je nachdem, ob er bei der Präsentation der Daten seine Priorität auf Geschwindigkeit oder Qualität setzt.

Ein weiteres Problem ist die gleichzeitige Präsentation unterschiedliche Medientypen (z.B. Video- in Verbindung mit Audiodaten, vgl. dazu Kapitel 2, Stichwort „kombinierte Typen"). In solchen Situationen sind leistungsfähige Mechanismen zur Integration und Synchronisation nötig. Generell kann die Komposition verschiedener Typen als schwierig bezeichnet werden, besonders wenn an diesem Prozess kontinuierliche Medien beteiligt sind.

Die unterschiedlichen Eigenschaften von multimedialen Daten verlangen nach verschiedenartigen Interfaces, um mit einer Datenbank interaktiv kommunizieren zu können; so hat jeder Medientyp eine eigene Methode für Zugriff und Präsentation, z.B. erfordern Video- und Textdaten unterschiedliche Interfaces für die Präsentation und für die Suchanfrage. Bei einigen Multimedia-Applikationen, hauptsächlich bei solchen, die mit kontinuierlichen Medien arbeiten, erwartet der Anwender zumeist die interaktiven Möglichkeiten eines Video- oder Cassettenrecorders, wie z.B. schnelles Vor- und Zurückspulen. Stellt nun ein Multimedia-System solche Services zur Verfügung, so hat dies Auswirkungen auf die Datenbank, besonders im Bereich des Retrievals von benötigten multimedialen Objekten, deren Integration und deren Synchronisation. Deswegen sollte ein multimediales DBMS solche Formen der Interaktivität unterstützen.

2.2.2.3 Content Extraction und automatische Indexierung

Wie in traditionellen Datenbanken kann multimediale Information anhand von Vermerken, Attributen, Schlüsselwörtern (Keywords) oder einer Kombination daraus wiedergefunden werden. Unter diesen ist die Verwendung von Keywords die gebräuchlichste Methode zur Indexierung multimedialer Daten. Während diese Vorgehensweise einfach und intuitiv erscheint, trifft man doch vor allem bei Mediendaten auf Schwierigkeiten:

- die Erstellung des Keyword-Indexes ist gewöhnlich ein manuelles und somit zeitaufwendiges Verfahren
- Die entstehenden Indizes sind, da vom Menschen erzeugt, in hohem Maße subjektiv
- Die Indexierung ist meist auf ein vorgegebenes Vokabular beschränkt

Während der letzten Jahre ist verstärkt Forschung auf dem Gebiet der inhaltsbasierten Indexierung betrieben worden. Die Methode arbeitet nicht mit Keywords, sondern entweder auf Basis des tatsächlichen Inhalts eines Medienobjekts oder daraus abgeleiteten Kontextinformationen. Ziel ist es, multimediale Daten automatisch zu indexieren, indem bestimmte Eigenschaften direkt aus den Daten selbst gewonnen werden. So werden beispielsweise Charakteristika wie Farbe, Form, Texturen, Ortsangaben etc. dazu benutzt, Bilder zu beschreiben – es wird also versucht, Datentypen ohne Struktur nachträglich (zumindest teilweise) zu strukturieren. Besitzen die Daten allerdings bereits eine strukturierte Form (z.B. Grafik, strukturiertes Audio), ist die Extraktion von Information natürlich ungleich leichter.

Diese Form der Informationsextraktion (Content extraction) erfordert eine automatische Analyse der multimedialen Daten. Bei Bildern und Video versucht man, diese Informationen z.B. durch die Verfahren des „Image Processing", „Image Understanding" und der „Video-Sequenz-Analyse" zu gewinnen. Liegt ein Video vor, wird die Video-Sequenz erst in ihre einzelnen Szenen zerlegt, dann werden repräsentative Einzelbilder (gewöhnlich die Key-Frames) zur Repräsentation jeder dieser Szenen ausgewählt. Der weitere Indexierungsvorgang basiert nun auf den Key-Frames und ist mit dem bei Bildern vergleichbar. Was hier so einfach klingt, hat in der Praxis noch etliche Tücken und steckt, trotz ständiger technischer Verbesserungen und Verfeinerungen, noch in den Kinderschuhen.

Bei Audiodaten gibt es verschiedene Möglichkeiten der Informationsextraktion. So könnte man gesprochensprachliche Daten mittels Audioanalyse oder automatischer Spracherkennung gefolgt von einem key-wordbasierten Indexing behandeln. Sind die Audiodaten eher musikalischer Natur, empfehlen sich Rhythmus-, Akkord- und Melodieanalysen, um ein inhaltsbasiertes Indexing zu ermöglichen. Diese Verfahren sind allerdings auch noch nicht mit zufriedenstellenden Ergebnissen anwendbar.

2.2.2.4 Suchanfragen, Retrieval und Browsing auf multimedialen Daten

Hat man erst einmal Indizes erstellt, so möchte man sie auch dazu verwenden, Suchanfragen auszuwerten. Dies kann z.B. geschehen, indem diese Indizes explizit vorgegeben werden; der Benutzer bedient sich dann bei seiner Anfrage ausschließlich aus diesem vorgegebenen Vokabular. Nun sind aber sowohl Suchanfragen als auch Treffer (Matches) speziell bei multimedialem Retrieval gewöhnlich unpräzise. Aus diesem Grund sollte eine multimediale Retrievalfunktion den Vergleich von Objekten auf Ähnlichkeit oder eingeschränkter (selten exakter) Übereinstimmung vorsehen (similarity matches). Zusätzlich werden multimediale Anfragen meistens immer noch textuell gestellt, was einen zusätzlichen Medienbruch zur Folge hat. Dies bewirkt, daß ein Objekt das Suchergebnis von verschiedenen Anfrageformulierungen sein kann, während auf der anderen Seite eine einzige Suchanfrage viele unterschiedliche Resultate liefern kann.

Schon seit längerer Zeit beschäftigt sich die einschlägige Forschung mit der Ähnlichkeitsproblematik, oft in Verbindung mit der Erstellung von variablen oder multiplen Indizes. Ergebnisse von Ähnlichkeitsanfragen können, wie man es schon bei Stichwortsuchen in Volltexten gewohnt ist, nach Relevanz geordnete (gerankte) Trefferlisten sein, die unter einem vorher festgelegten Mindestübereinstimmungswert abgeschnitten werden. Weiter muß über Möglichkeiten nachgedacht werden, unvollständige Information interpretieren und verarbeiten zu können. Dies ist aus folgenden Gründen nötig:

- Die Anwender wissen manchmal nicht genau, was sie überhaupt finden wollen
- Sie formulieren deswegen oder aus anderen Gründen häufig vage Anfragen
- Die Suchanfrage enthält möglicherweise Fehler
- Bereits die Indizes, auf deren Basis die Anfrage abgearbeitet wird, sind selten fehlerfrei (s.o.)

Die Berücksichtigung solcher Unsicherheiten und Vagheiten beim Information Retrieval könnte z.B. durch iterative Suchmechanismen in Verbund mit einem „Relevance Feedback" geschehen. Auch Probleme dieser Art sind nicht neu oder spezifisch für multimediale Daten; sie sind schon lange Forschungsgegenstand auf dem Gebiet des Information Retrieval bei Volltexten.

Sucht man nach Informationen in einer Datenbank, muß man sich einer vereinbarten Anfragesprache bedienen. Während SQL bei reinem Textretrieval noch vergleichbar gute Dienste leistet, stößt man damit bei multimedialen Datenbanken schnell an Grenzen. Hier ist nun bei der Erstellung von Suchanfragen eine Unterstützung durch eine spezielle multimediale Query-Language sinnvoll, die einerseits die neuen Medientypen unterstützt und andererseits für die Durchführbarkeit von Ähnlichkeitsanfragen Fuzzy-Prädikate bereitstellt. Ebenfalls wünschenswert sind Mechanismen, die den Benutzer bei einer Neuformulierung seiner Suchanfrage unterstützen, ggf. basierend auf bereits gefundenen Ergebnissen.

„Query-by-example" ist wohl die interessanteste Methode, um Suchanfragen an multimediale Datenbanken zu stellen, besonders, wenn es sich dabei um Bilder handelt. Der Benutzer stellt dabei eine Anfrage, indem er ein bereits existierendes Beispiel vorgibt (z.B. ein ähnliches Bild). Dazu ist wiederum ein Interface nötig, das es dem Benutzer erlaubt, eine solche Anfrage an das System zu stellen; da nun aber unterschiedliche multimedialen Datentypen auch eventuell verschiedene Anfrage-Interfaces benötigen, stellt sich erneut die Frage nach der Integration, d.h. wie diese verschiedenartigen Interfaces in ein einziges multimediales Datenbanksystem zu integrieren sind. Weitere Probleme, die gelöst werden müssen, treten bei der Abfrage von örtlichen Informationen (z.B. bei Bildern) und bei der inhaltsbasierte Suchanfrage bei Videos auf, wo sowohl örtliche als auch zeitliche Information eine Rolle spielt.

Liegen letztendlich die Suchergebnisse in Form einer (gerankten) Liste vor, müssen diese noch auf geeignete Weise präsentiert werden. Um dem Anwender das Durchsehen der Listen zu erleichtern, sollte ein multimediales System eine sinnvolle Form des Browsings vorsehen. Diese Aufgabe könnte ein spezielles Browsing-Interface übernehmen, mit dem der Anwender alle möglicherweise relevanten Informationen zu demjenigen Objekt finden kann, das er näher betrachten möchte. Ebenso könnten die oben geforderten Mechanismen zur Präzision einer bereits durchlaufenen Anfrage unterstützt werden, wenn es mit einem solchen Browsing-Interface möglich ist, ähnliche Objekte auf der Basis von einem oder mehreren bereits gefundenen zu suchen.

2.2.2.5 Anforderungen an multimediale Datenbanksysteme

Aufgrund der bisher aufgeführten Probleme bei der Verarbeitung multimedialer Daten lassen sich nun zusammenfassend Anforderungen formulieren, die an multimediale Datenbanksysteme gestellt werden müssen:

- **Forderung 1:** Umfassende Formatunterstützung. Es existieren viele verschiedene multimediale Datentypen und -formate und laufend werden neue entwickelt. Ein Datenbanksystem sollte populäre Typen und Formate daher ausreichend unterstützen und gleichzeitig leicht erweiterbar sein, um mit neueren oder spezielleren Formen umgehen zu können.
- **Forderung 2:** Mechanismen zur effizienten Speicherverwaltung. Bei großen Bild-, Ton- oder Videosammlungen werden enorme Mengen Speicher benötigt (mehrere Terabytes sind keine Seltenheit). Unter diesen Umständen ist es unwirtschaftlich, konventionellen Onlinespeicher zu verwenden. Das Datenbanksystem muß die Fähig-

keit haben, sich bei Bedarf Medien von Near-Line-Speicher zu beschaffen (also z.B. von automatischen magneto-optischen oder optischen Speichersystemen); dabei sollten effiziente Caching-Strategien zum Einsatz kommen.

- **Forderung 3:** Integration von Manipulationsinstrumenten. Multimediale Datenobjekte sind meist groß, so daß effiziente Instrumente zur Manipulation von großen Objekten vorhanden sein sollten. Das muß in Form integrierter Editierumgebungen geschehen, die eine interaktive Bearbeitung ermöglichen. Da Standard-Programmiersprachen keine kontinuierlichen Datentypen unterstützen, muß weiterhin eine Sprache zur Manipulation multimedialer Daten (DML) oder eine ähnliche Hilfe vorhanden sein. Auf Wunsch muß es möglich sein, nur einen benötigten Teil eines Objektes zu finden und zu bearbeiten, z.B. den ersten Frame eines Videos. Auf dem Markt befindliche eigenständige Tools zur Manipulation von Multimediaobjekten sollten unterstützt oder integriert werden können. Hierbei ist vor allem eine reibungslose Kommunikation der Tools mit dem Datenbanksystem vonnöten, um die Vorteile einer Datenbank (z.B. Integrität oder Recovery) nutzen zu können, ohne die Daten ständig zwischen Datenbank und File-Speicher bewegen zu müssen.
- **Forderung 4:** Indexierungs- und Retrievalmechanismen. Basierend auf dem Datenmodell sind Retrieval-Algorithmen und zu deren Anwendung eine Retrieval-Sprache und notwendig. Sowohl keywordbasiertes als auch inhaltsbasiertes Information Retrieval sollte unterstützt werden mit der Möglichkeit, Anfragen zu optimieren und umzuformulieren. Dies alles setzt natürlich auch die Bereitstellung von passenden Indizierungsverfahren voraus.
- **Forderung 5:** Synchronisations- und Echtzeitgewährleistungsmechanismen. Um kontinuierliche Medien wirkungsvoll zu unterstützen, müssen zuverlässige Mechanismen zur Synchronisation vorhanden sein, ohne daß auf der anderen Seite z.B. Datenverfügbarkeitsraten oder Quality-of-Service darunter leiden. In manchen Fällen ist ein eigenständiger Synchronisationsmanager in einem DBMS sinnvoll, um die zeitliche Korrektheit innerhalb eines bestimmten und zwischen unterschiedlichen Datentypen zu gewährleisten.

2.2.3 Multimediale Datenbanken

2.2.3.1 Begriffsbestimmungen

Unter einer Datenbank versteht man eine Sammlung von Daten über einen definierten, abgegrenzten Bereich der Realität, wie zum Beispiel Adressendatenbanken oder Kundendatenbanken. Um auf die gespeicherten Daten möglichst einfach und effizient zugreifen zu können, wird ein Datenbankmanagementsystem, kurz DBMS, benötigt. Dieses besteht aus Programmen, Hilfsprogrammen und Verwaltungsinformationen zur Definition, Erzeugung, Organisation, Speicherung, Abfrage und Präsentation der Daten. In den traditionellen Datenbanken wurden bisher hauptsächlich numerische und textuelle Daten gespeichert, multimediale Datenbanken enthalten zusätzlich andere Datentypen wie zum Beispiel Grafik, Animation, Audio und Video.

Nach dieser Definition ist natürlich auch Microsoft ACCESS eine multimediale Datenbank, da es unter anderem Bilder und Audio-Daten speichern kann. Hier soll allerdings das Hauptaugenmerk auf leistungsfähigere Datenbankarchitekturen gerichtet werden, die entweder speziell für multimediale Daten entwickelt wurden oder zumindest wesentlich weitergehende Fähigkeiten in Bezug auf Abfrage und Präsentation multimedialer Daten bieten.

Eine Datenbank entsteht normalerweise durch die Implementation eines bestimmten Datenmodells; unter diesem bei Maier (1996) ausführlich abgegrenzten Begriff versteht man, kurz gesagt, die strukturierte Darstellung der Daten eines definierten Ausschnittes der Realität. Daher ist die Betrachtung einer konkreten Datenbank-Architektur eng mit Überlegungen über das zugrundeliegende Datenmodell verbunden.

Die Basis für die nachfolgenden Ausführungen liefert dieses Kapitel, welches generell - der Ausdruck „multimediale Datenbank“ sagt noch nichts über ein bestimmtes Datenmodell aus - den Aufbau und die Eigenschaften einer Datenbank beschreibt, die multimediale Daten beinhalten soll.

2.2.3.2 Aufbau einer Multimediadatenbank

Die Architektur eines multimedialen Datenbankmanagementsystems (MMDBMS) kann folgendermaßen dargestellt werden :

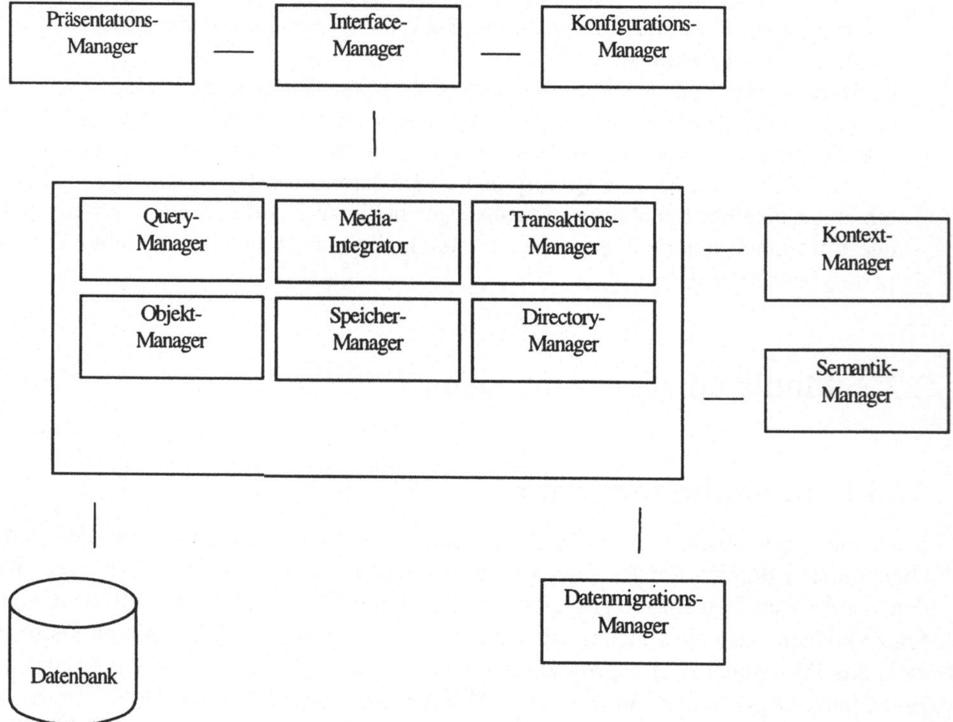

Abb. 2-14: Architektur eines MMDBMS

Im eigentlichen Kern der Datenbank, der Multimedia DBMS Maschine, befinden sich verschiedene Komponenten, die für die physikalische Speicherung und interne Organisation der Daten verantwortlich sind. Sämtliche Interaktion und „höhere“ Datenbank-Funktionalität ist in sechs verschiedene Manager ausgelagert. Diese können als eigenständige Hilfsprogramme auftreten oder sind unter einer gemeinsamen Oberfläche integriert.

Ein MMDBMS besitzt gegenüber einem normalen DBMS spezielle Fähigkeiten, um eine multimediale Datenbank einzurichten und zu verwalten. Die verschiedenen multimedialen Datentypen mit ihren verschiedenen charakteristischen Eigenschaften verlangen natürlich spezielle Techniken und Methoden zur optimalen Speicherung, Indizierung und Abfrage. Dafür geeignete MMDBMS werden zur Zeit entwickelt oder sind schon als mehr oder weniger ausgereifte Produkte verfügbar.

2.2.3.3 Typen von multimedialen Datenbanken

Da die Anwendungsgebiete für MMDBMS sehr komplex und unterschiedlich sind, erscheint es sinnvoll, eine Typisierung von multimedialen Datenbanken gemäß Pazandak et al. (1997) vorzunehmen:

- MMDBMS als Data Repository. Ein Data Repository speichert beliebige (multimediale) Daten und bietet dafür einfache Mechanismen für Zugriffsschutz, Sicherheit und Backup an. Da die einzelnen multimedialen Datentypen intern als BLOBs gespeichert werden, „versteht“ das Data Repository ihre Formate nicht. Que-ries können daher auch nur an eventuell mitgespeicherte Metadaten gestellt werden, nie an die Multimediadaten selbst. Ebensowenig werden temporale Aspekte von Video- oder Audio-Daten berücksichtigt. Ein Data Repository stellt also gewissermaßen die primitivste Form eines MMDBMS dar. Eine weitere Unterteilung ist möglich in
- Pseudo-Repository. Ein Pseudo-Repository enthält nur Metadaten wie z.B. Name, Länge, Schlüsselworte eines Videos sowie einen Verweis auf die Datenquelle selbst, die als File lokal oder im Netzwerk residiert.
- Simples Repository. Hier liegen die Daten innerhalb der Repositories, so daß hier Sicherheitskonzepte implementiert werden können.
- MMDBMS als Arbeitsumgebung. Unter diese Kategorie fallen Systeme, die Algorithmen für die einzelnen speicherbaren Datentypen besitzen. Ein solches MMDBMS kann daher die verwalteten Daten „verstehen“ und bietet für Erzeugung, Update und Query von multimedialen Daten dieselbe Unterstützung an wie ein traditionelles DBMS für numerische Daten oder Text. Die Daten werden vom Datenbank-System allerdings nur verwaltet und ausgelesen, für die Weiterverarbeitung oder Präsentation ist ein geeigneter Client zuständig.
- MMDBMS als Präsentationsumgebung. Dies ist die leistungsfähigste Form eines MMDBMS. Es kann multimediale Daten inklusive temporaler Aspekte und Synchronisation liefern; die Daten müssen vom Client nur noch an das Ausgabemedium weitergeleitet werden.

2.2.3.4 Multimediale Datenmodellierung

Für traditionelle Datenbank-Systeme existieren unterschiedliche Datenmodelle wie das hierarchische, das Netzwerk- oder das relationale Modell. Es liegt in der Natur multimedialer Daten, daß neue Ansätze in der Datenmodellierung angewendet werden müssen.

Vor allem die oftmals notwendige Synchronisation oder die viel höhere Interaktivität sollten schon bei der Modellierung berücksichtigt werden.

Dafür gibt es zwei Möglichkeiten :

Bei der ersten wird ein traditionelles Datenmodell (üblicherweise relational oder objektorientiert) als Basis verwendet, welches man sodann um Methoden und Schnittstellen für multimediale Daten erweitert. Das offensichtliche Manko an diesem Vorgehen ist, daß die vom DBMS intern verwendeten Strukturen nicht besonders gut für Multimediadaten geeignet sind; deshalb passiert es leicht, daß die aufgesetzten Methoden bzw. Schnittstellen sich aufblähen und so zum Flaschenhals für das Gesamtsystem werden. Oder, wie es Steve McClure, Director of Object Tools bei der International Data Corporation (IDC) ausdrückt:

> *„There's some concern about performance and safety. The closer vendors integrate [multimedia] support into the lower levels of the database product, the higher the risk that something can go wrong."*

Der zweite Ansatz versucht, diese Probleme zu vermeiden, indem er speziell für multimediale Daten ein Datenmodell von Grund auf neu entwickelt. Ein solches Datenmodell kann nach Ansicht der meisten Experten (z.B. Woelk et al. 1986) nur auf objektorientierten Techniken beruhen. Objektorientierte Datenmodellierung spielt also im Bereich von multimedialen Datenbanken eine wichtige Rolle, weshalb ihr weiter unten auch ein eigenes Kapitel gewidmet wird.

2.2.4 Objektorientierte Datenbanken

Es können drei Arten von objektorientierten Datenbank-Systemen unterschieden werden.

- **operational objektorientierte Systeme.** Eine objektorientierte Programmiersprache wie SMALLTALK oder C++ wird um Datenbank-Komponenten erweitert wie Persistenz , Speicherstrukturen für Mengen von Objekten, Iteratoren usw. Objekte werden meist unstrukturiert in BLOBs gespeichert. Die Ausführung und Verarbeitung von Queries erfolgt Client-zentriert, der Datenbank-Server liefert lediglich die Rohdaten und ist für Locking und Recovery zuständig. Das Verhalten (d.h. die Operationen) der Objekte wird durch die Programmiersprache genügend flexibel beschrieben, die im Vergleich zu Programmierprojekten komplexere Struktur der Datenbank-Objekte kann jedoch mit den beschränkten Möglichkeiten der Programmiersprache nicht besonders gut abgebildet werden.
- **strukturell objektorientierte Systeme.** Ausgangspunkt ist hier eine herkömmliche Datenbankarchitektur, die schrittweise mit Typkonstruktoren, Objektidentität und anderen objektorientierten Konzepten ausgestattet wird. Die Objekte werden, wenn möglich, in normalisierten Tabellen oder sonst in BLOBs gespeichert. Queries werden Server-zentriert bearbeitet, d.h. der Client stellt eine Anfrage und der Server liefert das fertige Ergebnis. Die komplexe Struktur der Anwendungsobjekte wird hier gut abgebildet, während die Beschreibung des Verhaltens wegen der zu geringen Ausdrucksfähigkeit der datenbankeigenen Beschreibungssprache auf der Strecke bleibt.

- **voll objektorientierte Systeme,** die sowohl komplexe Strukturen als auch das Verhalten von Objekten adäquat darstellen können, sind in der Praxis noch nicht anzutreffen.

Festzuhalten bleibt, daß OODBMS die Daten nicht mehr z.B. zu Datensätzen in Relationen, sondern zu Objekten als kleinste logische Einheiten zusammenfassen. Deshalb soll an dieser Stelle der Begriff Objekt näher erläutert werden.
Ausgehend von der Feststellung, daß unsere reale Umwelt aus Objekten besteht, ergeben sich folgende grundlegende Eigenschaften eines Objektes:

- jedes Objekt hat ein bestimmtes Verhalten
- wir kennen das Verhalten, wissen aber nicht immer, wie es realisiert wird
- Objekte reagieren auf Botschaften von außen
- verschiedene Objekte könne dabei auf die gleiche Botschaft unterschiedlich reagieren
- gleichartige Objekte können zu Klassen zusammengefaßt werden
- Objekte erben die Merkmale und das Verhalten ihrer Klassen.

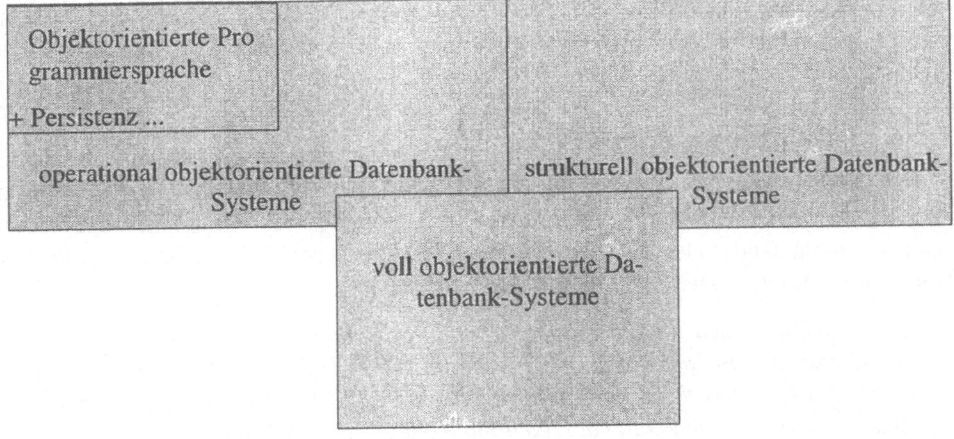

Abb. 2-15: Arten von objektorientierten Datenbank-Systemen

Demnach besteht ein Objekt aus bestimmten Merkmalen (den sogenannten Attributen) und einem bestimmten Verhalten (den sogenannten Methoden); eine Klasse ist eine Menge von Objekten mit gleichen Attributen und Methoden. Aus den natürlichen Eigenschaften der Objekte ergeben sich für die objektorientierte Datenmodellierung die Paradigmen der Objektorientierung:

- Datenkapselung und Datenabstraktion
- Vererbung
- Nachrichtenaustausch
- Polymorphie

Das Prinzip der Datenkapselung beschreibt die Zusammenfassung von Daten und Methoden eines Objektes derart, daß auf die Daten eines Objektes ausschließlich über seine Methoden zugegriffen werden kann. Die Datenabstraktion ergänzt die Datenkapselung, indem sie die Aufmerksamkeit weg von der internen Implementation eines Objektes auf die äußere Sicht, die Schnittstelle des Objektes nach außen, lenkt. Dadurch läßt sich der Zugriff auf die Objektattribute sehr gut kontrollieren, leistungsfähige Integritätsmechanismen können leicht schon in das Datenmodell aufgenommen werden.

Eine Klasse ist per definitionem eine Zusammenfassung von Objekten mit den gleichen Attributen und Methoden. In der objektorientierten Datenmodellierung können ähnliche Objekte Klassen zugeordnet werden, die von einer Klasse abgeleitet worden sind, in welcher die Gemeinsamkeiten der ähnlichen Objekte gesammelt wurden. Die Weitergabe der Attribute und Methoden von der übergeordneten Klasse an die untergeordnete wird als Vererbung bezeichnet. Zu beachten ist, daß bei der objektorientierten Datenmodellierung parallel zur Vererbung von Attributen und Methoden immer auch die Wertvererbung durchgeführt wird, während in objektorientierten Programmiersprachen die Wertvererbung meist entfällt.

Das Prinzip des Nachrichtenaustausches besagt, daß die Methoden eines Objektes über Nachrichten angestoßen werden. Dabei können, wie oben bei den Eigenschaften realer Objekte schon festgestellt, verschiedene Objekte auf die gleiche Nachricht unterschiedlich reagieren, also unterschiedliche Methoden aufrufen. Diese Eigenschaft von Objekten wird als Polymorphie bezeichnet und ermöglicht es, einer Nachricht eine kontextabhängige Semantik zuzuordnen.

2.2.4.1 Objektorientierte Datenmodelle

Es gibt derzeit noch kein einheitliches objektorientiertes Datenmodell, sondern vielmehr eine Vielzahl unterschiedlicher Konzepte und Vorschläge für ein solches. Außerdem fehlt ein umfassende Theorie über objektorientierten Datenmodelle, wie sie z.B. von Codd für relationale Datenmodelle entwickelt wurde:

> *„ ... object-oriented database implementations, although inspired by appealing paradigms, are not based on a precise formal model. (...)*
> *None of the models developed so far encompasses all features of object-oriented databases, and a universally agreed upon model has not yet emerged.“*

Im Folgenden wird deshalb ein Datenmodell nach einem Vorschlag von C. Beeri in Beeri (1989),(1990) vorgestellt. Darin wird ein objektorientiertes Datenmodell in drei Schritten eingeführt:

1) Strukturteil

2) Operationenteil

3) Metaklassen und weitere höhere Konzepte

1) Strukturteil

Der Strukturteil befaßt sich mit den statischen Aspekten der Objekte in der zu modellierenden Anwendung. Die Konzepte sind im wesentlichen die Synthese aus dem oben beschriebenen semantischen Datenmodell und ob-jektorientierten Prinzipien. Dazu zählen

- Typkonstruktoren und komplexe Objekte
- Objektidentität
- Klassen
- Beziehungen zwischen Klassen

- Vererbung
- Integritätsbedingungen

Jedes Datenmodell basiert zunächst einmal auf einer kleinen Anzahl von Standard-Datentypen wie integer, real, character usw. Jedem dieser Standard-Datentypen wird eine Domäne zugeordnet, die wie im Relationenmodell die Menge der erlaubten Attributwerte bezeichnet. Außerdem besitzt jeder Standard-Datentyp einige Operationen, die mit Werten seiner Domäne durchgeführt werden können. Bei einem Integer wären dies z.B. die Operationen +, -, <, >, =. Durch rekursiv anwendbare Typkonstruktoren können nun neue Datentypen aufgebaut wer-den.

Hier soll nun ein einfaches Beispiel objektorientiert modelliert werden:

```
Bücher =

SET OF ( TUPEL OF (

                Titel: STRING,

                ISBN: STRING,

                Autoren: LIST OF ( Autor: String, Alter: INTEGER),

                Stichworte: SET OF (Stichwort: STRING)

        ))
```

Der Typ Bücher ist eine Menge von Tupeln, bei denen einige Komponenten wiederum mittels Typkonstruktoren definiert werden. Da ein Autor mehrere Bücher schreiben kann, wird bei der Definition von Autoren der Listenkonstruktor verwendet.

Im Relationenmodell können Datenbankobjekte nur durch Schlüssel identifiziert werden. Dies ist mit einer Reihe von Nachteilen verbunden, die sich z.B. in Form von Insert- oder Update-Anomalien äußern können. Dies bedeutet, daß die Datenbank nach einer Insert- oder Update-Operation in einen inkonsistenten Zustand gelangen kann. Daher besitzt in objektorientierten Datenmodellen jedes dargestellte Objekt eine eindeutige, unveränderbare Objektidentität unabhängig von allen Attributwerten, die es beschreiben. Es gibt mehrere Arten, die Objektidentität in einem objektorientierten Datenmodell zu verwirklichen, wie

- physische Adresse eines Objektes (Zeiger),
- eindeutiger Name,
- surrogate oder identifier-Attribute, d.h. jedes Objekt erhält zusätzlich noch ein spezielles Attribut, das dann einen künstlichen Schlüssel darstellt und vor bestimmten Operationen (wie etwa einer Veränderung) geschützt ist.
- Die weiteren oben genannten Punkte sollen hier nicht näher erläutert werden, da sie den Rahmen dieses Textes sprengen würden. Es sei aber auf die einschlägige Literatur zum Thema Objektorientierung verwiesen (z.B. Woelk et al. (1986))

2) Operationenteil

Die Konzepte des Operationenteils stammen weitgehend aus dem Datenbankbereich. Man unterscheidet zwischen

- generischen Operationen, die auf alle Klassen oder Objektmengen anwendbar sind, und
- objektspezifischen Operationen, die speziell auf eine Klasse ausgerichtet sind.

Die generischen Operationen sind im System fest verdrahtet und somit effizient optimierbar und implementierbar. Sie gehören aus der Modellierungssicht zum Gesamtmodell und müssen später nicht mehr explizit definiert oder erzeugt werden. Im Gegensatz dazu können die objektspezifischen Operationen als Methoden im Sinne der Objektorientierung angesehen werden. Sie können für jede Klasse des Datenmodells definiert werden und stellen in ihrem Implementierungsteil die Mächtigkeit einer vollen (objektorientierten) Programmiersprache wie C++ oder SMALLTALK zur Verfügung. Die von relationalen Systemen gewohnten allgemeinen Anfrageoperationen können nur erreicht werden, wenn ein Standardsatz von (folglich generischen) Operationen fest zum Modell gehört. Jede Operation kann Werte aus Objekten extrahieren und in einer Ergebnisinstanz sammeln, sie kann aber auch dynamische neue Klassen generieren. Die Konsequenz daraus ist, daß die in einer Objektdatenbank vorhandene Menge von Objekten mit ihren Zuständen noch nicht den vollen Informationsgehalt der Datenbank ausmacht. Denn dazu müssen nun auch alle Objekte und ihre Zustände sowie alle Typen und Klassen, die sich mit Hilfe der Operationen erzeugen lassen, gezählt werden. In einem klassischen relationalen Datenbanksystem gibt es mit den Sichten einen ähnlichen Mechanismus: zur Datenbank zählen hier nicht nur die gespeicherten Basisrelationen, sondern auch alle virtuellen Relationen, die durch Sichten (also Anfragen) definiert werden. Die meisten Operationen haben eine entsprechende Ausprägung innerhalb der Relationenalgebra. So gibt es Operationen zur Bildung von Selektion, Durchschnitt, Differenz, Projektion, Vereinigung usw. Die Forderungen, die an Operationen in objektorientierten Datenbanken gestellt werden, entsprechen weitgehend denen für relationale Systeme und können ausführlich beispielsweise in Yu et al. (1991) nachgelesen werden.

Hier soll nur eine kurze Zusammenfassung daraus, gefolgt von der Erklärung zweier Besonderheiten von Operationen in objektorientierten Systemen gegeben werden.

Abgeschlossenheit. Die Forderung der Abgeschlossenheit bedeutet, daß die Anfrageergebnisse wieder konsistent im Datenbankmodell darstellbar sein müssen. Wird etwa aus einer Objektmenge eine Teilmenge selektiert, so ist das Ergebnis wieder eine Objektmenge. Eine konsistente Darstellung der Ergebnismenge liegt aber nur dann vor, wenn sie an der richtigen Stelle der Klassenhierarchie eingeordnet werden kann. Werden z.B. Instanzen der Klasse Bücher mit einem bestimmten Autor aus der Datenbank selektiert, so muß die Ergebnismenge unterhalb der Klasse Bücher in der Klassenhierarchie angeordnet werden. Dabei ergibt sich allerdings ein Problem mit der Objektidentität, da die Elemente der Ergebnismenge bereits in der Datenbank vorkommen, die Objektidentität aber, wie oben erwähnt, eindeutig sein muß und durch die Anfrage nicht verändert wird (sog. objekterhaltende Semantik). Eine Lösungsmöglichkeit ist, auf eine objekterzeugende Semantik überzugehen, d.h. als Ergebnis neue Objekte zu erzeugen, die eine in der gesamten Datenbank eindeutige Objekt-Id haben.

Adäquatheit. Adäquatheit bedeutet, daß alle Datenmodellkonstrukte in der Anfrage und zur Darstellung des Ergebnisses ausgenutzt werden können. Kommen im Datenmodell z.B. komplexe benutzerdefinierte Datentypen vor, so sollen diese auch in der Formulierung und den Ergebnissen einer Operation vorkommen dürfen.

Die beiden Forderungen nach Abgeschlossenheit und Adäquatheit ergänzen sich also in der Hinsicht, daß Abgeschlossenheit fordert, daß die Operationen innerhalb des Datenmodells darstellbar sind, während die Adäquatheit verlangt, daß die Operationen das gesamte Modell ausschöpfen sollen.

Forderung	(kurze) Erklärung
Deskriptivität	die Operationen sollen ohne mathematische Konstrukte auskommen
Optimierbarkeit	die Operationen sollen konzeptuell optimierbar sein
Effizienz	wenige Grundoperationen sollen mit einer geringen Komplexität implementierbar sein
Orthogonalität	die Grundoperationen sollen beliebig miteinander kombinierbar sein
Abgeschlossenheit	die Ergebnisse jeder Operation sollen wieder konsistent im Datenmodell darstellbar sein
Adäquatheit	für alle Strukturen des Datenmodells muß es Anfrageoperationen geben
Vollständigkeit	die Operationen sollen mindestens die Mächtigkeit relationaler Anfragesprachen haben
Formale Semantik	die Operationen sollen formal definiert sein

Abb. 2-16: Forderungen, die Operationen in objektorientierten Systemen erfüllen müssen

3) Metaklassen und weitere höhere Konzepte.

Eine Darstellung der zu diesem Punkt gehörenden Konzepte wie Metaklassen, Overriding und Mehrfachvererbung würden den Rahmen dieses Kapitels sprengen; deshalb sei hier nur auf Beeri 1989, 1990 verwiesen, wo all das ausführlich nachgelesen werden kann.

2.2.4.2 Anwendungen für objektorientierte Datenbanken

Objektorientierte Datenbanken kommen immer dann zum Einsatz, wenn ihre relationalen Kollegen mit der Komplexität und den benötigten Eingabe-/ Ausgabe-Schnittstellen der Daten überfordert sind. Bisher wurden in einem solchen Fall alle Routinen mit hohem Zeit- und Kostenaufwand selbst programmiert. Durch objektorientierte Datenbanken kommen nun viele dieser Spezialanwendungen in den Genuß der Vorzüge, die bei relationa-len Datenbanken als selbstverständlich angesehen werden: gesteigerte Produktivität, Flexibilität, Integrität der Daten und Sicherheit. Für multimediale Datenbanken geradezu prädestinierte Anwendungen sind:

- CAD-Systeme, da sie hunderte verschiedener Objekte verwalten und für eine Zeichnung zusammenfügen müssen

- Technische Informationssysteme, die für verschiedene Arten von Informationen, die in unterschiedlichen Medienformen und Beziehungen zueinander vorliegen, ein leistungsfähiges Versions- und Konfigurationsmanagement bieten sollen; z.B. Teileverzeichnis, Sammlung geographischer Daten
- Multimediale Publishing Systeme, bei denen die (multimedialen) Daten auf den unterschiedlichsten Geräten ausgegeben werden soll
- Simulationssysteme, bei denen viele unterschiedliche Elemente miteinander interagieren, wie z.B. die Modellierung eines Telekommunikationsnetzwerks
- Wissenschaftliche Datenbanken, die physikalische Meßreihen ebenso wie medizinische Krankheitsbilder speichern sollen

2.3 Standardisierte Daten- und Dateiformate

In der Anfangszeit des Internet existierten noch relativ wenige standardisierte Datenformate. Die bekanntesten sind auch heute noch verbreitet, und zwar HTML, GIF und PostScript. Es handelt sich dabei ausschließlich um statische Datenformate, von denen nur HTML speziell für das Internet entwickelt worden war. Inzwischen trifft man auf eine kaum mehr zu überblickende Vielfalt an unterschiedlichen Datenformaten. Neu sind dabei die dynamischen Formate für Audio und Video, sowie Streaming-Formate, die nur im Kontext des Internet eine Berechtigung haben. Doch auch hier ist die Entwicklung keineswegs zum Stillstand gekommen. Ständig kommen neue Anforderungen und Anwendungsideen hinzu. Z.B. wird von zukünftigen Datenformaten mehr Interaktivität gefordert. Auch der wachsende Bereich der mobilen Endgeräte gewinnt an Einfluss, die sich durch ihre Bildschirmgröße, die Bandbreite der Netzanbindung, wechselnde Orte und beschränkte Eingabemöglichkeiten von konventionellen Computern unterscheiden.

In diesem Kapitel wird ein Überblick über den momentanen Stand der Entwicklung gegeben, wobei es um die konkreten Datenformate geht. Zum Teil werden über die Datenformate hinaus auch weitere Standards und Kompressionsverfahren (Codecs) angesprochen, weil sie insbesondere bei den dynamischen Medien eng mit der Datenspeicherung verknüpft sind. Die allgemeinen Grundlagen multimedialer Daten und der Datenspeicherung wurden bereits in Kapitel 2.1 und 2.2 behandelt. Unter Datenformat oder Dateiformat versteht man die Art und Weise wie Daten auf einem Speichermedium (Festplatte, Diskette, CD-ROM, usw.) festgehalten werden. Dabei werden die Daten in einer bestimmten Struktur gespeichert, die ein späteres Öffnen wieder ermöglicht. Diese Struktur ist nach Matzer/Lohse (2000, 15) abhängig von drei Faktoren:

- Art des Programms und des zu speichernden Inhalts (Video, Text, Grafik, ...)
- Softwarehersteller
- Betriebsystem und verwendeter Zeichensatz

Die Speicherung kann auf zwei unterschiedliche Arten realisiert werden. Zum einen kann ein Datenformat binär gespeichert werden (für den Menschen ohne Übersetzungshilfe nicht lesbar), zum anderen aber auch mit Zeichen codiert, die für Menschen lesbar sind. Man spricht im zweiten Fall je nach verwendetem Zeichensatz vom ASCII- oder ANSI-Format. Der 7 Bit pro Zeichen umfassende ASCII-Zeichensatz (American Standard Code for Information Interchange) ist auf allen Betriebssystemen verbreitet. Der 8 Bit pro Zeichen benötigende ANSI-Zeichensatz (American National Standards Institute) ist unter MS Windows als Standard im Einsatz und als ISO-8859-1 Standardzeichensatz für Dokumente im Textformat, die über HTTP im Internet übermittelt werden. Bevor auf weitere Details eingegangen wird, soll zunächst jedoch ein Überblick über Daten- und Dateiformate gegeben werden. Auf den Datenbegriff selbst wird an dieser Stelle nicht näher eingegangen (vgl. dazu Lehner et al. 1995). Etwas vereinfacht werden Daten im weiteren als maschinell verarbeitbare Abbildungen (Information) von Objekten, Ereignissen oder Prozessen betrachtet.

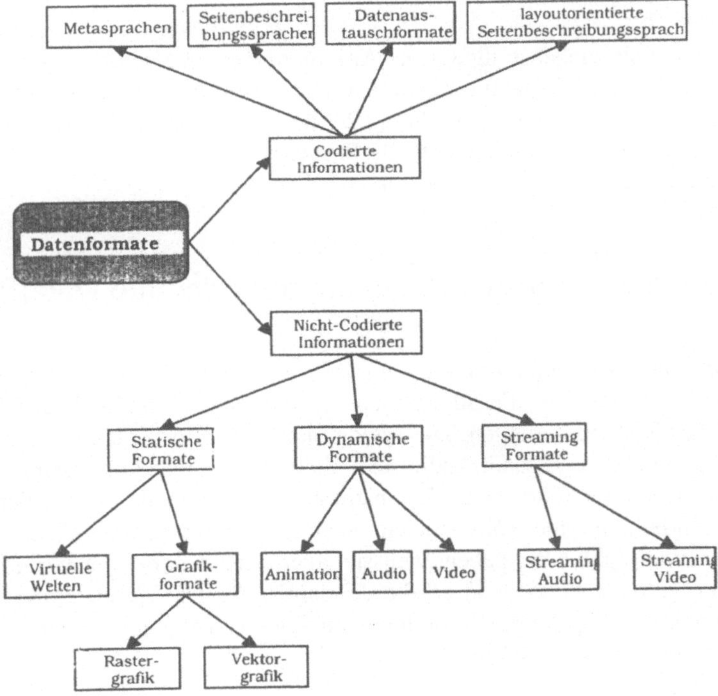

Abb. 2-17: Datenformate im Überblick

Abbildung 2-17 gibt einen allgemeinen Überblick, wobei auf der obersten Ebene zwischen codierten und nicht codierten Informationen unterschieden werden kann. Die codierten Informationen werden weiter untergliedert in Metasprachen, Seitenbeschreibungssprachen und Datenaustauschformate. Bei den nicht codierten Informationen wird zwischen statischen Formaten (Bilder, Grafiken und virtuelle Welten), dynamischen Formaten (Animation, Audio und Video) und Streaming-Formaten (Audio und Video) unterschieden. Statische Datenformate enthalten nicht bewegte Daten, d.h. die Darstellung des Inhalts ist nicht zeitabhängig. Dynamische Datenformate wie Audio und Video sind jedoch zeitabhängig ist. Diese Arten von Dateien müssen im allgemeinen zuerst vollständig auf den Rechner geladen werden, bevor sie abgespielt werden können. Die Animationsformate erlauben teilweise Interaktionen.

Mit den Datenformaten hängt auch das Thema der Dateiendungen zusammen. Diese sind vor allen unter Windows-Betriebssystemen verbreitet, wobei an den eigentlichen Dateinamen durch einen Punkt getrennt eine Abkürzung aus meist drei Buchstaben angehängt wird. Unter anderen Betriebsystemen (MacOS, OS/2, Unix) ist dieser Mechanismus nicht notwendig, wird jedoch immer mehr als Konvention für die Benennung von Dateien übernommen. Für den Austausch von Dateien über das Internet sind solche Dateiendungen manchmal sinnvoll, weil sie Informationen über die Art der Datei und den Dateiinhalt weitergeben. Dies kann während der Übermittlung über das Internet zwar auch unter Zuhilfenahme der MIME-Typen geschehen, diese Typinformation ist jedoch i.d.R. Teil des Protokolls und wird im Unterschied zur Datei-Endung nicht dauerhaft mit gespeichert.

Der weitere Text stellt zunächst allgemeine Anforderungen an Dateiformate vor. Darauf folgen die Formate für codierte Informationen. Die nicht codierten Informationen sind etwas abweichend vom Schema in Abbildung 2-1 nach Anwendungsfeldern gegliedert in Grafiken und Bilder (einschließlich virtuelle Welten), Animationen, Audio und Video. Bei letzteren werden auch die Streamingformate behandelt.

2.3.1 Besondere Anforderungen an multimediale Dateiformate

Die Speicherung und Verwendung multimedialer Daten ist häufig eng mit dem Internet verknüpft. Dies bedeutet über die allgemeinen Anforderungen an Datei- und Datenformate hinausgehende Anforderungen. Die Bandbreite im World Wide Web ist begrenzt, die meisten Daten werden geladen, Audio- und Video-Übertragung erzeugen völlig neue Probleme usw.. Das alles führt dazu, dass nicht alle Dateiformate, die bei der traditionellen Datenverarbeitung eine Rolle spielen, auch in der multimedialen Welt des Internets eine Verbreitung gefunden haben, weil sie eines oder mehrere der nachfolgend erläuterten Kriterien nur unzureichend erfüllen. Beispiele für Dateiformate, die wegen zu geringerer Komprimierung keine Verbreitung im Internet gefunden haben, obwohl sie ansonsten sehr verbreitet sind, sind BMP und PCX.

Flexibilität und Erweiterbarkeit

Das Internet ist eine sich schnell wandelnde Umgebung. Ein Datenformat muß möglichst erweiterbar angelegt werden, um nicht schnell durch konkurrierende Formate ersetzt zu werden. Ein Beispiel ist das Grafikformat GIF, das zunächst als autonomes Grafikformat entwickelt wurde, heute aber vorwiegend in HTML-Seiten eingebunden wird. HTML existierte jedoch zum Zeitpunkt der Entwicklung des GIF-Formats noch nicht. Um der Forderung nach Flexibilität und Erweiterung zu genügen, ist insbesondere bei dynamischen Medien eine Aufteilung des Datenformats in ein gleichbleibendes Überformat und mehrere Unterformate sinnvoll, die Codecs genannt werden, und die für die eigentliche Kodierung der Daten zuständig sind. Unter dem verbindenden Überformat können schnell neue Codecs bereitgestellt werden. Es muß dann lediglich sichergestellt werden, dass die Anzeigeprogramme auf den Clients über einen einfachen und möglichst automatischen Weg verfügen, um die Verarbeitungslogik zu neuen Codecs laden zu können. Diese Anforderung erfüllen derzeit alle drei wichtigen Überformate Windows Media, Real Media und QuickTime.

Standardisierung

Die Unterstützung durch Produkte eines einzelnen Herstellers reicht für eine allgemeine Verbreitung meist nicht aus. Ein offengelegter Standard, der allen Herstellern von Programmen und Entwicklungswerkzeugen zur Verfügung steht, kann auf schnellere und breitere Akzeptanz hoffen. Von Standardisierungsgremien wie dem W3C oder der ISO verabschiedete Datenformate sind daher im allgemeinen proprietären und nicht offengelegten Datenformaten vorzuziehen bzw. überlegen (vgl. Kurbel/Twardoch 2000, 254).

Ökonomische Speicherplatznutzung

Während Inhalte aus dem Netz geladen werden, wartet der Benutzer in der Regel auf die Darstellung des angeforderten Inhalts. Nach empirischen Untersuchungen (vgl. Matz/Kilian 1997, 83; Lamprecht 1998a, 73) will der durchschnittliche Benutzer nur wenige Sekunden bis zum Erscheinen des Inhalts warten. Die beschränkte Bandbreite des Internets erfordert daher eine möglichst ökonomische Speicherplatznutzung Dies wird z.T. durch Komprimierung erreicht. Das Dekomprimieren erfolgt fast ohneVerzögerungen auf dem Zielrechner. Um möglichst schnell Information anzeigen zu können ist es wünschenswert, dass eine vorläufige Darstellung bereits auf der Basis eines kleinen Teils der Gesamtdaten erfolgen kann, die bei Eintreffen weiterer Teile der Gesamtdaten zügig verbessert wird. Um nicht wegen eines einzelnen falsch übertragenen Zeichens die gesamte Datenmenge neu anfordern und übertragen zu müssen, sollte das Datenformat überdies in der Lage sein, kleine Fehler entweder zu korrigieren oder zumindest trotz fehlerhafter oder fehlender Teile der Gesamtinformation eine sinnvolle Anzeige des korrekt empfangenen Rests zu erlauben.

Recherchierbarkeit

Der Datenbestand im Internet ist bereits heute unübersehbar und wächst weiterhin stark an. Um zu den benötigten Informationen zu gelangen, muß ein Nutzer deswegen Suchmaschinen, intelligente Agenten u.a.m. als Hilfsmittel verwenden. Um eine automatische Suche im zu ermöglichen, muß ein Datenformat Metadaten enthalten. Insbesondere bei unstrukturierten Daten (z.B. Bilder) ist dies meist nicht der Fall. Vorhandene Textinformationen sollten außerdem so gespeichert werden, dass sie ohne Schwierigkeiten wieder als alphanumerischer Text von einem Suchprogramm gelesen und indiziert werden können. Bei nicht codierten Informationen ist dies meist ebenfalls nicht gegeben, sodaß die Speicherung von Zusatzinformationen wie kurze Beschreibung, Name des Autors usw. wünschenswert sind.

Abwärts- und Aufwärtskompatibilität

Erscheint eine neue Version eines Datenformats, so unterstützen die verbreiteten Programme in der Regel immer noch eine ältere Version. Anders als in einer geschlossenen Organisation mit zentraler Beschaffung kann im Internet kein einheitlicher Versionsstand bei der Unterstützung eines Datenformates vorausgesetzt werden. Es ist daher von enormer Bedeutung, dass neue Versionen auch von alten Anzeigeprogrammen zumindest teilweise darstellbar sind. Im Gegenzug werden auch Anzeigeprogramme der neuesten Generation häufig auf Dateien bzw. Daten stoßen, die in einer älteren Version des Datenformats erstellt wurden. Wünschenswert ist daher die gleichzeitige Unterstützung älterer als auch des neuen Formats über einen langen Zeitraum hinweg.

Interaktivität

Werden größere Datenströme übertragen (z.B.Videoübertragung), so will der Empfänger möglicherweise innerhalb der ankommenden Daten Vor- und Zurücksetzen. Um die knappe zur Verfügung stehende Bandbreite effizient auszunutzen, sollte ein Datenformat daher über ein Protokoll verfügen, mit dem innerhalb des Datenstroms gesprungen werden kann. Hier besteht eine gewisse Ähnlichkeit zum wahlfreien Zugriff (random access) in herkömmlichen Dateisystemen. Für interaktive Präsentationen ist es überdies wünschenswert, dass ein Datenformat Verweise auf ein anderes enthalten und dieses als aufrufen kann (z.B. passend zum Video soll die angezeigte HTML-Folie im Browser wechseln).

Schutz des Urheberrechts

Sollen Inhalte im Netz veröffentlicht werden, die urheberrechtlich geschützt sind, so kann dies nur durchgesetzt werden, wenn ein Wasserzeichen oder eine andere Art der Markierung zweifelsfrei den lizenzpflichtigen Charakter der Daten und den Lizenznehmer für die konkrete Kopie benennen kann. Ein solches Verfahren darf die eigentlichen Daten nicht beeinträchtigen, sollte aber ebensowenig mit geringem Aufwand entfernt werden können (vgl. Arnold 2000). Lösungsansätze für dieses Problem sind bei Pitscheneder (1997) beschrieben. Ist vom Datenformat her kein Schutz des Urheberrechts vorgesehen, so ist dieses praktisch auch nicht durchsetzbar, wie die bisherige Entwicklung des Internets zeigt.

Lesbarkeit für den Menschen

Qualitativ hochwertige Editorprogramme erscheinen oft erst mit großer Zeitverzögerung nach der Einführung eines neuen Datenformats. Daher ist es wünschenswert, dass Formate so aufgebaut sind, dass sie von einem menschlichen Bearbeiter im Klartext einfach gelesen und verstanden werden können. Dies bedingt eine Speicherung im textbasierten alpha-numerischen Format anstelle der Verwendung von Binärcodes. Diese Anforderung steht allerdings der bereits geforderten ökonomischen Platzausnutzung entgegen. Als Kompromiss bietet sich eine Komprimierung des menschlich lesbaren textbasierten Formats durch einen verbreiteten Komprimierungsalgorithmus wie PKZIP oder GnuZIP an.

2.3.2 Codierte Information

Die Datenformate für die codierten Informationen können in Metasprachen, Seitenbeschreibungssprachen, layout-orientierte Seitenbeschreibungssprachen und Datenaustauschformate eingeteilt werden. Die genannten Kategorien werden anschließend noch etwas näher beschrieben.

Metasprachen

Metasprachen erlauben die Definition anderer aus ihnen abgeleiteter Sprachen, die wiederum Datenformate definieren. Die Syntax und die Grammatik werden in der Metasprache festgelegt, d.h. alle Sprachelemente des neuen Formats werden auf einer höheren Ebene beschrieben. Anhand der Definition in der Metasprache ist eine syntaktische Überprüfung von Daten im neuen Datenformat möglich. Eine Auswertung oder Darstellung gespeicherter Daten erfordert allerdings darüber hinaus auch eine Semantik, die nicht durch die Metasprache definiert werden kann, sondern in einem separaten Standard für die abgeleitete Sprache vereinbart sein muß. SGML und XML als bekannteste Vertreter von Metasprachen werden anschließend noch kurz beschrieben.

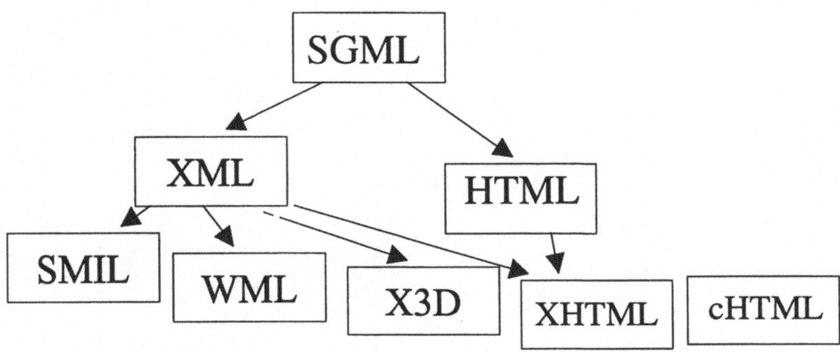

Abb. 2-18: Genealogie von Metasprachen und Auszeichnungssprachen

SGML (Standard Generalized Markup Language) wurde bereits 1986 von der ISO zum Standard ISO 8879 erhoben. SGML wurde außerdem schon vor dem WWW entwickelt, um ein gemeinsames Oberformat für die entstehende Vielzahl an Auszeichnungssprachen zu schaffen. Damit sollte der eigentliche Inhalt der Dateien – zunächst vor allem Text – leichter zu extrahieren und zu konvertieren sein (vgl. Burnard o.J.). Die bekannte Seitenauszeichnungssprache HTML ist aus SGML abgeleitet. Die Ableitung erfolgt durch das Erstellen einer Document Type Definition, kurz DTD (vgl. Flynn et al. o.J., C.10). SGML ist im Textformat gehalten, sodass es in einem einfachen Texteditor durch Menschen eingesehen und bearbeitet werden kann. Um ein in SGML definiertes Dokumentformat darstellen zu können, wurde die Document Style Semantics and Specification Language, kurz DSSSL, entwickelt und 1996 als ISO/IEC 10179 standardisiert (vgl. Cover, o.J.).

XML (Extensible Markup Language): Das vom W3C definierte XML ist selbst aus SGML abgeleitet und kann als vereinfachte Variante von SGML angesehen, was sich u.a. darin zeigt, dass es zusätzliche Einschränkungen zum Beispiel bei Entitätsdeklarationen und Attributdefinitionen gibt (vgl. Clark o.J.). Neue Datenformate wie SMIL oder XHTML sind aus XML abgeleitet, und das W3C versucht im Rahmen seiner Aktivitäten auch weitere neue Datenformate aus diesem Metaformat abzuleiten. Wie SGML-Dokumente sind auch XML-Dokumente im Textformat gehalten und daher für Menschen lesbar. Ein frühes Anwendungsbeispiel dafür, wie breit das Spektrum mit Hilfe von XML realisierbarer Anwendungen ist gibt die Chemical Markup Language (Wright o.J.), zu der es auch bereits einen funktionsfähigen Browser gibt („Jumbo3", vgl. Wright o.J.). Mit Hilfe der Erweiterung Extensible Style Language (kurz XSL) können Darstellungsanweisungen für auf der Basis von XML definierte Dokumente gespeichert werden (vgl. Froumentin o.J.). Das W3C entwickelt derzeit eine Vielzahl von Erweiterungen und Spezialisierungen auf der Basis von XML, über die Conolly o.J. einen guten Überblick gibt.

Seitenbeschreibungssprachen

Seitenbeschreibungssprachen beschreiben den Aufbau eines Dokuments. Neben dem eigentlichen Inhalt oder Text werden Steuerzeichen in die Daten eingefügt, mit deren Hilfe die logische Struktur des Dokuments sowie Darstellungshinweise für das Layout gespeichert werden (vgl. Burnard o.J.). Diese Sprachen werden daher auch Auszeichnungssprachen oder Markup Languages genannt.

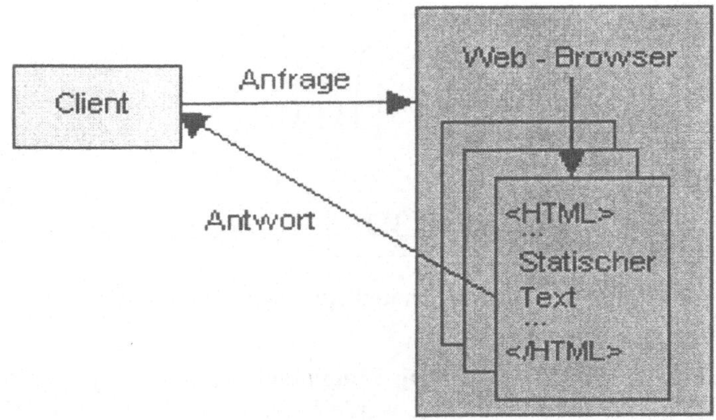

Abb. 2-19: Anzeige eines statischen HTML-Dokuments

HTML (Hypertext Markup Language) wurde von 1990 bis 1991 durch Tim Barners-Lee am europäischen Zentrum für Kernforschung CERN in Genf entwickelt (vgl. Feizabadi o.J.) Sie ist in SGML definiert und erlaubt schnelles und einfaches Auszeichnen eines Dokuments im Texteditor (Kurbel/Twardoch 2000, 255). Die Darstellung erfolgt fehlerverzeihend, d.h. alle Anzeigeprogramme korrigieren offensichtliche Fehler stillschweigend bzw. ignorieren unbekannte Anweisungen. HTML kann auf beliebige andere Datenformate verweisen, zum Beispiel auf Bilder (Ishikawa/Jacobs/Raggett o.J.). Anders als in Containerformaten wie Adobe PDF sind diese Daten aber nicht Teil des HTML-Dokuments, sondern werden nur referenziert. Ursprünglich als rein logisch gliedernde Sprache gedacht, wurden mit steigender Popularität des WWW von den Anbietern der Browser immer wieder neue formatierende Befehle in HTML aufgenommen, sodass die Standardisierungsbemühungen von IETF und dem speziell zu diesem Zweck von Tim Barners-Lee gegründeten World Wide Web Consortium (W3C) zunächst erfolglos waren. Seit Ende 1997 bemüht sich das W3C mit zunehmendem Erfolg, die ursprünglich beabsichtigte Trennung von logischem Aufbau und Darstellungsbefehlen in HTML wieder zu verstärken, indem Formatierungen separat vom eigentlichen Dokumentinhalt in Formatvorlagen in der neu eingeführten Sprache Cascading StyleSheets (CSS) erfolgen können. Ein neues, aus XML abgeleitetes Datenformat XHTML soll die HTML-Version 4.01 in Zukunft ablösen. Populäre Anzeigeprogramme für HTML-Seiten sind Microsoft Internet Explorer und Netscape Navigator, die für fast alle Plattformen kostenlos erhältlich sind. Die Dateiendung ist „.htm“ oder „.html“

HTML hat eine dominierende Stellung im Internet inne. Grundsätzlich kann zwischen statischen und dynamischen Seiten unterschieden werden. Bei statischen Seiten ist der Inhalt fest in das HTML-Format eingebettet. Eine Trennung von Format und Inhalt ist nicht vorgesehen. Wie bei einem Buch wird die Seite immer so angezeigt, wie sie erstellt wurde. Vorteil gegenüber einem Buch sind die automatischen Verweise durch Hyperlinks. Nachteil von statischen Seiten ist, daß alle Änderungen manuell bzw. über entsprechende Tools in das HTML-Dokument eingefügt werden müssen.

Eine Interaktion zwischen Benutzer und Anwendung ist über statische Seiten nicht möglich. Um den zusätzlichen Anforderungen gerecht zu werden, sind im Verlaufe der Zeit mehrere Systeme entstanden, die nicht in HTML integriert sind und Interaktivität ermöglichen.

Beispiele sind CGI, Active Server Pages oder Java- Servlets. Zur Erzeugung dynamischer Seiten sind Skriptsprachen üblich, wobei die zusätzlichen Befehle (z.B. CGI oder ASP) in das HTML-Dokument integriert werden. Der Web-Server erkennt an der Dateiendung, daß es sich um kein reines HTML-Dokument (Dateiendung „.htm") handelt und welches Programm er aufrufen muß (z.B. .asp für Active Server Pages). Als Ergebnis wird eine HTML-Seite generiert, welche zum Zeitpunkt der Anfrage mit aktuellen Informationen gefüllt ist. Der Inhalt ist also nicht mehr wie bei statischen Seiten fest in der HTML-Seite integriert, sondern kann auch aus einer Datenbank abgerufen werden. Die Anzeige des Ergebnisses erfolgt wieder durch den Browser.

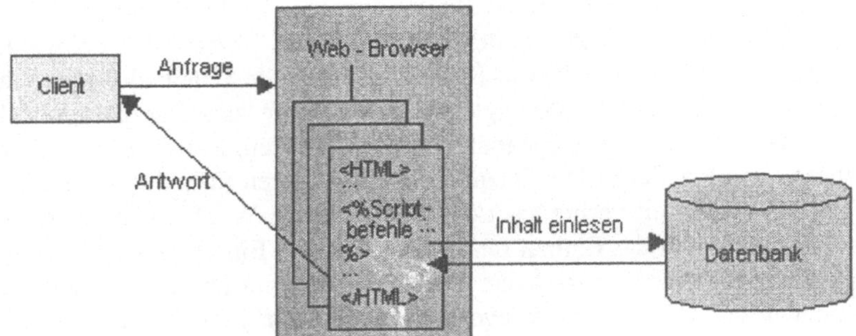

Abb. 2-20: Erzeugung dynamischer Seiten

Die Wireless Markup Language (WML) soll interaktiven Abruf von Informationen aus dem WWW auf mobilen Endgeräten mit beschränkten Eingabe- und Darstellungsmöglichkeiten und Netzanbindung geringer Bandbreite erlauben (vgl. Hjelm/Martin/King 1998). Dabei handelt es sich vor allem um Mobiltelefone. Zunehmend grafisch anspruchs-volle und große HTML-Dokumente erfüllen diese Anforderung nicht, weswegen eine neue aus XML abgeleitete Seitenbeschreibungssprache entwickelt wurde. Jedes WML-Dokument kann mehrere kleine Seiten enthalten, durch die geblättert werden kann, da ein Bildlauf bei den kleinen Bildschirmen der Zielgeräte nicht vorteilhaft ist. Mit WMLScript steht wie in HTML eine Skriptsprache zur Verfügung, um dynamische Interaktionen in WML-Seiten zu ermöglichen (vgl. Cover o.J.).

Layoutorientierte Seitenbeschreibungssprachen

Um ein eindeutiges Layout zwischen unterschiedlichen Systemen übertragen zu können, benötigt man ein spezielles Format: welches durch layoutorientierte Seitenbeschreibungssprachen realisiert wird. Dabei wird mit einem imaging model das Erscheinungsbild von Seiten beschrieben, die Texte, Grafiken oder Bilder enthalten können. Dieses Modell besteht aus abstrakten geometrischen Figuren (Linien, Kreise, Rechtecke, Polygone). Dadurch ist es wie bei einer Vektorgrafik möglich, das Dokument stufenlos zu skalieren. Diese Dokumente sind sogenannte Containerformate: Alles, was für die Darstellung notwendig ist, ist in einer einzigen Datei enthalten, z.B. Schriftarten, Schriftschnitt, Textformatierung, Farben oder Bilder. Im Gegensatz zu HTML werden jedoch keine logischen Strukturinformationen gespeichert. Die Sprachen sind komplex und Programmiersprachen ähnlich (es gibt z.B. Variablen, Bedingungen und Schleifen). Das Bearbeiten eines solchen Dokumentes kann nicht mit dem Editieren einer HTML-Seite verglichen werden, ist jedoch möglich, z.B. lassen sich so nachträglich Rechtschreibfehler korrigieren. Diese Speicherung von Informationen ist unabhängig von der Erzeugungs- und Darstellungsplattform. Eine Ausgabe des gleichen Layouts ist daher auf unterschiedlichen Druckern, Belichtungsmaschinen oder Bildschirmen möglich. Layoutorientierte Seitenbeschreibungssprachen sind im Moment fest in kommerzieller Hand und werden von der Firma Adobe dominiert. Als wichtigste Vertreter sollen Postscript und PDF noch etwas näher beschrieben werden.

PostScript (PS) ist die mächtigste Seitenbeschreibungssprache für komplexe grafische Layouts und ein De-facto-Standard im Druckwesen. Sie ist die Grundlage für das gleichnamige Datenformat, das 1985 von der amerikanischen Firma Adobe eingeführt wurde (Adobe Systems 1998, 1). PostScript-Dateien besitzen die Dateiendung ps. Die Spezifikationen der Sprache sind offengelegt, die Technologie zum Interpretieren der Dokumente, z.B. bei Druckern, muss jedoch lizenziert werden. Software zum Erstellen und Interpretieren von PostScript-Dokumenten ist seit längeren für jedes Betriebssystem verfügbar, jedoch nicht weit verbreitet. Eine Integration in WWW-Browser ist nicht möglich. Im Internet kommt das Format für Dokumente zum Einsatz, die ungesehen gedruckt und auch nicht mehr weiterverarbeitet werden. PostScript-Dateien können in das EPS-Format oder in das PDF-Format konvertiert werden. Zur Zeit wird das Datenformat jedoch von dem schlankeren und für den Einsatz im WWW besser geeigneten PDF verdrängt. Die Seiten-beschreibungssprache PostScript selbst ist davon nicht betroffen und wird weiterentwickelt.

PDF (Portable Document Format) ist im Moment das wichtigste Datenformat für Layout im Internet und ein De-facto-Standard für elektronische Dokumentenaustausch. Adobe hat PDF 1993 eingeführt und die Sprachspezifikation offengelegt. PDF-Dokumente besitzen die Dateiendung pdf. PDF basiert auf einem imaging model, besitzt aber einen geringeren Sprachumfang als PostScript. Diese verminderte Flexibilität wird durch kleinere Dateigrößen und eine Wiedergabemöglichkeit am Bildschirm gegenüber PostScript mehr als aufgewogen. PDF-Dokumente können darüber hinaus noch unterschiedliche Multimedia-Inhalte, wie Audio oder Video integrieren. Sie besitzen einfache Animations- und Interaktionsfähigkeiten via JavaScript, z.B. können Formulare, Lesezeichen und Hyperlinks Teile eines Dokuments sein. Außerdem besteht die Möglichkeit, das Dokument zu durchsuchen. Der Erzeuger des Dokument kann einige Zugriffsrechte einschränken, wie z.B. Anzeigen, Drucken, Editieren. Zum Erzeugen wird das kostenpflichtige

Programmpaket Adobe Acrobat benötigt, das für MacOS und Windows verfügbar ist. Damit ist auch eingeschränkt Weiterverarbeitung möglich. Bedeutend für die Verbreitung und Akzeptanz von PDF-Dokumenten im Internet ist der kostenlose Interpreter Adobe Acrobat Reader, der für alle wichtigen Betriebssysteme existiert. Er besteht aus einem Anwendungsprogramm und einem Plugin für Internet-Browser, wodurch PDF-Dokumente wie HTML-Seiten im Browser angezeigt werden können. Das Format kommt im WWW beim Dokumentenaustausch vor allen dann zum Einsatz, wenn großer Wert auf Layouttreue gelegt wird, z.B. bei Datenblättern, Broschüren oder technischen Dokumentationen. Man kann aber auch ganze Bücher damit publizieren. Das Format erfüllt alle Anforderungen für ein papierloses Büro.

Datenaustauschformate

Eine häufig benötigte Funktion ist der Datenaustausch zwischen unterschiedlichen Systemen. Die in der Datei enthaltenen Informationen sollen dabei verlustfrei übertragen werden. Neben proprietären Formaten wie Microsoft Office, das aufgrund der hohen Verbreitung dieses Programmpakets und der Verfügbarkeit kostenloser Anzeigeprogramme (vgl. Microsoft o.J.) speziell in Deutschland fast schon ein De-facto-Standard geworden ist, gibt es auch plattformübergreifende Formate zur Erleichterung des Datenaustausches. Besonders bekannt sind RTF und PKZIP, die noch kurz beschrieben werden.

Das **Rich Text Format (RTF)** wurde von der Firma Microsoft als plattformunabhängiger kleinster gemeinsamer Nenner der verbreiteten Textverarbeitungsformate vorgeschlagen. Es handelt sich um keinen formal verabschiedeten Standard, das Datenformat ist aber in (Microsoft Corp. o.J.) offengelegt: durch die Nutzung entstehen keine Lizenzgebühren. Es wird daher von allen verbreiteten Textverarbeitungsprogrammen unterstützt und ist auch auf allen Plattformen verfügbar (vgl. Gay o.J.). Das Format basiert nicht auf SGML oder XML, folgt aber einer teilweise verwandten Logik. Kontrollworte, die immer mit einem umgekehrten Schrägstrich (\) beginnen, werden zur Auszeichnung des Textes verwendet. Wie in HTML sind Leseprogramme angehalten, unbekannte Kontrollworte stillschweigend zu übergehen. Theoretisch sind RTF-Dokumente durch Menschen in einem einfachen Texteditor zu bearbeiten, da das Format textbasiert ist, die kryptischen Steuer-zeichen und Befehlswörter behindern dies aber. Zusätzlich handelt es sich um ein Containerformat, d.h. Bilder oder andere eingebundene Objekte werden in der Datei gespeichert.

PKZIP: Das Dateiformat der Firma PKWare, das auf dem lizenzpflichtigen Lempel-Ziv-Welch-Komprimierungsalgorithmus (LZW) der Firma Unisys aufbaut, wird üblicherweise zum Packen von Daten verwendet. Das bietet sich vor allem bei textbasierten Datenformaten an, da die Speicherung als menschlich lesbarer Text hohe Redundanz bedingt und daher gegen die Forderung nach möglichst ökonomischer Platzausnutzung verstößt. Obwohl PKZIP nicht frei und für die meisten Plattformen auch nicht legal kostenlos erhältlich ist, hat es eine dominierende Rolle im Datenaustausch im Internet erreicht. Das Format zeichnet sich vor allem dadurch aus, dass verschiedene Komprimierungsgrade wählbar sind und nicht nur eine einzelne Datei sondern ganze Verzeichnisbäume in ein Archiv gepackt werden können.

2.3.3 Formate für Grafiken, Bilder und virtuelle Welten

Bei den Grafikformaten wird grob zwischen Rastergrafik und Vektorgrafik unterschieden. Die virtuellen Welten bilden eine eigenständige Gruppe, auf die ebenfalls kurz eingegangen wird.

Rastergrafik

In Rastergrafiken werden die gespeicherten Bildinformationen in kleine Bildpunkte zerlegt und gespeichert. Diese Formate eignen sich daher für die Speicherung digitalisierter Unterlagen und vor allem für Photos. Die Größe eines Bildes ist durch Zahl der Bildpunkte bzw. der Auflösung vorgegeben. Vergrößerungs- und meist auch Verkleinerungsoperationen bedingen einen merklichen Qualitätsverlust. Rastergrafikformate können Paletten verwenden, wenn sie nicht zu jedem Bildpunkt die Zusammensetzung der dort angezeigten Farbe als rote, grüne und blau Farbanteile speichern. Statt der Farbdefinition wird nur eine Farbnummer für jeden Bildpunkt festgehalten, zu der in der Palette die RGB-Farbdefinition steht (vgl. dazu auch Kapitel 2.1)

Das **Graphics Interchange Format (GIF)** wurde 1987 und 1989 vom Onlinedienst CompuServe zur platzsparenden Übertragung von Bildern entwickelt. Es basiert auf dem LZW-Verfahren, auf dem auch das PKZIP-Archivformat aufbaut. GIF selbst ist offengelegt und frei, aber die Firma Unisys besitzt ein Patent auf den verwendeten Komprimierungsalgorithmus, was der Firma CompuServe selbst zum Zeitpunkt der Erstellung von GIF nicht bekannt war ((Oren o.J.) und (The GIF Controversy o.J.)). Daher müssen Hersteller von Bildbearbeitungsprogrammen, die GIF abspeichern können, 1% des Verkaufspreises des Programms als Lizenzgebühr an Unisys abführen (vgl. dazu O'Leary/Picher o.J.). Das hat der Verbreitung des Grafikformats allerdings nicht geschadet: Noch mehr als JPEG ist GIF das Standard-Grafikformat im Internet. Diese Rolle hat es neben der Tatsache, dass es das erste hoch komprimierende Grafikformat im WWW war, der großen Flexibilität zu verdanken: GIF ist ein verlustfrei komprimierendes Format, erlaubt Durchsichtigkeit einer Farbe (vgl. Gonzales o.J.), kann Animationen enthalten und ist durch den blockweisen Aufbau sehr flexibel. Die Dateien mit der Endung .gif können heute von jedem verbreiteten Grafikprogramm geschrieben und in jedem WWW-Browser dargestellt werden.

GIF ist ein palettenbasiertes Grafikformat und kann maximal 256 Farben speichern. Die Komprimierung ist besonders effektiv bei großen einfarbigen Flächen. Deswegen eignet sich dieses Format nicht zur Speicherung von Photos, sondern findet für Werbebanner, Schmuckschriften, Symbole, Zeichnungen und aus einer Vektorgrafik erzeugte Rastergrafikdateien Verwendung. Interlaced GIF-Grafiken ordnen die Bildzeilen der Grafik nicht einfach aufsteigend an, sondern in vier Schritten wird das Bild zunehmend schärfer darstellbar, sodass schon nach einem Viertel der übertragenen Datenmenge ein guter Eindruck von der Grafik entsteht. Die genaue Spezifikation ist nachzulesen unterCompuServe (o.J.).

Abbildung 2-21 zeigt den wesentlichen Aufbau eines im GIF-Format gespeicherten Bildes. Das GIF-Format ist in der Lage, mehrere Bilder in einer Datei zu speichern. Außerdem verwendet es wie bereits einführend erwähnt einen Kompressionsalgorithmus. Es handelt sich hierbei um den LZW-Algorithmus von Lempel-Ziv und Welch, bei dem die

Bildpunkte sequentiell von der ersten bis zur letzten Zeile jeweils von links nach rechts bearbeitet werden. Der Kodierung liegt das RGB-Farbmodell zugrunde.

Offset	Bytes	Bedeutung
00h	3	Signatur 'GIF'
03h	3	GIF-Version (z.B. '87a', '89a')
06h	7	Logical Screen Descriptor Block
0Dh	n	Global Color Map (optional)

Für jedes in der GIF-Datei gespeicherte Bild folgt:

...	N	Extension Block (optional)
...	N	Image Descriptor Block
...	N	Local Color Map (optional)

Nach dem letzten Raster Data Block:

...	n	Extension Block (optional)
...	1	Terminator (3Bh)

Abb. 2-21: Aufbau des GIF-Formats

JPEG steht für Joint Photographic Experts Group. Das gleichbenannte Grafikformat heißt eigentlich JFIF (vgl. die Spezifikation von Hamilton o.J.) und wurde von der Firma C-Cube Microsystems als freies Datenformat für die Speicherung von Rastergrafiken definiert, die von der JPEG entwickelte Kompressionsalgorithmen verwenden. Diese Algorithmen sind als Standard ISO 10918-1 (ITU-T T.81) normiert (vgl. Elysium Ltd. o.J.). Sie sind verlustbehaftet, d.h. jedes Abspeichern einer Rastergrafik im JPEG-Format bedeutet einen Qualitätsverlust. Das Ausmaß dieses Qualitätsverlusts kann beim Speichern gewählt werden und korrespondiert mit der resultierenden Dateigröße. Den verwendeten Algorithmen gemein ist die grundlegende Vorgehensweise: Es wird versucht, „unwichtige" Bestandteile des Bildes zu erkennen – zum Beispiel den blauen Himmel –, und dort eine für das menschliche Auge kaum merkbare Reduktion der Farbzahl vorzunehmen.

JPEG ist nicht palettenbasiert und kann nur Bilder der Farbtiefe 24 Bit speichern. Es eignet sich daher vor allem zur Verbreitung von Photos. Ähnlich wie das Interlaced GIF-Format können mit „progressivem JPEG" Rastergrafikdaten derart gespeichert werden, dass schon nach dem Laden nur eines Teils der Gesamtdaten eine Vorschau auf das endgültige Bild angezeigt werden kann. Transparenz oder die Speicherung von Animationen wie im GIF-Format sind im JPEG/JFIF-Dateiformat nicht vorgesehen. Nach GIF ist JPEG das am weitesten verbreitete Grafikformat im Internet; die JPEG-Komprimierungsalgorithmen finden darüber hinaus als Teil von Video-Codecs im Rahmen von Videoübertragungen im Netz Verwendung (vgl. Henning 2000, 174 und180).

Bei JPEG handelt es sich weniger um ein Bildformat, sondern um eine Ansammlung von verschiedenen Algorithmen zur Kompression von in digitalisierter Form vorliegenden hochauflösenden Farbbildern mit vornehmlich weichen Farbverläufen. Weniger geeignet sind Bilder mit harten Kontrasten, wie dies bei Cliparts, Cartoons oder Liniengrafiken der Fall ist. JPEG ist in der Lage, mehrere Bilder in einer Datei zu speichern. Im Gegensatz zum GIF-Format benutzt es dabei jedoch vornehmlich verlustbehaftete Kompressionsverfahren.

TIFF wurde in Zusammenarbeit verschiedener Firmen unter Führung von Aldus entwickelt. Das TIFF-Format wurde speziell für Programme und Anwendungen rund um das Desktop Publishing entworfen. TIFF ist ein Format, das für Farb- und Graustufenbilder in verschiedenen Auflösungen geeignet ist. Genauso wie GIF kann es mehrere Bilder in einer Datei speichern. Der Aufbau besteht aus drei Komponenten:

- dem Header
- dem Image File Directory (IFD)
- und den eigentlichen Bilddaten

Im Header befindet sich die Versionsnummer, ein Zeiger auf das erste Image File Directory und eine hardwarespezifische Angabe, ob es sich um ein mit Intel- oder Motorola-CPU ausgestattetes System handelt. Die zweite Komponente, das Image File Directory, besitzt einleitend eine Nummer, die die Anzahl der Tags in ihm wiedergibt, dann die einzelnen Tageinträge und, falls ein weiteres Bild vorhanden ist, abschließend einen Zeiger auf das nächste IFD. Ein Tag besteht dabei aus 12 Byte und beinhaltet die zur Beschreibung der Bildattribute nötigen Daten. Die Reihenfolge der Tags ist dabei irrelevant. Diese Art der Speicherung macht das TIFF-Format wesentlich flexibler als die beiden vorher besprochenen. Es ist zum Beispiel möglich, verschiedene Kompressionsmethoden oder Farbkodierungen anzuwenden. Der dritte Teil enthält lediglich die Bilddaten, die je nach den in den Tags verwendeten Eigenschaften in unterschiedlicher Art vorliegen können.

PBM (Portable Bit Map): Da inzwischen sehr viele Bildformate existieren, werden oft Konvertierprogramme benötigt, die Bilder von einem Format in ein anderes konvertieren. Um die Anzahl der hierfür benötigten Konvertierungsprogramme zu reduzieren, wurde das PBM-Bildformat eingeführt. Das PBM-Fomat lässt sich in drei einzelne Formate einteilen:

Schwarzweiß-Bilder	PMB (portable bitmap)
Graustufenbilder	PGM (portable greymap)
Farbbilder	PPM (portable pixmap)

Mit dieser Unterteilung wird eine schnellere Konvertierung und eine einfachere Programmentwicklung erzielt. Die Endungen geben dabei die jeweiligen Formattypen an. Im Unterschied zu GIF enthält das PBM-Format nur ein Bild pro Datei. Die Codierung erfolgt nach dem RGB-Farbmodell.

Der Aufbau des PBM-Formats ist sehr einfach. Er besteht aus zwei Teilen, dem Header und den Bilddaten. Im dreizeiligen Header werden die benötigten Bildparameter als ASCII-Werte gespeichert. In der ersten Zeile befindet sich die Angabe über den Fomattyp, in der zweiten Zeile die Höhe und Breite des Bildes und in der dritten Zeile die Größe eines maximalen Grau- bzw. Farbwertes. Die Bilddaten können byteweise in Textform vorliegen oder binär kodiert sein. Da bei Textform jedes zweite Zeichen ein Leerzeichen ist, ist eine binäre Datei kleiner und damit schneller zu verarbeiten. Bei Schwarzweißbildern bestehen die Bilddaten nur aus Einsen und Nullen, wobei '1' für Weiß und '0' für Schwarz steht. Bei Graustufenbildern können Werte zwischen '0' und dem im Header angegebenen maximalen Grauwert (< 255)auftreten. Der maximale Wert bedeutet dabei Weiß und '0' wiederum Schwarz. Farbbilder werden ähnlich kodiert, wobei zu jedem Pixel drei Werte zwischen '0' und dem maximalen Farbwert (< 255) gespeichert werden. Der erste Wert entspricht dem roten, der zweite dem grünen und der dritte dem blauem Farbanteil des Pixels. Das PBM-Bildformat kann also als Zwischenformat zur Konvertierung ohne Kompression angesehen werden.

Portable Network Graphics (PNG) wurde als Nachfolger des durch das Unisys-Patent belasteten GIF-Formates entworfen. Im W3C-Standard von 1996 (vgl. Boutell o.J.) sind jedoch auch Eigenschaften des Datenformates enthalten, die deutlich über den Funktionsumfang von GIF hinausgehen. Neben einer verlustfreien Kompression palettenbasierter Bilder mit bis zu 256 Farben unterstützt das neue Grafikformat auch die verlustfreie Speicherung nicht palettenbasierter Bilder mit einer Farbtiefe von bis zu 48 Bit. Statt nur eine Farbe als transparent zu definieren, wie es GIF erlaubt, wird ein separater Alpha-Kanal eingeführt, der feine Abstufungen in der Durchsichtigkeit erlaubt. PNG unterstützt auch die grobe Darstellung eines empfangenen Bildes aufgrund eines Teils der Gesamtdaten. Animationen werden vorläufig nicht unterstützt. Das Kompressionsverfahren ist dem von GIF überlegen. Obwohl PNG auf Algorithmen basiert, die frei von Patentrechten und technologisch fortschrittlich sind, ist der Durchbruch dieses Formates bislang ausgeblieben. Für eine zufriedenstellende Darstellung müssen Anwender Plugins oder Zusatzprogramme wie QuickTime installieren.

Vektorgrafik

Im Gegensatz zur Rastergrafik speichert ein Vektorgrafik-Datenformat ein Bild als eine Menge geometrischer Objekte, d.h. Linien, Kreise, Ellipsen, Rechtecke und Punkte. Üblicherweise können Vektorgrafikformate auch eingebettete Rastergrafiken und darzustellenden Text enthalten. Durch die Speicherung von Zeichenanweisungen statt eines Zeichnungsergebnisses kann eine Vektorgrafik stufenlos vergrößert oder verkleinert werden, ohne dass Qualitätseinbußen auftreten. Strichzeichnungen und die meisten digital erstellten Dokumente lassen sich als Vektorgrafiken weitaus platzsparender abspeichern als in Form einer Rastergrafik. Nachteilig ist, dass Vektorgrafiken üblicherweise erst völlig neu elektronisch erstellt werden müssen und nicht problemlos über einen Scanner von einer vorhandenen Papiervorlage eingelesen werden können. Sie eignen sich nicht zur Speicherung von Photos. Im Internet sind kaum Vektorgrafikformate im Einsatz. Zeichnungen werden üblicherweise in GIF- oder andere Rastergrafiken umgewandelt, bevor sie in HTML-Seiten eingebunden werden. Zwei bekannte Vertreter dieses Datenformats sind SVG und VML, die noch kurz erläutert werden.

SVG (Scalable Vector Graphics) ist ein aus XML abgeleitetes Vektorgrafikformat, das vom W3C im August 2000 als vorläufiger Standard verabschiedet (vgl. Ferraiolo o.J.). Bisher mangelt es aber noch an Anzeigeprogrammen für das neue Format. Lediglich Adobe hat mit dem SVG Viewer eine derartiges Anwendung erstellt (siehe Adobe SVG(o.J.)). SVG-Grafiken werden dementsprechend im Internet auch noch kaum eingesetzt. SVG-Dateien sind ähnlich wie HTML textbasiert aufgebaut und können daher von Hand im Texteditor bearbeitet werden. Rastergrafiken oder andere enthaltene Objekte werden nicht in der Grafikdatei selbst gespeichert sondern lediglich referenziert. Im Gegensatz zu klassischen statischen Vektorgrafikformaten kann SVG aber auch begrenzt Animationen und interaktive Elemente beinhalten (D'Amore 2001, 96-98).

VML (Vector Markup Language) ist ein textbasiertes Vektorgrafikformat der Firma Microsoft . Es ist wie SVG auf Basis der Metasprache XML entstanden und wurde beim W3C als Standardvorschlag eingereicht. Dort hat es jedoch noch nicht den Status einer Recommendation erreicht (Mathews et al. 1998). VML hat im Vergleich zu SVG weniger Funktionalitäten, was jedoch die Komplexität der Darstellung des Datenformats reduziert (Krüger/Märtin 2000, 152ff). VML wird im Moment nur vom Internet Explorer 5 für Windows unterstützt. Eine Exportfunktion ist in Microsoft Office 2000 und Microsoft Visio 2000 integriert.

Virtuelle Welten

Herkömmliche Vektorgrafiken sind zweidimensional. Dreidimensionale Vektorgrafiken, die in einem Anzeigeprogramm vom Benutzer als virtuelle Welt betrachtet werden können, fügen mit der z-Achse eine zusätzliche Dimension hinzu. Die Qualität der Darstellung hängt in diesem Fall stark von der Ausstattung des Clientrechners ab, auf dem die Anzeige erfolgt. Eine realistische Anzeige einer virtuellen Welt richtet sehr hohe Ansprüche an die Hardware des darstellenden Systems (z.B. hochwertige Grafikkarte). Als Beispiele sollen VRML und QuickTime VR kurz dargestellt werden.

VRML (Virtual Reality Modeling Language) erlaubt das Definieren virtueller Welten in einem textbasierten, menschlich lesbaren und editierbaren Format. Die aktuelle Version des Datenformates, VRML97 (vgl. The VRML Consortium Inc.), erlaubt neben der Beschreibung einer statischen dreidimensionalen Welt die Definition von Ereignissen, Verknüpfungen und das Einbinden von Skripten. Auf diese Weise kommt Dynamik in die definierten Welten, sodass zum Beispiel dreidimensionale Comics möglich sind. Der Betrachter kann eine VRML-Welt entweder selbst erforschen oder vom Autor vordefinierte Kamerafahrten machen bzw. Kamerapositionen einnehmen (Eike 1997, 37ff). Im Gegensatz zu Raytracing-Verfahren, die photorealistische Bilder zu erzeugen im Stande sind, wird in VRML auf die Darstellung von Schatten verzichtet, sodass die Darstellung auf normalen Klientrechnern ohne lange Wartezeiten möglich ist. Mit CosmoPlayer und Microsoft VRML Viewer/WorldView liefern beide großen Browserhersteller auf Wunsch VRML-Anzeigeprogramme kostenlos (Kling 1997, 40ff). Dennoch hat VRML die prognostizierte Verbreitung nicht erfahren, sodass es möglicherweise seiner Ablösung durch den XML-basierten 3D-Standard „X3D“ entgegensieht.

QTVR (QuickTime VR) ist ein proprietäres Format der Firma Apple zur Darstellung von dreidimensionalen Objekten und Räumen (Apple Inc. 2000c). Der Name ist jedoch irreführend, denn es handelt sich um keine richtigen virtuellen Welten. Im Vergleich zu VRML ist nach Robertson (1997) eine Modellierung von Räumen nicht vorgesehen. Ebenso besteht keine wirkliche Bewegungsfreiheit des Betrachters. Mit der Maus und per Tastatur kann man nur das Objekt bewegen und sich an die Motive heranzoomen. Die Dateien besitzen die Endung „mov“. Der Inhalt besteht aus einzelnen z.B. mit einer Kamera aufgenommenen Bildern, die zu einem 3D-Modell zusammengefügt werden. Es ist also ein binäres Format, das nur durch entsprechende Autorenwerkzeuge (z.B. QuickTime VR Authoring Studio) erstellt werden kann. Zur Darstellung kommt der kostenlos verfügbare QuickTime Player zum Einsatz, der im Moment für MacOS und Windows verfügbar ist. Zudem existiert ein Browser-Plugin, das auch die Anzeige unter herkömmlichen Browsern ermöglicht. Eine Weiterverarbeitung oder Konvertierung mit Standardanwendungen ist nicht möglich. Das Format wird vor allen zur fotorealistischen Präsentation von Produkten im Internet verwendet. Auch Panaroma-Ansichten von Landschaften sind realisierbar.

2.3.4 Formate für Animationen

Eine Animation wird vom menschlichem Auge als eine zeitlich und logisch zusammenhängende Bildfolge aufgefasst (vgl. Henning 2000, 157). Dabei reicht das Spektrum von einzelnen Bildern, die nacheinander gezeigt werden (Dia-Präsentation oder Slideshow) bis hin zu Animationen mit „weichen" Übergängen zwischen den Bildern, die man auch Videoclips nennt. Einige bekannte Vertreter dieses Datenformats werden anschließend noch kurz vorgestellt.

Animierte GIF-Dateien sind eine Variante des GIF89a-Standards und erlauben einfache 2D-Animationen. Das Format besitzt ebenfalls die Dateiendung „.gif". Die dahinter liegende Technik ist einfach (Niederst 1999, 321): Einzelbilder werden der Reihe nach in eine Datei eingebettet und ihre Wiedergabe durch einige Parameter gesteuert, z.B. Pausen, Anzahl der Wiederholungen. Mit entsprechender Geschwindigkeit abgespielt erwecken sie den Eindruck einer Animation. Die Dokumente können in jedem Browser dargestellt werden, der das GIF-Format unterstützt. Schon während des Ladevorgangs ist eine Darstellung möglich: Jedes Einzelbild wird dargestellt, sobald es geladen ist. Die Erstellung geschieht über spezialisierte Grafikprogramme, die für alle Betriebssystem vorhanden sind (Bergmann 1997). Animierte GIF-Dateien werden gerne als Gestaltungselemente in HTML-Seiten und als Werbebanner auf Web-Seiten eingesetzt (vgl. dazu Kilian/Matz 1997).

Flash ist ein proprietäres, vektororientiertes Grafik- und Animationsformat, das speziell für die Anforderungen im Internet konzipiert wurde (Macromedia 2000). Es wurde von der Firma Macromedia eingeführt. Die Sprachspezifikation ist offengelegt, so dass Softwarehersteller einen Interpreter in ihre Software einbauen könne, wie es z.B. in QuickTime 4 der Fall ist. Die Dateien besitzen die Endung „.swf". Durch die Vektor-Technik lassen sich Objekte beliebig skalieren, es entstehen darüber hinaus kleine Dateien. Ein Flash-Dokument kann Bilder, Audio- oder Video-Elemente enthalten. Über JavaScript sind Flash-Dokumente in Browsern steuerbar. Die Ausführung kann bereits beginnen, bevor die Animation komplett geladen wurde. Flash ist ein binäres Format und kann nicht mit einem Editor bearbeitet werden. Die Dokumente werden mit dem Autorenwerkzeug Flash von Macromedia erstellt, das für MacOS und Windows verfügbar ist. Als Interpreter wird der Flash Player eingesetzt, der kostenlos verfügbar ist und von Internet Browsern aufgerufen werden kann. Er existiert für Linux, MacOS, Solaris und Windows. Flash eignet sich hervorragend für Animationen in Bildschirmgröße oder für leistungs-fähige Navigationsstrukturen. Damit können z.B. Produktpräsentationen realisiert werden, die innerhalb einer WWW-Seite ablaufen.

Shockwave ist eine proprietäre Technologie von Macromedia für umfangreiche Multimediaanwendungen im Internet (Eberl/Jacobsen 2000, 81). Damit können z.B. Lernprogramme realisiert werden, die in WWW-Seiten eingebettet sind. Das Format hat die Endung „.dcr". Die Dokumente können nur mit dem kostenpflichtigen Autorenwerkzeug Macromedia Director erstellt werden, das für MacOS und Windows verfügbar ist. Der

Player dagegen ist kostenlos und nur für die beiden vorher genannten Systeme verfügbar. Das Shockwave-Format verwendet einen verlustbehafteten Kompressionsalgorithmus für Grafiken und Audio. Dabei kann der Qualitätsverlust zugunsten der Dateigröße eingestellt werden. Das Format dient vor allen als Exportformat für bestehende Multimedia-anwendungen. Es steht in Konkurrenz zum bereits erwähnten Flash und wird dort eingesetzt, wo dieses an Grenzen stößt. Wegen der höheren Dateigröße ist Shockwave auf ein schnelles Netzwerk angewiesen.

SMIL (Synchronized Multimedia Integration Language) ist von XML abgeleitet und ermöglicht Multimedia-Präsentationen im WWW. Da SMIL wie HTML von SGML abgeleitet wurde, ist die Struktur der beiden Sprachen recht ähnlich. Auch SMIL ist nach den „Tag" Prinzip aufgebaut, und wurde um spezielle Tags zur Einbettung und Synchronisierung von multimedialen Content erweitert. Das standardisiert Datenformat wurde vom W3C entwickelt und soll die gleiche Rolle für multimediale Daten erfüllen, die HTML für Texte und statische Daten innehat. Die Version 1 wurde bereits Juni 1998 verabschiedet. Die Dateiendung ist „.smi". SMIL kann beliebige Medien einbinden: Bilder, Texte, Streaming Audio oder Streaming Video (Lamprecht 1998b). Dabei können auch Teile von existierenden Präsentationen eingeblendet werden. Neben Bildschirmlayout und Interaktion kodiert die Syntax den Zeitpunkt. Die Darstellung erfolgt zeit- und ereignisgesteuert, weswegen man von einer Timeline bzw. einem Drehbuch spricht. Ein weitere zentrale Eigenschaft von SMIL ist die Anpassbarkeit an unterschiedliche Geräte wie z.B. Monitor oder Braillezeile, an unterschiedliche Sprachen und Übertragungsgeschwindigkeiten. SMIL ist eine einfache, deklarative Sprache und wird in ASCII-Zeichen gespeichert. Dadurch ist sie wie HTML für Menschen lesbar und editierbar. Es gibt jedoch bereits ein Autorenwerkzeug namens GRiNS for SMIL 1.0 (Otratix Development BV). Im Moment sind vier Interpreter für SMIL, auch SMIL-Browser genannt, verfügbar: GRiNS Player (Linux, MacOS, Solaris, Windows), SOJA (SMIL Output in Java Applets) (Helio o.J.), RealPlayer (Linux, MacOS, Windows), (Lamprecht 1998a) und QuickTime (MacOS, Windows). Das W3C spricht im Hinblick auf künftige Anwendungen von „TV-like multimedia presentations such as training courses on the Web". Da SMIL die unterschiedlichen Quellen integriert, können deren jeweiligen Vorteile auch genützt werden, z.B. Bandbreitenanpassung bei Streaming-Servern.

2.3.5 Audio-Formate

Audiodateien können entweder Noten enthalten, die von der lokalen Soundkarte oder mit einer speziellen Musiksoftware abgespielt werden müssen, oder aber eine digitalisierte Aufnahme, die exakt so wiedergegeben wird, wie sie gespeichert wurde. Eine wichtige Rolle für die Ton-, Klang- und Sprachqualität spielen die Komprimierungsverfahren. Da die Bandbreite des Internets das Limit der Audiokommunikation ist, ist man auf gute Codecs (Compression/Decompression) angewiesen. Bei der Komprimierung werden z.B. für das menschliche Gehör irrelevante Informationen (Klänge) weggefiltert. Bei der Wiedergabe der Audiodatei wird diese in Echtzeit dekomprimiert und abgespielt. Insbesondere bei Sprachübertragungen werden Codecs benutzt, die Audiodateien sehr stark komprimieren, bei Musikstücken hingegen ist das Volumen der Datei größer, da sonst die Qualität zu stark beeinflußt werden würde. Die Methoden zur Datenkomprimierung sind meist von Hersteller zu Hersteller unterschiedlich.

Auf die derzeit am weitesten verbreiteten Formate MIDI, WAVE und MP3 soll nachstehend noch etwas genauer eingegangen werden. Außerdem werden auch die Besonderheiten beim Streaming sowie gängige Streamingformate besprochen.

MIDI (Musical Instrument Digital Interface)

Der MIDI-Standard beschreibt ein Datenformat, das zur Ansteuerung von Keyboards, Synthesizern und anderen elektronischen Instrumenten entworfen wurde, wobei sowohl melodische Instrumente als auch Percussion zum Beschreibungsumfang gehören (vgl. zu diesem Abschnitt z.B. Steinmetz 1993, Tanenbaum 1997). Die Schnittstellendefinition wird seit 1983 von der Musikindustrie verwendet und spezifiziert das Kabel, den Stecker und das Nachrichtenformat. Statt Abtastwerte zu speichern, wird hier eine instrumentenbezogene Darstellung verwendet. Eine MIDI-Nachricht besteht aus Statusbyte und Datenbytes, in denen ein musikalisches Ereignis sowie dessen Parameter kodiert sind. Jedes Instrument, das MIDI-Daten abspielen kann, muß mindestens 32 Noten gleichzeitig wiedergeben können, davon sechzehn melodische Instrumente und zwei Percussion Instrumente (MIDI Manufacturers Association 1999a). Der Standard wird von der MIDI Manufacturers Association (MMA) und der International MIDI Association (IMA) entwickelt. MIDI-Stücke sind rein instrumental, da sie keine Aufnahmespur besitzen. Jüngere Erweiterungen des Standards erlauben allerdings die Integration von kurzen Aufnahmen (Samples), die auf geeigneter Hardware – z.B. einer Wavetable-Soundkarte – als zusätzliche Instrumentenklänge geladen und moduliert abgespielt werden können (MIDI Manufacturers Association 1999b). Die Qualität der Wiedergabe hängt ausschließlich von der Ausstattung des Rechners ab, auf dem der Abspielvorgang abläuft. Mit billigen Soundkarten ist das Ergebnis meist nicht zufriedenstellend. Dennoch hat das MIDI-Format im Internet Bedeutung erlangt, weil die Dateien deutlich weniger Speicherplatz benötigen als digitale Aufnahmen vergleichbarer Qualität (vgl. Koser 1997, 49).

Die Musikdaten werden meist mit einem Keyboard hergestellt. Dieses Gerät entspricht der Tastatur eines Klaviers und erlaubt es, die unterschiedlichen Instrumente auf eine „natürliche“ Weise einzuspielen. Oft wird über Geschwindigkeit und Beschleunigung eines Tastendrucks (Anschlagdynamik) die Lautstärke eines Tons abgefragt.

Die Erzeugung akustischer Signale aus den Musikdaten geschieht über einen Synthesizer. Die Signale können entweder Synthetisch generiert werden oder als Samples gespeichert sein. Die herstellerspezifischen Instrumentensamples (sog. Patches) liegen in einem ROM und sind entscheidend für die Qualität des Synthesizers. Zusätzlich besitzen solche Synthesizer oft ein RAM, in das der Benutzer eigene Dateien laden kann. Daten können über 16 Kanäle in Stereo übertragen werden. Jedem verwendeten Kanal wird genau ein Musikinstrument zugeordnet. Dadurch können gleichzeitig mehrere Instrumente unterschiedliche Noten spielen. Die zentrale Anwendung in diesem Zusammenhang ist der sogenannte Sequenzer. Darunter versteht man heute eine Anwendung in einem Multimediasystem zur Darstellung, Speicherung und Änderung von MIDI-Daten, also ein Editor für Musikstücke. Über das MIDI-Interface erhält der Rechner die Musikdaten vom Keyboard und sendet sie zur Wiedergabe an den Synthesizer. Dabei erfolgt die Synchronisation zwischen Sender und Empfänger über die MIDI-Clock oder einem MIDI Time Code.

Insgesamt werden nach dem Standard General MIDI (GM) 128 Instrumente einschließlich Spezialeffekten durch eine eindeutige Nummer identifiziert. Das General MIDI System ist eine Aufstellung von Empfehlungen mit dem Ziel, die Beschränkungen durch unterschiedliche Herstellernormen zu überwinden und die MIDI-Fähigkeiten von Sound erzeugenden Geräten zu standardisieren. Es gibt darüber hinaus die Möglichkeit einer herstellerspezifischen Kodierung über eine System-Exclusive-Nachricht. Dadurch konnten sich herstellerspezifische Erweitrungen des GM-Systems auf dem Markt etablieren, wie z.B. General Synth (GS) von Roland oder das XG-Format von Yamaha. Diese umfassen u.a. eine größere Anzahl von Instrumenten oder zusätzliche Effekte für Chorus und Reverb.

MIDI hat gegenüber digitalen Samples bei der Übertragung von Musik den Vorteil, das die benötigte Bandbreite um ein Vielfaches geringer ist. MIDI ist die kompakteste Darstellung von Musikdaten, die eine naturgetreue Wiedergabe gestattet. Der große Nachteil von MIDI besteht darin, dass der Empfänger einen geeigneten Synthesizer zur Wiedergabe der Musikdaten benötigt. Obwohl die meisten Multimediasysteme heute MIDI wiedergeben können, ist die Qualität der Wiedergabe oft nicht zufriedenstellend, sodaß MIDI außerhalb der (semi-)professionellen Musikszene wenig zum Einsatz kommt.

WAVE (Waveform Audio Format)

Das Wave-Format ist eigentlich das Datenformat für aufgenommene Audiodaten des Betriebssystems Microsoft Windows. Aufgrund der großen Verbreitung von Windows hat es auch im Internet Bedeutung erlangt. Ursprünglich nur zur Speicherung von unkomprimierten pulscodemodulierten Daten (PCM-Verfahren) ausgelegt, wurde es zu einem Überformat erweitert, das mehrere Codecs enthalten kann. Das Format baut auf dem RIFF-Framework (Resource Interchange File Format) auf und kann neben den Audiodaten und Informationen zur Samplerate auch den Titel des Dokuments als Text enthalten (Microsoft Developer Network 1995). Eine Liste der neuen Codecs befindet sich unter Microsoft Product Support Services (o.J.), „Compression-Related Problems". Besonders für die Übertragung von Sprachdaten über das Internet geeignet ist der Truespeech-Codec der DSP Group (DSP Group o.J.).

MP3 (MPEG Audio Layer 3)

Das Audiokompressionsverfahren MPEG Audio Layer 3, das vom Fraunhofer Institut für Integrierte Schaltungen entwickelt wurde, erlaubt eine Kompression von Aufnahmedaten um den Faktor zehn bis zwölf, ohne Qualitätsverluste hinnehmen zu müssen. Bei stärkerer Kompression (Faktor 24 oder höher) sind die Qualitätseinbußen noch immer geringer als bei einer Reduktion der Datenrate oder der Aufnahmetiefe. Dieses Datenformat erlaubt erstmals das Austauschen von Musik in CD-naher Qualität. MPEG Audio Layer 3 wird auch als Audio-Codec bei Videoübertragungen und Streaming-Audio eingesetzt (Frauenhofer Institut).

Um die Datenmenge der Originalaudiodatei zu reduzieren, werden die Charakteristiken und Grenzen des menschlichen Gehörs ausgenutzt. Informationen (Klänge), die das menschliche Gehör nicht wahrnimmt, werden weggefiltert (Irrelevanzreduktion). Die Reduktion der Datenmenge beruht auf besonderen Kompressions- und Dekompressionsalgorithmen. Der Encoder teilt das Frequenzspektrum in 32 Bereiche auf und es werden besonders hohe und tiefe Töne ausgesondert. Leise Töne, die von lauten Tönen überlagert werden und so für das menschliche Ohr irrelevant sind, werden weggefiltert (Maskierung). Bei Stereostücken enthalten beide Kanäle fast identische Informationen. Für bestimmte Frequenzbänder wird jedoch nur ein Monosignal gespeichert und die Lautstärke der einzelnen Kanäle getrennt voneinander kodiert. Den Stereoeffekt, den man dabei erhält, nennt man Intensity Stereo. Dieses Verfahren wurde bereits bei MPEG 1 Layer 2 angewandt und wurde für das MP3-Format weiterentwickelt. Das sogenannte Joint-Stereo-Verfahren des MP3-Formats speichert die Summe der Daten und die Differenz der beiden Kanäle. MP3-Player und Encoder sind auf (nahezu) jeder Plattform verfügbar, was zusätzlich zu einer schnellen Verbreitung des MP3-Formats beigetragen hat.

Ein sehr interessantes Format ist noch das VQF-Format von Yahmaha, das MP3 in Qualität und Kompressionsgrad übertrifft.

Audio-Streaming

Mit der Streaming-Technologie ist es möglich, Audio oder Video-Daten in einem kontinuierlichen Datenstrom zu versenden (siehe auch Kap. 3.2.4.2.). Beim Streaming ist es sofort möglich, mit dem Abspielen der Medieninhalte zu beginnen, auch wenn die Datei noch nicht komplett auf dem Rechner geladen ist. Die Entwicklung der Streaming-Technologie begann mit der Übertragung von Audiosignalen. Wegen den im Vergleich zu Video geringen zu übertragenen Datenmengen konnte hier in den letzten Jahren eine brauchbare Übertragungsqualität erreicht werden. So entstanden im Internet Radiosender, Konzerte wurden live übertragen, aber auch Pressekonferenzen und andere Ereignisse. Eine weitere Anwendung ist das Probehören von Musikstücken, die über das Internet vertrieben werden.

Streaming erlaubt also Live-Übertragungen und die Vermeidung von Wartezeiten durch den Ladevorgang. Ein weiteres Merkmal von Streaming ist, dass keine Daten beim Benutzer gespeichert werden müssen. Die Daten liegen nur auf dem Streaming-Server, der sie kontinuierlich zur Verfügung stellt. Dies hat vor allen bei urheberrechtlich geschützten Inhalten den Vorteil, dass keine Lizenzprobleme auftreten. Es wird meistens nur eine sogenannte Metadatei als Lesezeichen mit der URL des Streamingangebotes beim Benutzer angelegt. Für die Realisierung eines Streaming-Angebotes werden immer drei Komponenten benötigt. Zuerst müssen die Daten vorbereitet werden. Dies geschieht über einen sogenannten Encoder. Für die Übertragung ist ein Streaming-Server notwendig. Der Abspielvorgang beim Client erfordert schließlich eine spezielle Empfangssoftware, die die verwendeten Codecs beherrscht.

Das wichtigste Streaming-Format im Audiobereich ist RealAudio (siehe auch Kap. 2.4.3), das bereits 1995 von Progressive Networks (heute RealNetworks) vorgestellt wurde (Matzer/Lohse 2000, 181). Es ist vor allen bei Internet-Radiosendern weit verbreitet und kann als De-facto-Standard betrachtet werden. Das QuickTime-Format kann ebenfalls für Audio-Streams verwendet werden. Es ist jedoch im Moment nicht sehr weit verbreitet. Schließlich ist noch ASF-Audio zu erwähnen, das zur Windows Media Technologie zählt. Dieses Streamingformat wird von vielen Internet-Radiosendern als Alternative zu RealAudio angeboten. Das Audio-Format des Media Players besitzt die Endung „.wma". Mit diesem Player hat man zwar auch die Möglichkeit Quick Time und Real Audio Formate abzuspielen, doch ist dies nur begrenzt möglich. Das im Media

Player verwendete Audio-Codec besitzt den Namen „Windows Media Audio“, wobei für das Streaming die wma-Datei als .asf-Datei („Advanced Streaming Format“) aufbereitet wird.

Für weitere Details zum Thema Streaming wird auf den Abschnitt „Video-Streaming“ sowie Kapitel 2.4 (Media-Player) verwiesen.

MP3 als Streamingformat

Obwohl das MP3-Format nicht von vornherein als Streaming-Format entworfen wurde, wird es im Internet heute häufig zum Streamen von Musik verwendet. Die Nutzung z.B. durch Internet-Radiosender liegt sicher zum Teil auch daran, dass sehr viele Musikstücke bereits in diesem Format als Dateien vorliegen und nicht mehr in ein spezielles Streamingformat konvertiert werden müssen. Es wäre falsch, MP3-Format als reines Streamingformat zu bezeichnen. Zwar ist eine wichtige Voraussetzung für Streaming vorhanden, nämlich daß das Fileformat „headerless“ ist (Header ist vorhanden, jedoch nicht notwendig), doch gibt es einige Nachteile. Man erhält nahezu CD-Qualität bei einer Bitrate von 128 kBit/s, wodurch man eine dementsprechende Bandbreite wie z.B. Dual ISDN oder DSL benötigt. Es ist zwar möglich einen bestimmten Teil der MP3-Datei herunterzuladen und diesen anzuhören während der Rest der Datei nachgeladen wird (Buffering), doch ist dies nicht der Sinn des eigentlichen Streamings. Beim Streaming soll zwar schon ein gewisser Puffer angelegt werden, doch bei geringen Bandbreiten (z.B. mit einem 28.8 kBit/s Modem) würde das Füllen eines derart großen Puffers zu lange dauern.

Die „Streamingsteuerung“ übernimmt beim MP3-Format ein MP3-Player (z.B. Winamp). Das Streamen von MP3-Dateien wird durch Erweiterungen in Form des SHOUTcast- bzw. ICEcast-Protokolls möglich. Das proprietäre Protokoll SHOUTcast ist eine Entwicklung der Firma Nullsoft, dem Hersteller des weitverbreiteten MP3-Abspielprogramms winamp (Nullsoft o.J.). Zum Senden ist der SHOUTcast Distributed Network Audio Server (DNAS) nötig, der kostenlos bei Nullsoft für die meisten Betriebssysteme erhältlich ist. Um damit MP3-Streams empfangen zu können, ist das SHOUTcast DSP Plugin erforderlich, das die Abspielprogramme Winamp (Windows), Audion (MacOS) oder XMMS (Unix) enthalten. Icecast ist eine freie Implementierung der SHOUTcast-Technologie, die unter der GNU General Public License steht (Icecast Team 1999). Das Protokoll ist weitgehend kompatibel zu dem von Nullsoft. Deshalb können die gleichen Abspielprogramme wie bei SHOUTcast verwendet werden. Das AMP-Radio ist ein Abspiel- und Empfangsprogramm für das Macintosh Betriebssystem. Es erlaubt eine Verbindung zu „MP3-Server“ mittels Shoutcast- und Icecast Protokoll. Beipiele für weitere Produkte sind: ePAC von Lucent Technologies/Bell Labs (vor allem für den Online-Vertrieb für Musik gedacht), VQF (Twin VQ), ACC (nicht gut bei niedrigen Bitraten), Ogg Vorbis (variable Bitraten also nicht für Audiostreaming geeignet) und MP+ (Streaming-Unterstützung noch nicht abzusehen)

2.3.6 Video-Formate

Ein Video-Dokument besteht nach Eberl/Jacobsen 2000, 291 aus einer Reihe von Bildern, die mit einer bestimmten Rate abgespielt werden. Es handelt sich genaugenommen um audio-visuelle Daten, welche getrennt in Audio- und Videospuren gespeichert werden. Dabei entstehen große Datenmengen, die wie bei reinen Audiodateien über die sogenannten Codecs verringert werden. Diese Komprimierungsalgorithmen sind außerdem für eine gleichmäßige Datenrate bei der Übertragung des Videos verantwortlich. Man unterscheidet generell zwischen verlustlosen und verlustbehafteten Codecs. Die zweite Variante ist bei Videos weiter verbreitet, da in den meisten Anwendungsfällen keine verlustfreie Übertragung erforderlich ist. Für die Reduzierung der Dateigröße existieren zwei Methoden, die bei den meisten Codecs kombiniert angewendet werden, nämlich die Kompression einzelner Bilder oder die Aufzeichnung der Unterschiede zwischen aufeinanderfolgenden Bildern. (vgl. zu diesem Kapitel auch Steinmetz 1993, Tanenbaum 1997, Brusilovsky et al. 1996, Wilke/Imhof 1996)

Abbildung 2-22 (siehe unten) liefert eine Übersicht über die wichtigsten Standards zur Kompression und Übertragung audiovisueller Informationen. Die wichtigsten Standards sollen anschließend einer näheren Betrachtung unterzogen werden. AVI und QTM sind sogenannte „Container" für unterschiedliche Codecs. Man bezeichnet sie daher auch als Rahmenformate. Diese beiden Videostandards stellen herstellerspezifische Low-Cost-/Low-Resolution-Lösungen dar, die in den letzten Jahren einen wesentlichen Beitrag dazu geleistet haben, das Medium „digitales Video" auf PCs zu etablieren. Sie sind an sich rein softwarebasierte Lösungen, aber in den letzten Jahren sind die Hersteller von Grafikchipsätzen, wie z.B. ATI, Matrox oder Nvidia, dazu übergangen, Operationen, die für das Abspielen von Videos häufig benötigt werden, in Hardware zu implementieren (sogenannte „Videobeschleuniger"). Beide Formate komprimieren den Videostrom nur schlecht bzw. kaum. Sie sind für Auflösungen bis etwa 384x288 Pixel/Frame bei 24 Bit/Pixel mit einer Tonspur in 16 Bit Stereo bei 22 kHz geeignet.

AVI (Audio Video Interleave)

Das Datenformat AVI ist der De-facto-Standard für Videos innerhalb der Windows-Produktfamilie. AVI wurde 1990 von Microsoft und IBM entwickelt, basierend auf dem Resource Interchange File Format (RIFF), (Kurbel/Twardoch 2000, 260). Es ist abgeleitet von Intels DVI-Standard und wurde von Microsoft ursprünglich als Multimediaerweiterung für Windows 3.1 veröffentlicht (Video für Windows). Inzwischen ist es integraler Bestandteil von Windows 9x, Windows NT 4.0 und Windows 2000. Als Player dienen Video für Windows, Windows Media Player oder QuickTime. Es existieren eine ganze Reihe verschiedener Codecs, die AVI unterstützen (z.B. Microsofts Video 1, Intels Indeo und Apples Cinepac). Die Dateien besitzen die Endung „.avi".

Wie andere Videoformate ist auch AVI binär aufgebaut und lässt sich nur mit geeigneten Programmen bearbeiten. Das Format beherrscht nur einfache Kompressionsalgorithmen wie z.B. die RLE-Methode (Teil des RIFF-Standards), Intel Indeo oder Cinepac. AVI-Dateien haben eine maximale Auflösung von 320 x 240 Bildpunkten und eine maximale Abspielrate von 30 fps (Frames per Second) (Matzer/Lose 2000, 191). Für den Vollbildschirm-Modus ist dieses Format daher nicht geeignet. . Für den Einsatz im WWW ist das Format ebenfalls nicht gut geeignet, da die Dateien zu groß werden (Kurbel/Twardoch

2000, 260). Es wird vielmehr als Zwischenformat in der Videobearbeitung für einen späteren Export in ein effizienteres Format verwendet.

QTM (QuickTime Movie)

QuickTime Movie ist wie AVI ein sequentielles Video-Format und bietet ebenfalls einen Rahmen für unterschiedliche Codecs (Apple Inc. 2000a). Es ist proprietär und wurde 1992 von Apple eingeführt. QTM ist das Standard-Videoformat auf der MacOS-Plattform. Es ist inzwischen aber auch für andere Plattformen wie z.B. MS Windows, verfügbar. QuickTime unterstützt Animationen und Video ebenso wie Grafiken im JPEG-Format. Die Dateien besitzen die Endung „.mov". In der Version 4.1.2 kann QuickTime 15 Video-Codecs (z.B. Sorenson Video 1 und 2, Cinepak) und 12 Audio-Codecs (z.B. QDesign Music2, Qualcomm PureVoice) verarbeiten (Apple Inc. 1999). Zum Abspielen von QTM benötigt man den QuickTime Player. Seit der Version 3 beherrscht das Format auch das sogenannte HTTP-Streaming. Das Format wird in Internet häufig für kleine Videos wie z.B. Vorschaufilme für Kinofilme benützt. Auch auf Multimedia-CD-ROMs ist QuickTime verbreitet. Aufgrund der großen Auswahl unterschiedlicher Codecs ist QTM sowohl als Quell- als auch als Zielformat eines Videos sinnvoll.

H.320

Diese Gruppe von Standards spielt im Bereich der synchronen Übertragung eine wichtige Rolle. H.320 definiert schmalbandige Bildkommunikationssysteme und Endgeräte (unter 2Mbit/s). Die Standardfamilie umfasst die Kodierung von Video (H.261) und Audio (G.711, G.722, G.728) sowie diverse Kontrollfunktionen. Wichtigste Komponente ist dabei H.261, der als „Video Codec für audiovisuelle Dienste bei px64 kBit/s" im Dezember 1990 als CCITT-Empfehlung verabschiedet wurde. H.261 findet vor allem Verwendung bei Video-konferenzen mit mehreren Teilnehmern über herkömmliche Telefonnetze mit Bandbreiten von 64 bis 384 kBits/s (z.B. ISDN). Dialoganwendungen wie Bildtelefon und Videokonferenzsysteme erfordern die Kodierung und Dekodierung in Echtzeit. Kompression und Dekompression dürfen zusammen nicht mehr als 150 ms Signalverzögerung erzeugen, da sonst der subjektive Eindruck eines Dialogs stark beeinträchtigt wird. Wegen der Unterstützung von Schmalband-ISDN arbeitet H.261 mit einer Videokompression auf px64 kBit/s mit p=1,2,...,30.

M-JPEG und MPEG

Im Mai 1988 entstanden unter der Schirmherrschaft von ISO/IEC und ITU (damals CCITT) im Rahmen einer neuen Organisation vier Fachgruppen, die sich mit multimedialen Datenstandards befaßten:

- JPEG (Joint Photographic Experts Group) zur Bearbeitung der Kodierungsalgorithmen von Einzelbildern
- JBIG (Joint Bi-Level Experts Group)
- CGEG (Computer Graphics Experts Group)
- MPEG (Moving Picture Experts Group) zur Bearbeitung von Algorithmen zur Audio- und Bewegtbild-Kodierung

Seit 1993 liegt MPEG als internationaler Standard vor. Das Datenformat wurde bis 1996 von der MPEG als digitaler Standard für Videos in Fernsehauflösung entwickelt und ist auch ein ISO-Standard (ISO/IEC DIS 13818-1 bis -9),(Chiariglione, 2000). Dabei handelt es sich um Algorithmen, die zur Kompression von Audio und Video benutzt werden.

Name	Urheber	Beschreibung
AVI (Audio Video Interface), Video for Windows	Microsoft	Softwarebasiert MM-Erweiterung für MS Windows Entwicklung auf der Basis von DVI Für geringe Auflösungen, HW-Anforderungen
QuickTime	Apple	Softwarebasiert MM-Erweiterung für das Apple OS Eigenentwicklung für Animation und Video Für geringe Auflösungen, HW-Anforderunen
H.320	ITU (ehem. CCITT)	Gruppe von Standards für Bildtelefon und Videokonferenz (ISDN) Wichtigste Komponente: H.261 Video Codec für audiovisuelle Dienste mit px64 kBit/s (p=1,...,30)
M-JPEG (Motion JPEG)	ISO, IEC, ITU	Vorstufe von MPEG ohne Interframe-Kompression Einsatz v.a. bei der Digitalisierung von Video
MPEG-1, MPEG-2, MPEG-4 (Moving Picture Experts Group)	ISO, IEC, ITU	Standard zur Video- und Audiokodierung Hohe Kompressionsraten Herstellerunabhängig Als asymmetrische Kompression konzipiert (auch symmetrisch möglich) MPEG-1 für Videofilme für CDROM und Audio für digitalen Rundfunk, MPEG-2 für digitales Fernsehen, DVD und HDTV, MPEG-4 für Videokonferenzen (z.B. über ISDN)
DVI (Digital Video Interactive)	Intel, IBM	Hardwarebasiert Zwei verschiedene Verfahren zur Videokodierung: PLV asymmetrisch, für hohe Qualität RTV symmetrisch, für Echtzeitanwendungen

Abb. 2-22: Übersicht über Videostandards

MPEG baut explizit auf die Entwicklung bei anderen Normen auf. So verwendet MPEG z.B. die Ergebnisse von JPEG. Ebenso wird eine Kompatibilität zu H.261 angestrebt. Dies ist wegen der Anwendung für Videokonferenzen insbesondere im Zusammenhang mit MPEG-4 von Bedeutung. Für die Verwendung des Formats fallen Lizenzgebühren an, die vom MPEG Licensing Administrator verwaltet werden (MPEGLA). Als Dateierweiterungen treten „.mpg“ oder „.mpeg“ auf.

MPEG benutzt sowohl Interframe- als auch Intraframe-Kompression. Unter Interframe-Kompression (zeitlicher Kompression) versteht man die Kompression zwischen verschiedenen Frames im Sinne einer Differenzkodierung, Intrafame-Kompression (räumliche Kompression) ist die Kompression innerhalb eines einzelnen Frames. Zur Intraframe-Kompression werden die Algorithmen von JPEG verwendet. M-JPEG (Motion JPEG) sind Bewegtbildsequenzen, die nur Intraframe-Kompression verwenden. Dieses Format wird v.a. von digitalen Videoschnittsystemen wie FAST, Matrox oder Miro eingesetzt. Diese überführen ein Video beim Digitalisieren in ein hardwarebasiertes M-JPEG-Format. Erst am Ende der Bearbeitung wird das Video in ein softwarebasiertes MPEG- oder AVI-Format konvertiert oder einfach wieder analog ausgegeben. Als Codec für Video wird DCT (Discrete Cosine Transform), eine verlustbehaftete Kompressionsmethode, verwendet. Wird eine mit DCT komprimierte Datei gespeichert, so enthält sie nur die Unterschiede zwischen Einzelbildern. Dabei bleibt eine vergleichsweise hohe Qualität erhalten. Die Videoauflösungen betragen bis zu 1920 x 1080 Bildpunkte, was dem HDTV-Standard entspricht. Das Format kann für Bandbreiten zwischen 2 und 80 Mbit/s verwendet werden. Außerdem ist bei der Übertragung ein Interlace-Verfahren wie beim GIF-Format möglich (Henning 2000, 178). MPEG sieht nicht nur eine Videokompression vor, sondern auch Audiokompression. Diese sichert Audiodaten nahezu in CD-Stereo-Qualität. Wegen der nach der Kompression immer noch großen Dateien ist das Format vor allem für das Intranet und für CD-ROMs geeignet, denn jede Videodatei muss vorher komplett geladen werden, um sie abzuspielen.

MPEG ist als asymmetrisches Kompressionsverfahren vor allem für Abfragedienste kon-zi-piert, es kann aber auch für Dialoganwendungen so implementiert werden, dass es symmetrischen Anforderungen genügt. Es kann sowohl rein softwarebasiert eingesetzt als auch durch Hardware sehr gut beschleunigt werden.

Der erste verabschiedete Standard war **MPEG-1**. Die Zielsetzung war die Produktion von Video in VHS-Qualität bei ca. 1,4 Mbit/s. Dieser Standard wird eingesetzt zum Speichern von Filmen auf CD-ROM (z.B. für CD-I). Er enthält in Teil 3 auch sehr effektive Verfahren zur Audiokmpression, die ein Musikstück ohne wahrnehmbaren Qualitätsverlust auf 96 bis 128 kBit/s komprimieren können (abhängig vom Signal/Rausch-Abstand der Aufnahme)

Der nächste Standard war **MPEG-2**. Dieser wurde im Hinblick auf die Fernsehnormen PAL und NTSC zur Kompression von Video in Fernsehqualität bei 4 bis 6 Mbit/s entwickelt. Später wurde er um die Unterstützung höherer Auflösungen (einschließlich HDTV) bei maximal 10 Mbit/s erweitert. MPEG-2 bietet eine effiziente Speicherung mit geringen Qualitätseinbußen und ist deshalb nur als Zielformat geeignet, nicht als Quellformat, wofür sich verlustfreie Formate wie AVI oder QTM besser eignen. Das Projekt MPEG-3 für HDTV wurde eingestellt.

MPEG-4 definiert Videokonferenzen im mittleren Auflösungsbereich bei niedrigen Bildraten (ca. 10 Frames/s) und niedrigen Bandbreiten (64 kBit/s). Dadurch können Videokonferenzen wie bei H.261 auf einem einzelnen ISDN-Kanal durchgeführt werden.

DVI

Digital Video Interactive ist eine Technologie, die 1987 erstmals präsentiert wurde. 1988 wurde sie von Intel erworben, seit 1989 von Intel zusammen mit IBM vermarktet. DVI besteht aus einem VLSI-Chipsatz für die Bildverarbeitung, einem Signalprozessor für Audio, einem festgelegten Datenformat, einer Benutzerschnittstelle, sowie Algorithmen zur Kompression und Dekompression. Das Besondere an diesem Standard ist, dass zur Videokodierung zwei Verfahren grundsätzlich verschiedener Zielsetzung existieren. PLV (Presentation Level Video) erreicht durch eine aufwendige asymmetrische Kompression eine sehr hohe Qualität. Dieses Verfahren eignet sich für Abfragdienste oder Videos auf CD-ROM. RTV (Real-Time Video) hingegen ist ein symmetrisches Verfahren, das für Dialoganwendungen in Echtzeit eingesetzt werden kann. Ursprünglich war es gedacht, um dem Benutzer während der Erstellung eines DVI-Videos das Begutachten seiner Arbeit zu gestatten, bevor es nach dem PLV-Modus komprimiert wurde. Es lässt sich aber wie H.261 oder MPEG-4 auch für Videokonferenzen einsetzen.

Video-Streaming (siehe auch Kap. 3.2.4.2.4)

Video-Streaming ist noch nicht ganz so weit verbreitet wie Audio-Streaming. Die Ursache liegt in der für Videodaten immer noch zu geringen Bandbreite in weiten Teilen des Internets. In Intranets läßt sich die Technologie dagegen bereits sinnvoll nutzen. Häufig genannte Beispiele sind die interne Aus- und Weiterbildung, aber auch die Übertragung von Betriebsversammlungen oder Pressekonferenzen. Die bekanntesten Video-Streaming-Formate werden anschließend noch etwas näher beschrieben.

RealVideo dient seit 1997 zum Streaming von Videodaten und wurde wie RealAudio von RealNetworks entwickelt (Real Networks 2000). Beide Formate sind proprietär. Linkdateien zu RealAudio- bzw. RealVideo-Angeboten tragen die Endung „rm“ (wenn der Player als Plugin im Browser gestartet wird) oder „ram“ (wenn die URL vom Anzeigeprogramm direkt aufgerufen wird). Die eigentliche Mediendatei liegt auf dem Server und hat die Endung „rm“. Der Real Player kann jedoch auch die bekanntesten Formate wie MP3 und auch SMIL abspielen. Letztere sind an der Endung „smi“ zu erkennen. Bei den Codecs zeichnen sich RealAudio und RealVideo durch eine starke Kompression und kleine Dateien aus. Die Komprimierung ist stark verlustbehaftet, was vor allen bei Video zu schlechter Bildqualität führt. Dadurch ist jedoch ein Empfang sogar bei einer Übertragungsgeschwindigkeit von 28,8 kBits/s möglich. Der Real Player besitzt derzeit 21 Codecs, aufgeteilt in Sprache, mono Musik, stereo Musik, etc.. Der neueste und beste Codec ist der seit der Version 8 hinzugekommene Codec „Real Audio 8“, der den älteren „G2“ Codec ablöst. Dieser Codec wurde für qualitativ hochwertiges Audio-Streaming konzipiert. Hierbei wird eine Variante des von Sony für die Minidisks entwickelten „Adaptive Transform Acoustic Coding“ (ATRAC3) verwendet, was ein Hybrid aus Transformations- und Subband-Codec ist. Zum Empfangen der Streams ist das kostenlose Abspielprogramm RealPlayer Basic notwendig, das in aktuellen Versionen für Windows, MacOS, UNIX, Solaris und Linux verfügbar ist. Der Real Player ist sehr weit verbreitet, da er als Plugin bei vielen WWW-Browsern mit installiert werden kann. RealVideo hat eine sehr große Verbreitung und stellt im Moment noch einen De-facto-Standard für Video im Internet da. Es erhält jedoch durch andere kostengünstigere Formate zunehmend Konkurrenz.

QuickTime Movie Streaming: Das bereits erwähnte QuickTime-Movie-Format kann durch geringe Adaption auch für Streaming verwendet werden. Die Streaming-Funktionalität wurde 1999 mit der Version 4 des QT Players eingeführt. Die Metadatei mit einer URL der Form „rtsp://... „ verweist auf das Video und hat ebenso wie das Ziel selbst die Dateiendung „.mov". Weitere Formate für den Quick Time Player sind „.qt" und „.qti", es können aber auch die anderen geläufigen Internet-Medienformate wie WAVE, MIDI, MP3 u.a. abgespielt werden. Als Codec für Video empfiehlt Apple Sorensen Video oder H.263 und für Audio Qdesign Music 2 Pro codec oder QUALCOMM Pure Voice. Qdesign Musik 2 Pro ermöglicht eine Kompression der Originaldatei bis zu 1%. Die „Qualcomm PureVoice Technology" ist hingegen speziell für Sprach-Kompression entwickelt worden und bietet 9:1 oder 19:1 Kompression in allen Sampleraten.Insgesamt sind 9 Videocodecs und 9 Audiocodecs für Streaming verfügbar (Apple Inc. 2000b) Um aus einer vorhandenen QuickTime Movie-Datei eine Streamingvorlage zu machen muss man nur eine zusätzlich Spur (hint track) einführen, die die Paketgröße und das verwendete Protokoll beinhaltet. Dies kann mit dem kostenpflichtigen QuickTime Pro Player geschehen. Der für die Verbreitung notwendige QuickTime Streaming Server ist kostenlos für die meisten Unix-Derivate und Windows NT/2000 erhältlich. Auch der Quelltext steht als OpenSource zur Verfügung. Zum Empfang und zum Abspielen dient der QuickTime Player

ASF-Video (Windows Media): ASF steht für Advanced Streaming Format. Es ist das Sammelformat für Streaming von Audio-, Videodaten, Standbilder und Text der Firma Microsoft. Die proprietäre Techonologie firmiert unter dem Oberbegriff Windows Media (Microsoft Corp. 2000) und basiert weiterhin auf der RIFF-Technologie. Bei ASF enden die Metadateien mit dem Kürzel „.asx". Sie verweisen mit einer URL der Form „mms://... „ auf die eigentlichen Mediendateien, die wiederum die Endungen „.asf" besitzen. Reine ASF-Audio-Dateien haben die Endung „.wma". Die Mediendaten befinden sich wie bei den beiden zuvor genannten Formaten in einer binären Containerdatei. ASF verwendet für Audio den ACELP-NET-Codec. Dieser Codec wird speziell für Sprachübertragungen verwendet und benötigt nur eine geringe Bandbreite, um gute Ergebnisse zu erzielen. Der Nachteil dieses Codecs ist aber, daß er nur für Sprache verwendet werden sollte und für Musik schlechte Ergebnisse liefert. Für Video implemetierte Microsoft den MPEG-4 Standard (Microsoft Corp. 2000). Zum Erstellen der Streamingvorlagen dienen die kostenlosen Windows Media Tools. Die ebenfalls kostenlosen Windows Media Serverkomponenten laufen auf einem Windows NT Server ab (Microsoft GmbH 2000). Zum Empfangen bzw. Abspielen ist der Windows Media Player nötig, der für die Windows-Varianten und für MacOS verfügbar ist. Neben den genannten Streaming-Formaten kann der Media Player auch die bekanntesten Audioformate wie MP3 oder WAV abspielen.

2.4 Media-Player

2.4.1 Microsoft Media Player

Microsoft bietet einen eigenen Standard für das Streaming multimedialer Inhalte an. Das Format ist unter der Bezeichnung „Microsoft Streaming Media“ oder „asf“ bekannt. Der Microsoft Media Server (von Microsoft als „Microsoft Streaming Services“ bezeichnet) ist in der Lizenz für das Betriebsystem bereits enthalten. Der Player ist mit vollem Funktionsumfang in neueren Microsoft Betriebssystemen integriert bzw. kann er bei älteren Versionen kostenlos aus dem Internet heruntergeladen werden. Abbildung 2-7 zeigt einen Screenshot des Players, der früher unter dem Namen Netshow bekannt war. Für den Apple Macintosh gibt es bereits eine Beta Version und sogar für Unix-Systeme soll eine Version des Media Players erscheinen. Das Microsoft Media Format hat allerdings den Nachteil, dass es serverseitig als auch clientseitig nur auf Microsoftplattformen zur Verfügung steht. Zum Betrieb der Microsoft Streaming Services wird also ein Windows NT/2000 Server benötigt

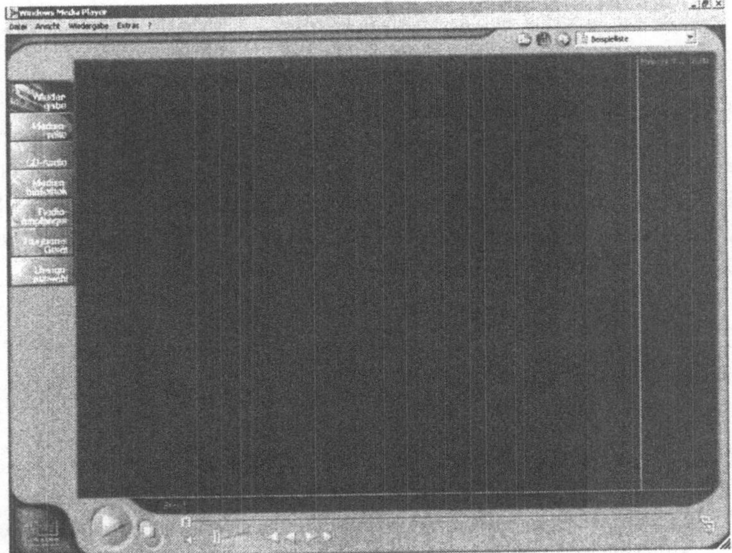

Abb. 2-23: Microsoft Media Player

Zur Encodierung der Inhalte werden die Microsoft Media Tools bzw. der Microsoft Media Encoder benötigt. Dieser lässt sich kostenlos aus dem Internet herunterladen. Als besonderes Feature beherrscht der Windows Media Encoder das Einbinden von digitalen Wasserzeichen im Stream. Dieses Wasserzeichen beinhaltet Metainformationen wie Copyright und Autor und soll dem illegalen Kopieren entgegenwirken. Außerdem kann der Ersteller von Windows Media Dateien (.asf) die Speicher-Funktion für den Client (fordert die Datei an und dient zum Abspielen) deaktivieren. Es existiert aber bereits eine Möglichkeit, diese zu umgehen. Ein Programm mit dem Namen „ASFrecorder", der über das Internet zur Verfügung steht, macht die Speicherung solchermaßen geschützter Dateien für den Client wieder möglich. Das Wasserzeichen, das in den Stream selbst „eingewoben" wird, soll für mehr Sicherheit sorgen als entsprechende Metainformationen im Klartext oder im Streaming-Header. Eine spezielle Funktion des Media Players unterstützt schließlich noch Pay-per-View und die Authentifizierung, was diesen Player für die kommerzielle Nutzung interessant macht.

Für den Media Player gibt es vordefinierte Übertragungsraten wie „Audio in nahezu CD-Qualität" (64 kBit/s bei 44 kHz) oder „Audio für Einzelkanal ISDN" (44kBit/s bei 16 kHz Bandbreite). Ein kurzes Beispiel soll den Übertragungsvorgang selbst veranschaulichen: Ein auf einem Web-Server abgelegter Link enthält einen Verweis auf eine ASX- oder eine WAX-Datei, also im Prinzip auf eine Textdatei. Diese Textdateien enthalten ähnlich wie bei anderen Abspielprogrammen die Adresse der angeforderten Datei auf einem Streaming-Server. Der Inhalt einer solchen ASX-Datei könnte wie folgt aussehen:

```
<ASX version="3">
        <Entry>
                <ref href="path\file.asf"/>
        </Entry>
</ASX>
```

Der „<ref href>"-tag gibt die Speicheradresse der Windows Media-Datei an. Die angeforderte Datei ist eine ASF-Datei. Die eigentliche Datenübertragung erfolgt mit dem User Datagram Protocol (UDP), das aufgrund fehlender Fehlerkorrektur schneller ist als HTTP. Es gibt darüber hinaus auch die Möglichkeit der Datenübertragung mittels HTTP-Protokoll, wobei dann die Streaming-Datei auf einen Web-Server abgelegt sein muß. Dieser Vorgang unterscheidet sich kaum von einem normalen Download.

2.4.2 Apple Quick Time

Der Quick Time Player ist ein Produkt der Firma Apple. Der Player existiert bereits seit 1991. „True Streaming" ist seit der Version 4.0 möglich. Der Quicktime Player ist in der Basisversion kostenlos verfügbar, allerdings nur für die Betriebssystemplattformen Windows95/98/NT und MacOS. Die mit zusätzlichen Funktionen ausgestattete Version Quicktime Pro kostet etwa 30 € und ist damit ebenso teuer wie der RealPlayer. Die neueste Generation des Quicktime Players ist wie der RealPlayer mit einem SMIL Interpreter ausgestattet. Abbildung 2-24 zeigt den Quicktime Player unter Windows98. Quick Time Plugins sind für die führenden Browser verfügbar und Quick Time kann auch in Java oder anderen Anwendungen eingebettet werden.

Der ursprüngliche Apple Streaming Server ist kostenpflichtig und ist nur für MacOS erhältlich. Er wurde aber im Zuge des Opensource-Projektes „Darwin", das den Kern des neuen MacOSx darstellt, als Opensource verfügbar gemacht und ist somit für die gängisten Unix-Varianten frei erhältlich. Der Server ist damit in Bezug auf Plattformen genauso universell einsetzbar wie etwas der RealServer.

Abb. 2-24: Apple Quicktime Player

Beim Quick Time Player gibt es zwei Möglichkeiten, eine Streamingdatei abzuspielen. Die erste Möglichkeit ist die Datenübertragung via HTTP, wobei sich diese nicht von einem normalen Download von Dateien unterscheidet. Es wird hierbei die komplette Quick Time Datei auf den Client heruntergeladen, bevor die Datei abgespielt werden kann. Erst bei der zweiten Möglichkeit, nämlich der Datenübertragung mittels RTP (Real Time Protocoll) und dem RTSP (Real Time Streaming Protocoll), kann man von Streaming sprechen.

Die Protokolle RTP und RTSP sind speziell für Streaming ausgelegt. RTP ist eine einseitige Kommunikation zwischen Server und Client. Einseitig bedeutet, daß der Client keine Daten zum Server zurückschickt, also keine Interaktion wie Vor- oder Zurückspulen möglich ist. Daher wird dieses Protokoll häufig bei Live-Übertragungen verwendet. RTSP hingegen ist ein Protokoll, das die beidseitige Kommunikation zuläßt. Es sendet also nicht nur der Server die Datei an den Client, sondern der Client kann selbst Teile einer Audio- oder Videoübertragung überspringen. Natürlich funktioniert dieses Verfahren nicht bei Live-Übertragungen, sondern nur bei bereits auf dem Server fertig vorhandenen Streaming-Dateien. Diese beiden Protokolle verwenden wiederum für die eigentliche Übertragung das UDP (User Datagram Protocol), das schneller und für Streaminganwendungen effizienter ist als andere Protokolle. Der Nachteil besteht jedoch darin, daß das UDP keine Fehlerkorrektur besitzt, also Daten verloren gehen können.

Es findet eine Optimierung des Übertragungsvorgangs statt, indem mehrere abgestufte Bitraten (VBR = variable bitrate) zur Verfügung gestellt werden. Dies geschieht automatisch, so daß nur ein Link zur Streaming-Datei nötig ist. Man muß sich also nicht im Voraus auf eine bestimmte Übertragungsrate festlegen, sondern erhält je nach Bandbreite, die dem Client zur Verfügung steht, die entsprechende Qualität. Als weitere Optimierungsmaßnahme wird die Prozessorgeschwindigkeit überprüft und es kann dementsprechend der Kompressionsgrad variiert werden. Für den Kopierschutz kann der Server die

Speicherfunktion beim Client deaktivieren (es können aber Bookmarks zu den einzelnen Streams gesetzt werden). Eine eigene Plattform namens QDX ist angekündigt, die speziell für den Onlinevertrieb von Musik ausgelegt ist, und die besser auf die damit verbundenen Anforderungen abgestimmt sein soll.

2.4.3 Real Player

Unter dem Begriff RealMedia werden die Streaming - Funktionen wie RealVideo, RealAudio und RealText der Firma RealNetworks zusammengefasst.

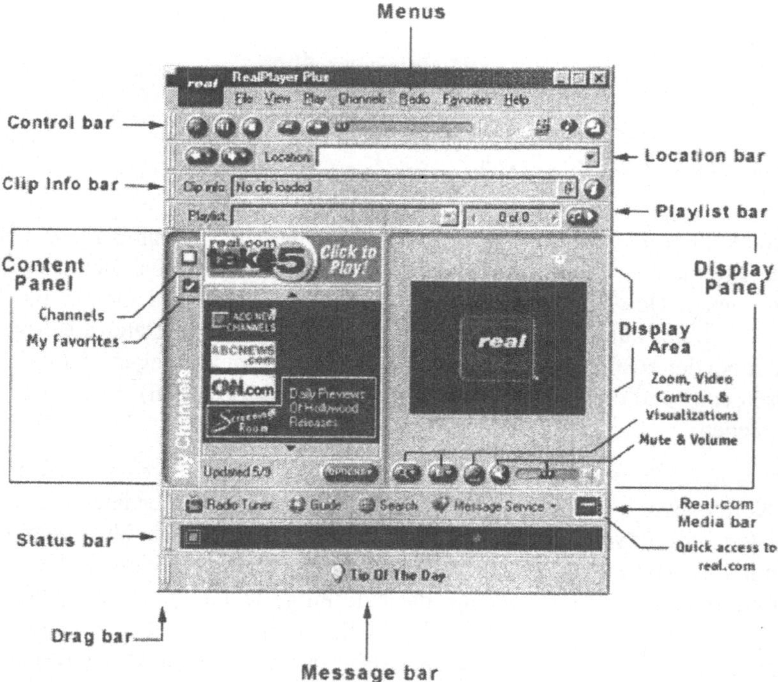

Abb. 2-25: Real Player

Zahlreiche neue Unterformate wie RealFlash sind inzwischen hinzugekommen. Der RealPlayer unterstützt das Streaming aller gängigen Video- und Audioformate und ist in der Basisversion kostenlos im Internet erhältlich. Der RealPlayer Professional ist kostenpflichtig (zur Zeit etwa 30 €) und wurde gegenüber der Basisversion um einige Funktionen wie individuelle Bildeinstellungen und der Möglichkeit zum Abspeichern von Live- bzw. Demandstreamingclips erweitert. Abbildung 2-25 zeigt den RealPlayer als Standalone Anwendung (d.h. nicht als Plugin in den Browser eingebunden).

Um RealMedia Dateien erstellen zu können, benötigt man den RealProducer. Dieser kann unter in der eingeschränkten Basisversion kostenlos aus dem Internet heruntergeladen werden. Allerdings stehen in der Basisversion wichtige Funktionen wie z. B. Timeline und Einstellungsmöglichkeiten (z. B. die Balance der Übertragungsrate zwischen Video- und Audiodatenstrom) nicht zur Verfügung. Die Vollversion unter dem Namen RealProducer Pro kostet ca. 150 €. Das Tool ist in jeder Version für die gängigsten Plattformen (LINUX, MacOS, Windows9x/NT/2000 ...) erhältlich.

Die Realtechnologie beruht auf dem Real Time Streaming Protocol (RTSP) und teilweise auf dem noch älteren Progressive Network Media (PNM). Die Übertragung von Streams geschieht als Kombination von Webserver und Real Server, wobei zwischen HTTP-Übertragung und RTSP-Übertragung unterschieden wird. Bei der HTTP-Übertragung handelt es sich um einen reinen Download (vorheriges Herunterladen der Datei bevor diese abgespielt werden kann), während die RTSP-Übertragung wirkliches Streaming ermöglicht. Abbildung 2-26 zeigt den Übertragungsvorgang im Überblick.

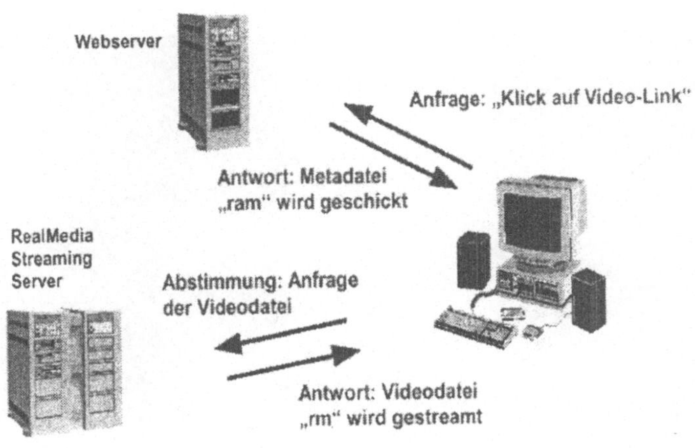

Abb. 2-26: Ablauf eines Übertragungsvorgangs

Zum Abspielen von Audio- und Videostreams genügt auf der Benutzerseite ein Standard Multimedia PC mit grafischer Benutzeroberfläche, installiertem Webbrowser neuerer Generation und dem RealPlayer, der als Plugin des Webbrowsers installiert sein muß (kann kostenlos aus dem Internet heruntergeladen werden). Die Abbildung 2-26 verdeutlicht das Zusammenspiel zwischen RealServer, RealPlayer (Plugin), Werbserver und Webbrowser. RealServer und Webserver müssen keinesfalls wie in diesem Beispiel auf der selben Maschine installiert sein. Meist wird sogar im Sinne der Lastaufteilung in Netzwerken explizit ein eigener Rechner für die Streams eingesetzt. Da das System auch über eine Modemverbindung genutzt werden kann, ist die Videoqualität natürlich nicht mit Breitband-Anwendungen oder der Fernsehbildqualität vergleichbar.

Es gibt grundsätzlich zwei Methoden, um die Übertragung des RealMedia-Streams vom Real-Server zum RealMedia Plugin zu initiieren, nämlich RPM-Dateinen und RAMGEN.

RPM Dateien: Der Webbrowser sendet gewöhnlich sogenannte Requests (vgl. Spainhouse/Eckstein 1999, 379), also Anfragen, (1) an den Webserver welche dann vom Server durch Senden der entsprechenden Inhalte (2) beantwortet werden. Auf diese Weise werden z. B. HTML-Dateien, Bilder, usw. übertragen. Eine andere Sorte sind Dateien, die Metainformationen des zu übertragenden Streams beinhalten. Diese Dateien zeigen dem Webbrowser je Betriebssystem entweder durch ihre Endung „rm" oder den MIME-Type (Multipurpose Internet Mail Extension, vgl. Musciano/Kennedy 1997, 152) an, daß zu ihrer Bearbeitung das RealMedia Plugin benötigt wird. Der Webbrowser startet darauf das Plugin, und übergibt diesem die Datei mit den Metainformationen (3). Diese Datei enthält Daten über den zu benutzenden RealServer, dessen Serverport, das verwendete Protokoll und die Position des Realstreams, der gesendet werden soll. Das RealMedia-Plugin formuliert mit diesen Informationen die Anfrage (4) an den RealServer, der nach dem Austesten der Übertragungsraten die Videoübertragung startet (5).

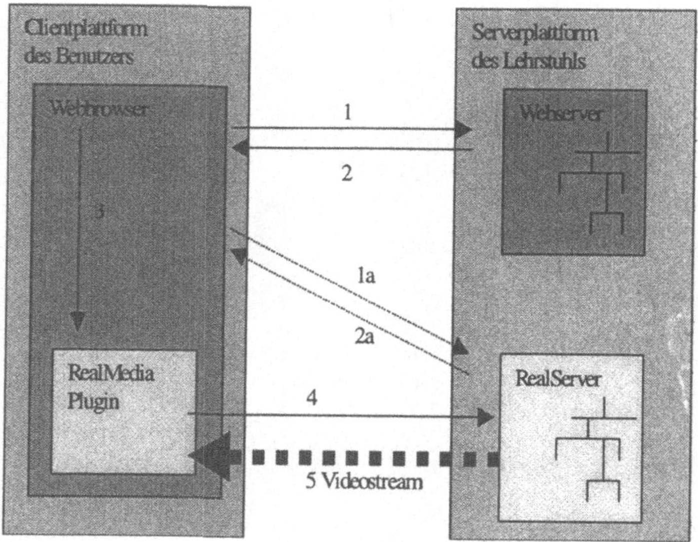

Abb. 2-27: RealServer/Client Connect

RAMGEN: Die andere Vorgehensweise zum Starten der Streamingverbindung unterscheidet sich nur in der Übertragung und Generierung der Meta-Datei. Während bei der ersten Version die Datei im Arbeitsverzeichnis des Webservers bereits existiert und von diesem zum Webbrowser übertragen wird, wird bei dieser Methode die Meta-Datei nach erfolgter Anfrage (1a) des Webbrowsers an den RealServer dynamisch generiert (daher der Name des Server-Unterprogramms: RAMGEN). Die Datei wird anschließend direkt vom RealServer an den Webbrowser gesendet (2a). Für den Webbrowser gibt es keinen Unterschied in der Behandlung der Daten. Für ihn handelt es sich weiterhin um ein ram-File, das vom RealMedia Plugin bearbeitet wird.

Ähnlich wie das SDP-File beim Quick Time, ist das RAM-File beim Real Player ebenfalls nur ein Textfile, das die Adresse der angeforderten Datei auf einem Real Server enthält. Wenn man nun eine solche .ram Datei über eine http Seite anfordert, wird eine Verbindung zum jeweiligen Real Server aufgebaut. Nun wird überprüft, ob es sich bei dem angeforderten Stream um einen „Single-Rate-Stream“ oder um einen „Multi-Rate-Surestream“ handelt. Der „Single-Rate-Stream“ ist ein Audiostream mit nur einer bestimmten Qualität, während der „Multi-Rate-Surestream“ mehrere Übertragungsqualitäten beinhaltet. Falls es sich um einen „Multi-Rate-Surestream“ handelt, überträgt der Streaming-Server die für die jeweilige Verbindung (28.8 kBit Modem, ISDN, DSL, etc.) optimale Qualität, um für einen unterbrechungsfreien Audiogenuß zu sorgen. Der Real Server korrigiert dabei auch während des Abspielvorgangs automatisch die Qualität, falls es zu Störungen oder Verbesserung der Verbindung kommt. Obwohl es also mehrere Übertragungsqualitäten gibt, sind diese in einer einzigen Datei gespeichert.

Der Real Player beinhaltet einen Radio Tuner mit aktuellen Links zu Sendern im Web (über 2500 Radio und TV Stationen), und es ist über eine Suchfunktion auch eine gezielte Stichwortsuche nach Streaming-Media-Angeboten möglich. Der Kopierschutzmechanismus besteht wie bei den bereits vorgestellten Playern darin, daß die Speicherfunktion deaktiviert werden kann. Man kann allerdings auch hier mittels geschicktem Umgang mit dem Festplattencache die Datei abspeichern.

Real Networks hat nach eigenen Angaben im Streaming-Media-Bereich einen Marktanteil von 85%. Der Real Player ist bereits seit 1994 verfügbar und steht für alle bekannten Plattformen wie Windows, Macintosh, Unix oder Linux zur Verfügung. Der Internetbrowser Netscape Communicator liefert den RealPlayer z. B. serienmäßig mit aus. Der Quick Time Server von Apple wurde lizensiert und die Quick Time-Server-Codecs ab der Version 8 des Real Players integriert, so daß Übertragungen des Quick Time Formats möglich sind.

2.5 Multimediale Ein-/ Ausgabegeräte

2.5.1 Mensch-Maschine-Kommunikation im Wandel der Zeit

Seit Konrad Zuse vor ungefähr 60 Jahren die Rechenanlage "Z1" entwickelt hat (seine Nachfolger und andere Entwicklungen, wie z.B. 1944 der MARK I von Howard H. Aiken oder 1946 der ENIAC (Electronic Numerical Integrator And Computer) von John P. Eckert und John W. Mauchley, bildeten Grundstock und Ausgangspunkt für alle heutigen Computer und Rechenanlagen) haben sich die Verfahren zur Ein- und Ausgabe und die Gestaltung der sog. „Benutzerschnittstelle“ erheblich verändert.

Diese Rechenanlagen wurden von Spezialisten und Technikern bedient und gewartet. Programme mussten zu den Anfängen noch verdrahtet werden, erst später entwickelte man die Programmierung mittels Lochkarten. Deswegen konnte man bei der Bedienung nicht von Benutzerfreundlichkeit, geschweige denn von einer ergonomischen Mensch - Maschine - Schnittstelle sprechen.

Die rasante Entwicklung der Technik ermöglicht heute eine wesentlich engere Anlehnung der Computerbenutzung an das Alltagsleben, als das noch vor 60 Jahren der Fall war. Mit den typischen Eingabegeräten Maus, Tastatur, Scanner usw. navigieren wir durch graphische Benutzeroberflächen wie Microsoft´s Windows, IBM´s OS/2 oder Macintosh´s Finder und treten auf diese Weise mit dem Computer in Kontakt. Diese Schnittstellen zwischen Mensch und Maschine sind nach dem gewohnten Habitus des Anwenders designt; Icons versinnbildlichen Programme oder Anwendungen und sollen den Umgang mit den Systemen vereinfachen. Eine Rückkopplung bzw. Bestätigung durch den Computer erhalten wir über die heute üblichen Ausgabegeräte wie Monitor, Drucker, Soundkarte usw..

Durch neue Entwicklungstrends der Multimedia-Technolgie unterliegt der Bereich der Ein- und Ausgabegeräte einem starken Umbruch, der bereits heute anhand von ersten Produkten auf dem Markt und Projekten an Hochschulen und Forschungsinstituten abzuschätzen ist. Die zukünftige Mensch - Computer - Kommunikation und Interaktion versucht alle Sinne des Menschen anzusprechen und somit die Schnittstelle Mensch/Maschine an die Primärerlebniswelt des Menschen anzupassen.

Das bedeutet, dass die zukünftigen Ein- und Ausgabegeräte folgende Bereiche der Sineswahrnehmung des Menschen abdecken müssen:

- den visuellen Bereich
- den auditiven Bereich
- den haptischen Bereich

Diese Teilgebiete der menschlichen Wahrnehmung können bereits relativ gut durch den heutigen Stand der Technik stimuliert werden. Weitere Forschungsgebiete liegen in den Bereichen der:

- olfaktorischen Wahrnehmung,
- gustatorischen Wahrnehmung und
- kinästhetischen Wahrnehmung.

Die Forschung befindet sich hier aber noch in den frühen Anfängen, so dass sich noch keine konkreten Entwicklungstendenzen abschätzen lassen.

Das vorliegende Kapitel spiegelt die Entwicklung von multimedialen Ein- und Ausgabegeräten wieder und beschäftigt sich mit den möglichen Konsequenzen auf die Mensch-Maschine-, aber auch auf die Mensch-Mensch-Kommunikation. Zum besseren und einfacheren Verständnis dieser Arbeit diene nachfolgende Übersichtsgraphik (Abb. 2-28).

Die hier vorgestellten multimedialen Eingabegeräte liefern Daten, primär dynamische Daten, die entweder bereits in digitaler Form vorliegen, oder noch durch A/D-Wandler umgewandelt werden müssen. Diese Daten werden anschließend in multimedialen Datenmodellen aufbereitet, in meist komprimierter Form übertragen und schließlich auf Datenspeichern zwischengelagert, oder direkt zum Bestimmungsort weitergesandt.

Schließlich dienen wieder multimediale Ausgabegeräte zur Wiedergabe der multimedialen Daten.

Der Bereich der internen Codierung bleibt dem Anwender in der Regel verborgen und läuft im Hintergrund ab. Der User wird nur mit den „neuen“ multimedialen Aus- und Eingabegeräten konfrontiert, die eine an die Primärerlebniswelt des Menschen angepasste Interaktion mit der Rechenanlage ermöglicht.

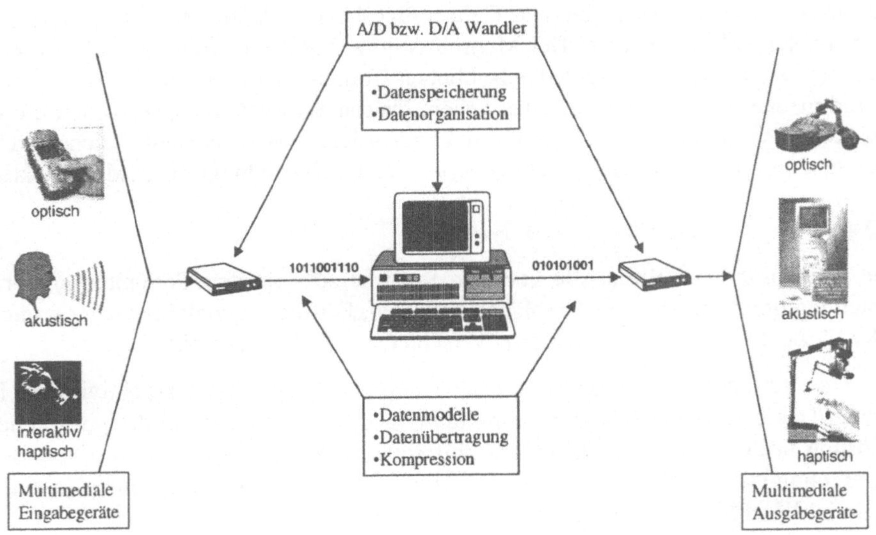

Abb.2-28: Übersicht über das Thema "Multimediale Aus- und Eingabegeräte"

Auf die Entwicklung in diesem Bereich wird hier eingegangen, Auswirkungen auf die zukünftige Mensch-Maschine-, aber auch Mensch-Mensch-Kommuniktion, erläutert und auf mögliche Risiken und Gefahren aufgrund des derzeitigen Entwicklungsstandes hingewiesen.

2.5.2 Ausgabegeräte

Für die Ausgabe und Benutzung kontinuierlicher Medien (z.B. Audio, Video) und multimedialer Daten, wie sie heute in steigendem Umfang auftreten, reichen die heute im Einsatz befindlichen Ausgabegeräte nicht mehr aus:

- Die zweidimensionale Darstellung auf Monitoren wird um eine zusätzliche Dimension erweitert, um den erhöhten Anspruch der visuellen Ausgabe genüge zu tun.

- Die auditive Ausgabe wird verbessert; die heute weit verbreitete Stereoausgabe wird mittels mathematischer Verfahren räumlich.
- Der Bereich der haptischen Empfindung und Rückkopplung über multimediale Ausgabegeräte unterliegt einer starken Entwicklung.
- Im folgenden soll dargestellt werden, welche neuen technischen Entwicklungen eine Realisierung dieser gestiegenen Anforderungen ermöglichen.

2.5.2.1 visuelle Ausgabegeräte

Die Fähigkeit des Menschen räumlich, also in die Tiefe, zu sehen, beruht auf der einfachen Tatsache, dass unsere Augen jeweils ein um einen bestimmten Winkel versetztes Bild unserer Umwelt aufnehmen. Das Gehirn fügt dann die beiden Bilder zu einem dreidimensionalen Bild zusammen. Der Mensch ist gewohnt seine Umwelt in allen drei Dimensionen wahrzunehmen; die handelsüblichen Computermonitor unterstützen aber nur sehr rudimentär ein dreidimensionales Sehen. Diesen Schwachpunkt versuchen die neuentwickelten visuellen Ausgabegeräte zu kompensieren. Wie und auf welche Art und Weise nun eine stereoskopische Sicht generiert wird, behandeln die folgenden Punkte.

2.5.2.1.1 Monitorbasierende Systeme

Ohne eine zusätzliche Bildquelle kommen Systeme aus, die den Computermonitor zur Darstellung dreidimensionaler Graphiken benutzen. Für die sequentielle Generierung der Bilder für beide Augen haben sich zwei verschiedene Techniken etabliert:

Das erste Verfahren verdoppelt die Bildwiederholfrequenz zur perspektivischen Darstellung. Dabei muss der Monitor "stereofähig" sein, d.h. er muss bei der gewöhnlichen Auflösung in der Lage sein, Bildwiederholfrequenzen von 120 Hz darzustellen, da für eine ergonomische Projektion und den Eindruck einer flüssigen Darstellung je ein Stereobild im Wechsel von 60 Hz angezeigt werden muss.

Beim zweiten Verfahren wird der Monitor im "interlaced Modus" betrieben. Die Informationen für das linke Auge enthalten dabei alle ungeradzahligen Bildschirmzeilen, die für das rechte alle geradzahligen.

Die schnell hintereinander angezeigten Bilder auf dem Monitor müssen nun mit Hilfe technischer Verfahren für das entsprechende Auge sichtbar und für das andere unsichtbar gemacht werden. Unser Gehirn hilft uns wieder, aufgrund der Trägheit der Augen, die beiden räumlich versetzten Bilder zu einem 3D-Bild zusammenzusetzen. Man unterscheidet zwischen einer Methode mit einer aktiven und einer Methode mit einer passiven Brille:

- Die aktive Brille, deren Gläser aus Flüssigkristallen bestehen, wird vom steuernden Rechner über ein Infrarotsignal, oder über eine Kabelverbindung mit der Bildschirmdarstellung synchronisiert und dunkelt über die beiden LCD-Verschlüsse (daher auch der Begriff "shutter-glasses") abwechselnd das rechte und das linke Auge ab, während der Monitor das Bild für das linke bzw. rechte Auge darstellt.
- Im Falle der passiven Brille befindet sich direkt vor dem Computermonitor ein umschaltbarer Polarisationsfilter, der im Takt der Bilddarstellung zwischen zwei Polarisationsarten hin- und herwechselt. Der Benutzer trägt eine Brille mit polarisierenden Gläsern, die jeweils nur für eine Polarisationsrichtung durchlässig sind.

Die Vorteile dieses Verfahrens zur stereoskopischen Darstellung von Grafiken sind:

- Diese Systeme lassen sich mit verhältnismäßig wenig Aufwand realisieren; es müssen nur wenig Investitionen getätigt werden.
- Die monitorbasierenden Systeme besitzen aufgrund ihrer Bauweise ein relativ geringes Gewicht (ca. 50 - 100 Gramm, je nach Modell und Technik).
- Der Benutzer kann seine reale Umgebung ständig sehen und somit nebenbei noch andere Aufgaben wie Texteingabe, Kontrollfunktionen usw. erfüllen.

Folgende Nachteile stehen dem gegenüber:

- Der Benutzer muss stets den Monitor betrachten. Eine vollständige Immersion wird nicht erreicht, da immer auch das Umfeld des Monitors mitbetrachtet wird.
- Die Qualität dieser Technik hängt stark von der realisierbaren Bildwiederholfrequenz des Monitors und der Grafikkarte ab; ist diese zu niedrig, entsteht nicht der Eindruck einer flüssigen Bewegung. Man geht heute davon aus, daß mindestens 60 Bilder pro Sekunde notwendig sind, um ergonomisch und ermüdungsfrei arbeiten zu können. Daraus ergibt sich für diese Systeme eine Aufbaurate von ca. 120 Hz.

2.5.2.1.2 Head Mounted Display

Das klassische multimediale Ausgabegerät ist das Head Mounted Display, das dem Kopf als eine Art Helm aufgesetzt wird, in dem nur noch zwei Displays sichtbar sind. Das Hauptunterscheidungsmerkmal bei HMDs ist die verwendete Displaytechnik (vgl. dazu Tabelle 1), mit dem die Bilder für beide Augen produziert werden:

1) LC-Display:

LCDs (Liquid Crystal Display) stellen ein leichtes und kompaktes Monitorsystem für HMDs da. Sie sind eine relativ preisgünstige Möglichkeit, um eine farbige Virtual Reality zu erzeugen. Die größten Nachteile der LC-Displays waren bis vor kurzem noch die geringe Auflösung und ein deutlich sichtbarer "Nachzieheffekt". Beide Problembereiche wurden im Zuge der Entwicklung und Forschung im Bereich der Sucherbildschirme für Camcorder verbessert, so dass moderne HMDs mit LCD-Technik eine Auflösung von bis zu 640x480 Pixel erreichen und durch die Active Matrix Technologie Nachzieheffekte fast völlig ausgeschlossen sind.

Da die LCDs sehr klein sind, muss das von ihnen erzeugte Bild noch durch eine vorgeschaltete Optik vergrößert werden, um so die benötigte Größe zu erreichen. Bei starker Vergrößerung werden die Leerstellen zwischen den einzelnen LCD-Elementen sichtbar, daher müssen Diffusoren verwendet werden, die das Bild gezielt unscharf werden lassen.

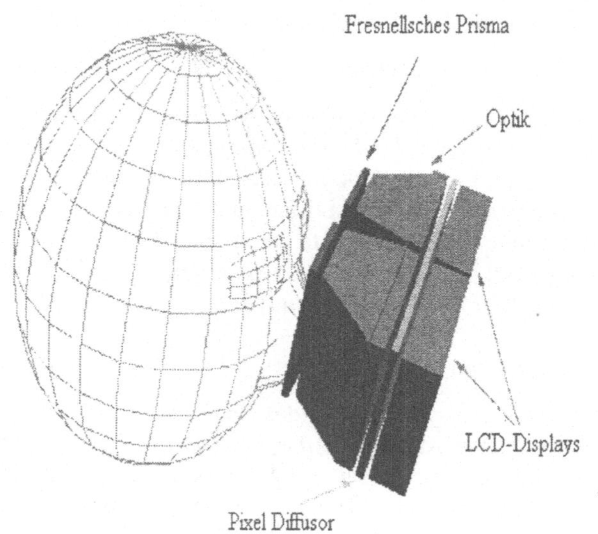

Abb.2-29: Aufbau eines LCD-HMD´s

Um diesen Nachteil zu beheben, wird an Photopolymeren gearbeitet, die das Licht gezielt seitlich zerstreuen und so die Lücken überbrücken. Größere LC-Displays, die geringere Vergrößerung benötigen würden, sind auch in der Planung, jedoch taucht schnell das Problem des hohen Gewichts auf. Da der Hauptanteil des Gewichts vor den Augen liegt, neigt das HMD dazu, auf die Nasenbrücke zu drücken und herunterzurutschen. Als Ausgleich werden Gegengewichte an der Hinterseite des Kopfes angebracht, dadurch werden jedoch Gewicht und Unkomfortabilität erhöht. Ein weiterer Lösungsvorschlag ist das Anbringen von mehreren LC-Displays nebeneinander. Jedoch ergeben sich dabei bei den Übergängen zwischen den einzelnen LCD-Elementen Probleme.

2) CRT-Display:

Im CRT-Display (cathode ray tube) werden Phosphorpunkte durch einen überstreichenden Elektronenstrahl zum Leuchten angeregt. Am meisten verbreitet sind CRTs in Computermonitoren, Fernsehern und Osziloskopen.

Bei HMDs mit CRT-Technik wird das Bild auf den Seiten des Kopfes des Betrachters erzeugt und über Spiegel in das Auge des Betrachters gelenkt. Dabei kann auch ein halbdurchlässiger Spiegel verwendet werden, der die echte Welt mit durchscheinen lässt.

Vor- und Nachteile von LCD und CRT-Displays:

	Kathodenstrahlröhren	Liquid Crystal Displays
Vorteile	Größere Auflösung Bessere Bildqualität Bilder sind heller und kontrastreicher	Kompakt und leicht Keine hohen Spannungen für Betrieb notwendig
Nachteile	Größe und Gewicht Hohe Spannungen für Bildgenerierung notwendig Elektronenstrahlung (Sicherheit)	Niedrigere Auflösung Nachzieheffekt noch teilweise vorhanden

Abb. 2-30: Vor- und Nachteile von LCD und CRT-Displays

So lässt sich die wirkliche Welt durch Informationen erweitern, die aus dem Head-Up-Display (HUD) geliefert werden. CRT-Displays sind weder so kompakt noch so billig wie die LC-Displays, jedoch liefern sie eine wesentlich höhere Auflösung (bis zu 1280x1024 Bildpunkten). Ein anderer Vorteil ist die Helligkeit, die sie auch für oben genannte Head-Up-Displays (HUDs) ideal macht.

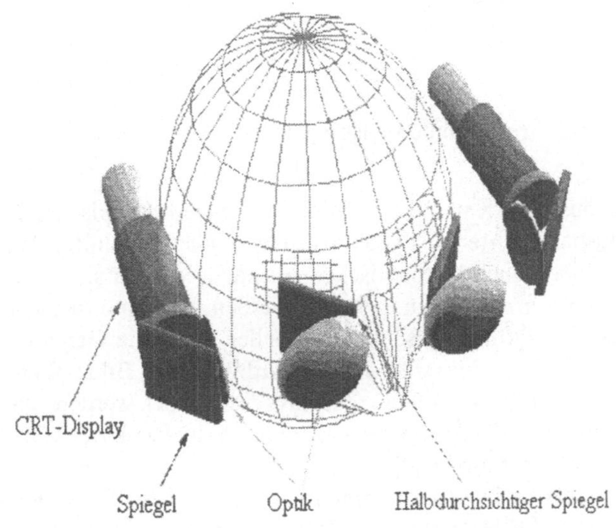

Abb. 2-31: Aufbau eines CRT-HMD´s

2.5.2.1.3 Arm Mounted Display

Für HMDs muss immer ein Kompromiss zwischen angenehmen Gewicht und ausreichender Ausstattung gefunden werden. Ein Lösungsansatz besteht in einer Galgenkonstruktion, die das hohe Eigengewicht qualitativhochwertiger HMDs trägt und somit den Anwender entlastet. Als erste griff die Firma Fakespace diesen Ansatz auf und entwickelte die Reihe der BOOM-Displays (Binocular Omni-Orientation Monitor).

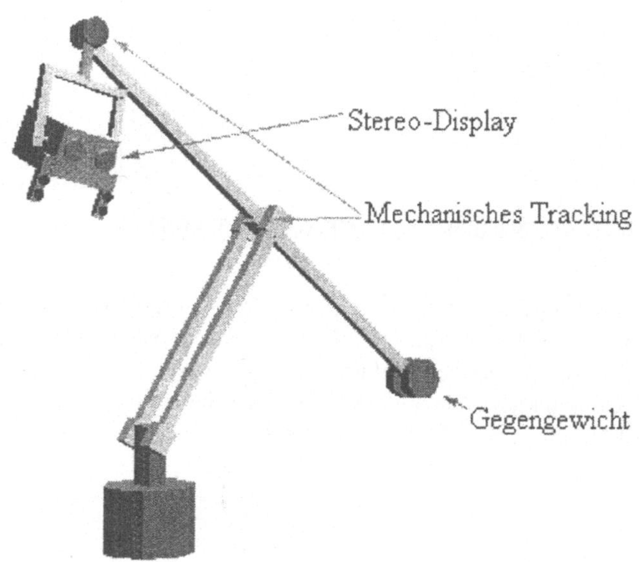

Abb. 2-32: Aufbau eines Arm Mounted Display´s

Die Geräte bestehen aus zwei Kathodenstrahlröhren zur stereoskopischen Bilderzeugung, die mittels einer ausbalancierten Galgenkonstruktion als Tragehilfe, Tracking-System und in neueren Versionen auch als haptisches Ausgabegerät, da sie ein force feedback über force feedback arms ermöglichen, gehalten werden. Das opto-mechanische tracking mit 6 Freiheitsgraden erfolgt hier wesentlich schneller, da in die Gerüstkonstruktion die nötigen Sensoren bereits integriert sind. Damit wird auch der Bildaufbau schneller und dynamischer. Außerdem können größere Displays verwendet werden, da ihre Ausdehnung und ihr Gewicht wegen des Gegengewichts am ausbalancierten Arm nicht so sehr ins Gewicht fallen. Die Führung erfolgt über zwei Griffe, in die frei programmierbare Schalter z.B. zur Navigation integriert werden können. Da kein Gerät übergestreift werden muss und kein lästiger Kabelbaum von HMDs und force feedback Geräte den Benutzer behindert, ist der Wechsel zwischen wirklicher und virtueller Welt schnell und bequem zu realisieren.

Ein Haupteinsatzgebiet stellt die Chirurgie dar, da hier Ärzte die z.B. durch den Computertomographen oder Kernspintomographen gewonnenen Bilder stereoskopisch während einer Operation verfolgen können. Speziell für dieses Einsatzgebiet ist das MedView-System derselben Firma optimiert; es bietet eine besonders geräumige Augenmaske, um einen einfachen Zugang z.B. mit Mundschutz oder Chirurgenbrille zu ermöglichen. Zudem kann die Aufhängung arretiert werden, um eine einmal gewählte Blickrichtung zu fixieren.

2.5.2.1.4 Entwicklungsstudien

LCD- und CRT-HMDs sind nicht die einzigen Anzeigetechniken für eine dreidimensionale Wahrnehmung. Es befinden sich derzeit noch zwei weitere in der Entwicklung, die hier kurz erwähnt werden sollten.

Glasfaserkabel-Übertragung

Hier wird ein Bündel Glasfaserkabel benutzt, um das Video-Signal zu übertragen. Das hochauflösende Bild eines CRT-Displays wird in den Strang, der mindestens eine Millionen Fasern enthalten muss, eingeleitet. Das Display wird zum Beispiel auf dem Rücken montiert. Auf der anderen Seite zeigen diese Fasern das eingespeiste Bild. Diese Methode stellt eine leichtgewichtige Lösung dar, da am Kopf nur die Endpunkte der Fasern und eventuell noch Tracking-Einrichtungen befestigt werden müssen. Auch wird das Bild mit sehr guter Auflösung übertragen. Nachteilig sind die hohen Kosten. Der Preis ist abhängig von der Anzahl der verwendeten Fasern. Außerdem kann die Bewegungsfreiheit des Kopfes durch die Glasfaserkabeln etwas eingeschränkt sein.

Retina-Projektion

Noch in einem frühen Stadium der Entwicklung ist die direkte Projektion der Information mittels Laser auf die Netzhaut des Menschen. Dazu sind besondere Tracker und Stellglieder erforderlich, da der Projektor immer auf die Position des Auges gerichtet sein muss. Es ist also die Blickrichtung des Auges immer zu verfolgen. Von Vorteil ist dabei der hohe zu erreichende Realitätsgrad, denn das Auge wird in jeder Position mit einem Bild versorgt.

2.5.2.2 auditive Ausgabegeräte

Das Gehör lässt sich erheblich leichter reizen als das Auge. Mittlerweile können Töne und Geräusche mit Hilfe digitaler Aufzeichnungsmethoden und Synthesizertechnik einfach reproduziert und erzeugt werden. Das Ziel, welches der Bereich der auditiven Ausgabegeräte erreichen will, ist die Realisierung des 3D-Hörens. Dadurch soll dem Anwender einen realistischen Eindruck vermittelt und ihm eine bessere Lokalisierung von Geräuschquellen ermöglicht werden.

Der Mensch führt bei der Lokalisierung von Geräuschquellen unbewußt komplizierte Berechnungen durch, die die unterschiedlichen Ankunftszeiten der Schallwellen an den Ohren, ihre Modifikation am Außenohr und durch die eigenen Kopf- und Körpermassen, sowie die jeweilige Neigung des Kopfes berücksichtigt. Bei der Simulation und Generierung von 3D-Audio ergeben sich demnach folgende Probleme und die dazugehörigen Lösungsansätze:

Übertragung mittels Kopfhörer: head related transfer function (HRTF)

Die Übertragung von Tönen kann über den Kopfhörer erfolgen. Hierbei muss jedoch beachtet werden, dass die Ohr- und Kopfform den Schall nicht wie beim normalen Hören beeinflussen kann. Die Forschung hat gezeigt, dass es eine Reihe von Eigenschaften unseres Kopfes und der Form der Ohren und Gehörgänge gibt, die die Wahrnehmung von 3D-Audio beeinflussen. Man kann diese Eigenschaften in einer komplexen mathematischen Funktion, der sogenannten head related transfer function (HRTF) beschreiben. Dazu wurden am Ames Research Institute die entsprechenden Körperteile bei Probanden vermessen und daraus die Erkenntnisse für obige Formel gezogen. Diese Funktion ist dann aber recht individuell und abhängig von dem Gehör der Einzelperson. Es ist aber möglich, diese Funktion zu generalisieren, so dass sie bei den meisten Menschen zu dem gewünschten Raumklangeffekt führt. Es gibt aber noch einige Probleme, wie z.B. dass ein Geräusch, das direkt hinter dem Kopf entsteht, als direkt vor dem Kopf befindlich empfunden wird.

Berechnung des Raumklangs: Rendering - Verfahren

Ein weiteres Problem stellt die Berechnung eines realistischen Raumklangs in einer künstlichen Umgebung dar. Hierbei müssen sowohl der Raum an sich mit seinen virtuellen Objekten, als auch die Position des Benutzer beachtet werden. Zur Lösung dieser Probleme haben sich heute zwei Rendering - Verfahren für die Schallberechnung etabliert, deren Prinzip und Vorgehensweise hier nur stichpunktartig erwähnt werden sollen:

Image Source - Verfahren:
- Berechnung sog. virtueller Schallquellen, die durch Spiegelung an den Wänden der geschlossenen Umgebung erzeugt werden.
- Nach der Berechnung aller zulässigen Schallquellen wird die Impulsantwort aus Richtung, Laufzeit und beim Benutzer ankommender Energie der Quellen errechnet.

- Particle Tracing - Verfahren:
  - Schallpartikel werden von der Geräuschquelle ausgesandt und deren Weg in der virtuellen Umgebung verfolgt.
    Eine festgelegte Anfangsenergie der Partikel verändert bzw. reduziert sich bei jedem durchdrungenem Medium oder bei Reflexionen.
  - Sog. Derektoren, beliebig im Versuchsfeld plazierbar, nehmen die sie passierenden Partikel auf → Ermittlung der Impulsantworten

Die technische Realisierung dieser Verfahren findet im folgenden Produktbeispiel Anwendung: Acoustetron II der Firma Crystal River Engineering Inc.

Das Acoustetron II der Firma Crystal River Engineering Inc. ist ein eigenständiges Sound Prozessor System (Audio Server), das in der Normalausführung mit dem zentralen Simulationscomputer (Audio Client) über eine serielle Schnittstelle kommuniziert. Der Simulationscomputer sendet die Position des Benutzer (Hörers) und der Schallquellen an das Acoustetron II. Der Server berechnet kontinuierlich die Beziehung zwischen Quelle, Hörer und Umgebung. Der Audio Server kann bis zu 16 unterschiedliche Schallquellen verwalten, er bezieht dabei das volle Spektrum des 3D-Sounds mit Doppler-Effekt, räumlicher Zuordnung und orginalgetreuer Abbildung der klangbeeinflussenden Parameter der Umgebung mit ein. Die Wiedergabe erfolgt über handelsübliche Stereolautsprecher, die möglichst nah an den Ohren des Hörers stehen sollten, oder über Kopfhörer. Die Klangergebnisse werden bei acht Audio-Signalquellen mit 44,1 kHz und bei 16 mit 22,05 kHz Abtastfrequenz bei 16-Bit Auflösung digitalisiert. Mit einer Frequenz von 44 Hz wird die Position der Klangquelle im Raum und zum Hörer aktualisiert.

2.5.2.3 haptische Ausgabegeräte

Bisherige Input-/Output-Devices nutzen den zweitwichtigsten Sinn des Menschen, den Tastsinn, kaum. In diesem Bereich liegt also noch ein enormes Entwicklungspotenzial für multimediale Ausgabegeräte. Nach der Art, wie diese Geräte auf den Menschen wirken unterscheidet man touch feedback und force feedback. Das sanfte Berühren einer Tischfläche spricht nur die Tastsensoren in der Hand an und würde vom touch feed-back simuliert. Dagegen werden beim kräftigen Schlagen auf den Tisch die Muskeln von Hand und Unterarm kontraktiert, was die Sensoren in Muskeln und Knochen anspricht und durch das force feedback simuliert würde. Touch- und force feedback sind komplementäre, einander ergänzende Technologien. Die Kombination beider Verfahren in einem System würde größten Nutzen haben, da der Benutzer sowohl die Härte, als auch die Oberflächenstruktur und Geometrie von virtuellen Objekten erfahren könnte. Ein weiteres (qualitatives) Unterscheidungsmerkmal bei haptischen Systemen ist der Degree of Freedom (DOF), den das System dem Benutzer gestattet.

2.5.2.3.1 touch feedback Systeme

Touch feedback Systeme versuchen, den Tastsinn der Hand über pneumatische Kissen, elektrische Stimulie oder über Nadeln anzusprechen; aber auch die Temperaturempfindung fällt bereits in diesen Bereich. Die früher erwogene Stimulationen der Hand durch elektrische Impulse wurden ebenso wie die direkte Erregung von Nervenbahnen aus Sicherheitsgründen verworfen.

pneumatisches touch feedback:

Bei pneumatischen touch feedback Systemen wird ein Handschuh verwendet, der mit kleinen "Airbags" (Lufttaschen) versehen ist, die sich bei Bedarf schnell aufblähen und zusammenziehen können. Ungefähr 20 dieser Taschen sind auf der Handfläche verteilt, die über ein Control Interface gesteuert werden. Von hier führen zu jeder Tasche zwei kleine Röhrchen, eine davon für das Aufblasen, die andere für das Absaugen der Taschen.

Mikropin Arrays:

Einen anderen Weg bieten Mikropin Arrays, die auf einem Handschuh unter den Tastsensoren der Hand sitzen. Sie sind matrixartig angeordnet und lassen sich elektrisch ansprechen. Kleine Stacheln (Pins) werden von Zinn-streifen auf dem Boden der Matrix gehalten. Wenn durch die Streifen Strom fließt, richten sie sich auf und lassen die Stacheln nach oben entweichen. Fließt kein Strom mehr, nehmen Streifen und Stacheln ihre Ausgangspositi-on wieder ein.

enhanced teactile feedback:

Um nicht nur den Tastsinn zu stimulieren, sondern auch Temperatur feedback einzubinden, wird enhanced teactile feedback an der University of Salford (UK) entwickelt.

Damit lässt sich neben räumlichen Eigenschaften auch die Temperatur von virtuellen Objekten ermitteln. Über winzige Wärmepumpen können Temperaturdiffe-renzen von 65 Kelvin erzeugt werden. Das Displaced Temperature Sensing System X/10 der Firma CM Research ermöglicht genau dieses enhanced teactile feedback. Über kleine Pumpen wird Wärme in die an den Fingerkuppen befestigten "Thermoden" (vgl. Abb. 2-33), kleine Wärmespeicher für das feedback, befördert. Das System kann bis zu acht solcher "Thermoden" verwalten.

2.5.2.3.2 force feedback Systeme

Force feedback arms:

Der force feedback arm wurde ursprünglich für die Steuerung von Robotern entwickelt. Heute dient er dazu, vom Computer berechnete physische Kräfte umzusetzen, die auf den Benutzer wirken. Force feedback arms bestehen aus einem gelenkigen Arm, der beliebige Plätze innerhalb eines Radius erreichen kann. An diesem Arm kann ein Display angebracht sein (vgl. arm mounted displays: BOOM), über das die virtuelle Umgebung und der darin integrierte Arm dargestellt werden. Das System wird mit einem Handgriff gesteuert und das force feedback über Motoren realisiert. Mit einem solchen Arm werden vier Freiheitsgrade (degree of freedom, DOF) ermöglicht.

Abb. 2-33: „Thermode“ und Handschuh

Joysticks:

Für den alltäglichen Gebrauch eignen sich eher desktop-basierte feedback Systeme. Hier bieten Joysticks mit force feedback eine unkomplizierte und leichte Lösung, die sich auch schon kommerziell durchgesetzt hat (vgl. Produkte aus dem Entertainment Bereich). Wenn auch gewöhnungsbedürftig, so ermöglichen sie eine relativ genaue Interaktion. Herkömmliche, aus dem kommerziellen Bereich bekannte Joysticks, ermöglichen nur drei Freiheitsgrade.

Force feedback Datenhandschuhe:

Der Rutgers Portable Master ist ein Handschuh, bei dem pneumatische Mikrozylinder force feedback auf die Finger ausüben. Mit Klemmen werden die Finger an diese Zylinder angeschlossen, welche über kleine Schläuche von einem Control Interface mit Druck versorgt werden. Somit entfallen lästige Kabel und Elektronik in der Hand des Benutzers. Außerdem beträgt das Gewicht eines solchen Systems nur ca. 45-60g. In Kombination mit einem Datenhandschuh kann das Greifen und Interagieren von und mit virtuellen Objekten möglich werden.

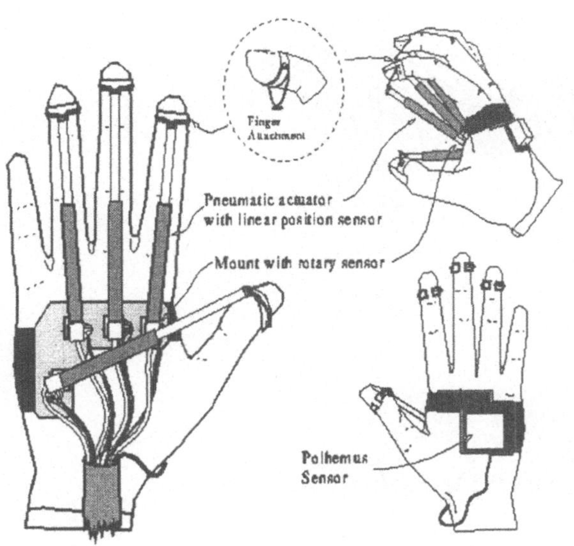

Abb. 2-34: Skizze des Rutgers Portable Master II

Force Feedback Wirkung auf den ganzen Arm

Den ganzen menschlichen Arm bezieht z.B. der Force Arm Master in das force feedback mit ein. Die an der Hand angewandte Technik (vgl. force feedback Datenhandschuhe) wird hier auf Schulter, Ellenbogen und Unterarm ausgedehnt.

2.5.2.3.3 Kombination aus touch und force feedback

Viele haptische Ausgabegeräte verbinden die Eigenschaften von touch und force feedback, bieten also nicht nur eine Kraftrückkopplung, sondern auch einen Tasteindruck z.B. über die Oberflächenbeschaffenheit eines virtuellen Objekts. Die Firma SensAble Technologies gehört in diesem Bereich zu den führenden Unternehmen. Sie entwickelte für dieses Aufgabengebiet die PHANToM-Serie.

Wie Abb. 2-35 zeigt, steckt der Anwender seine Fingerkuppen in die zugehörigen Öffnungen und erfährt über die elektro-pneumatischen Vorrichtungen sowohl das force als auch das touch feedback.

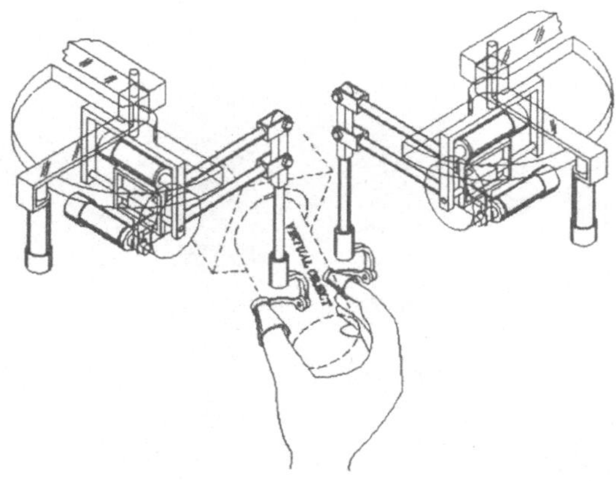

Abb. 2-35: Benutzung eines PHANToMs

2.5.3 Eingabegeräte

Wie im Bereich der multimedialen Ausgabegeräte versucht man auch bei den Eingabegeräten der neuesten Generation alle Sinne des Menschen anzusprechen, um die neuen kontinuierlichen Medien überhaupt erzeugen und mit ihnen interagieren zu können.

Es sei darauf hingewiesen, dass die Abschnitte "haptische Ausgabegeräte" und "Interaktions-Systeme" sich teilweise überschneiden. Das rührt von der Tatsache, dass touch und force feedback Systeme stets mit Interaktions-Systemen gekoppelt werden, um dem Anwender während der Benutzung eine gewisse Rückkopplung zu erlauben.

2.5.3.1 optische Eingabegeräte

In den Bereich der optischen Eingabegeräte gehören digitale und analoge (Video-) Kameras, (3D-) Scanner, Digitalisiertabletts usw.. Das Gebiet der optischen Eingabegeräte gehört wohl zu den wichtigsten und damit den bereits am weitesten entwickelten, nimmt doch die visuelle Sinneswahrnehmung beim Menschen rund 70% ein. Da diese Geräte bereits sehr verbreitet sind und somit ihre Technik bekannt sein dürfte, sollen exemplarisch für dieses Gebiet nur die digitalen Kameras angesprochen werden. Eingabegeräte, die andere Sinnesorgane ansprechen, sind noch nicht so weit verbreitet und deren Entwicklung dürfte interessanter sein.

Digitale Kameras stellen die einfachste und gebräuchlichste Art dar, multimediale Daten in den Computer einzugeben. Eine Klassifizierungsmöglichkeit für sie bietet die Art der Bilderfassung. Hierbei interessiert wesentlich, wie das CCD-Element das Aufnahmemotiv erfasst: ganzflächig oder zeilenweise.

Scannerkameras

Im Prinzip entspricht ihr Aufbau dem eines Flachbettscanners. Scannerkameras besitzen eine Optik, durch die das vom Aufnahmemotiv reflektierte Licht in das Kamerainnere gelangt. Im Bereich der Filmebene tastet hier ein Zeilensensor, der von einer hochpräzisen Mechanik langsam über die Bildfläche bewegt wird, das Bild ab. Für die Erstellung eines Farbbildes werden zwei Techniken verwendet:

1. Im Three-Pass-Verfahren wird das Aufnahmemotiv dreimal hintereinander gescannt, wobei je Scan ein anderer Farbfilter vor die Scannerzeile oder das Objektiv gesetzt wird.
2. Im One-Pass-Verfahren (Single-Scan) werden drei Scannerzeilen eingesetzt. Diese sind übereinander angeordnet und tasten das Bild gemeinsam ab. Dabei erfasst jede der Zeilen mit einem eigenen, fest aufgesetzten Filter die Helligkeitsinformationen für den jeweiligen Farbbereich.

Vor- und Nachteile dieser Technologie:

- Die Aufnahme von bewegten Motiven ist durch die relativ lange Abtastzeit prinzipiell nicht möglich.
- Für die Belichtung wird Dauerlicht benötigt, vorhandene Blitzanlagen können nicht eingesetzt werden.
- Positiv zu sehen ist allerdings die hohe Auflösung, die wesentlich über der von Flächensensoren liegt.
- Außerdem sind Scannerkameras häufig preiswerter als Chipkameras.

Chipkameras

Chipkameras sind wesentlich verbreiteter als die oben beschriebenen Scannerkameras und besitzen im Gegensatz dazu einen rechteckigen CCD-Flächensensor, dessen Größe je nach Modell unterschiedlich ist. Er wird mit dem vollständigen Bildmotiv, etwa wie ein herkömmlicher Film, belichtet. Die Auflösung des Bildes bestimmt sich aus der Anzahl der CCD-Einzelelemente.

Auch hier gibt es mehrere Verfahren zur Erstellung von Farbbildern, die hier nur stichpunktartig aufgezählt werden:

1. Three-Shot-Verfahren: das Motiv wird dreimal mit unterschiedlichen Filtern aufgenommen
2. Multiple-Shot-Verfahren: eine Piezoelektronik verschiebt den Sensor nach jeder Aufnahme, so dass für die drei Grundfarben je ein Bild entsteht
3. Multiple-Chip-Technik: es werden mehrere CCD-Sensoren verwendet, auf die mittels Prismen immer nur ein Farbanteil fällt
4. Oneshot: CCD-Elemente werden mit Einzelfiltern versehen (RGB-Sensor); dies hat aber zur Folge, dass nur etwa ein Drittel der Bildinformationen erfasst werden, der Rest wird softwaremäßig interpoliert

Vor- und Nachteile dieser Technologie:

- im Vergleich zu Scannerkameras geringe Auflösung
- Durch kurze Aufnahmezeiten sind Aufnahmen von bewegten Motiven möglich.
- Neben Dauerlicht lässt sich, bei den meisten Systemen, auch Blitzlicht verwenden.
- schnelle Übertragungszeiten von der Kamera in den Rechner
- netzunabhängiger Betrieb möglich

2.5.3.2 auditive Eingabegeräte

Das Gebiet der auditiven Eingabegeräte soll auf den Bereich der theoretischen Spracherkennung und deren Umsetzung in auf dem Markt erhältlichen Produkten beschränkt werden. Da dieser Forschungsbereich zur Zeit sehr im Umbruch begriffen ist -erste Systeme, die Spracherkennung bei flüssiger Sprache erlauben werden angeboten- fiel die Wahl auf diesen Teilbereich. Dieses kapitel wird sich auf einen groben Überblick, die Grundbegriffe und wesentliche Vorgehensweisen beschränken; bei näherem Interesse sei auf die weiterführende Literatur verwiesen.

Die meisten Systeme zur Spracherkennung weisen folgende fünf Komponenten auf:

Spracherfassungsgerät: Dieses Gerät besteht üblicherweise aus einem Mikrophon (bzw. Headset) und einem analogen Digitalkonverter (i.d.R. die eingebaute Soundkarte), welcher die digitale Codierung der Sprachwellen vornimmt.

Digitales Signalverarbeitungsmodul: Das digitale Signalverarbeitungsmodul trennt die Sprache von "Nichtsprache" und konvertiert die Wellenform in eine Frequenzbereichsdarstellung. Außerdem werden verschiedene Techniken wie Filterung und Datenkompression hier eingesetzt. Das Ziel der Verarbeitung ist, nur jene Komponenten in die interne Darstellung zu übernehmen, die für den Erkennungszweck benötigt werden, um somit das Volumen der zu speichernden und weiter zu verarbeitenden Informationen zu reduzieren.

Speicher für vorverarbeitete Signale: Der Speicher wird verwendet, um das vorverarbeitete Sprachsignal für die Weiterverarbeitung durch den Erkennungsalgorithmus zwischenzuspeichern.

Referenzsprachmuster: Um gespeicherte Sprachmuster zu erkennen, werden diese mit Bezugssprachmustern, die vorher gespeichert worden sind, verglichen. Dementsprechend muss ein derartiger Satz von Sprachmustern oder Parametern zur Erzeugung von Sprachmustern gespeichert werden, um darauf im Erkennungsalgorithmus zugreifen zu können. (vgl. Training)

Mustervergleichsalgorithmus (Pattern-Matching-Algorithmus): Der Mustererkennungsalgorithmus errechnet ein Maß an Übereinstimmung zwischen den vorverarbeiteten Signalen des Eingabetextes in Sprachform und den gespeicherten Wortmustern in entsprechender Form. Von den in Frage kommenden Sprachmustern wird jenes Muster als vorliegend angenommen, welches die höchste Ähnlichkeit zu dem Eingabemuster aufweist. Mehrere Berechnungsparadigmen sind in diesem Mustererkennungsprozess heute in Anwendung. Zudem werden häufig linguistische Erfahrungen und spezielle Fachkenntnisse in solche Algorithmen eingesetzt, um die Verarbeitungsgüte über jene einer reinen Mustererkennung zu erheben. Die drei Haupttechniken sind entweder stochastischer Natur und basieren auf den sogenannten Hidden Markov Modellen (HMM), oder sie verwenden dynamische Optimierung zur optimalen Angleichung der Muster und nachfolgender Abweichungsfeststellungen. Eine sehr junge Form von Algorithmen besteht darin, ein neuronales Netz zu trainieren, welches derartige Muster erkennt. Das Entscheidende bei allen auf dem Markt erhätlichen Produkten ist das Training durch den Benutzer. Der Benutzer muss vor dem ersten Gebrauch sog. Trainingssitzungen durchlaufen, bei dem er dem Programm vorgegebene Sätze vorliest, und sich das System so an die Sprachbesonderheiten des Anwenders gewöhnen kann. Erst nach diesem Training erreichen die Systeme die gewünschten Erkennungsraten.

2.5.3.3 Interaktions - Systeme

Der Mensch interagiert mit und manipuliert seine Umwelt und Umgebung normalerweise durch seine Hände, Arme oder durch den Einsatz seines ganzen Körpers. Diese Möglichkeiten versucht der Bereich der Interaktions-Systeme dem Menschen zur Verfügung zu stellen, also die Anpassung der Mensch-Maschine-Kommunikation an die Primärerlebniswelt des Menschen zu vollziehen.

Bei diesen Geräten kann man eine grobe Kategorisierung in zwei Bereiche vornehmen: Geräte, die die ganze Hand, den ganzen Arm oder den ganzen Körper einbeziehen, und Geräte, die über die Finger bzw. Hand bedient werden.

2.5.3.3.1 Eingabegeräte für die ganze Hand, Arm und Körper

Hierbei wird exemplarisch für die auf dem Markt erhältlichen Technologien ein Produkt kurz vorgestellen und ihre Eigenschaften beschrieben:

Datenhandschuhe ohne haptische Komponente:

Der hier beschriebene Datenhandschuh CyberGlove erfasst die Fingerstellung des Benutzers nicht wie ältere Datenhandschuhe über das optische Verhalten von eingearbeiteten Glasfasern über den Fingergelenken. Der CyberGlove ermittelt die Krümmung der Finger mittels zugempfindlicher Sensoren über den Fingergelenken. 24 Messwerte (vgl. Abb.2-36) beschreiben die Stellung der einzelnen Gelenke mit einer Genauigkeit von 0,5°. Der Grund für die Auswahl dieses Datenhandschuh liegt in der Besonderheit, dass er auch die Messung der Abspreizung der Finger und des Daumens, der Rotation des Daumens um die Längsachse des Handrückens, der Beugung des Handrückens und der Stellung des Handgelenks erlaubt. Darüber hinaus gibt es für den CyberGlove den passenden Datenanzug (s.u.). Die Latenzzeit des CyberGlove beträgt 5msec.

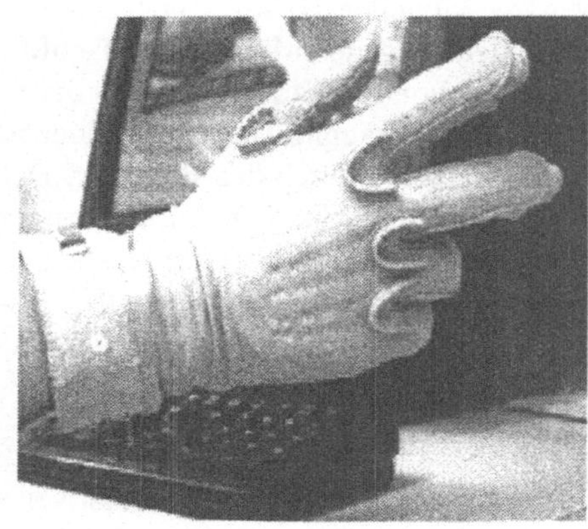

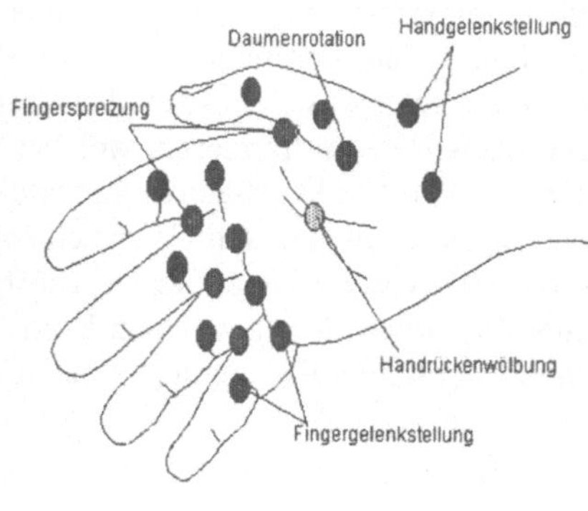

Abb. 2-36: Sensormesspunkte des CyberGlove

Datenhandschuhe mit haptischer Komponente:

Solche Datenhandschuhe (hier der Dextous HandMaster) sind weniger Handschuhe im gewöhnlichen Sinne, sondern komplexe Metallskelette für die Hand. An jedem Finger sind vier Positionssensoren angebracht, die die Krümmung der benachbarten Fingerglieder bestimmen. Dazu befindet sich auf jedem Gelenk ein Halleffekt Sensor, der Magnetfelder misst, die von kleinen Magneten auf den Gelenkarmen ausgehen. Diese Konstruktion ermöglicht 16 Freiheitsgrade für die Finger und vier für den Daumen.

Interaktions-Systeme für den ganzen Arm:

Geräte wie der Exoskeleton ArmMaster erlauben es, die Stellung und Ausrichtung des Ober- und Unterarmes und der Schulter an den Computer zu übermitteln.

Abb. 2-37: ArmMaster

Dies wird durch eine Schulterkonstruktion mit drei Freiheitsgraden ermöglicht, die dem Unter- und Oberarm fünf, dem Ellenbogen Zwei Freiheitsgrade gewährt. Die Sensoren des angesprochenen Systems bestehen aus Präzisionspotentiometern mit einer Genauigkeit von 0,1°.

Interaktions-Systeme für den ganzen Körper:

Abb. 2-38: Cybersuit

Interaktion mit dem gesamten Körper ermöglichen kabellose Ganz-Körper-Anzüge wie der abgebildete Cybersuite. Er verwendet zur Bestimmung der Körperbewegungen eine von Virtual Technologies patentierte Sensortechnologie. Anfänglich unter der Schirmherrschaft der NASA für die Überwachung der Körperfunktionen von Astronauten auf Weltraummissionen entwickelt, ermittelt der CyberSuit die Positionen der Fußknöchel, der Knie, der Hüfte, des Nackens, der Schultern, der Ellenbogen und der Arme; in Verbindung mit dem CyberGlove auch noch die der Handgelenke und Hände. Die verwendeten Sensoren sind sehr flach und behindern den flüssigen und natürlichen Bewegungsablauf kaum.

2.5.3.3.2 Eingabegeräte für die Handbenutzung

Auch hier werden nur exemplarisch einige Produkte kurz vorgestellt und ihre Eigenschaften beschrieben:

Die Space Mouse:

Die Space Mouse ist ein multifunktionales Device. Neben den 3D-Funktionen mit sechs Freiheitsgraden für Zoom, Schieben und Drehen, sowie Auslenkungen in x-, y- und z-Richtung hat sie auch die Fähigkeit einer herkömmlichen Mouse. Der Benutzer kann zur Eingabe einen etwa handtellergroßen Knopf um ±1,5mm in jede Richtung verschieben bzw. um ±4° um jede Achse verdrehen. Die Ausgabewerte, durch eine optische Mechanik ermittelt, werden dann zu einer relative Lageänderung in einer virtuellen Umgebung umgerechnet. Weiterhin stehen neun frei programmierbare Tasten am oberen Rand der Space Mouse zur Verfügung.

Der Spaceball 2003:

Hauptbestandteil dieses Eingabegeräts ist der PowerSensor Ball, der mit den Fingerspitzen gedrückt, gezogen und gedreht werden kann. Weiterhin besitzt der Spaceball 2003 acht programmierte und programmierbare Knöpfe. Von der technischen Grundidee her, ist er mit der Space Mouse nahe verwandt, deshalb ähneln sich ihre Einsatzgebiete stark.

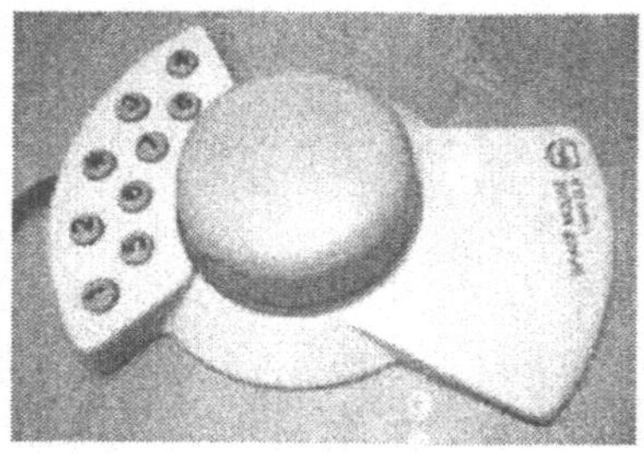

Abb. 2-39: SpaceMouse

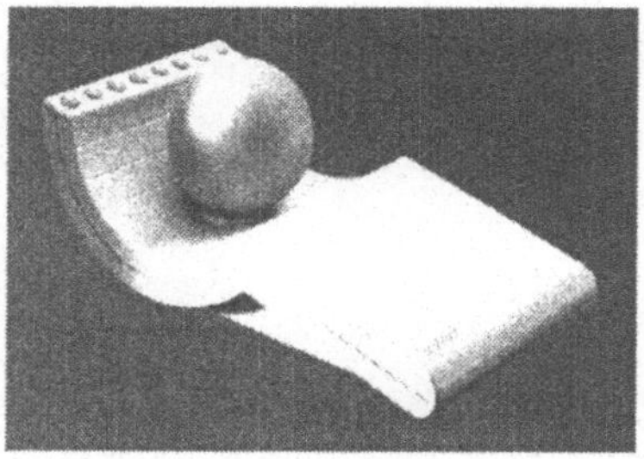

Abb. 2-40: Cricket

Der Cricket:

Ein häufig benutztes Gerät ist der Cricket. Man hält das Gerät frei und bequem in der Hand, um durch eine Armbewegung in eine Richtung im Raum zu zeigen. Neben der Position kann auch die Orientierungsrichtung mittels elektromagnetischem Tracking zurückgegeben werden. Eine Art touch feedback ist über einen eingebauten Vibrator möglich. Zusätzliche Funktionstasten erlauben weitere Programmsteuerungen. Die Einsatzmöglichkeiten eines Crickets ähneln dem eines Datenhandschuhs sehr, aber es gibt einen entscheidenden Unterschied: benutzt man in einer VR-Anwendung einen Cricket, so bekommt der Benutzer kein visuelles Feedback bzgl. seiner Hand, d.h. er sieht kein Abbild seiner Hand in der Anwendung.

2.5.3.4 Tracking - Systeme

Die Positions- und Richtungsbestimmung von Objekten in der realen Welt durch den Computer wird als "tracking" bezeichnet. Außer der Blickrichtung können z.B. auch die Position der Hand oder die Lage und Orientierung von chirurgischen und endoskopischen Instrumenten durch Tracking-Systeme ermittelt werden. Die zur Zeit im kommerziellen Einsatz befindlichen Tracking-Systeme basieren im wesentlichen auf drei verschiedenen physikalischen Grundlagen: Tracking durch

- Elektro-magnetische Felder
- Ultraschall
- Mechanische Vorrichtungen

Alle drei Verfahren bieten jeweils unterschiedliche Vorzüge und Nachteile, auf die später noch eingegangen wird. Experimentelle Systeme z.B. auf der Basis von Videokameras in Verbindung mit einer online Bildverarbeitung (optisches Tracking), oder durch die Verwendung von Beschleunigungsaufnehmern versuchen die Unzulänglichkeiten dieser Systeme zu umgehen, sind aber noch nicht marktreif bzw. noch in einem sehr frühen Stadium der Forschung und sollen hier nicht behandelt werden.

2.5.3.4.1 Elektro-magnetische Tracking-Systeme

Die größte Verbreitung im Bereich der virtuellen Realität finden zur Zeit Systeme, die mit magnetischen Feldern arbeiten. Sie bieten einen genügend großen Operationsbereich bei akzeptabler Orts- und Winkelauflösung, moderatem Preis und sind nicht von Abschattungseffekten wie z.B. die Ultraschallsysteme (s.u.) betroffen.

Produktbeispiele:

- Das *Produkt Flock of Birds*, verwendet ein gepulstes Gleichstrom-Magnetfeld. Die erzielbare Auflösung liegt bei 0,8mm für translatorische Bewegungen und 0,1° für Rotationen. Die Genauigkeit des Systems beträgt 2,5mm bzw. 0,5°. Mit einem optionalen Sender für erweitertes Operationsvolumen lässt sich ein Empfänger in einem Bereich von ±2,4m verfolgen. Es besteht die Möglichkeit mehrere Sendersysteme zu kaskadieren und so den Arbeitsbereich auszudehnen. Ein weiteres sehr wichtiges Merkmal für Trackingsysteme ist die erzielbare Abtastrate je angeschlossenem Empfänger. Das Flock of Birds System bietet hier eine bis zum Maximalausbau von 30 Empfängern uneingeschränkte Abtastrate von 144Hz für jeden Empfänger.
- Das FASTRAK-System; das an der Spitze der Produktlinie der Firma Polhemus steht, arbeitet mit einem magnetischen Wechselfeld und erzielt eine translatorische Auflösung von 0,6mm bzw. eine Winkelauflösung von 0,025° bei einer Genauigkeit von 0,8mm bzw. 0,15°. Es wird ein Arbeitsbereich von ±3m angegeben. Die maximale Abtastrate beträgt 120Hz, die aber durch die Anzahl (max. 32) der angeschlossenen Empfänger geteilt werden muss. Im Falle eines HMD mit einem Datenhandschuh als Interaktionsmedium können diese beiden Geräte z.B. nur noch mit einer Rate von je 60Hz verfolgt werden.

Nachteile:

Beide Systeme sind anfällig gegenüber magnetischen Strukturen in z.B. Stahlträgern oder auch chirurgischen Instrumenten und elektro-magnetischen Störstrahlungen, wie durch einen Computerbildschirm oder natürlich auch durch einen Computer-Tomographen. Beide Systeme bieten die Möglichkeit den Einfluss statischer Strukturen (Tische, Gebäudeteile...) durch eine Eichung in gewissen Grenzen zu verringern, wobei das System der Firma Polhemus durch den Einsatz von magnetischen Wechselfeldern von Haus aus empfindlicher auf derartige Störquellen reagiert.

2.5.3.4.2 Tracking-Systeme auf der Basis von Ultraschall

Ultraschall-Tracking-Systeme wie z.B. die 3D-Mouse, bestimmen die Lage und Orientierung eines Objekts durch die Messung der Laufzeit kurzer Ultraschall-Impulse zwischen drei auf den Ecken eines Dreiecks angeordneten Sendern zum Empfangsdreieck. Durch die Triangulationsbasis kann die Auflösung von 0,1mm bzw. 0,1° nur im Abstand von höchstens 1,5m innerhalb eines Kegels mit einem Öffnungswinkel von 100° gegenüber dem Senderdreieck erreicht werden. Die Lagebereiche (Abtastrate) können bis zu 50-mal pro Sekunde abgefragt werden.

Nachteile:

Neben der beschränkten Reichweite grenzt vor allem die Notwendigkeit einer direkten "Sichtverbindung" zwischen Sender und Empfänger (Vermeidung von Abschattung) und die Anfälligkeit gegenüber fremden Schallwellen die Einsatzmöglichkeiten von Ultraschall-Tracking-Systemen ein. So werden sie zur Zeit hauptsächlich für Desktop-Anwendungen in Verbindung mit Shutter-Brillen und 3D-Mäusen verwendet.

2.5.3.4.3 Mechanische Tracking-Systeme

Neben dem Einsatz in kleineren Desktop-Interaktionsgeräten findet das mechanische Tracking seine Anwendung vor allem im Zusammenhang mit dem BOOM-System. Mittels optischer Winkelaufnehmer lässt sich die Lage der Monitoreinheit auf bis zu 4mm bzw. 0,1° genau bestimmen. Die Abtastrate beträgt dabei mindestens 70Hz und der nutzbare Arbeitsbereich hat einen Radius von 1,8m.

Vorteile:

Drei wesentliche Vorteile gegenüber den elektro-magnetischen Systemen lassen die Verwendung des opto-mechanischen Tracking interessant erscheinen:

- Zum einen ist es unempfindlich gegenüber elektro-magnetischen Störfeldern.
- Zum zweiten sind die Messwerte frei von Rauschen, wodurch sich eine bessere Immersion des Benutzers in die virtuelle Umgebung erzielen lässt: die vom Computer erzeugten Szenen wackeln nicht leicht wie im Falle des elektro-magnetischen Trackings - insbesondere am Rande der Reichweite - und führen damit nicht zur Zerstörung der Illusion bzw. zum Auftreten der sogn. „Seekrankheit“.
- Schließlich ist die Latenzzeit von 200ns im Vergleich zu wenigstens 4000ns der elektro-magnetischen Systeme um den Faktor 20 kürzer. Diese wohl wichtigste Eigenschaft ergibt sich aus der direkten Positionsmessung des opto-mechanischen Trackings im Gegensatz zu einer über mehrere Messwerte mittelnden Positionsbestimmung der elektro-magnetischen Systeme, die zur Störunterdrückung nötig ist.

2.5.4 Die virtuelle Realität - Auswirkungen auf Kommunikationsformen

In diesem Abschnitt sollen nun im Anschluss an die Vorstellung der Entwicklungstendenzen im Bereich der multimedialen Aus- und Eingabegeräte die daraus resultierenden Auswirkungen auf die heute vorhandenen Kommunikationsformen aufgezeigt werden. Außerdem wird auf die Entstehung der virtuellen Realität und das Zusammenspiel der „neuen“ Devices in diesem Zusammenhang eingegangen.

Information und Kommunikation sind heute zentrale Begriffe im Alltag unserer Gesellschaft, werden aber im Durchschnittsverständnis oft miteinander gleichgesetzt und auch in den wissenschaftlichen Disziplinen, in denen sie verwendet werden, nicht einheitlich definiert.

Sieht man von den vielfältigen Ausprägungen des Informations- und Kommunikationsbegriffes ab, so besteht Kommunikation immer aus zwei Grundvorgängen: der Informationsabgabe durch einen Sender (Kommunikator) und der Informationsaufnahme durch den Empfänger (Rezipient), wobei Sender und Empfänger ihre Rolle wechseln können. Dieser stets über eine Vermittlungsinstanz (Medium) verlaufende Kommunikationsprozess umfasst die zwischenmenschliche Kommunikation (direkte Kommunikation von Angesicht zu Angesicht mittels Sprache, Mimik, Ausdruck als Verständigungsmittel) ebenso wie die Informationsübertragung mit Hilfe technischer Nachrichtensysteme (indirekte Kommunikation). Für Kommunikationsprozesse mittels technischer Medien haben sich die Bezeichnungen Massenkommunikation und Telekommunikation durchgesetzt.

An den Telekommunikationsformen wird eine charakteristische Eigenschaft der neuen multimedialen Medien deutlich. Die Grenzen zwischen den verschiedenen Ausprägungen der Telekommunikation (Sprach-, Text- und Datenkommunikation) verwischen; die neuen (vor allem kontinuierlichen) Medien kombinieren herkömmliche Kommunikationstechniken und verbinden diese darüber hinaus mit Elementen der Computertechnologie.

Es ist also die Vermittlungsinstanz, das Trägermedium der Informationen und Nachrichten zwischen Sender und Empfänger, die durch die Entwicklung im Multimediabereich verändert wird. In diesem Zusammenhang steht auch der Begriff des "Interaktionspotenzals" von Medien. Dieser beschreibt Aktivitäten, über die der Sender bzw. Empfänger den Kommunikationsprozess beeinflussen kann. Zur Verbesserung der Mensch-Maschine-Interaktion werden Computersysteme mit Eingabegeräten ausgestattet, die den natürlichen menschlichen Ausdrucksmitteln entsprechen. So können beispielsweise Programme über sprachliche Anweisungen bedient werden. Da derartige Interaktionssysteme mehrere Eingabemodi unterstützen, werden sie auch als multimodale Systeme bezeichnet. Neuere Ansätze finden sich dabei vor allem im Bereich virtueller Umgebungen, bei denen neben dreidimensionalen Präsentationstechniken, für die optischen Ausgabegeräte erforderlich sind, auch dreidimensionale Interaktionstechniken verwendet werden, die taktile (haptische) Wahrnehmungen ermöglichen.

Es lässt sich also erkennen, dass durch die multimediale Entwicklung sich nicht nur die Mensch-Maschine-Kommunikation und -Interaktion verändert und damit verbessert, sondern auch die Mensch-zu-Mensch-Kommunikation. Das Potenzial dieser neuen menschlichen Kommunikation kommt aber erst richtig zum Tragen, wenn alle Teilnehmer über vorhandene bzw. neu geschaffene Übertragungswege weltweit miteinander, d.h. durch ein globales Vermittlungsnetz verbunden sind, bei dem über Glasfaserkabel und Satelliten jede digitalisierte Form der Information und Kommunikation an jeden Ort, unabhängig von räumlichen Distanzen und zeitlicher Präsenz, übertragen wird. Dieser Verbindung von elektronischer Datenverarbeitung und Telekommunikation wird eine solche Bedeutung beigemessen, dass in den Vereinigten Staaten von Amerika von der Zukunft als dem "Age of Compunication" gesprochen wird. Für diesen aus "computer" und "communication" zusammengesetzten Begriff haben die Franzosen das Wort "télématique" geprägt; im deutschen Sprachraum hat sich die Bezeichnung "Telematik" (aus Telekommunikation und Informatik) durchgesetzt. Als Schlagwort für diese Entwicklungstendenz wird immer häufiger die Entwicklung unserer Gesellschaft hin zu einer Informationsgesellschaft verwendet.

Wie weit diese Integration von Kommunikation und Informatik geht, kann mit Bestimmtheit nur die Zukunft zeigen, aber die Projekte und Entwicklungsstudien an Universitäten, Hochschulen und Forschungsinstituten überall auf der Welt weisen den Weg eindeutig in Richtung der virtual reality. Alle Aus- und Eingabegeräte, die in den vorigen Abschnitten beschrieben wurden, lassen sich zwar zumeist auch einzeln ver- und anwenden, spielen aber ihr wahres Potenzial erst im Zusammenwirken mit anderen Komponenten dieser Device-Gruppe aus.

Eine wichtige Frage, die noch zu klären bleibt, ist also nicht die nach der Verwendung der virtuellen Realität, sondern nach dem Grade der Immersion des verwendeten Simulationssystems, d.h. inwieweit der Benutzer sein Bewusstsein für die eigentliche Realität verliert.

2.5.5 Gefahren und Risiken durch die Benutzung der VR

Zum Abschluss sollen aber auch die negativen Seiten des Einsatzes der virtual reality bzw. des virtual enviroments nicht außer acht gelassen werden. Die Geschwindigkeit und der Nachdruck, mit denen die technische (Weiter-) Entwicklung von virtuellen Aus-/Eingabegeräten vorangetrieben wird, sind beeindruckend. Dabei wird eine Sache aber durchwegs vernachlässigt: es fehlen umfangreiche Studien und Forschungen bezüglich der physischen und psychischen Wirkung dieses neuen Kommunikationsmediums. Alarmierend ist dieser Umstand vor allem im Hinblick auf die Entwicklung der Anschaffungskosten solcher Geräte; mittlerweile gibt es erste Ausführungen im low-cost Konsumersegment, und was liegt da näher, als seinen heimischen PC mit Teilen dieser faszinierenden virtuellen Realität auszustatten. Dass solche Wechselwirkungen bestehen, beweisen Tests aus dem Bereich der Flugsimulation, wo Cyberspace-Systeme als Ausbildungshilfen dienen.

Erste Erfahrungswerte werden höchstens in gewissen Berufssparten gesammelt, wo diese Technologien als wertvolle Arbeitshilfe betrachtet werden. In der Medizin beispielsweise kann damit bei Operationen das Vorgehen virtuell erprobt werden, aber auch bei NASA-Projekten wird die Cyberspace-Technik erfolgreich eingesetzt. Doch gerade bei Letzteren gilt die Weisung, nach einem halbstündigen Gebrauch des Cyberspace drei Tage lang auf das Autofahren zu verzichten. Begründet wird dies damit, dass die gewohnte Sinneswahrnehmung und das Gleichgewichtsempfinden gestört werden - ein ähnlicher Effekt, wie er bei der Seekrankheit auftritt, weswegen dieser Begriff als Synonym für solche Folgeerscheinungen verwendet wird.

Ein rudimentärer Forschungsbericht wurde Ende 1995 vom Cyberline Research Institut aus Berlin verfasst. 42 meist jugendliche Testpersonen wurden über ihre Erfahrungen im Cyberspace befragt. Obwohl darin abschließend festgehalten wird, dass für die Zukunft wesentlich genauere Untersuchungen mit einer größeren Anzahl an Testpersonen und mit spezifischeren Kategorien durchgeführt werden müssten, gibt der Forschungsbericht interessante Aufschlüsse über die sogenannte Simulator-Krankheit. Diese basiert auf der Zwei-Welten-Problematik, bei der sich der Anwender sowohl im physikalisch existenten Simulator als auch in einer vom Rechner generierten Umgebung befindet.

Bedenklich hoch wird die Quote derjenigen erachtet, denen schwindelig oder gar übel geworden war, beziehungsweise die über Kopf- und Augenschmerzen klagten: 52 Prozent der Frauen hatten keine, 38 Prozent geringe und 10 Prozent deutliche Probleme. Bei den Männern hatten 86 Prozent keine und 14 Prozent geringe Probleme. Insgesamt gesehen war der Aufenthalt für rund 31 Prozent mit unangenehmen Folgeerscheinungen verbunden, weshalb auch vereinzelt die Testreihen bereits frühzeitig beendet wurden.

Die Schuld an diesem Zustand trägt aber nicht allein die Forschung. Die Produzenten solcher VR-Produkte lassen es oft bzw. fast immer an ausreichender Information mangeln. Gerade in einem so neuen Bereich darf eine Produktwerbung nicht nur rein technische Informationen enthalten, sondern auch Hinweise zum gesundheitlich unbedenklichen Umgang. Sony z.B. empfiehlt die Benutzung seiner shutter Brille "Glasstron" erst für Jugendliche ab 15 Jahre oder im Manual des HMD´s "VFX 1 Cyberhelm" wird darauf hingewiesen, dass dieser Cyberhelm nicht von Kindern unter 7 Jahren benutzt werden sollte. Grund dafür sei die Tatsache, dass die Augen- und Sehtechnik bei jüngeren Kinder noch nicht ausgereift sei. Solche Hinweise sind aber nur spärlich vorhanden, geben aber doch stark zum Denken Anlass.

Es bleibt also nur zu hoffen, dass angesichts der rasanten Entwicklung dieses wirklich faszinierenden Gebietes der multimedialen Aus- und Eingabegeräte nicht mögliche negative gesundheitliche Auswirkungen auf den Anwender übersehen werden. Vielleicht wird das Risiko auch nur übertrieben und Kommentare wie der von Hans Walthard, der seit 1990 das Schweizer Jugend- & Computer-Camp organisiert und die Nebenwirkungen, die beim Gebrauch von Cyberspace-Geräten auftreten können - Wahrnehmungsverluste, Krämpfe, unkontrollierte Bewegungen oder veränderte Sichtfelder - mit denen beim Gebrauch von fast allen rezeptpflichtigen Psychopharmaka gleichsetzt sind zu weit hergeholt.

Trotz dieser Gefahrenquellen, die von den neuen Geräten ausgehen, muss man eines dabei bedenken: Der Grund für diese liegt in der zu raschen und damit noch nicht völlig ausgereiften Entwicklung in diesem Bereich. Es bedarf noch einer intensiven Forschung und Studie, aber dennoch wurde der richtige Weg eingeschlagen, um dieses faszinierende Gebiet der multimedialen Geräte zu betreten.

Literatur zum 2. Kapitel

Adjeroh, D. A. et al.: Multimedia Database Management – Requirements and Issues, In: IEEE MultiMedia: MultiMedia Database Systems, July - September 1997 Vol. 4, No. 3, S.24-33, IEEE Computer Society, New York 1997

Adobe Systems Inc.: Adobe PostScript 3, 1998, http://www.adobe.com/products/postscript/pdfs/PostScript3Whitepaper.pdf

Adobe Systems Inc.: Adobe Acrobat. Über Adobe PDF. http://www.adobe.de/products/acrobat/adobepdf.html

Adobe Systems Inc.: Adobe SVG Viewer Download. http://www.adobe.com/svg /viewer/install/

Adobe Systems Inc.: Adobe portable document format, version 1.3. (2nd ed). Boston 2000

Apple Inc.: QuickTime Pro, 1999, http://www.apple.com/de/quicktime /pdf/QuickTime4Pro_DS-a.pd, http://www.apple.com/quicktime/qtv/radio/

Apple Inc.: Apple QuickTime, 2000a, http://www.apple.com/quicktime/products/qt/

Apple Inc.: QuickTime-Streaming-Server, 2000b, http://www.apple.com/quicktime/authoring/qtss/pgs/qt12.htm

Apple Inc.: Apple QuickTime – QuickTime VR Authoring, 2000c, http://www.apple.com/quicktime/qtvr/,.

Arnold, M.: Fraunhofer Institut für graphische Datenverarbeitung: Studien-/Diplomarbeit: High Quality Audio Watermarking. http://www.igd.fhg.de/igd-a8/studies_and_diploma_theses/Diplomthemen/DiplomAudioQuality.html

Atkinson, M.P.: A vision of persistent systems, Proceedings of the 2nd Internatio-nal Conference on objectorientet Databases, S. 453 – 459, Springer, Berlin 1991

Beeri, C.: A formal approach to object-oriented databases. In: Data and Know-ledge Engineering S. 353 – 382, Elsevier 1990

Beeri, C.: Formal models for object-oriented databases. In: **Kim,**W. et al.: Proceedings 1st International Conference on Deductive and Ob-ject-Oriented Databases, Kyoto S. 370 – 395, 1989

Bergmann, C.: Daumenkino: Internet Professionell, November 1997, 32-34

Boles, D. et al. : Multimedia-Präsentationen im Gesundheitswesen. Universität Oldenburg 1996. http://www-is.informatik.uni-oldenburg.de/~dibo/teaching/pg-mpig/endbericht-b/end_b.html.

Born, G.: Dateiformate – Eine Referenz. Bonn 2001

Booz, Allen, Hamilton: Zukunft Multimedia. Grundlagen, Märkte und Perspektiven in Deutschland. Frankfurt am Main : IMK 1995.

Boutell, T. (Editor): PNG (Portable Network Graphics) Specification, Version 1.0. http://www.w3.org/TR/REC-png-multi.html

Brusilovsky, P., **Kommers**, P., **Streitz**, N.: Multimedia, Hypermedia and Virtual Reality. Models, Systems and Applications. Berlin/Heidelberg 1996.

Burnard, L.: What is SGML and How Does It Help?. http://www.oasis-open.org/cover/edw25.html

Chiariglione, L. (Editor): Movie Picture Experts Group, 2000, MPEG-2 desription, http://www.cselt.it/mpeg/standards/mpeg-2/mpeg-2.htm

Clark, J.: World Wide Web Consortium. Comparison of SGML and XML. http://www.w3.org/TR/NOTE-sgml-xml-971215

CompuServe Inc.: GRAPHICS INTERCHANGE FORMAT(sm) Version 89a. ftp://ftp.tuwien.ac.at/z0/graphics/graphic-formats/2d/GIF89a.txt

Connolly, D.: World Wide Web Consortium. Extensible Markup Language (XML). http://www.w3.org/XML/

Cover, R.: Organization for the Advancement of Structured Information Standards. The XML Cover Pages. http://www.oasis-open.org/cover/dsssl.html

D'Amore, S.: Vektorgeplänkel. Internet Professionell. Januar 2001, 96-98

Davies, R.: Toward digital Video Compression (I of III). http://www.hh.avnet. com/resources/publications/tsc.news/newslwtr.html.

DeBra, P. M. E.:Hypermedia struktures and systems. http://wwwis.win.tue.nl /~debra/cursus/static/index.html.

DSP Group.: Truespeech Player - Frequently Asked Questions. http://www.dspg.com/ player/faq.htm

Eberl, M., **Jacobson,** J.: Macromedia Director 7 Insider. München 2000

Eike, U.: In zehn Schritten zur eigenen VRML-Welt. Internet Professionell, Juli 1997, 37ff

Elysium Ltd.: Welcome to JPEG. http://www.jpeg.org/public/jpeghomepage.htm

Feizabadi, S.: History of the World Wide Web. http://ei.cs.vt.edu/~wwwbtb /book/chap1/web_hist.html

Ferraiolo, J. (Editor): World Wide Web Consortium. Scalable Vector Graphics (SVG) 1.0 Specification. http://www.w3.org/TR/2000/CR-SVG-20000802/

Fickert, T.: Multimediales Lernen. Wiesbaden 1992.

Flynn, P., **Allen,** T., **Borgman,** T., **Bray,** T., **Cover,** R., **DuCharme,** R., **Maden,** C., **Maler,** E., **Murray-Rust,** P., **Quin,** L., **Sperberg-McQueen,** M., **Weber,** J., **Makoto,** M.: Frequently Asked Questions about the Extensible Markup Language, Version 1.6. http://www.ucc.ie/xml/

Fraunhofer Institut für Integrierte Schaltungen: MPEG Audio Layer-3. http://www.iis.fhg.de/amm/techinf/layer3/index.html

Froumentin, M.: World Wide Web Consortium. Extensible Stylesheet Language (XSL). http://www.w3.org/Style/XSL/

Gay, G.: Status of RTF format? http://lists.w3.org/Archives/Public/w3c-wai-gl/2000JulSep/0077.html

Gonzalez, M.: Another GIF transparency page. http://www.cis.columbia.edu/homepages/gonzalu/transparent-gifs/transparent.html

Grauer, **Merten**: Multimedia. Entwurf, Entwicklung und Einsatz in betrieblichen Informationssystemen. Berlin 1997.

Hamilton, E.: C-Cube Microsystems. JPEG File Interchange Format, Version 1.02. http://www.jpeg.org/public/jfif.pdf

Hasebrook, J.: Multimedia-Psychologie. Heidelberg 1995.

Heinrich, L. J., **Lehner**, F., **Roithmayr**, F.: Informations- und Kommunikationstechnik, 4. Aufl., München 1994

Helio: SOJA FAQ, http://www.helio.org/products/smil/sojafaq.html

Henle, H.: Das Tonstudio Handbuch. München 1993.

Henning, P. A.: Taschenbuch Multimedia. München/Wien 2000

Hjelm, J., **Martin,** B., **King,** P.: WAP Forum - W3C Cooperation White Paper 1998 http://www.w3.org/TR/1998/NOTE-WAP-19981030

Huber, M.: Multimedia Lexikon. August Verlag Augsburg 1994.

Icecast Team: Open Source Streaming Audio, 1999 http://www.icecast.org/faq.html

Ishikawa, M., **Jacobs,** I., **Raggett,** D.: World Wide Web Consortium. Hypertext Markup Language Homepage. http://www.w3.org/MarkUp/

Kling, B.: Tiefenfenster. Internet Professionell, Juli 1997, 40ff

Koser, W.: Website-Tuning. Internet Professionell, Juni 1997, 49

Krüger, J., **Märtin,** C.: Dehnbare Formate. iX-Magazin für Professionelle Informationstechnik 11/2000, 148-155.

Kurbel, K., **Twardoch,** A.: Aktuelle Multimedia-Technologien zur Gestaltung von WWW-Seiten. Wirtschaftsinformatik, 3/2000, 253-267.

Lamprecht, S.: Form follows function. Internet Professionell, März 1998, 70-73

Lamprecht, S.: SMIL. Internet Professionell, Juli 1998, 1998b, 96

Lamprecht, S.: Multimedia für das Web. Internet Professionell, Oktober 1998, 1998a , 79-81

Lehner, F. et al.: Wirtschaftsinformatik. Theoretische Grundlagen. München 1995

Leuthold, **Orum**: Summer ´96 Course of visual communication: MPEG4 compared to other standards (Appendix). http://www.stud.ee.ethz.ch/~rggrandi/appendix.html.

Lindemann, Ch., **Immler**, Ch., **Harms**, F.: Internet intern. Düsseldorf 2000

Loviscach, J., **Fastenrath**, W.: Villa Kunterbunt. Farbkorrektur mit Color-Management-Systemen. In: c't 10/1996, S. 180 – 183.

Macromedia Inc.: Macromedia Deutschland – Flash. 2000, http://www.macromedia.com/de/software/flash

Maier, R.: Qualität von Datenmodellen, Wiesbaden 1996

Mathews, B., **Lee,** L., **Dister,** B., **Bowler,** J., **Cooperstein,** H., **Jindal,** A., **Nguyen,** T., **Wu,** P., **Sandal,** T. (Editors): World Wide Web Consortium, 1998, VML – the Vector Markup Language, http://www.w3.org/TR/NOTE-VML

Matz, A., **Kilian,** J.: Klick mich! Internet Professionell, Dezember 1997, 82-85

Matzer, M., **Lohse,** H.: Dateiformate. München 2000

Meier, A.: Methoden der grafischen und geometrischen Datenverarbeitung. Verlag Teubner, Stuttgart 1986

Microsoft Corp.: Windows Media Format 7, 2000, http://www.microsoft.com/windows/windowsmedia/en/wm7/format.asp

Microsoft Corp.: Rich Text Format (RTF) Specification, version 1.6. http://msdn.microsoft.com/library/specs/rtfspec.htm

Microsoft Developer Network: Microsoft GmbH. Microsoft Developer Network Development Library CD January 1995, Product Documentation, SDKs, Windows 3.1 SDK, Multimedia Programmer's Reference, Chapter 8 Multimedia File Formats, Waveform Audio Format (WAVE)

Microsoft GmbH: Was sind die Windows Media Technologies?, 2000 http://www.microsoft.com/GERMANY/windows/windowsmedia/roadmap.htm

Microsoft GmbH: Microsoft Konverter und Viewer. http://www.microsoft.com/germany/office/Office/viewers.htm

Microsoft GmbH: Microsoft Product Support Services: Troubleshooting Wave Sound File Problems in Windows 95/98/Millennium Edition (Me). http://support.microsoft.com/support/kb/articles/Q140/3/34.asp

MIDI Manufacturers Association: Downloadable Sounds - Level 1 Specification. 1999b, http://www.midi.org/about-midi/dls/dlsspec.htm

MIDI Manufacturers Association: General MIDI - Level 2 Specification1999a, http://www.midi.org/about-midi/gm/gm2spec.htm

MPEG LA, MPEG Licensing Administrator, http://www.mpegla.com/

Musciano, Ch., **Kennedy,** B.: HTML – The Definitive Guide, 2nd Edition. Cambridge1997

Niederst, J.: Web Design in a Nutshell. Sebastopol 1999

Nullsoft: SHOUTcast Home, http://www.shoutcast.com

O'Leary, B., **Picher,** O.: Unisys Corp., Unisys Clarifies Policy Regarding Patent Use in On-Line Service Offerings. http://lpf.ai.mit.edu/Patents/Gif/unisys.html

Oren, T.: CompuServe Inc.: Original CompuServe announcement about GIF patent. http://lpf.ai.mit.edu/Patents/Gif/origCompuServe.html

Otratix Development BV: GRiNS Authoring Software, 2000 http://www.oratrix.com/GRiNS/

Pazandak, P. et al.: Evaluation Object DBMSs for Multimedia, In: IEEE Multi-Media: MultiMedia Database Systems, July - September 1997 Vol. 4, No. 3, S.34-48, IEEE Computer Society, New York 1997

Pitscheneder, R.: Ich war ein Original. Internet Professionell, Juli 1997, 60-63

Purgathofer, W.: Graphische Datenverarbeitung. Springer Verlag, Wien/New York 1985

Real Networks: RealNetworks.com – The Home Of Streaming Media, 2000, http://www.realnetworks.com

Robertson, C.: VRML and QuickTime VR Technology, 1997, http://www.nlc-bnc.ca/pubs/netnotes/notes48.htm

Schwickert, A. C.: HTML – Hypertext Markup Language. In: Informatik-Spektrum 20 1997, S. 168 – 169.

Seminar Multimedia-Datenformate. Verfügbar unter: http://i31www.ira.uka.de /~semin94/Seminar.html.

Spainhouse, St., **Eckstein,** R.: Webmaster in a Nutshell, 2nd Edition. Sebastopol 1999

Steinmetz, R.: Multimedia Technologie, Einführung und Grundlagen. Springer-Verlag Berlin Heidelberg 1993.

Steinmetz, R.: Multimedia Technologie, Einführung und Grundlagen. Berlin, Heidelberg 1993

Tanenbaum, A. S.: Computernetzwerke. München 1997.

Tanenbaum, A.S.: Computernetzwerke. München 1997.

The GIF Controversy: A Software Developer's Perspective. http://www.cloanto.com/users/mcb/19950127giflzw.html

The VRML Consortium Inc.: The Virtual Reality Modeling Language: International Standard ISO/IEC 14772-1:1997. http://www.vrml.org/technicalinfo/specifications /vrml97/index.htm

Wilke, J., **Imhof,** C.: Multimedia. Voraussetzungen, Anwendungen, Probleme. VISTAS Verlag Berlin 1996.

Wilke, J., **Imhof,** C.: Multimedia. Voraussetzungen, Anwendungen, Probleme. VISTAS Verlag Berlin 1996

Woelk, D. et al.: An Object-Oriented Approach to Multimedia Databases, ACM SIGMOD Vol. 15, No. 2, ACM Press, New York, S. 311-325

Wright, M.: XML-CML.ORG - The Site for Chemical Markup Language. http://www.xml-cml.org/

Yu, L. et al.: An evaluation framework for algebraic object-oriented query models. In: Proceedings of the IEEE International Conference on Data Engineering, 1991 S. 670 – 677

3 Technologien zur Entwicklung von Multimedia-Anwendungen

3.1 Offline-Technologien

3.1.1 Grundlagen von Autorensystemen

Zur Realisation multimedialer Software kommen neben der freien Programmierung v.a. verschiedene Engines und Autorensysteme zur Anwendung. Sie verfügen über bereits vorprogrammierte, häufig verwendete Elemente zur Erzeugung bzw. Einbindung sowohl diskreter (zeitunabhängiger) Medienobjekte (Text, Bild), als auch kontinuierlichen Medien (Animation, Audio, Video), wodurch der Programmieraufwand erheblich verringert wird. Grundzüge dieser Entwicklungsumgebungen werden im folgenden kurz umrissen.

Autorensysteme vs. Freie Programmierung und Engines

Freie Programmierung

Eine Anwendung wird mit Hilfe klassischer – heutzutage meist objektorientierter – Programmiersprachen wie Pascal, C, C++, ... erstellt. Dem Entwickler steht ein sehr hohes Funktionspotenzial und Flexibilität im Entwicklungsprozess zur Verfügung. Die Applikationen haben eine sehr gute Performanz.

Dagegen steht ein hoher Entwicklungsaufwand, eine relativ lange Entwicklungsdauer und somit hohe Entwicklungskosten. Der Entwickler muss Spezialist in der Programmiersprache und ihrer Entwicklungsumgebung sein und weitreichende Informatik-Kenntnisse besitzen. Die inhaltliche Qualität ist nur in Kooperation mit einem Experten zu erreichen.

Engine- Programmierung

Unter einer Engine versteht man eine Entwicklungsumgebung, die Teilkomponenten vorgibt, aus denen im Baukastenprinzip eine Anwendung zusammengebaut wird. Interaktionsfunktionen können fest vorgegeben sein. Beispiele: Grundig Engine, Apple Media Tool. Vorteile von Engines sind ein geringerer Entwicklungsaufwand, eine relativ kurze Entwicklungsdauer und somit niedrigere Entwicklungskosten. Die Applikationen haben eine gute Performanz.

Dagegen steht ein eingeschränkter Funktionspotential und niedrige Flexibilität des Entwicklungssystems. Der Umgang mit komplexen Engines setzt aufwendige Einarbeitungszeit und ausreichende Informatik-Kenntnisse voraus.

Autorensysteme

Autorensysteme stellen eine grafisch-interaktive Entwicklungsumgebung speziell zum Erstellen multimedialer Anwendungen zur Verfügung. Anspruch ist, dass ein Informatik-Laie auch ohne Programmiersprachenkenntnisse einfache Applikationen erstellen kann. Mittels einer Skriptsprache sind die meisten Autorensysteme über den angebotenen Funktionaumfang hinaus auch frei programmierbar. In vielen Autorensystemen wird der Aufbau von Bibliotheken (Programm-Module und Objekte) stark unterstützt, so daß eine Wiederverwendung einmal erstellter Funktionen oder Anwendungssegmente auch in anderen Projekten sehr einfach ist.

Heute sind eine Vielzahl von Autorensystemen auf dem Markt, die verbreitetsten sind Toolbook von Asymetrix, Director und Authorware von Macromedia.

Die Arbeit mit Autorensystemen verringert den Entwicklungsaufwand, die Entwicklungsdauer und Entwicklungskosten beträchtlich. Im Entwicklungsprozess kann der Schwerpunkt auf die Qualitätssicherung der Inhalte gelegt werden, der Autor wird zum Entwickler.

Dagegen steht eine niedrige Flexibilität des Systems, die allerdings durch den Einsatz von Scriptsprachen wesentlich erhöht werden kann. Die Performance der Anwendungen ist wesentlich niedriger als bei Applikationen, die frei programmiert wurden. Nur wenige Autorensysteme compilieren einen eigenständigen Maschinencode, der ohne Interpreter oder andere nutzerseitig zu implementierende Runtime-Module lauffähig ist.

Bevor exemplarisch auf einige weitverbreitete Autorensysteme im einzelnen eingegangen wird, sollen grundlegende Anforderungen an Autorensysteme dargestellt werden:

Zunächst sollen Autorensysteme durch Konzepte der visuellen Programmierung wie grafisch-direktmanipulativen Editoren und geeignete Metaphern den Entwickler unterstützen und somit den Entwicklungsaufwand senken. Dies geschieht insbesondere durch eine weitgehend automatisierte Einbindung von unterschiedlichen Informations- und Medienobjekten, sowie die Verwaltung der Objekte und ihrer Beziehungen zueinander.

Für die Realisation von Multimedialität ist von entscheidener Bedeutung, dass diese Softwarewerkzeuge selbst Funktionen zur Erstellung bzw. Weiterverarbeitung von (importierten) Medienobjekten bereitstellen, sowie die Synchronisation und Kompression von Medien unterstützen. Zum flexiblen Einsatz von Autorensystemen ist eine leistungsfähige, integrierte Programmiersprache unerlässlich. Jüngere technische Entwicklungen fordern zudem Funktionen, die Kommunikation und Internetanbindung ermöglichen.Von besonderer Bedeutung für den Entwickler sind zudem die Gewährleistung einer permanenten technischen Weiterentwicklung sowie Support durch WWW, Diskussionsforen, Newsgroups oder ähnlichem bzw. Publikationen in Fachzeitschriften und Büchern.

3.1.2 Klassifikation und Überblick

Einen ausführlichen Überblick über Autorensysteme gibt die Forschergruppe SofTec NRW (1999), von der die nachfolgende Zusammenfassung weitgehend übernommen wurde. Unterschiede zwischen den einzelnen Systemen bestehen vor allem hinsichtlich zeitlicher Eigenschaften und Navigationsstrukturen. Boles/Schlattmann (1998) unterscheiden folgende Hauptkategorien:

- **Zeitachsen-basierte Autorensysteme:** Die Multimedia-Objekte werden auf einer Zeitachse angeordnet, um den Ablauf der Anwendung festzulegen. Die Navigationsbeziehungen können der Zeitachse zugeordnet werden und ermöglichen Zeitsprünge.
- **Flußdiagramm-basierte Autorensysteme:** Die Multimedia-Objekte werden durch Ikonen bzw. Miniaturen repräsentiert. Diese werden dann in Diagrammen durch Kanten verbunden und legen den möglichen Verlauf der Anwendung fest. Wenn ein Multimedia-Objekt mehrere ausgehende Kanten besitzt, so wird während der Anwendung die Navigation im allgemeinen durch Interaktion bestimmt.
- **Flächen-basierte Autorensysteme:** Die Multimedia-Objekte werden auf Flächen (Dias, Frames, Fenster, Karten oder Seiten) angeordnet. Diese Flächen repräsentieren den Bildschirm der während der Anwendung für ein bestimmten Zeitraum zu sehen ist. Die Anwendung besteht dann aus einer Menge solcher Flächen, die dem Benutzer in einer evtl. beeinflußbaren Reihenfolge gezeigt werden.

Ein wichtiger Begriff zur Charakterisierung von Autorensystemen ist die **Metapher**. Als Metapher (manchmal auch als Paradigma genannt) bezeichnet man die Methode mit der ein Autorensystem die zeitlichen Abhängigkeiten und die einzelnen Multimedia-Objekte verwaltet. zeitachsen-basierte und flußdiagramm-basierte Autorensysteme sind spezielle flächen-basierte Autorensysteme, die zusätzlich Metaphern für die zeitliche Verknüpfung der Bildschirmflächen verwenden (vgl. Forschergruppe SofTec NRW, 1999, wo folgende drei Autorensysteme ausführlicher beschrieben werden: Macromedia Director, Asymetrix Toolbook II Instructor, Authorware Attain von Macromedia). Folgende Metaphern sind üblich (vgl. Boles/Schlattmann, 1998, Siglar, 1999): Skript, Flußdiagramm, Rahmen/-Balken, Stapel/Karten, Zeitachse, Objekt, Hypermedia-Verkettung sowie Etiketten (Tags).

Aufbauend auf diese Einteilung wird nachfolgend die von der Forschergruppe SofTec NRW (1999) zusammengestellte Übersicht über Autorensysteme wiedergegeben. Nach einer kurzen Erläuterung der Metapher werden jeweils einige Produktbeispiele genannt.

Skript-Metapher (Scripting Paradigma): Dieser Ansatz kommt der traditionellen Programmierung am nächsten. Die Basis ist eine sogenannte Skript-Sprache. Die meisten Skript-Sprachen werden bei der Programmausführung interpretiert und nicht kompiliert. Die Vorteile der Skript-Metapher liegt also nicht in einer hohen Performance, sondern in der höheren zur Verfügung gestellten Funktionalität. Die Skript-Sprachen sind in der Regel objektbasiert bzw. objektorientiert. Die von Programmiersprachen bekannten Kontrollstrukturen wie Schleifen, Fallunterscheidungen, Rekursion, Prozedur-Aufrufe, usw. sind häufig integriert. Die Einbindung externer Programmiersprachen ist meist möglich. Die Skript-Metapher findet sich auch in andere Paradigmen eingebaut, was beim Autor allerdings Programmierkenntnisse erforderlich macht.

Produktbeispiele:

- GLpro von G-media; DOS, Windows (http://www.gmedia.net/glpro/)
- MocKingbird(r)CBT von Warren-Forthought, Inc.; Mac, Windows, NT (http://www.mokkingbird.com/products/cbt/index.htm)
- Xpower von Paul Mace Software; Windows (http://www.pmace.com/xpower.htm)

Flußdiagramm-Metapher (Iconic-Flow Control Paradigma): Diese Metapher ermöglicht sehr kurze Entwicklungszeiten und eignet sich daher am besten zur Entwicklung von Prototypen und kleineren Projekten. Das Paradigma basiert auf einer Ikonen-Palette, die alle möglichen Objekte/Funktionen/Interaktionen des Programms enthalten. Die Fluß-Linie (logischer Ablauf) zeigt die aktuellen Beziehungen zwischen den Ikonen an. Die resultierenden Anwendungen sind in der Ausführung meist aber langsam.

Produktbeispiele:

- Authorware Attain von Macromedia; Windows, NT, WWW (via WebPlayer) (http://www.macromedia.com/software/authorware/)
- BigEZ von Warren-Forthought, Inc.; Windows (http://www.mockingbird.com/products/bigez/index.htm)
- CourseBuilder von Discovery Systems Int'l.; Mac, Windows Player (http://www.discoverysystems.com/Pages/CB-Soft.HTML)
- IconAuthor von Asymetrix; Windows, NT, Solaris, UNIX, WWW (via Windows) (http://www.asymetrix.com/products/iconauthor/)
- Slim Show von PC Wholeware; Windows, NT (http://www.pcww.com/web_mat/slimshow.html)

Rahmen/Balken-Metapher (Frame Paradigma): Hier besteht eine Ähnlichkeit zur Flußdiagramm-Metapher, da normalerweise eine Ikonen-Palette enthalten ist. Die Beziehungen zwischen den Ikonen sind konzeptionell und repräsentieren nicht immer den aktuellen Fluß bzw. Ablauf des Programmes. Diese Metapher ermöglicht eine schnelle Entwicklung. Eine gute, automationsunterstützte Funktion zur Fehlerverfolgung wird allerdings benötigt, da die Fehlerverfolgung durch die konzeptionelle Repräsentation der Beziehungen nicht visuell durchgeführt werden kann.

Produktbeispiele:

- Astound von Astound; Windows95/98, NT (http://www.astound.com/products2/astound/astound.html)
- Cocktail98 von Samsung; Windows, NT, WWW (http://www.cocktail98.com/)
- Digital Chisel von Pierian Spring; Windows95/98, NT, Solaris, WWW (http://www2.pierian.com/products/authoring_tools/digital_chisel3/dc3.htm)
- Digital Box Office von PowerProduction Software; Mac; Windows Player (http://www.powerproduction.com/dbo/dbo.html)
- Illuminatus von Digital Workshop; Windows
- (http://www.digitalworkshop.co.uk/index.html)
- iShell von Tribeworks; PowerMac, Windows95/98 und NT (Freeware) (http://www.tribeworks.com/Public/Content/Technology.html)
- MediaForge von Clearsand Corporation; Windows95, NT, WWW (via Mirage) (http://www.clearsand.com/webpages/prod/mf/index.htm)
- Multimedia Fusion von IMSI; Windows 95, NT (http://www.imsisoft.com/mmfusion/)
- Neobook Professional von Neosoft; DOS, Windows 95/98, NT (http://www.neosoftware.com/nbw.html)
- Presenter! von Eloquent; Windows, NT, WWW (http://www.eloquent.com/products/presenter.html)

- QuarkImmedia von Quark; PowerMac, Windows Player (http://www.quark.com/quarkimmedia/)
- Quest von Allen Communications; Windows, NT, WWW (via QuestNet) (http://www.allencomm.com/software/quest/)
- Scala MM200 von Scala; Windows95, NT (http://www.scala.com/mm/index.html)
- StorySpace von Eastgate Systems; Mac, Windows (http://www.eastgate.com/Storyspace.html)
- TenCORE von Computer Teaching Corporation ; DOS, Windows (http://www.tencore.com/authtool.htm)

Karten-Stapel- und Buch-Seiten-Metapher (Card-Scripting Paradigma): Dieses Paradigma ist durch die Integration von Skripten sehr mächtig, leidet aber unter der Index-Karten- bzw. -Seiten-Struktur. In der Karten-Stapel-Metapher wird die Multimediaanwendung durch einen Kartenstapel realisiert. Die Karten beinhalten die einzelnen Bildschirmseiten. Bei der Buch-Seiten-Metapher wird ein Buch simuliert, wobei die Seiten allerdings als Netzwerk miteinander verbunden sind. Beide Metaphern eignen sich gut für Hypertext-Anwendungen bzw. navigationsintensive Anwendungen.

Produktbeispiele für die Karten-Stapel-Metapher:

- HyperCard von Apple Computer; Mac, WWW (via LiveCard!) (http://www.apple.com/hypercard/)
- HyperGASP von Caliban Mindwear; Mac (http://www.calibanmw.com/hg30.html)
- HyperSense von Thoughtful Software; NeXT (http://www.thoughtful.com/hypersense/index.html)
- HyperStudio; Roger Wagner Publishing; Mac, Windows, WWW (via HyperStudio plug-in) (http://www.hyperstudio.com/)
- MetaCard von MetaCard; Mac, Windows95/98, NT, Solaris, UNIX (http://www.metacard.com/pi.html)
- SuperCard von IncWell / Alligant; Mac, WWW (Mac and Win32 via Roadster) (http://www.incwell.com/SuperCard/SuperCard.html)

Produktbeispiele für die Buch-Seiten-Metapher:

- Toolbook II von Asymetrix; Windows, NT, WWW, Java (http://www.asymetrix.com/products/)
- SuperLink von Alchemedia; Windows, NT (http://www.alchemediainc.com/slfeatr.html)

Zeitachsen-Metapher (Cast-Score-Scripting Paradigma): Hierbei wird eine Musik-Partitur bzw. ein Film-Drehbuch als Metapher benutzt. Die Synchronisierung der Multimedia-Objekte erfolgt auf verschiedenen Spuren (Tracks), die als Reihen angeordnet sind. Die Mächtigkeit dieses Paradigmas liegt in der Möglichkeit jedem der benutzten Objekte ein Verhaltens-Skript zuzuordnen. Die Metapher eignet sich am besten für animationsintensive oder synchronisierte Anwendungen. Bei einer großen Anzahl von Objekten wird die Anordnung allerdings schnell unübersichtlich.

Produktbeispiele:

- AuraLine von NEC Systems Laboratory; Java, Windows, WWW (http://www.auraline.com/about/about.htm)

- Director von Macromedia; Mac, Windows95/98, NT, WWW (via Shockwave) (http://www.macromedia.com/software/director/)
- Emblaze Creator von Geo International; JavaScript, Mac, Windows95, WWW (http://www.emblaze.com/creator.htm)
- Flash von Macromedia; Mac, Windows95, NT, WWW (via Flash Player) (http://www.macromedia.com/software/flash/)
- ThingMaker von Parable; Windows95/98, NT, WWW (via ThingPlayer) (http://www.thingworld.com/)

Objekt-Metapher (Hierarchical Object Paradigma): Diese Metapher baut auf objektorientierten Strukturen auf. Die Objekte und ihre Eigenschaften werden visuell repräsentiert und können grafisch-interaktiv manipuliert werden. Das resultiert möglicherweise in komplizierten Konstrukten. Autoren ohne objektorientierte Programmiererfahrung ist die Benutzung meist nicht möglich. Die Metapher wird insbesondere in der Unterhaltungsbranche und für Lernsysteme, die in Spiele integriert sind (Edutainment), eingesetzt. Die Vorteile liegen in der modernen Struktur, der Erweiterbarkeit und der Wiederverwendung von Komponenten.

Produktbeispiele:

- Dazzler von Intela Media Ltd.; Java, Windows, NT, WWW (http://www.dazzlersoft.com/visitors_index.htm)
- Gain Momentum von Gain Software, Inc.; Windows 95, NT, Solaris, UNIX (http://www.gainsoft.com/gm/)
- Katabounga von Abvent; PowerMac, Mac Player, Windows95/98 Player (http://www.abvent.com/intl/katabounga.html)
- Motivate von Motion Factory; Windows, NT (http://www.motion-factory.com/products/frameset_products.html)
- mTropolis von Quark; Mac/PowerMac, Windows player, WWW (via mPire) (wurde von Quark aufgekauft, der Vertrieb ist anscheinend eingestellt worden)

Hypermedia-Verkettungs-Metapher (Hypermedia Linkage Paradigma): Die Hypermedia-Verkettungs-Metapher ist eine Rahmen/Balken-Metapher, in der die konzeptionellen Beziehungen nicht visuell dargestellt werden.

Produktbeispiele:

- Formula Graphics Multimedia System von Formula Software Pty Ltd; Windows, NT, WWW(via FG), Java (via FGX) (http://www.FormulaGraphics.com/)
- Microcosm von Multicosm, Ltd.; DOS, Windows (http://www.multicosm.com/microcosm/index.html)
- MMD von Capella Computers Ltd.; Windows, NT (http://www.capella-mm.com/home/body_mmd.htm) (Alle MM-Objekte und Eigenschaften sind in der eigenen Multimedia-Datenbank gespeichert)

Produktbeispiele für die Verwendung von gemischten Metaphern:

- Flußdiagramm- und Objekt-Metapher:
- Docent von Docent; Windows95, NT, WWW (http://www.docent.com/solutions/products/index.htm)
- Stapel-Karten-Metapher/Buch-Seiten-Metapher:

- ClickWorks von Pitango / Scitex; Mac; Windows player (http://www.pitango.com/mn-cw.html)

Seiten-Buch- und Objekt-Metapher:

- Everest Authoring System von Intersystem Concepts, Inc.; Windows (http://www.insystem.com/everest.htm)

Neben den Autorensystemen, die den gängigen Paradigmen folgen, präsentiert die Forschergruppe SofTec NRW (1999) noch weitere, die nicht eingeordnet werden können.

- Courseworks von Iprax Training Solutions; Windows (http://www.iprax.com/cworks/index.htm)
- Realimation STE von Realimation; Windows95, NT, WWW (3-D Virtual Reality Autorensystem) (http://www.realimation.com/overview/ste.htm)
- CBIquick Authoring System von AMT International, Inc.; Windows, NT, WWW (via Stargate) (http://www.amtcorp.com/cbiquick.html)
- TopClass von WBTSystems; (http://www.wbtsystems.com/)
- @ucate (Bavaria Film Interactive, http://www.communication-channel.de/)

Darüber hinaus existieren noch spezielle Produkte zur Entwicklung von Lern- und Lehrumgebungen (vgl. Forschergruppe SofTec NRW 1999). In Frage kommen außerdem alle Systeme, die zur Entwicklung von LoD-Lösungen zur Verfügung stehen. Hier wird auf den Überblick und die Dokumentation bei Lehner/Rippler (2000) verwiesen.

- Manager's Edge von Allen Communications; Java, Windows95, NT (kein Autorensystem sondern Verwaltungstool für Kommunikation und Datenaustausch zwischen Lernendem und Lehrer) (http://www.allencomm.com/software/manager/mefandb.html)
- Question Mark von Question Mark Computing Ltd.; WWW, DOS, Mac, Windows (für elektronische Fragebögen und Tests, Pro Frage eine Seite, keine allgemeine MM-Präsentation) (http://www.questionmark.com/qmwindows/index.htm)
- Tactic! von BGW Multimédia; Windows95, NT (Autorensystem und Verwaltungsumgebung liefert auch Unterstützung beim Design) (http://www.bgw.ca/english/survol-e.html)

3.1.3 Toolbook

Toolbook ist wohl neben Hypercard das am weitesten verbreitete framebasierte Autorensystem. Dem Original HyperCard für Macintosh weitgehend nachempfunden, gilt es als Quasi-Standard zur Entwicklung framebasierter Anwendungen unter Windows (Boles, 1998).

Toolbook basiert - wie der Name schon andeutet - auf der Buchmetapher: Eine Toolbook-Applikation setzt sich aus verschiedenen Seiten zusammen, die einzelnen Seiten bestehen aus Vorder- und Hintergrund, wobei ein Hintergrund von verschiedenen Seiten gleichzeitig genutzt werden kann. Seiten werden durch Viewer angezeigt, dadurch können prinzipiell mehrere Seiten gleichzeitig sichtbar sein. Auf die Seiten (oder Hintergrund) werden (grafische) Objekte gelegt (Grafik, Text, Navigationselemente), die meist die eigentlichen Informationsträger sind. Alle Objekte, also auch die einzelnen Seiten, Hintergründe, Viewer etc. besitzen bestimmte Eigenschaften die Aussehen (Größe, Position, Farbe, Textfont...) und Verhalten (Drag and Drop, Reaktion auf Eingabe ...) definieren. Diese Eigenschaften können sowohl vom Autor vorab festgelegt werden, als auch zur Laufzeit gesetzt bzw. geändert werden.

Untereinander sind alle Toolbook-Objekte (Medienmaterial, Seiten, Hintergründe, Book,Viewer) hierarchisch organisiert.

Die Erstellung von Toolbook-Applikation erfolgt nach dem WYSIWYG-Prinzip, das bedeutet, der Entwickler kann mithilfe verschiedender Tools alle Elemente im Autorenmodus so erstellen, wie sie der User in der Leserebene zu sehen bekommt.

Möglichkeiten zur Realisierung von Multimedialität

Toolbook unterstützt die Gestaltung einfacherer visueller Objekte. Die Realisation erfolgt ähnlich wie bei vektor-orientierten Grafikprogrammen. Durch Auswahl aus einer Tool-Leiste können einfache grafische Objekte (Kreise, Rechtecke, Linien, Polygone etc.) sowie Textobjekte erstellt werden, mehrere einzelne Objekte können gruppiert werden. Komplexe grafische Objekte können in andere Anwendungen über Copy & Paste wiederverwendet werden. Neben Texten können komplexere Vektorgrafiken und Bitmaps importiert werden, Toolbook unterstützt hier die gängigen Text- und Bildformate.

Die Erstellung einfacher Animationen unterstützt Toolbook z.B. durch die Funktion "Pfadanimation" oder einem Seitenwechsel nach dem Prinzip eines Daumenkinos. Zudem verfügt Toolbook über eine Schnittstelle zur Integration von zeitabhängigen Medienobjekten. Video-, Animations und Sounddateien können als sogenannte Clips in die Anwendung integriert und auf einer "Bühne" abgespielt werden. Zur Steuerung dieser zeitabhängigen Medien stehen vorgefertigte Skripten zur Verfügung. Sie ermöglichen einfache Interaktionen wie Start, Pause, Stop, Vor- und Zurückspielen.

Interaktivität

Die Realisierung der Interaktion erfolgt konsequent ereignisorientiert.

Ereignisse sind dabei zunächst Eingaben durch den Benutzer, also Tastatureingaben, Mausereignisse (Klick, Doppelklick, Mousedown ...). Zudem reagiert Toolbook auf Systemereignisse wie das Betreten einer neuen Seite, das Öffnen eines neuen Viewer, Starten einer Applikation usw.), oder Nachrichten durch die Timer-Funktion. Selbst wenn keine Eingabe oder Systemereignis erfolgt, wird dies als Ereignis gewertet (idle).

Zur flexibleren Steuerung der Interaktion können vom Autor benutzerdefinierte Ereignisse festgelegt werden

Verarbeitung der Ereignisse erfolgt durch Handler, die jedem Objekt hinterlegt sind. Dadurch können alle visuellen Objekte Eingaben des Benutzers verarbeiten und darauf reagieren. Ein Handler kann ein oder mehrere Ereignisse verarbeiten.

Beispiel eines einfachen Handlers:

```
to handle ButtonClick
-- Kommentar
got to next page
end
```

Die Verarbeitung der Ereignisse erfolgt in der Reihenfolge der Objekthierarchie. Dabei stehen verschiedene Möglichkeiten zur Verarbeitung der Ereignisse zur Verfügung:

Befindet sich hinter dem angesprochenen Objekt eine Anweisung, wird diese sofort verarbeitet und Toolbook erwartet die nächste Eingabe. Durch die Anweisung "forward" kann die Eingabe zudem an die nächsthöhere Hierarchie weitergegeben werden. Enthält das angesprochene Objekt keine Anweisung, wird das Ereignis automatisch in Reihenfolge der Objekthierarchie weitergeleitet.

In Toolbook stehen zahlreiche vorgefertigte Interaktionsobjekte zur Verfügung. Einfache Formen der Interaktion (z.B. Sprünge zu anderen Seiten) können bequem über Schaltflächen (z.B. Druckschalter, Optionsfelder, Kontrollkästchen) oder Hypertext (Aktionswort) realisiert werden. Darüberhinaus stehen weitere gängige Interaktionsobjekte bereits vorprogrammiert zur Verfügung, wie Listenfelder oder Comboboxen.

Toolbook unterstützt die Erstellung eigener Menüleisten inklusive Untermenüs zur Steuerung der Applikation (Schließen, Öffnen, Speichern, Drucken ...) oder dem Auslösen selbstdefinierter Vorgänge. Durch die Funtion popmenu() können problemlos auch kontextsensitive Popup-Menüs realisiert werden.

Wie obiger Abschnitt gezeigt hat, lassen sich einfachere und kleine Applikationen mit geringem Grad an Interaktivität relativ gut auch ohne Programmierkenntnisse erstellen. Für aufwendige Multimediale Applikationen ist aber die Programmierung mittels O-penScript unabdingbar.

Autorensprache OpenScript

Verfügt man bereits über Programmierkenntnisse ist OpenScript leicht erlernbar.

Nach Herstellerangaben ist OpenScript eine objektorientierte Sprache, unterliegt in diesem Punkt aber einigen Einschränkungen. So ist z.B. das Definieren neuer Objektklassen oder Vererben nicht möglich. Dennoch besitzt OpenScript die wesentlichen Merkmale höherer Programmiersprachen (Niess, 1997), die im Rahmen dieses Artikels lediglich fragmentarisch angedeutet werden können.

- Variablen: OpenScript unterscheidet unterscheidet lokale und globale Variablen. Wird eine Variable nicht explizit deklariert, gilt sie automatisch als lokale Variable. Zur Spezifikation der Variablen unterscheidet OpenScript die geläufigen Datentypen.

- Kontrollstrukturen: Als Kontrollstrukturen stehen sowohl Verzweigungsstrukturen (if/then/else; conditions/when/else) als auch Schleifen (step; do/until; while) zur Verfügung.
- Funktionen: Neben zahlreichen Funktionen zur Arithmetik, Statistik, String-Manipulation können problemlos unbegrenzt Funktionen durch eine to-get-Behandlungsroutine definiert werden.

Zur Erleichterung und übersichtlichen Programmierung stehen Debugger, Möglichkeit zu Kommentaren etc. zur Verfügung.

Neben der leichstungsfähigen Programmiersprache wird die Flexibilität von Toolboock erstellten Applikationen u.a. erhöht durch

- Einbettung externer Objekte durch OLE-Container (nur als Clientanwendung)

- Erweiterung der Möglichkeiten von Toolbook durch VBX-Module
- Einbindung verschiedener DLL's
- Schnittstelle zu DBase und Paradox
- Schnittstelle zum WWW (Version von Toolbook II oder höher)

Support

Wegen der weiten Verbreitung findet man im Internet eine Reihe von Adressen und Newsgroups, die sich mit Toolbook beschäftigen. Da diese oftmals recht kurzlebig sind, sei an dieser Stelle lediglich auf den Support durch den Hersteller verwiesen. Er ist unter http://www.asymetrix.com/support/ zu finden

Fazit

Vorzüge von Toolbook sind sicherlich schnelle Einarbeitungszeit, unkomplizierte Bedienung und ein einfaches, verständliches Konzept. Durch den modularen Aufbau von Toolbook-Applikationen sind diese bequem erweiterbar.

Wegen der mächtigen Skript-Sprache OpenScript sowie diverse Möglichkeiten zur Erweiterung bietet es Realisationsmöglichkeiten für ein weites Spektrum an Anwendungen (s.u.).

An die Grenzen seiner Leistungsfähigkeit kommt Toolbook, wenn aufwendige Animationen erstellt werden sollen. Die vorgesehenen Möglichkeiten erlauben lediglich die Realisation einfacher Animationen. Aufgrund der Programmphilosophie ist timeline-basierte Interaktion nur begrenzt umsetzbar.

Obwohl es bereits seit langen gefordert wird, steht Toolbook nur für Windows/Pc zur Verfügung, die Erstellung von Hybrid-Anwendungen ist bislang nicht möglich (Boles 1998).

3.1.4 Authorware

Authorware von Macromedia ist ein flow-chart-basiertes Autorensystem zur Erstellung plattformübergreifender, interaktiver multimedialer Informationssysteme. Applikationen werden durch objektorientiertes, iconbasiertes visuelles Authoring, Skripting, Integration von ActiveX-Steuerelementen und Verknüpfungen mit Datenbanken und Modulen der umgebenden Software erstellt. Durch umfangreiche Optionen zum Tracking der Benutzeraktivitäten, zur Ergebnis- und Effizienzkontrolle und zur Integration einer Anwendung in ein übergreifendes Lernverwaltungssystem (z.B.: Pathware) eignet sich Authorware besonders für die Entwicklung von interaktiven Lern- und Schulungssystemen, aber auch zur Erstellung "klassischer" Hypermedien wie Kiosk-Systeme, Produktsimulationen und interaktiver Publikationen.

Visuelles Authoring

Authorware bietet dem Autor seine Werkzeuge in verschiedenen Fenstern einer grafischen Benutzeroberfläche an und erlaubt intuitives Arbeiten mit Hilfe eines Fluß-Diagramms und Piktogrammen (Icons), die Ereignisse oder Inhalte repräsentieren. Diese Icons werden direktmanipulativ (drag&drop-Verfahren) auf der Flußlinie plaziert und dann mit Eigenschaften, Inhalten und / oder Funktionen versehen. Die Anordnung der Icons auf der Flußlinie bestimmen die logische Struktur einer Anwendung, d.h. den zeitlichen und logischen Ablauf und das Aussehen der Anwendung, wobei die Icons den Inhalt der Anwendung repräsentieren. Unterschiedliche Icon-Typen enthalten verschiedene Typen von Objekten (Grafik, Text, Sound, Video, Interaktion, Script, ...). Zur Entwicklung einfacher Multimedia-Anwendungen sind so keine Kenntnisse einer Programmiersprache notwendig: Durch das Ziehen grafischer Elemente auf eine Flußlinie wird die logische Struktur einer Anwendung definiert. Über Menüs können dann die Inhalte in die jeweiligen Objekte eingebunden und Navigation und Interaktion definiert werden.

Die vier wichtigsten Werkzeuge von Authorware sind:

- **Die Icon-Palette:** In ihr sind die 11 Typen von Objekten, die in Authorware Verwendung finden, repräsentiert. Zieht man eine dieser Ikonen auf die Flußlinie im Design Window, so wird eine Instanz dieses Objektes erzeugt, die alle Eigenschaften des "übergeordneten" prototypischen Objektes besizt. Bis zu 16000 solcher Instanzen könne in einer Authorware-Anwendung erzeugt werden.
- **Das Design Window:** Es enthält die Flußlinie. Dort ordnet man die Ikonen an und baut die Logik der Anwendung.
- **Das Presentation Window:** In ihm findet die Präsentation der Anwendung statt. Nach dem WYSIWYG-Prinzip können hier die einzelnen Bildschirme und alle ihre visuellen Elemente wie z.B. Text, Grafik, Buttons usw. gestaltet werden
- **Der Runtime-Modus:** Während der Programmerstellung kann man die Anwendung immer wieder laufen lassen, um das Erscheinungsbild und die Interaktivität zu überprüfen

Multimedialität

- **Grafik:** In Authorware bestehen zwei Möglichkeiten Grafiken zu integrieren. Zum einen können Grafiken aller gängigen Formate importiert werden, zum anderen könne einfache Grafiken wie Linien, Kreise, Vierecke und Polygone selbst generiert und manipuliert werden. Zudem ist ein spezieller Button-Editor zum Gestalten eigener Interaktionsbuttons enthalten.
- **Text:** Authorware enthält einfachen Textverarbeitungsmodus, in dem Text erstellt oder importierte Texte (RTF aus allen gängigen Textverarbeitungsprogrammen) weiterverarbeitet werden können. Text und Grafik werden über die Diplay-Icon integriert.
- **Video:** In Authorware könne sowohl analoge als auch digitale Videos eingebunden werden. Das Arbeiten mit analogen Videos erfordert einen externen Videodisk- oder Laserdisk- Player. Über die Video-Icon kann dieser externe Player angesprochen und gesteuert werden. Der Einsatz von analogen Videos ist nur dann nötig, wenn digitale Formate wie AVI oder MPEG die erforderliche Bildqualität nicht gewährleisten können. Über die Digital Movie-Icon weden digitale Videos in die Anwendung integriert. Es stehen ausreichend Funktionen zur Steuerung dynamischer Medien (Vor-, Zurückspulen, Pause...) zur Verfügung.
- **Audio:** Audio-Datein müssen mit einem externen Sound-Editor erstellt und bearbeitet werden. Sie können dann über die Sound-Icon in eine Authorware-Applikation integriert werden. Es stehen ausreichend Funktionen zur Verfügung, um das Abspielen zu modifizieren (Synchronisation mit Animationen, Unterbrechung, Loop, Beeinflussung der Abspielgeschwindigkeit, ...)

- **Animation:** Animation wird in Authorware als nutzergesteuerte oder automatische Bewegung grafischer Objekte über den Bildschirm verstanden. In Authorware selbst stehen Funktionen für eine 2-dimensionale pfadbasierte Animation zur Verfügung. Jedes zu bewegende Objekt muß einzeln über die Motion-Icon in die Applikation integriert werden. 3-D Animationen müssen in einem externen Editor erstellt und bearbeitet werden und werden als digitales Movie behandelt.
- **Interaktivität:** In Authorware kann Interaktivität in verschiedenen Weisen realisiert werden:
  - Der Nutzer kann auswählen, in welchen Pfad der Anwendung er verfolgen will
  - Dem Nutzer können Fragen oder Aufgaben gestellt werden. Der weitere Ablauf hängt von der Antwort des Nutzers ab
  - Zeitggesteuerte Aktionen (Begrenzung der Antwort- bzw. Reaktionszeit)
  - Es gibt mehrere Möglichkeiten Informationen vom Nutzer zu erhalten, bzw. dem Nutzer Möglichkeiten zur Interaktion anzubieten:
  - Keystrokes
  - Buttons
  - Mouseklicks auf sensitive Bereiche des Bildschirms (Hot Spots, Hot Objekts, Hot Words)
  - Texteingabe in speziell dafür vorgesehene, auswertbare Felder
  - Checkboxen
  - Radiobuttons
  - Pull-Down Menüs zur Auswahl einer Option
  - Einbettung von Hyperlinks im Text
  - Bewegen von Objekten in definierte Zielbereiche
  - Die obengenannten Verfahren und Objekte zur Interaktion stehen vorprogrammiert zur Ver-fügung und werden über die Interaktion-Icon, Decision-Icon und Wait-Icon implementiert.

Scripting

Um Aufgaben zu bewältigen, für die die Eigenschaften der Objekte der Icon-Palette nicht ausreichen, steht in Authorware ein umfangreiche Scriptsprache zur Verfügung. Authorware-Skripte stehen der herkömmlichen Programmierung nahe mit dem Unterschied, dass sie entweder in einem eigens dafür vorgesehenen Objekt-Typ -der Calculation-Icon- eingebettet oder an ein anderes Objekt sozusagen angehängt werden müssen. Sobald ein solches Calculation-Objekt erreicht wird, wird das eingebettete Script ausgeführt. Die Skriptsprache besteht aus Systemfunktionen und -variablen, die unter anderem String- und Listenmanipulation, mathematische Berechnungen, User-tracking, Arbeiten mit externen Dateien, Einbettung oder Aufruf externer Programme und die Kommunikation mit dem Betriebssystem oder Netzwerken ermöglichen. Außerdem können für eigene Zwecke selbst Variablen erstellt werden. Benutzerdefinierte Funktionen sind in externen Dateien (DLLs oder Xtras) enthalten und werden meist in C oder Visual Basic geschrieben.

Authorware ist prinzipiell durch den Einbau benutzerdefinierter Funktionen -Xtras können für viele Anwendungen auf dem freien Markt gekauft werden- und die Integration von ActiveX-Steuerelementen unbegrenzt erweiterbar. Zudem wird der ODBC-Standard von Microsoft und der Industriestandard SQL unterstützt, so dass eine Anbindung an

Datenbanken problemlos möglich ist. Die benötigten Treiber werden bei Kauf mitgeliefert.

Auslieferung von Applikationen

Authorware-Anwendungen können unter den Betriebssystemen Windows und Macintosh betrieben, sowie über CD-ROM, LAN/WAN, Intranet oder Internet eingesetzt werden.

Bei der Erstellung echter, CD-Rom-basierter Hypridanwendungen müssen allerdings während des Entwicklungsprozesses die speziellen Anforderungen der einzelnen Betriebssysteme (Dateistruktur, Grafikdarstellung, Paletten, Fonts, Sound- und Videoformate usw.) berücksichtigt werden. Prinzipiell werden Authorware-Anwendungen für Windows-Betribssysteme gepackt, d.h. in die Authorware-Datei wird die Authorware-Runtime-Anwendung eingebunden und kann so unter Windows 3.1/95/98/NT selbständig ausgeführt werden. Für eine Ausführung unter Macintosh muß nutzerseitig der Authorware-Macintosh-Player installiert sein.

Für den Einsatz im Internet ermöglicht Authorware die Umwandlung gepackter Dateien in das Shockwave-Format. Hierbei wird der Inhalt komprimiert und in Segmente unterteilt. Zum Betrachten dieser speziell aufbereiteten Dateien muß der Authorware-Web-Player nutzerseitig installiert sein. Applikationen im Shockwave-Format haben das gleiche Erscheinungsbild und weitgehend die gleiche Funktionalität wie ihre Runtime-Version. Die Auslieferung von mit Authorware erstellten Anwendungen ist lizenzfrei, einzige Auflage ist, dass in Abspann oder Startsequenz das Logo „Made with Macromedia“ erscheint.

Support

Neben den Support-Seiten und Diskussionsgruppen die Macromedia anbietet (www.macromedia.com), gibt es im Internet eine Vielzahl von Informatinen zu Authorware. Hier nur einige davon:

- The Authorware Resource Center
  (http://www.stingray-interactive.com/awunder/index.htm)
- Authorware Tutorial
  (http://home3.pacific.net.sg/~apudeepa/index.htm)
- The Authorware Knowledge Base
  (http://www.kw1c.nl/aware/)
- The Authorware Ring
  (http://www.webring.org/cgi-bin/webring?ring=authoring;index)

3.1.5 Macromedia Flash 4.0

3.1.5.1 Film – Metapher und Arbeitsumgebung

Ebenso wie der Macromedia Director basiert Flash auf der Metapher „Film". Das bedeutet, dass die bei der Entwicklung entstehenden Dateien tatsächlich aufgebaut sind wie ein Film. Es werden entlang einer Zeitachse Bilder aneinandergereiht, die Objekte wie Grafiken oder Text enthalten, und diese Bilder werden je nach Aussage zu Szenen zusammengefasst. Die Veränderung der Bilder in der Zeit nennt man Animationen. Der Film hat unterschiedliche Eigenschaften, die vom Benutzer individuell eingestellt werden können. Dazu gehören vor allem das Format, die Bildrate, die Hintergrundfarbe, Maßeinheiten für die Bearbeitung und andere.

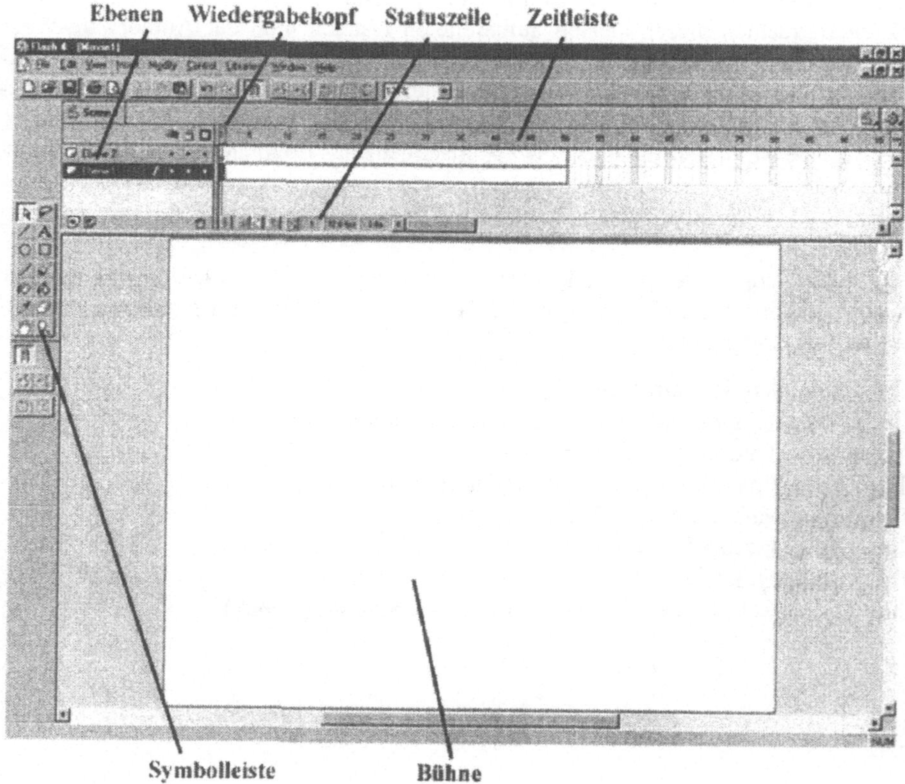

Abb. 3-1: Arbeitsumgebung von Flash 4.0

Die Arbeitsumgebung zur Erstellung eines Flash-Films ist zweigeteilt. Den größten Platz nimmt die Bühne ein. Auf ihr werden sämtliche sichtbaren Elemente eines Bildes, also

Grafiken, Text und Navigationselemente platziert. In der Zeitleiste wird dagegen die Reihenfolge der Bilder festgelegt und Animationen werden koordiniert.

Am unteren Rand der Zeitleiste befindet sich die Statusanzeige; sie enthält Informationen darüber, welches Bild gerade bearbeitet wird, welche Bildrate eingestellt wurde und in welcher Sekunde des Filmverlaufs das aktuelle Bild eingeblendet wird. Das aktuelle Bild wird durch den roten Wiedergabekopf markiert.

Links sieht man die Ebenen in die der Film eingeteilt wurde. Ebenen sind transparente Schichten, die man sich wie übereinander liegende Folien vorstellen kann. Jede dieser Ebenen besitzt eine eigene Zeitachse und kann unterschiedliche Objekte enthalten. Diese Schichtung hat den Zweck, die Gesamtgestaltung der einzelnen Elemente zu erleichtern, statische Grafiken von animierten und Grafik bzw. Text von Soundobjekten zu trennen. Wo und weshalb das notwendig ist, wird in den Nachfolgenden Punkten dieses Kapitels behandelt.

Am linken Rand befindet sich normalerweise die Symbolleiste. Sie enthält ähnlich wie viele Grafikprogramme Werkzeuge zur Grafik und Texterstellung wie zum Beispiel Stift-, Pinsel-, Füll- oder Tintenfasswerkzeug. Man kann sie ebenso wie die Standard-Menüleiste am oberen Rand der Arbeitsfläche ausblenden.

Selbstverständlich kann man den Film in dieser Arbeitsumgebung auch abspielen, um beispielsweise den korrekten Ablauf einer Szene zu überprüfen. Dazu aktiviert man am besten unter dem Menüpunkt „Fenster" die Abspielsteuerung und hat so eine grafische Navigationshilfe um die aktuelle Szene zu starten, anzuhalten, Bild für Bild nach vorne oder nach hinten zu spulen oder den Wiedergabekopf an den Anfang oder das Ende der Zeitachse zu stellen. Dieselben Funktionen findet man auch unter dem Menüpunkt „Steuerung".

3.1.5.2 Einsatz von Grafik, Text und Symbolen

Grafik

In Flash gibt es zwei Möglichkeiten mit Grafiken zu arbeiten: entweder sie selbst zu erstellen oder aus anderen Programmen zu importieren.

Bei Grafiken, die mit den in Flash 4.0 zur Verfügung stehenden Werkzeugen wie „Stift", „Pinsel" oder „Rechteck" erstellt werden, handelt es sich um Vektorgrafiken.

Beim Importieren von Grafiken hat man die Auswahl aus mehreren Formaten, denn Flash 4.0 unterstützt sowohl verschiedene Bitmap- als auch Vektorgrafik-Formate.

- BMP - Dateien werden als einzelne Objekte importiert, wobei Transparenzeinstellungen über-nommen werden. BMP – Sequenzen werden als einzelne Bilder in die aktuelle Ebene über-nommen. Selbstverständlich können auch bereits komprimierte Dateien wie z.B. JPEG oder GIF verwendet werden.
- Für die Erstellung von Vektorgrafiken für Flash wird im Handbuch das Programm FreeHand empfohlen (vgl. "Macromedia Flash 4 – Flash verwenden", 1999, S.129). Die Grafiken werden als Gruppen eingefügt und können mit Flash weiter bearbeitet und verändert werden.

Text

„In Flash Filmen können Sie Postscript®Type1-, TrueType®- und Bitmap-Schriftarten verwenden.“ (vgl. “Macromedia Flash 4 – Flash verwenden”, 1999, S.117). Es gilt allerdings wie bei anderen Anwendungen auch: ausgefallene Schriftarten sollten möglichst vermieden werden, da sie nicht auf allen Plattformen richtig dargestellt werden können.

Die Texteigenschaften umfassen Textart, Textfarbe, Schriftgröße, Position, Zeilenabstand und Ausrichtung des Textes. Der Vollständigkeit halber soll noch erwähnt werden, dass es Textfelder für die Erstellung von Formularen eingefügt werden können und das die Möglichkeit besteht, Text in Grafik umzuwandeln.

Symbole

In Flash gibt es die Möglichkeit Grafiken, Text oder Animationen als Symbole zu deklarieren. Diese werden in einer Bibliothek gespeichert und können innerhalb des Films beliebig wiederverwendet werden.

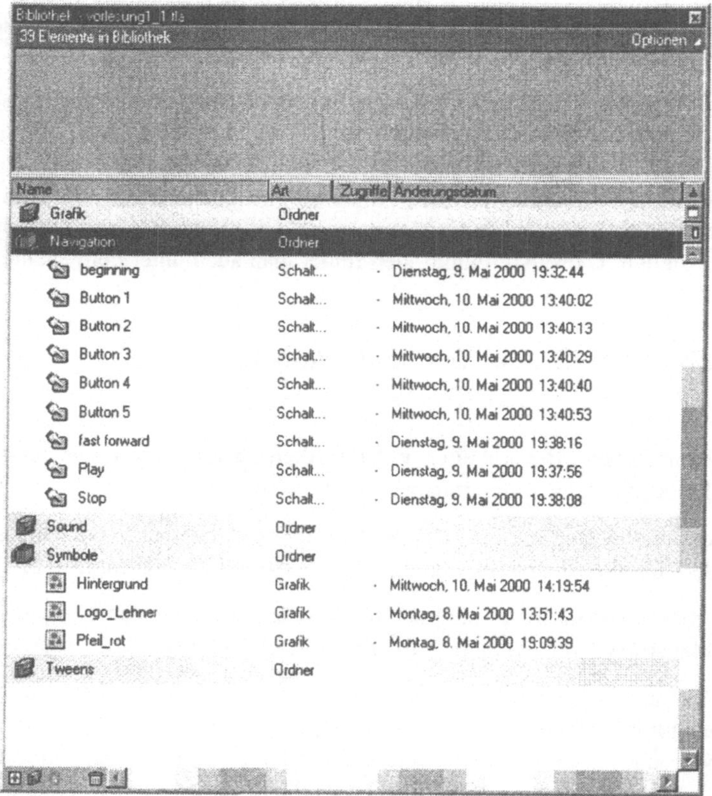

Abb. 3-2: Beispiel für eine Bibliothek

Ein Symbol, das in ein Bild eingefügt oder in einem anderen Symbol verwendet wird, heißt Instanz. Die Verwendung von Instanzen hat den Vorteil, dass viel Speicherplatz gespart werden kann, da jeweils nur Position und Größe der Grafik sowie ein Verweis auf das zu verwendende Symbol gespeichert werden müssen, nicht jedoch jedes Mal die gesamte Zeichnung. Dies erleichtert auch die Nachbearbeitung eines häufig verwendeten Symbols, da sich jede Änderung automatisch auch auf alle Instanzen auswirkt. Ein weiterer Vorteil vor allem für Anwendungen im Web ist, dass das Herunterladen des Films beschleunigt wird, da ein Symbol nur einmal vom Browser in den Hauptspeicher geladen werden muss.

Es gibt verschiedene Arten von Symbolen. Grafiksymbole enthalten statische Bilder oder Animationen, die mit der Zeitleiste des Filmes synchron sind und darin eingefügt werden können.

Filmsequenzen dagegen bezeichnen Animationen, die unabhängig von der Zeitleiste des Films eingefügt werden. Sie können eigenen Sound- und Steuerelemente oder gar andere Filmsequenzen enthalten. Wichtig für die Interaktion von Anwendungen sind die Schaltflächensymbole. Sie können auf die üblichen Mausereignisse wie „drücken", „außerhalb loslassen", „darüber rollen" reagieren und die Zustände „normal", „darüber", „gedrückt" und „aktiv" annehmen.

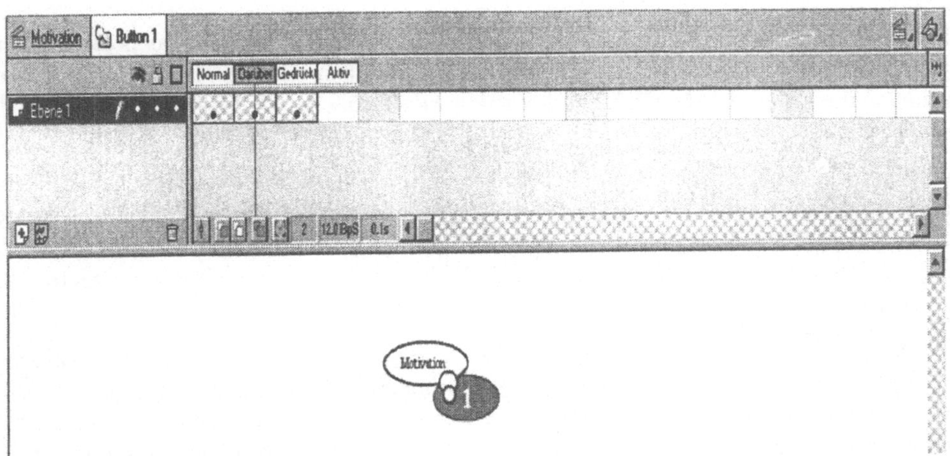

Abb. 3-3: Zustände von Schaltflächen

Bei jedem dieser Zustände kann die Schaltfläche eine andere Form, Farbe oder Position auf der Bühne annehmen. Interaktion erreicht man, indem man einer Schaltfläche Aktionen zuweist. So kann man beispielsweise bestimmen, dass beim „drücken" einer Schaltfläche zu einer beliebigen Szene oder einem bestimmten Bild gesprungen wird oder dass ein anderer Film abgespielt wird.

Falls in verschiedenen Filmen dieselben Symbole verwendet werden sollen, gibt es die Möglichkeit, mit dem Menüpunkt „Datei als Bibliothek öffnen", die Bibliothek des einen Films zu öffnen und deren Elemente auf der Bühne des zweiten zu verwenden. Diese werden automatisch in der Bibliothek des zweiten Films mit allen dazugehörenden Eigenschaften übernommen.

3.1.5.3 Erstellung von Animationen

Animationen entstehen durch die Änderung aufeinanderfolgender Bilder. In Flash werden Bilder, die eine Änderung zum vorhergehenden Bild enthalten Schlüsselbilder genannt. Die Anzahl dieser Schlüsselbilder ist ausschlaggebend für die Größe der Datei, da nur sie und die Anzahl der darauffolgenden identischen Bilder abgespeichert werden, nicht jedoch jedes einzelne Bild für sich.

Diesen Schlüsselbildern kann man, ähnlich wie bei den zuvor beschriebenen Schaltflächen, Aktionen zuordnen, um abhängig vom Filmverlauf Ereignisse auszulösen. Anzumerken ist, dass „leere Schlüsselbilder", also solche bei denen keine Elemente auf der Bühne angeordnet wurden, ebensoviel Speicherplatz wie solche mit Inhalt beanspruchen. Dies ist darauf zurückzuführen, dass alle Informationen zu den Eigenschaften des Bildes gespeichert werden müssen.

Um nun Animationen in Flash zu verwenden hat man zwei Möglichkeiten: Bild- für - Bild- und Tween-Animationen.

Bei ersteren muss jedes einzelne Bild vom Benutzer definiert werden, das heißt, dass er jede Änderung pro Bild selbst einfügen muss. Dies kann eine sehr aufwendige Arbeit sein und die vielen Schlüsselbilder erhöhen die Dateigröße.

Bei Tween-Animationen müssen nur Anfangs- und Endbild vom Benutzer bestimmt werden und Flash berechnet die Veränderungen selbst. Hier sollte man jedoch bedenken, dass die Animation auf eine ganze Ebene angewendet wird. Falls sich mehrere Objekte auf der entsprechenden Ebene befinden, werden sie gruppiert, zu dem Symbol „Tween 1" o.ä. umgewandelt und gemeinsam animiert. Will man die Objekte einzeln animieren, so sollte jedes auf einer separaten Ebene auf der Bühne platziert und dann animiert werden.

Wichtig ist außerdem die Auswahl der Bildrate. Ist sie zu klein, wirken die Animationen ruckartig, bei zu hoher Bildrate laufen sie zu schnell ab und Details verschwimmen. Das Handbuch empfiehlt daher 12 Bilder pro Sekunde, da dies für Webseiten am besten geeignet sei.("Macromedia Flash 4-Flash verwenden", 1999, S.162) Die Einstellungen für die Bildrate sollten zu Beginn der Erstellung des Films gemacht werden, da es bei späteren Änderungen zu Verschiebungen in der Zeitleiste kommt und somit eine Synchronität der Animationen nicht mehr gewährleistet ist.

Bei Flash 4.0 unterscheidet man zwei unterschiedliche Formen von Tween-Animationen. Das Bewegungstweening ermöglicht die Änderung der Position, Größe, Drehung und Farbe eines Objektes, wobei auch mehrere dieser Effekte kombiniert werden können. Beim Formtweening wird, wie der Name schon sagt, die Form des Objektes geändert, wobei Flash die Werte oder Formen zwischen den Schlüsselbildern interpoliert.

3.1.5.4 Verwendung von Sound

Will man in Flash 4.0 Ton verwenden, muss man zunächst überlegen, welchen Zweck dieser erfüllen soll. Will man lediglich Hintergrundmusik für die Dauer des Films einfügen, so fügt man diese am besten als Ereignissound ein. Dieser wird erst abgespielt, wenn er vollständig heruntergeladen wurde und läuft so lange, bis er durch eine konkrete Aktion abgebrochen wird, also auch über das Ende einer Szene hinaus.

Streaming-Sound dagegen wird abgespielt, sobald genügend Daten für die ersten Bilder geladen wurden. Die Datei wird nämlich beim Einfügen in die Zeitleiste gleichmäßig in kleine Abschnitte unterteilt, um dann auf die erforderliche Anzahl von Bildern verteilt zu werden. Diese errechnet sich aus der Länge der Datei in Sekunden, multipliziert mit der Anzahl an Bildern pro Sekunde. Daher wird ein „Stream" auch nur so lange gespielt wie Bilder in derselben Ebene eingefügt wurden, jedoch nie länger als eine Szene.

Da es bei Flash nicht die Möglichkeit gibt selbst Soundfiles zu erstellen, muss man diese aus anderen Programmen importieren. Grundsätzlich eigenen sich sowohl WAV-Dateien für den PC als auch AIFF für Macintosh. Da die Verwendung von Sound jedoch immer mit hohem Speicherbedarf verbunden ist, verwendet man am besten Mono-Sounds mit 22 kHz und 16 Bit. Sie gewährleisten relativ gute Qualität im Vergleich zur Dateigröße. Auf eine recht gute Qualität der Sounds sollte auch deswegen geachtet werden, da Flash alle Formate, die nicht dem Standard entsprechen beim Import-Vorgang neu sampelt und die Qualität daraufhin schlechter wird.

Die in Flash importierten Soundfiles werden wie Symbole in die Film-Bibliothek eingefügt. Allerdings werden sie nicht auf der Bühne in ein Bild eingefügt, sondern einem beliebigen Schlüsselbild der Zeitleiste zugewiesen. Um keine Probleme bei der Synchronisation und Nachbearbeitung der Ebenen zu bekommen, sollten für den Sound eine oder mehrere eigene Ebenen angelegt werden.

Unter den Eigenschaften des ersten Schlüsselbildes kann man dann die verschiedenen Einstellungen für den Sound vornehmen.

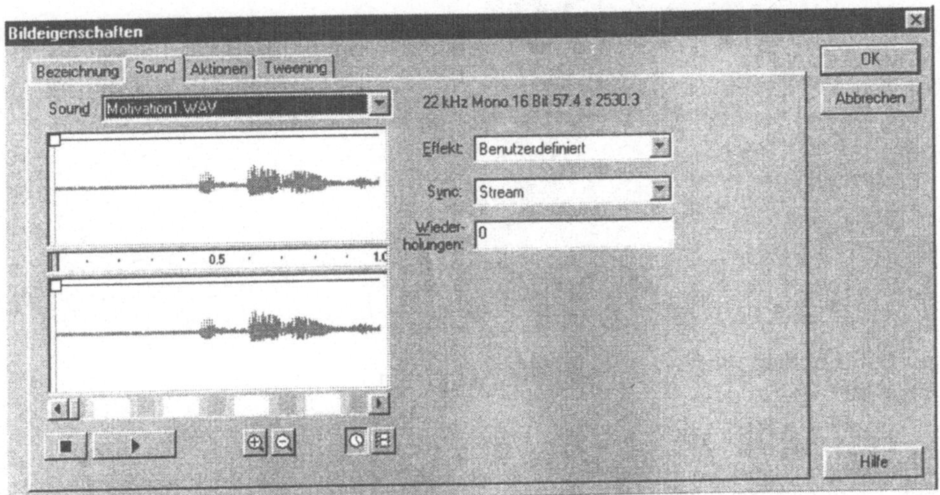

Abb. 3-4: Einstellungen beim Einfügen von Sound

Das Einfügen des Tons entspricht einem Verweis auf die entsprechende Datei in der Bibliothek des Films. Außerdem besteht die Möglichkeit, ebenso einer Schaltfläche Sound zuzuweisen, um bestimmte Effekte zu unterstreichen.

3.1.5.5 Exportieren eines Films

Wenn der Film fertig ist und keine Änderungen mehr vorgenommen werden müssen, muss man die Datei in das Hauptdateiformat von Flash , das SWF – Format exportieren, welches vom Flash – Player erkannt und ausgeführt werden kann. Man kann die Datei auch in andere Formate exportieren, zum Beispiel EXE als eigenständige Anwendung. Hier wird auf das Handbuch "Macromedia Flash 4 – Flash verwenden", 1999, S.233 ff verwiesen.

Wählt man den Menüpunkt „Einstellungen für Veröffentlichungen" bekommt man die Liste aller Formate, in die Flash die Datei exportieren kann.

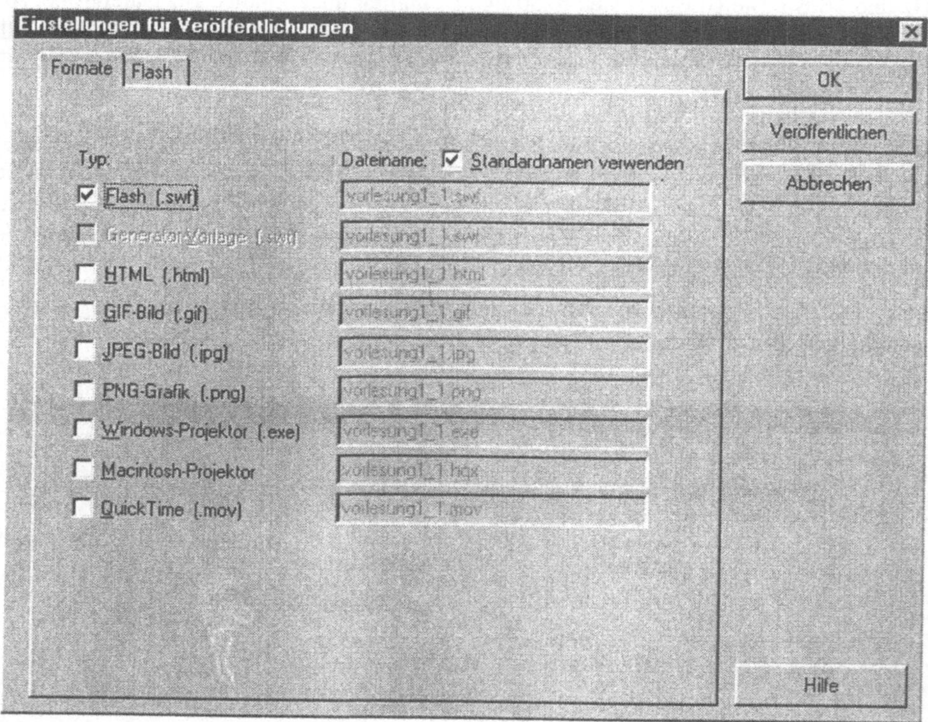

Abb. 3-5: Formate bei der Veröffentlichung eines Films

Entscheidet man sich hier neben dem SWF – Format auch für den Punkt „HTML", so legt Flash automatisch eine Datei mit dem Namen des Films und der Endung HTML an, welche von den gängigen Browsern „Netscape" und „Internet Explorer" gelesen werden kann. Diese startet, wenn sie geöffnet wird, selbständig den Flash – Player und dieser spielt das SWF - File ab. Die Größe des geöffneten Fensters entspricht der des Films.

Beim Erstellen der Hauptdatei wird die Dateigröße optimiert, wobei dem Benutzer einige Einstellungsmöglichkeiten gegeben sind.

So erhält er zuerst die Möglichkeit, die Ladereihenfolge der Ebenen – von unten nach oben oder umgekehrt – zu bestimmen. Er kann die Qualität der verwendeten Bitmaps beeinflussen, da Flash diese mit dem JPEG – Verfahren komprimiert. Außerdem sind Samplingrate, Kompressionsrate und Kompressionsverfahren sowie die Qualität beim Export von Ereignis- und Streamingsound nach Wunsch einstellbar. Ist die Anwendung zur Veröffentlichung im Web gedacht, kann man sie vor Import schützen, so dass sie nicht mehr in Flash importiert werden kann.

Ansonsten achtet Flash beim Veröffentlichen darauf, doppelt vorhandene Elemente nur einmal in die Datei einzufügen, verschachtelte Gruppen zu einer Gruppe zusammenzufassen und nicht verwendete Symbole aus der Bibliothek zu entfernen.

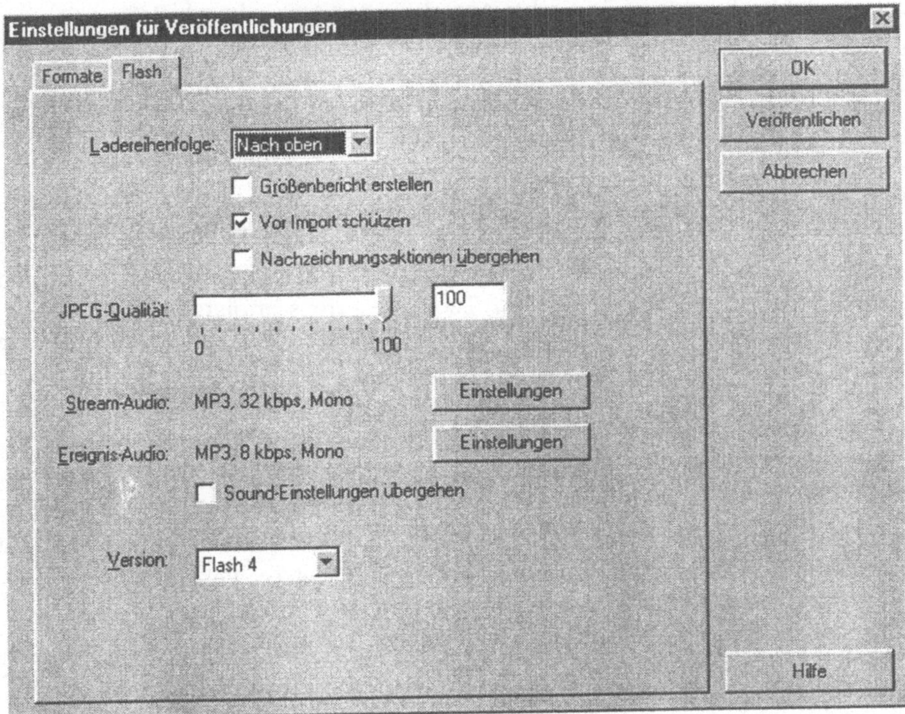

Abb. 3-6: Einstellungen bei der Veröffentlichung eines Films

3.1.6 Zusammenfassender Vergleich

Der größte Vorteil des Einsatzes von Autorensystemen ist, dass Produktionsaufwand und –zeit und somit Produktionskosten gesenkt werden. Dies ist in erster Linie durch die hohe Wiederverwendungsrate einmal erstellter Funktionen oder Anwendungssegmente, das Arbeiten mit Libraries und Modellen und die Automatisierung der Medieneinbindung bedingt. Ebenso unterstützen die meisten Autorensysteme Verfahren des rapid Prototyping, da verteiltes Arbeiten an verschiedenen Programmsegmente problemlos möglich ist. Nicht zu vernachlässigen ist, dass Reibungsverluste in der Koordination des inhaltlichen Experten und des Informatikers (Programmierers) entfallen.

Die meisten in Autorensystemen integrierten Werkzeuge zur Medienbearbeitung oder –erstellung sind nur unzureichende Hilfsmittel, die nur dazu dienen, kleine Änderungen vorzunehmen. Prinzipiell sollten Text, Grafik, Audio, Video und 3D-Animationen extern erstellt und dann importiert werden.

Trotz zahlreicher Gemeinsamkeiten ist nicht jedes Autorensystem für alle Inhalte oder Ablaufformen einer Applikation geeignet. Inhalte, Interaktionsformen und Ziele einer Applikation bestimmen mittelbar, welches Autorensystem verwendet werden sollte. Empfehlenswert ist das Programmpaket zu wählen, welches die meisten vordefinierten Elemente und Funktionen für bestimmte Aufgaben bzw. Anwendung bietet.

Aufgrund der Seitenorientierung eignet sich Toolbook hervorragend für strukturierte Applikationen, Hypertext- und Hypermediasysteme. Trotz Features für internetbasierte Anwendungen liegen die Stärken doch eher in Stand-Alone-Informationssystemen und multimedialen offline Präsentationen.

Durch die leistungsfähige Schnittstelle zu Datenbanken, kann mittels Toolbook bequem eine multimediale Oberfläche für Datenbanksysteme entwickelt werden.

Eine CBT-Edition von Multimedia Toolbook unterstützt den Lernsoftware-Autor bei der Erstellung von Lernsoftware, hier wird Toolbook bereits erfolgreich eingesetzt (vgl. Tews 1998). Besonders für klar strukturierte Anwendungen, mit einem relativ niedrigem Grad an Interaktivität bietet sich die Entwicklung mit Toolbook an. Für die Entwicklung aufwendiger Simulationen oder kommunikationsintensiver Lernumgebungen ist möglicherweise eine andere Entwicklungsumgebung vorzuziehen.

Authorware ist wohl im Moment die mächtigste Entwicklungsumgebung für hoch interaktive (auch netzbasierte) CBT- und Lernsysteme. Durch die Möglichkeiten Applikationen für das Internet und so auch kommunikationsintensive Lernumgebungen zu entwickeln, ist dieses Autorensystem auf dem aktuellen Stand der Technik.

Die flow-chart-basierte Arbeitsweise zwingt Autoren ihre Anwendungen von Anfang an stark zu strukturieren und Abläufe und Interaktionen genau zu planen. Einerseits mag dies als geringe Flexibilität angesehen werden, andererseits unterstützt gerade diese Vorgehensweise das verteilte Arbeiten an einer Anwendung und den gesamten Planungsprozeß eines Hypermediums. Schwächen zeigt Authorware in der Umsetzung von Animationen. Dass Director – oder Flash-Applikationen ohne Probleme eingebunden werden können, hebt dieses Defizit nur zum Teil auf.

Director ist wohl der Klassiker unter den Autorensystemen (Hypercard wird nicht mehr weiterentwickelt): Seit 1985 existiert er unter verschiedenen Namen und wird immer wieder erweitert und technisch auf den neuesten Stand gehalten. Durch seine große Verbreitung existiert auch ein großer Markt für Zusatzprogramme und Erweiterungen, die in der Grundversion nicht enthalten sind. Schwerpunkt in Director liegt auf den Animationstechniken und der Mediensynchronisation. In diesen Punkten ist er allen anderen Autorensystemen weit überlegen. Allerdings muss man sich, um mit Director wirklich arbeiten zu können, in Lingo und die Verfahren objektorientierter Programmierung einarbeiten, was dem Grundanspruch von Autorensystemen – ohne Programmierung anspruchsvolle Applikationen erstellen zu können – widerspricht. Größtes Defizit in Director ist wohl, dass eine Standard-Schnittstelle zu den gebräuchlichsten Datenbanken schlichtweg nicht existiert. Für Anwendungen mit hoher Informationsdichte, die ständig aktualisiert werden müssen, ist Director somit wenig geeignet.

3.2 Online Technologien

Jedes der letzten drei Jahrhunderte wurde von einer bestimmten Technologie geprägt. Das achtzehnte Jahrhundert wurde maßgeblich durch die großen mechanischen Systeme bestimmt, die die industrielle Revolution auslösten. Das neunzehnte Jahrhundert war das Zeitalter der Dampfmaschine. Im heutigen zwanzigsten Jahrhundert stellt die Speicherung, Verarbeitung und Verbreitung von Informationen die wichtigste technologische Errungenschaft dar. Das weltweite Telefonnetz, Radio und Fernsehen, die Computerindustrie und nicht zuletzt das weltumspannende Internet stellen die Meilensteine unseres Zeitalters dar.

Die Fortschritte, die die im Verhältnis zur Auto-oder Luftfahrtindustrie noch junge Computerindustrie im letzten Jahrzehnt gemacht hat, können als spektakulär bezeichnet werden. Dem Moore'schen Gesetz, nach dem sich die Leistung der Computerchips alle 2 Jahre verdoppeln würde, wurde schon oft das Ende vorhergesagt, doch bis heute ist es den Entwicklern gelungen, diese Gesetzmäßigkeit zu erfüllen. Viel wichtiger als der Computer oder dessen Prozessor selbst, wird jedoch in Zukunft die Vernetzung Rechner untereinander eingeschätzt. Die Datenübertragungsleistungen der Netzwerke steigt ständig an, immer öfter wird eine drahtgebundene Verbindung durch eine Funkübertragung ersetzt, die dem Benutzer eine höhere Mobilität ermöglicht (vgl. Tannenbaum 2000, 17-25).

3.2.1 Netzwerke

Generell können bei Netztechnologien zwei wichtige Dimensionen unterschieden werden, die Übertragungstechnik und die Reichweite. Diese beiden Dimensionen werden jetzt nachstehend näher erläutert:

3.2.1.1 Übertragungstechnik

Die Übertragungstechnik in Netzwerken läßt sich in zwei grundlegende Dimensionen unterscheiden (vgl. Tannenbaum 2000 und Grauer/Mertens 1997):

Dimension 1: Broadcast

Broadcast-Netze haben einen einzigen Übertragungskanal der von allen angeschlossenen Maschinen gleichzeitig genutzt wird. Die Datenpakete werden an alle ausgesandt, jedoch nur von der adressierten Maschinen verarbeitet. Die anderen Maschinen überprüfen nur das Adressfeld und ignorieren bei Nichtübereinstimmung mit der eigenen Adresse das betreffende Paket.

Dimension 2: Point-to-Point

Point-to-Point-Netze bestehen aus vielen Verbindungen zwischen einzelnen Paaren von Rechnern. Die Datenpakete die von einem Rechner zu einem anderen übertragen werden sollen, müssen durch andere Maschinen weitergeleitet werden. Somit bestehen mehrere „Routen“ um vom Absender zum Empfänger zu gelangen.

3.2.1.2 Reichweite / Ausdehnung

Ein weiteres alternatives Kriterium zur Klassifikation von Netztypen ist deren geographischen Ausdehnung. Diese steht meist in Zusammenhang mit der maximalen unterstützten Anzahl von Anschlüssen und maximalen Transferraten. In nachfolgender Tabelle soll ein allgemeiner Überblick über Klassifizierung verbundener Prozessoren gegeben werden:

<table>
<tr><th>Entfernung zwischen Prozessoren</th><th>Alle Prozessoren sind im gleichen Bereich</th><th>Beispiel</th></tr>
<tr><td>0,1 m</td><td>Platine</td><td>Datenflußmaschine</td></tr>
<tr><td>1 m</td><td>System</td><td>Multicomputer</td></tr>
<tr><td>10 m</td><td>Raum</td><td rowspan="3">Lokales Netz (LAN)</td></tr>
<tr><td>100 m</td><td>Gebäude</td></tr>
<tr><td>1 km</td><td>Gelände</td></tr>
<tr><td>10 km</td><td>Stadt</td><td>Stadtnetz (MAN)</td></tr>
<tr><td>100 km</td><td>Land</td><td rowspan="2">Fernnetz</td></tr>
<tr><td>1000 km</td><td>Kontinent</td></tr>
<tr><td>10.000 km</td><td>Planet</td><td>Netzverbund (z.B. Internet)</td></tr>
</table>

Abb. 3-7: Klassifizierung verbundener Prozessoren nach Reichweite

Local Area Networks (**LAN,** Lokale Netze) sind in abgeschlossenen Organisationen (z.b. Firmen, Universitäten, etc.) zu finden und haben eine Ausdehnung von wenigen Kilometern. Sie werden zur Verbindung von Workstations und Personalcomputern in Unternehmen eingesetzt, um auf gemeinsame Ressourcen zugreifen zu können (Drucker, Speichermedien, etc.). LAN's unterscheiden sich von anderen Netzarten durch drei Merkmale:

- Größe
- Übertragungstechnik
- Topologie

Die Größe von LAN's liegt in der Regel zwischen zehn Metern und einem Kilometer. Die dabei angewandte Übertragungstechnik basiert auf einem Kabel, an das alle Maschinen angeschlossen werden. Konventionelle LAN's arbeiten zwischen 10 und 100 MBit/s. Neuere LAN's erreichen teilweise bereits Geschwindigkeiten von mehreren 100 MBit/s. Die eingesetzte Topologie läßt sich in zwei grundlegende Varianten unterscheiden:

- Ringstruktur
- Busstruktur

Bei der **Ringstruktur** sind alle Knoten oder Rechner zyklisch verbunden. Alle Bits werden vom Vorgänger zum Nachfolger übertragen. Problematisch ist hier der Ausfall einer Station im Ring (sofern keine Sekundärleitung vorhanden ist) denn dadurch wird der gesamte Datenverkehr im Ring blockiert. Der Zugriff der einzelnen Rechner auf das Netz erfolgt nach bestimmten Regeln. Eines der bekanntesten ringbasierten LAN's ist das IBM-Token-Ring (IEEE 802.5).

Abb. 3-8: Ring-Topologie

Die **Busstruktur** bedingt, dass alle Knoten an einem linear verlaufenden Übertragungsmedium hängen. Jeweils eine Maschine ist der „Master" und kann übertragen. Alle anderen Rechner müssen sich vom Senden zurückhalten. Um eventuellen Konflikte zu lösen, ist eine Regelung notwendig, die verhindert, dass alle Maschinen gleichzeitig senden. Das in IEEE 802.3 spezifizierte Ethernet ist beispielsweise ein auf Bus basiertes Broadcast-Netz mit dezentraler Steuerung. Rechner die in einem Ethernet-LAN zusammengeschaltet sind, können prinzipiell übertragen, wann sie wollen. Kommt es jedoch zu Kollissionen (wenn zwei oder mehrere Rechner gleichzeitig übertragen), wartet jeder Rechner eine zufallsgesteuerte Zeit, nach der er es dann erneut versucht zu senden.

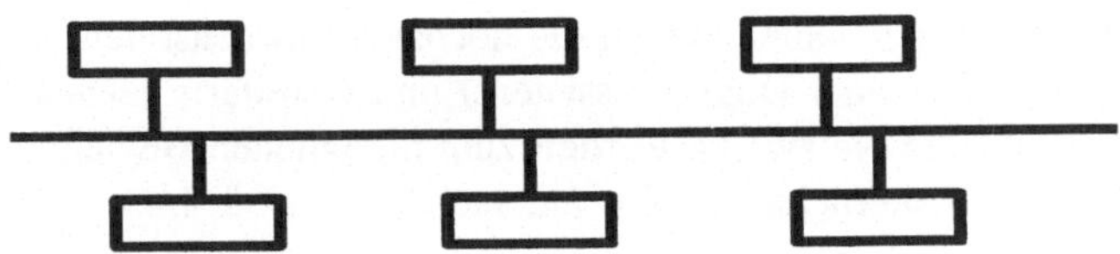

Abb. 3-9: Bus-Topologie

Das **Metropolitan Area Network (MAN,** Stadtnetz) ist eigentlich nur eine große Variante eines LANs und nutzt normalerweise deren Technik. Ziel eines MANs kann es z.B.

sein, innerhalb einer Stadt liegende Firmenbüros zu verbinden. Ein MAN besteht nur aus ein oder zwei Kabeln und enthält keine Vermittlungselemente, die Pakete über ein von mehreren potentiellen Ausgabeleitungen abblocken. Die fehlenden Vermittler vereinfachen das Netzdesign.

Ein regionales bis globales Netz wird als **Wide Area Network (WAN,** Fernnetz) bezeichnet. Es erstreckt sich meist über ein Land oder Kontinent und umfaßt eine Sammlung von Rechnern, auf denen Benutzerprogramme ausgeführt werden. Dies Maschinen werden als „Hosts" bezeichnet. Diese Hosts werden über ein Kommunikationsteilnetz (Subnetz) angeschlossen. Die Teilnetze der Fernnetze bestehen in der Regel aus Übertragungsleitungen und Vermittlungselementen. Diese Vermittlungselemente verbinden zwei oder mehr Übertragungsleitungen und werden paketvermittelnde Knoten oder auch „Router" genannt.

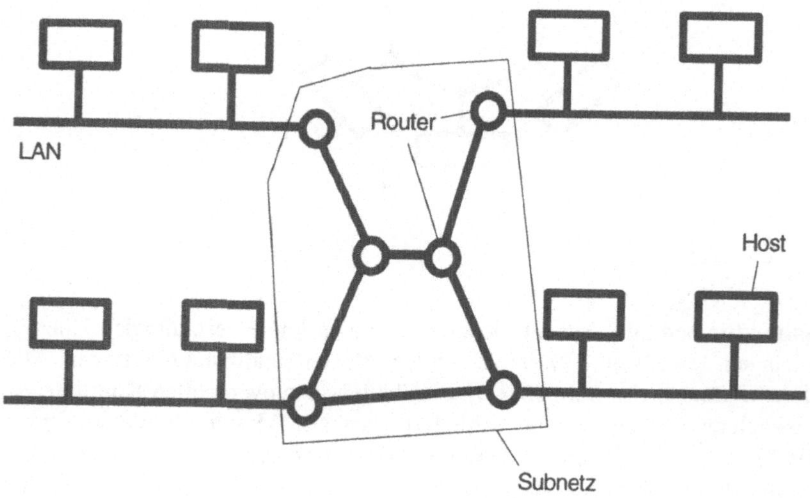

Abb. 3-10: Wide Area Network

Drahtlose Netze

Die neuen drahtlosen Netze haben aktuell die höchsten Zuwachsraten. Mobile Computer (Notebooks), PDAs (Personel Digital Assistent) und erweiterte Handys zum ortsungebundenen Zugriff auf die Netzwerke werden zum alltäglichen Begleiter eines Großteils der Mitarbeiter der Unternehmen. Zu unterscheiden sind hier zwei grundlegende Zugriffsformen:

- Funknetze (GSM, HSCDS, UMTS)
- WaveLAN (drahtloses LAN, i.d.R. auf Ethernet-Basis)

Beim ersteren wird normalerweise ein Handy mit integriertem Modem, das über Infrarotschnittstelle oder Datenkabel angesprochen wird, beim zweiteren eine sog. WaveLAN-Karte (digitale funkbasierte Netzwerkkarte) benutzt.

3.2.2 ISO/OSI-Modell als Referenzarchitektur für Kommunikationssysteme

Das ISO/OSI-Modell soll hier nicht im Detail erklärt werden (dazu sei auf Grauer/Merten 1997 und Tanenbaum 2000 verwiesen), sondern es sollen nur die wichtigsten Schicht-Bereiche und deren verbreitetste Dienste genannt werden. In nachfolgender Grafik 5 sind nun die drei Hauptschichten zu sehen. Innerhalb dieser drei Hauptschichten sind noch weitere Teilschichten enthalten, die jedoch hier nicht explizit betrachtet werden sollen.

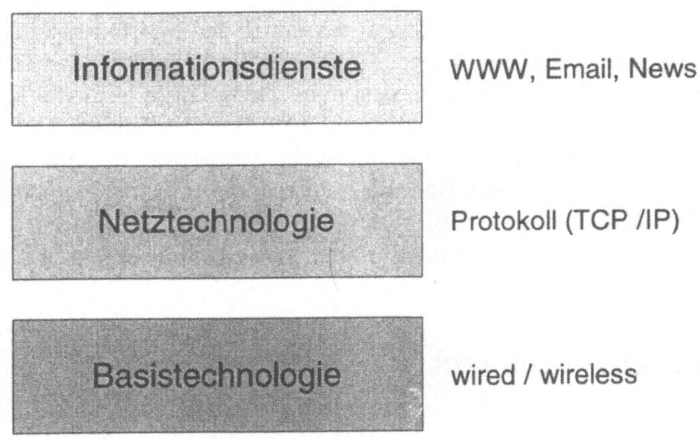

Abb. 3-11: Vereinfachtes ISO/OSI-Schichtenmodell

Schicht 1 **„Basistechnologie“** stellt zum einen die Datenleitung dar, die draht- oder funkgebunden (wired vs. Wireless) ausgelegt sein kann. Ebenso die Endgeräte sind hier einzuordnen: Computer, Settop-Boxen, PDAs, Handys, etc.

Schicht 2 **„Netztechologie“** beinhaltet die diversen Netzvarianten, die zum Einsatz kommen können: z.B. Internet (TCP/IP), Datex-Netze, Fido-NET, Bit-NET, EARN, AOL, CompuServe.

Schicht 3 **„Informationsdienste“** stellt die unterschiedlichen Dienste bereit, die verfügbar sind. Zu nennen sind hier: Email, Telnet, WWW, Chat (IRC), Finger, Newsgroups, Internetphone, etc.

3.2.3 Verbindungsorientierte vs. Verbindungslose Dienste

Die Schichten können jeweils der übergeordneten Schicht zwei verschiedene Dienstarten bieten: verbindungsorientierte und verbindungslose (vgl. Tannenbaum 2000):

Verbindungsorientiert:

Ein verbindungsorientierter Dienst ist dem Telefonsystem ähnlich. Der Anrufer hebt den Hörer ab und wählt die Nummer des gewünschten Teilnehmers. Dieser hört das Klingeln und hebt daraufhin ab. Nach Beendigung des Gespräches legen die beiden Teilnehmer auf. Der verbindungsorientierte Netzdienst funktioniert nach dem gleichen Prinzip. Es wird eine Verbindung zum Empfänger aufgebaut, die zur Übertragung der Bits in Reihenfolge dient. Auf der Empfängerseite treffen die Bits in der gleichen Reihenfolge ein und können dort zur vollständigen Datei zusammengesetzt werden.

Verbindunglos:

Im Gegensatz dazu ist ein verbindungsloser Dienst nach dem Postsystem aufgebaut. Jedes Bit wird als Nachricht, ähnlich einem Brief, mit einer Adresse und einer Reihenfolgenummer versehen, an den Empfänger versendet. Jeder einzelne Brief kann auf unterschiedliche Weise zwischen Absender und Empfänger befördert werden. Als Metapher kann man sich ein Buch vorstellen, dessen einzelne Seiten je in einem Kuvert an einen bestimmten Empfänger versendet werden. Der Empfänger bekommt die Briefe nicht unbedingt in der gleichen Reihenfolge, selbst der zustellende Postdienst kann ein anderer sein. Anhand der Seitenzahlen läßt sich das Buch in der urspünglichen Reihenfolge wiederherstellen. Falls jedoch ein Brief verloren gehen würde, müßte der Empfänger dies dem Absender mitteilen. Dieser müßte dann die fehlende Seite erneut versenden.

3.2.4 Internet / Intranet

3.2.4.1 Grundlagen

Das Internet, das auch als „Metanet“ bezeichnet wird, ist ein weltweiter Zusammenschluss von verschiedenen, voneinander unabhängigen Computern und Netzwerken, die durch den Einsatz eines gemeinsamen Protokolls (Transportvorschrift, die festlegt, wie Computer miteinander kommunizieren bzw. Daten übertragen können), dem Transmission Control Protocol / Internet Protocol (TCP/IP), miteinander kommunizieren können. Teilnetze, die nicht das TCP/IP oder darauf aufbauende Protokolle verwenden, können über spezielle Verbindungen, sogenannte Gateways, mit dem Internet verknüpft werden. Im allgemeinen wird zwar jedes lokale Netzwerk, das intern mit den Protokollen TCP/IP arbeitet als ein „Internet“ oder auch „Intranet“ bezeichnet. Aber erst, wenn dieses Netz über eine eigene Internetadresse verfügt und eine physikalische Anbindung zu wenigstens einem an das Internet angeschlossenen Computer besteht, ist es ein Bestandteil des Internet. Der Grundgedanke des Internet ist die globale Verbreitung von Informationen. Das Netzwerk birgt ein riesiges Potential an Daten und Informationen, die zu einem Teil kostenlos zur Verfügung gestellt werden. Jeder Nutzer kann, unabhängig von Standort und Zeitpunkt Informationen aus dem Netz abrufen, Informationen in diesem zur Verfügung stellen und auf fremde Ressourcen (Hardware, Programme, Peripheriegeräte) zugreifen. Die Abbildung 3-12 zeigt die Netzstruktur. Das Netzwerk ist dezentral strukturiert, es gibt weder zentrale Organinstitutionen, noch einen zentralen „Steuerrechner“. Alle Netzknoten haben somit den gleichen Status und können Nachrichten senden, empfangen oder weiterleiten. Dadruch wird gewährleistet, daß das Netz auch bei Teilsausfällen funtkionsfähig bleibt.

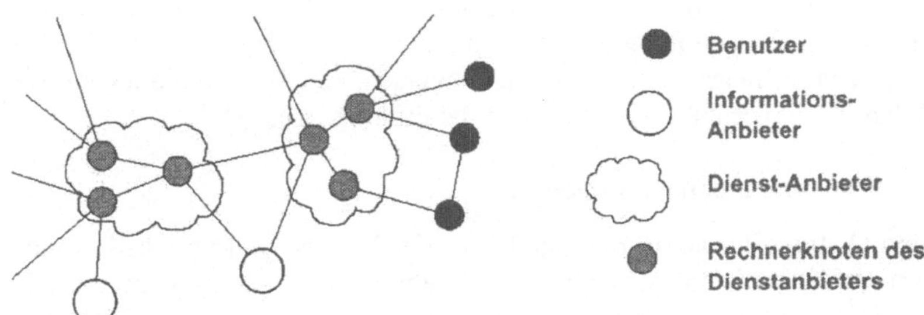

Abb. 3-12: Netzstruktur des Internets

Die Informationen werden nach dem Client-Server-Prinzip im Netz bereitgestellt, d.h. auf einem Computer (dem Server) werden die Informationen durch spezielle Software bereitgestellt, die der Benutzer mit seinem Rechner (Client) mit einem geeigneten Programm abrufen kann. Nachfolgende Grafik soll dies verdeutlichen:

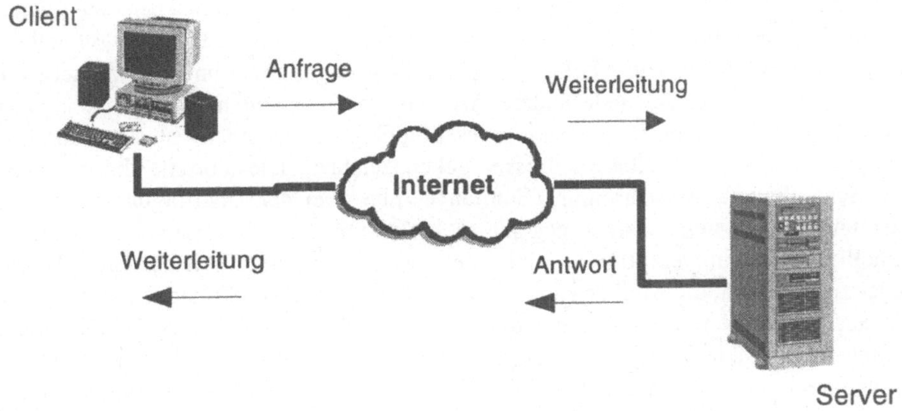

Abb. 3-13: Client – Server – Prinzip

3.2.4.2 Dienste im Internet

Nachfolgend werden die wichtigsten und bekanntesten Internetdienste kurz erklärt. Einige der Dienste, die der Autor hier anführt, werden dem Leser aufgrund ihrer ubiquitären

Verbreitung hinlänglich bekannt sein. Diese Dienste werden aus genanntem Grund nur noch kurz erwähnt, für Details wird auf die umfangreiche Fachliteratur verwiesen (z.B. Maier/Wildberger 1995 und Scheller 1994). Näher beschrieben werden nur eventuelle Erweiterungen und neue Technologien, die die Einsatzmöglichkeiten ausdehnen und verbessern. Besonderer Augenmerk liegt hier auf den Multimedia-Erweiterungen des Internets, insbesondere Streaming und Mbone (siehe hierzu Abschnitt 3.2.4.2.4). Die Internetdienste bzw. Anwendungen werden im Anschluss in drei Gruppen eingeteilt, um die Einordnung in das Gesamtumfeld zu erleichtern. Bei manchen Diensten ist die Zuordnung jedoch recht schwierig, da sie oftmals unterschiedliche Anwendungsformen zulassen. In diesen Fällen wird aber im einzelnen darauf hingewiesen.

3.2.4.2.1 Kommunikationsdienste

Die Kommunikationsdienste im Internet dienen der Mensch-zu-Mensch-Kommunikation, wobei sie sowohl asynchron, als auch synchron ablaufen können. Generell bestehen diese aus einer Serveranwendung, dem Daemon (Serverdienst), und einer Clientanwendung. Die Clientanwendung kontaktiert den Serverdaemon, der nach korrekter Authentifikation die Verbindung herstellt. Ein Großteil der genannten Kommunikationsdienste bzw. Anwendungen sind bei den verbreiteten Betriebssystemen bereits in der Basisinstallation enthalten. Falls dies nicht der Fall sein sollte, können sie, sofern für das verwendete Betriebssystem erhältlich, problemlos nachinstalliert werden.

Email

Der wohl bekannteste und weitverbreitetste asynchrone Kommunikationsdienst im Internet ist die elektronische Post: Email. Wie der Name schon sagt, handelt es sich bei der elektronischen Post um die nonverbale Kommunikation per Brief, jedoch mit dem Unterschied, dass dies nicht in Papierform geschieht, sondern auf elektronischem Weg. Die auf dem Rechner erstellten Briefe, hier „Mails" genannt, werden in Sekundenschnelle von dem jeweiligen Rechner zur Mailbox des Empfängers geschickt und können neben dem herkömmlichen Text auch jede andere Art von Daten enthalten, wie z.B. Video oder Sound. Zur eindeutingen Identifikation des Empfängers der Email, ist diese durch eine einzigartige, unverwechselbare Adresse gekennzeichnet. Die Vorteile dieses Dienstes sind: Schnelligkeit, Asynchronität (Empfänger muss bei der Übertragung nicht online sein) und die Kostenersparnis gegenüber herkömmlichen Postsystemen. Gerade die Schnelligkeit ist ein wesentlicher Punkt, denn egal in welchem Teil der Erde der Empfänger zu finden ist, die Mail erreicht seine Mailbox in wenigen Sekunden. Hinzu kommt aber auch noch die problemlose elektronische Weiterverarbeitungsmöglichkeit. Die Daten liegen bei Ankunft bereits in elektronischer bzw. digitaler Form vor und können sofort verwendet werden. Probleme beim Mailversand sind in der Vergangenheit durch den Einsatz unterschiedlicher Zeichensätze entstanden. Durch Erweiterungen wie z.B. den MIME-Standard (vgl. Tannenbaum 2000, 689-694), der sich mittlerweile auch weltweit durchgesetzt hat, konnten diese Probleme jedoch beseitigt werden.

Chat / Videoconferencing

Unter den Begriffen Chat und Talk möchte der Autor unterschiedliche Ausprägungen der synchronen Online-Kommunikation zusammenfassend darstellen. Beispiel wäre hierfür eine sehr weit verbreitete Anwendung, der Internet Relay Chat (IRC). Es kann sich bei den einzelnen Anwendungen sowohl um „One-to-One" - Verbindungen handeln, als auch um Online-Konferenzschaltungen, bei denen mehrere Teilnehmer, nach Themenbereichen in sog. Channels (Räume) geordnet, in Echtzeit miteinander kommunizieren (wie z.B. im IRC). Es gibt dabei freie Chat-Server als auch private Bereiche, in denen man nur über ein Passwort Zutritt erhält. Beispiele für frei zugängliche Chat-Server wären der Antenne Bayern Chat des gleichnamigen privaten Radiosenders oder der Chatserver des TV-Kanals ProSieben. Ähnlich verhält es sich mit dem Videoconferencing. Es gibt öffentliche Videokonferenz-Server z.B. ils.microsoft.com oder cuseemeworld.com, bei denen man sich anmelden und bei bestimmten Themen mitdiskutieren kann, z.B. im One-to-One (Netmeeting) bzw. One-to-Many-Modus (CU-SEE-ME).

3.2.4.2.2 Informationsdienste

Unter der Rubrik „Informationsdienste" werden im Rahmen dieser Arbeit die Dienste bzw. Anwendungen verstanden, die dem Benutzer als Informationsmedium dienen, wobei diese im Regelfall asynchron benutzt werden.

WorldWideWeb (WWW)

Der wohl leistungsfähigste Dienst des Internets ist das WorldWideWeb (WWW oder W3 genannt). Oftmals werden die Begriffe WorldWideWeb und Internet synonym verwendet. Das WWW ist ein Dienst, der auf der Bereitstellung von Hypertext-Dokumenten basiert, die untereinander durch sog. Links verbunden sind. Hypertextdokumente enthalten die darzustellenden Informationen und werden mit Hilfe der Seitenbeschreibungssprache HTML (Hyper-Text-Markup-Language, siehe dazu Münz/Nefzger 1999) realisiert, die von den Webbrowsern interpretiert wird. Die Links stellen Verweise zu anderen Dokumenten bzw. anderen Computern dar, und ermöglichen somit das Navigieren im Netz. Das WWW implementiert damit auf dem elektronischen Netzwerk, dem Internet, ein logisches Netzwerk von miteinander verbundenen Dokumenten auf verschiedenen Computern.

Newsgroups

Die Newsgroups, im Deutschen auch als Diskussionsforen bezeichnet, stellen symbolisch nichts anderes als ein „Schwarzes Brett" dar, auf dem Nachrichten und Informationen angeschlagen werden können, die dann von anderen Besuchern gelesen, weiterverarbeitet, kommentiert und beantwortet werden können. Das Versenden und Abfragen der Nachrichten erfolgt über das Newsprotokoll (NNTP, vgl. hierzu Tannenbaum 2000). Die sog. News-Server, die die einzelnen „Groups" („Schwarzes Brett") nach Themenbereichen geordnet anbieten, replizieren untereinander die Newsgruppen, sofern diese öffentlich zugänglich sind. Neben den für die Öffentlichkeit zugänglichen Newsgruppen gibt es auch private Newsgruppen, die nur auf einem bestimmten Server im Internet erreichbar und zum Teil passwortgeschützt sind. Die Einordnung der Newsgroups zu einem Dienstbereich fällt schwer, da sie einerseits zu den Kommunikations-, andererseits jedoch auch zu den Informationsdiensten gehören. Der Autor hat sich dabei für das

Letztere entschieden, da der Charakter eines Kommunikationsdienstes eher die zielgerichtete Form der Kommunikation darstellt, jedoch bei den Informationsdiensten die Leserschaft in ihrer Gesamtheit angesprochen werden.

Mailinglisten

Die Mailinglisten sind vergleichbar mit den Newsgroups, jedoch wird der Transfer der Artikel via Email abgewickelt. Hier kann jeder Interessierte Listen zu bestimmten Themen abonnieren und erhält dann regelmäßig die neuesten Beiträge per Email zugeschickt, anstatt diese vom News-Server abholen zu müssen.

3.2.4.2.3 Sonstige Basisdienste

Die nachfolgend aufgeführten Basisdienste sind vor allen Dingen für die Administration und die Wartung von Internetservern relevant. Sie werden hier nur der Vollständigkeit halber genannt:

File Transfer Protocol (FTP)

Der Datentransfer über das „File Transfer Protokoll" FTP dient, wie der Name schon sagt, zur Übertragung von Dateien von einem Computer auf einen anderen. Diese Übertragung erfolgt Client/Server-orientiert: Der FTP-Server stellt in Verzeichnissen Dateien zum Herunterladen bereit und jeder andere Computer, der an das Internet angeschlossen ist (Client), kann diese Dateien vom Server herunterladen. Der Zugang zu dem FTP-Server ist jedoch unterschiedlich geregelt. Oftmals muss der Benutzer eine Zugangsberechtigung besitzen, damit er sich durch Benutzername und Passwort authentifizieren kann, manchmal jedoch ist auch ein freier Zugang verfügbar, der sog. „Anonymous-FTP". Der FTP-Datentransfer ist einer der weitverbreitetsten Dienste im Internet und stellt einen erheblichen Teil des Datenverkehrs im Internet dar (vgl. Tannenbaum 2000 557+730, Scheller 1994, 52 und Klau 1995, 121-122).

Telnet

Telnet war die erste Anwendung, die im Internet realisiert wurde. Mit Telnet, dem Standard-Remote-Login-Dienst im Internet, ist es möglich auf einem Rechner im Netz so zu arbeiten, als ob der eigene Rechner direkt als Terminal an den Hostrechner angebunden wäre. Die Tastatureingaben des Benutzers werden zum Hostrechner weitergeleitet und dort ausgeführt. Somit ist es möglich, die Rechnerleistung eines entfernten Rechners z.B. für umfangreiche Berechnungen zu nutzen. Oftmals wird Telnet auch zur Administration des Hostrechners von einem entfernten Rechner aus eingesetzt. Zum Aufbau einer Telnet-Sitzung ist jedoch in der Regel eine Authentifizierung mit Benutzerkennung und Passwort nötig, die wiederum einen Benutzeraccount auf dem Hostcomputer impliziert (vgl. hierzu Scheller 1994, 33-34 und Sander-Beuermann/Yanoff 1995, 19-20).

SSH: Secure Shell

Die Secure Shell (vgl. http://www.ssh.com/) ist ein vollständiger Ersatz für FTP, Telnet und diverse andere Arten von Remote-Verbindungen zu Servern. Er bietet jedoch im Gegensatz zu diesen Diensten eine Verschlüsselung des Passwortes und der Übertragung. Mittlerweile steht die Version 2 des SSH-Protokolls kurz vor der Standardisierung durch die IETF (vgl. http://www.ietf.org/id.html). Neben der offiziellen, für kommerzielle Anwendungen auch kostenpflichtigen Version, ist im Rahmen des OpenBSD-Projektes (vgl.

http://www.openbsd.org/) eine freie Entwicklung entstanden. Diese OpenSSH (vgl. http://www.openssh.org/) genannte Version unterstützt ebenso bereits die neueste Protokollversion 2.0 und ist zu den vorgenannten Produkten voll kompatibel.

3.2.4.2.4 Internet-Multimedia-Dienste

Neben den Basis-Anwendungen und den bekannten Standarddiensten existieren auch noch Erweiterungen, die erst in den letzten Jahren Einzug ins Internet gehalten haben. Mit zunehmender Medienvielfalt ist die Nachfrage nach Technologien groß, die „Multimedia" internetfähig machen sollen. Wichtigste Vertreter der gewünschten Medien sind hier sicherlich Video und Audio, die als kontinuierliche Medien einer besonderen Behandlung bedürfen. Anstatt die jeweilige Video- bzw. Audiodatei vollständig herunterladen zu müssen, um diese betrachten bzw. hören zu können, sollten sie schon während des Herunterladens verarbeitet werden können. Ebenso stellt sich die Frage, ob die in Datenpakete zerlegten Videos vom Server jeweils an jeden Client erneut weltweit versendet werden sollen, oder ob es eine Möglichkeit gibt, die Pakete entsprechend der Anzahl der Benutzer erst vor Ort bzw. auf dem Weg zu vervielfältigen. Neben dem ständigen Ausbau der Leitungskapazitäten und der immer stärker verbesserten Sicherheitslösungen hat die Entwicklung neuer Protokolle und Technologien den Weg in ein multimediales Internet geebnet.

Streaming (vgl. hierzu Grace/Cox/Jacobs/Morrison 2000, 89-90)

Kontinuierliche Medien über das Internet zu senden, bereitet aufgrund der paketbasierten Übertragungsform große Schwierigkeiten. Die Laufzeit der Datenpakete kann nicht garantiert werden, da es zu unvorhergesehenen Verzögerungen in der Übertragung kommen kann. Aus diesem Grund wird zuerst die Datei vollständig auf den Client übertragen, um sie dann lokal betrachten zu können. Die Streaming-Technologie kann diesen Umstand jedoch umgehen. Sie ermöglicht eine Betrachtung des kontinuierlichen Mediums bereits bevor die Datei vollständig beim Client angekommen ist. Es existieren zwei grundsätzliche Varianten: Http- und RTP-Streaming. Beim Http-Streaming, das das normale Http-Protokoll benutzt, werden die Streaming-Pakete in Http-Datenpakete „eingepackt" und an den Client übermittelt. Die Zeit, in der die Datenpakete auf den Rechner übertragen werden, kann also durch die Verarbeitung der bereits eingetroffenen Datenpakete überbrückt werden. Da die Leitungskapazität jedoch oft nicht ausreicht, um einen kontinuierlichen Datenstrom zu gewährleisten, wird eine bestimmte Menge an Daten zuerst zwischengespeichert, bevor mit der Darstellung begonnen wird. Diese „Reserve" hilft somit Schwankungen bzw. Verzögerungen auszugleichen. Der Vorgang wird als „Buffering" bezeichnet. Obwohl durch das Buffering kleinere Schwankungen in den Übertragungsraten ausgeglichen werden können, ist es mit diesem Verfahren nicht möglich, den Datenstrom an die Leitungskapazität wirklich anzupassen. Dies ist jedoch bei der zweiten Variante durch den Einsatz eines Streaming-Servers und dem Realtime-Transfer-Protocol (RTP, vgl. Black 1999, 297-299), das die Daten per User Data Protocol (UDP, vgl. Tanenbaum 2000, 576) an den Client überträgt, möglich. Das RTP besteht aus einem Datenteil und einem Kontrollteil, welches für die zeitlich abgestimmte Versendung notwendig ist. Dieses Realtime-Transfer-Control-Protocol (RTCP) ist zuständig für die Qualität der Übertragung und übermittelt Daten über die Teilnehmer einer laufenden Sitzung (vgl. Black 1999, 297-299). Durch das RTP kann der Streaming-Server mit der Clientanwendung die zur Verfügung stehende Leitungskapazität aushandeln und den Datenstrom entsprechend anpassen. Dies ist sogar während der Übertragung möglich. Jedoch ist es notwendig, die zu übertragenden kontinuierlichen Medien entsprechend diesem Verfahren anzupassen. Im Falle von Videos werden diese in sog. Streaming-Video-Files konvertiert. Es ist jedoch nicht möglich, eine bestimmte Leitungskapazität zu reservieren bzw. eine bestimmte „Quality of Service" zu garantieren. Aus diesem Grund wird auch hier das bereits angesprochene Buffering eingesetzt. Neben dem beschriebenen Realtime-Protokoll existieren noch zwei weitere Audio-Streaming-Implementierungen: SHOUTcast und ICEcast. Sie basieren auf ähnlichen Überlegungen, wie das RTP. Die nachfolgende Tabelle gibt einen Überblick über die wichtigsten streaming-fähigen Medien und das jeweils einsetzbare Verfahren (siehe hierzu die Kapitel 2.3.5/ 2.3.6/ 2.4).

Medientyp [Dateiendung]	Streamingverfahren
REAL-Video [rv, rm]	Http, RTP
QuickTime-Video [mov]	Http, RTP
Microsoft Advanced Streaming Format [asf]	Http, RTP
REAL-Audio [ra, rm]	Http, RTP
MPEG 1 Audiolayer 3 [mp3]	Http, SHOUTcast, ICEcast

Abb. 3-14: Medientypen und deren Streamingverfahren

Multicasting (vgl. Wittmann/Zitterbart 1999)

Das WWW entwickelt sich immer mehr zur multimedialen Universalanwendung. Nach Texten und Bildern werden nun bewegte Bilder und Ton immer stärker nachgefragt. Diese enormen Datenmengen, die für diese Anwendungen notwendig sind, können jedoch nur mit entsprechender Technologie bewältigt werden. Die traditionellen Internetdienste beruhen auf dem typischen Client/Server-Prinzip, bei dem der Client beim Server die Daten anfordert (Request) und der Server diese direkt an den Client liefert. Problematisch ist dies nur dann, wenn die Anzahl der Client-Anfragen zu groß wird und der Server nicht mehr in der Lage ist, jeden Client zu bedienen. Im Alltag des Internets kommt dies jedoch nur selten vor, da zum einen die Server in der Regel ausreichend dimensioniert werden und zum anderen die Anfragen nicht alle parallel zu gleichen Zeit erfolgen. Hinzu kommt die Tatsache, dass die zu versendenden Datenpakete nur relativ klein sind. Weiterhin wird bei zu erwartenden hohen Anfragezahlen durch sog. Loadbalancing (engl.: Lastverteilung; Dynamische und transparente Verteilung der Last auf mehrere Webserver. vgl. Deng/Liu/Long/Xiao 1997) sichergestellt, dass die Anfragen intern auf inhaltliche identische, jedoch physisch unterschiedliche Server verteilt werden. Ebenso werden oftmals sog. Mirrors (Serverspiegel, der alle Daten identisch dem Orginalserver enthält) geschaltet, die dem Benutzer ermöglichen, den ihm am nächsten gelegenen Server zu benutzen, bzw. zu denen er automatisch umgeleitet wird. Ein anderes Problem besteht aber in der Leitungskapazität selbst. Wenn als Beispiel in den USA Anfragen aus Europa ankommen, müssen die Antworten über die Transatlantik-Kabel zurückgeschickt werden, egal von wie vielen unterschiedlichen Servern bzw. Mirrors die Daten kommen. Dieser Engpass läßt sich also mit den genannten Mitteln nicht umgehen. Bei herkömmlichen Internetdiensten kommt es aber im schlimmsten Fall nur zu etwas längeren Ladezeiten, die der Benutzer bzw. Client dann hinnehmen muss. Problematisch wird es jedoch immer dann, wenn ein bestimmtes Datenvolumen zeitabhängig bei den Clients eintreffen muss. Dies ist der Fall bei Multimediaanwendungen wie z.B. bei der Übertragung von Videodaten. Eine Fernsehsendung in vertretbarer Qualität im Internet ist also ohne besondere Technik nicht möglich. Diese Überlegungen gaben den Anstoß, als Steeve Deering Ende der 80er Jahre den Grundstein für eine neue Technologie legte: Multicasting. Warum sollte man Datenströme gleich mehrfach über den Atlantik schicken, die identischen Inhalts sind? Es sollte doch ausreichen, diese nur einmal zu schicken und dann erst im Empfängerland auf die einzelnen Clients zu verteilen. Bei einer sog. Multicast-Übertragung tritt an die Stelle einer eindeutigen Sender/Empfänger-Beziehung ein Server, der seine Daten an eine Netzwerkgruppe sendet, deren Zusammensetzung ihm nicht bekannt sein muss und sich während der Übertragung ändern kann. Wer an den gesendeten Inhalten interessiert ist, meldet sich nicht beim Server, sondern im Netz als Mitglied dieser Gruppe an. Anders als bei herkömmlichen Multimedia-Übertragungen geschieht dies komplett innerhalb der Netzwerkprotokolle. Das Multicasting ist somit eine Erweiterung des normalen Internet-Protokolls und erfordert unter anderem neue Adressierungs- und Routingmechanismen. Seit 1992 gibt es das Multicast-Netz mit dem mittlerweile weltweit ausgebauten Multicast-Backbone (vgl. Kumar 1996 und Wittmann/Zitterbart 1999), auch kurz Mbone genannt. Eine Multicast-Übertragung bildet eine Baumstruktur, die bis in die lokalen Netze reicht. Der sendende Host schickt nicht für jeden Client die Daten über das Netz, sondern er schickt die Daten zu einem multicast-fähigen Router, der die Daten dann entsprechend oft repliziert und an weitere Router schickt. Somit wird ein Datenstrom, als Beispiel aus den USA, dabei nur einmal über den Atlantik übertragen, von dort in die jeweiligen Länder, in die entsprechenden Teilnetze und letztendlich zum teilnehmenden Client. Dieser Aufbau spiegelt nicht unbedingt tatsächliche geographische oder politische Regionen wider, sondern lediglich die technische Infrastruktur. Die Übertragung erfolgt entlang eines Astes nur einmal, so dass sich die Netzlast nicht nur auf den teuren, interkontinentalen Strecken reduziert. Auch die weitere Infrastruktur bis hin zum Internet-Zugang der lokalen Netze wird spürbar entlastet (vgl. Andersen/Schmidt 1998). Die Universitäten und Fachhochschulen im deutschsprachigen Raum sind bereits vollständig im BWIN-MBone-Netz vertreten, wodurch einer flächendeckenden Nutzung nichts mehr im Wege steht. In der nachfolgenden Karte (Abbildung 3-15) ist die Infrastruktur des deutschen MBone-Netzes (BWIN) zu sehen (Stand 07/1999). Um an Mbone-Übertragung teilzunehmen bzw. diese durchzuführen, benötigen alle Teilnehmer entsprechende Softwareanwendungen. Da bis dato noch keine Komplettlösung für alle Komponenten einer Übertragung existiert (Audio und Video), werden mehrere Einzelanwendungen kombiniert. Diese Kombination wird im allgemeinen als Mbone-Tools bezeichnet. Die bekanntesten Vertreter diese Tools sind im Audiobereich VAT (Visual Audio Tool), im Videobereich VIC (VideoConference) und zum gemeinsamen Skizzieren bzw. dem Austausch von Text das Whiteboard „WB“. Für die Ankündigungen der Übertragungen bzw. Videokonferenzen im Netz, sofern diese öffentlich zugänglich sind, wird ein sog. Session Announcement Tool benutzt. Hier kommt in der Regel das Programm „SDR“ (Session Directory) zum Einsatz. Neben den genannten Anwendungen unterstützen auch einige Video-Streaming-Server, wie z.B. REAL System Server, das Multicast-Protokoll und können somit gespeicherte Videos auf Abruf Multicast-Verfahren anbieten.

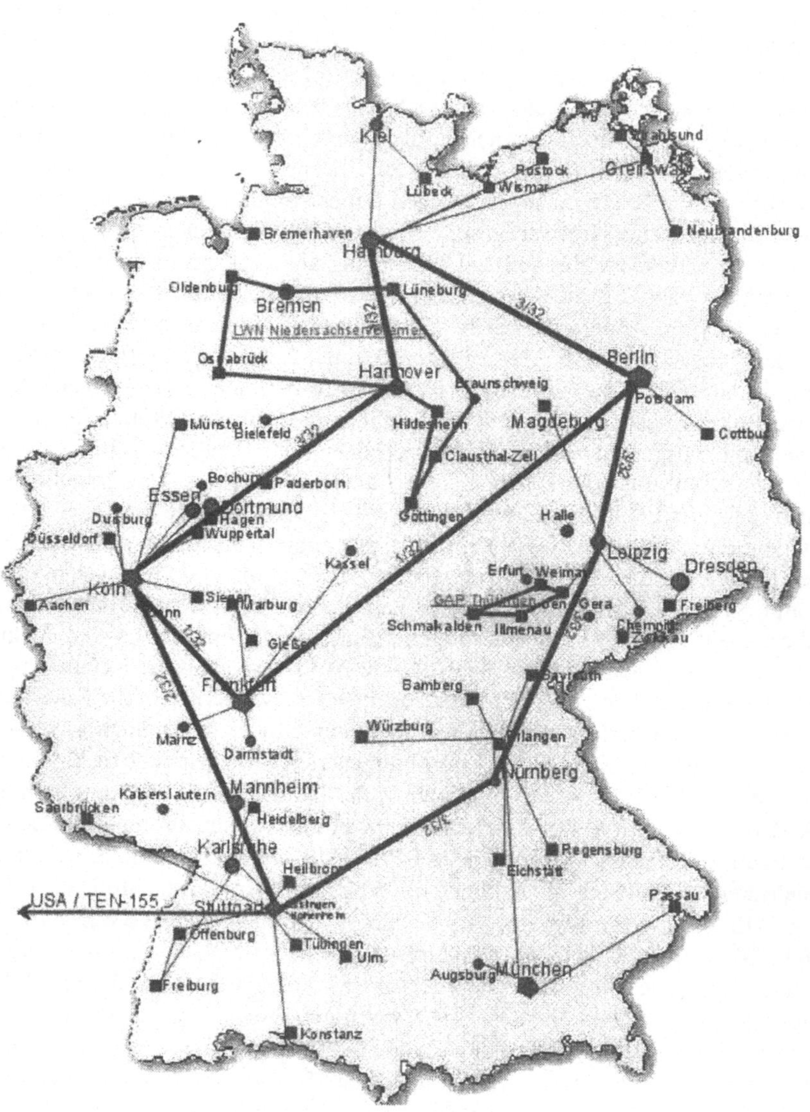

Abb. 3-15: BWIN Infrastruktur Mbone-Netz Deutschland

Literatur zum 3. Kapitel

Andersen, F.-U., **Schmidt,** J.: Weltweit Video - MBone: Multimedia im Internet. In: c't Computer und Technik, 21 / 1998, Heise Verlag.

Black, U.: Internet-Technologien der Zukunft. München 1999.

Boles, D., **Schlattmann,** M.: Multimedia-Autorensysteme. In LOG IN 18, 1/1998

Forschergruppe SofTec NRW (Hrsg.): Softwaretechnische Anforderungen an multimediale Lehr- und Lernsysteme (Nagl, M., Behle, A., Westfechtel, B., Balzert, H., Weidauer, C., Six, H.-W., Pauen, P., Voss, J., Schäfer, W., Wadsack, J., Kelter , U.), September 1999 http://www.uni-paderborn.de/fachbereich/AG/schaefer/ag_dt/SofTecNRW/EndVersion/Studie.html#pgfId-1062114

Grace, A., **Cox,** J., **Jacobs,** R., **Morrison,** G.: Streaming Media for the Internet. In: BT Technology Journal, Volume 18, Issue 1, January 2000, Seite 89-90.

Grauer, M., **Merten,** U.: Multimedia, Entwurf, Entwicklung und Einsatz in betrieblichen Informationssystemen. Berlin, Heidelberg, New York 1997.

Klau, P.: Das Internet. Bonn 1995.

Lehner, F., **Rippler,** Ch.: Lecture-on-Demand – Entwurf und Entwicklung eines webbasierten LoD-Systems. Nr. 45, Schriftenreihe des Lehrstuhls für Wirtschaftsinformatik III, Universität Regensburg, Oktober 2000

Macromedia: "Macromedia Flash 4 – Flash verwenden", 1999, Macromedia Inc. http://www.flash-city.de/forum

Maier, G., **Wildberger,** A.: In 8 Sekunden um die Welt: Kommunikation über das Internet. Bonn, Paris 1995.

Münz, S., **Nefzger,** W.: HTML 4.0 - JavaScript - DHTML - PERL. Poing 1999.

Sander-Beuermann, W., **Yanoff,** S.: Internet: kurz und fündig. Bonn 1995.

Scheller, M., et al.: Internet: Werkzeuge und Dienste; Von „Archie" bis „World Wide Web". Berlin, Heidelberg 1994.

Siglar, J.: Multimedia Authoring Systems FAQ, Version 2.22 . In: http://www.tiac.net /users/jasiglar/MMASFAQ.HTML . 1999.

Tanenbaum, A. S.: Computernetzwerke. München, London, New York 2000.

Wittmann, R., **Zitterbart,** M.: Multicast: Protokolle und Anwendungen. Heidelberg 1999.

4 Beispiele und Anwendungen

4.1 CD ROM „Teleteaching über das Internet"

4.1.1 Einführung

Teleteaching – dank des rapiden technischen Fortschritts der letzten Jahre ist es heute möglich, Lehrveranstaltungen aufzuzeichnen, zu übertragen und sie dadurch Interessenten an anderen Orten oder zu anderen Zeiten verfügbar zu machen. Diese neue Form des Unterrichts stößt derzeit auf großes Interesse; der Informationsbedarf ist hoch.

In diesem Beitrag wird eine Multimedia-CD-ROM zum Thema „Teleteaching über das Internet – Erfahrungen mit Videoconferencing aus der Wirtschaftsinformatik, Universität Regensburg" vorgestellt. Die CD-ROM wurde im Rahmen zweier Projektseminare von Studenten des Lehrstuhls für Wirtschaftinformatik III erstellt. Ziel bei der Entwicklung der CD-ROM war es, die Teleteaching-Aktivitäten an der Universität Regensburg in multimedialer Form zu präsentieren und dadurch die bereits bestehende Dokumentation in schriftlicher Form zu ergänzen.

Im folgenden wird zunächst ein kurzer Überblick über die Teleteaching-Aktivitäten am Lehrstuhl für Wirtschaftsinformatik III gegeben; es folgen einige Bemerkungen zu den Vorteilen multimedialer Visualisierung. Es folgt eine Beschreibung des Projektablauf bei der Entwicklung der CD-ROM. Der Beitrag schließt mit einer Beschreibung des Inhaltes sowie der Programmsteuerung.

4.1.2 Teleteaching am Lehrstuhl Wirtschaftsinformatik III

Seit mehreren Jahren werden am Lehrstuhl für Wirtschaftsinformatik III der Universität Regensburg regelmäßig Teleteaching-Veranstaltungen angeboten. Schon im Wintersemester 1997/98 wurden einige Module der Televorlesung „Einführung in Operation Research" von der Universität Erlangen/Nürnberg nach Regensburg importiert. Seit dem Sommersemester 1998 finden regelmäßig Televeranstaltungen statt, so z.B. die Teleseminare „Electronic Commerce" (SS 1998), „Internet und Recht" (WS 1998/99) oder „Informationsmanagement" (SS 1999). Diese Veranstaltungen wurden meist in Kooperation mit den Universitäten Erlangen/Nürnberg und Bayreuth durchgeführt und live über das *Virtual Multicast Backbone on the Internet (MBone)* übertragen (zu den technischen Hintergründen des MBone vgl. Kumar 1996).

Neben diesen Aktivitäten im Bereich des *synchronen* Teleteaching (bei denen Teilnehmer die Veranstaltung zum Zeitpunkt der Aufzeichnung live mitverfolgen können) gewinnt seit dem Wintersemester 99/00 auch das *asynchronem* Teleteaching (bei dem die Veranstaltung zunächst aufgezeichnet wird und von interessierten Studenten später von einem entsprechenden Videoserver abgerufen werden kann) zunehmend an Bedeutung. Mit dem Portal der *Virtuellen Universität Regensburg* (vgl. Schäfer 2000) wurde am Lehrstuhl eine geeignete Plattform für diese Form des *learning on demand* entwickelt.

Zu den Erfahrungen, die im Rahmen dieser Teleteaching-Aktivitäten gesammelt werden konnten, gehören zum einen Erkenntnisse im Umgang mit der zugrundeliegenden Technik – u.a. Auswahl praxistauglicher Hardware, optimale Konfiguration der Software-Clients oder effiziente Fehlerbehebung bei häufig auftretenden technischen Problemen. Zum zweiten konnten die pädagogischen Vor- und Nachteile dieser neuen Lernform im Verlauf der Veranstaltungen eingehend studiert werden. So wurde z.B. das Seminar "Allgemeine Wirtschaftsinformatik III" semesterweise abwechselnd als Teleteaching- und als Präsenzveranstaltung durchgeführt, was einen direkten Vergleich ermöglichte.

Diese mit Teleteaching gemachten Erfahrungen wurden bereits in mehreren Forschungsberichten dokumentiert (vgl. Lehner 1999, Lehner/Klosa 1999, Schäfer 2000). Aufgrund der großen Nachfrage (einige dieser Forschungsberichte befinden sich bereits in der 3. Auflage) und des offensichtlich bestehenden Informationsdarfes entschloß man sich, die vorhandene Dokumentation in textueller Form durch eine Multimedia-CD zu ergänzen.

4.2 Vorteile multimedialer Visualisierung

Zielsetzung bei der Erstellung der Multimedia-CD-ROM war es nicht, in den Forschungsberichten bereits wiedergegebene Informationen zu replizieren. Vielmehr sollten die Möglichkeiten einer multimedialen Visualisierung genutzt werden, um das bestehende Informationsangebot möglichst effizient zu ergänzen. Dabei sollten vor allem solche Themen im Vordergrund stehen, die sich – wie etwa die sinnliche Erfahrung der Teilnahme an einer Teleteaching-Veranstaltung – in schriftlicher Form nur unvollkommen wiedergegeben lassen. Auf der Grundlage derzeit existierender wissenschaftlicher Untersuchungen zu den Möglichkeiten und Grenzen multimedialer Visualisierung (vgl. z.B. Euler 1994, Hasebrook 1997, Strittmatter/Mauel 1997, Weidenmann 1997) wurden für die Entwicklung der Multimedia-CD-ROM folgende zentrale Ziele festgelegt:

- Die bei den bisherigen Teleteaching-Aktivitäten des Lehrstuhl gemachten Erfahrungen sollten möglichst *realitätsnah* präsentiert werden. Während organisatorische Rahmenbedingungen und theoretische Hintergründe sehr gut in textueller Form beschrieben werden können, ist die Sinneserfahrung der Teilnahme an einer Teleteaching-Veranstaltung schwerer zu vermitteln. Gerade diese ist aber für viele Teleteaching-Interessenten, die bisher an keiner solchen Veranstaltung teilnehmen konnten, von besonderem Interesse. Durch den Einbau von Videosequenzen in die Multimedia-CD soll dem Benutzer eine Annäherung an die Primärerfahrung ermöglicht werden.

- Die technischen Hintergründe des Teleteaching sind teilweise recht komplex (z.B. MBone- Technologie, Unicast vs. Multicast usw.). Eine Multimedia-CD bietet hier (insbesondere mit den Mitteln der Animation und der Simulation) die Möglichkeit, die komplexen Zusammenhänge anschaulich darzustellen und so das Verständnis zu erleichtern.
- Praxiserfahrungen sind teilweise unscharf und schwer strukturierbar. Sie lassen sich daher in textueller Form häufig nur unvollständig wiedergeben. Wissen dieser Art läßt sich in Gesprächssituationen möglicherweise leichter vermitteln. Aus diesem Grund enthält die Multimedia-CD mehrere Video-Interviews mit Teleteaching-Dozenten, betreuenden Technikern und teilnehmenden Studenten.

4.2.1 Projektablauf

Die Multimedia-CD entstand im Rahmen zweier Projektseminare am Lehrstuhl für Wirtschaftsinformatik III der Universität Regensburg. Ziel dieser Projektseminar ist primär, den teilnehmenden Studenten erste Erfahrungen mit Teamarbeit, Koordination in größeren Gruppen und längerfristiger zeitlicher Planung (Projektplanung) zu vermitteln. Aus diesem Grunde spielen Selbstorganisation und Eigenverantwortlichkeit eine große Rolle – die Studenten bestimmen Inhalte und Ablauf des Projektes weitgehend selbst; die Unterstützung durch Mitarbeiter des Lehrstuhls beschränkt sich im wesentlichen auf Beratung, Hilfestellung bei Problemen und Koordination.

Die Planung des ersten Multimedia-Projektseminars begann Anfang März 1999 unter der Leitung von Dipl. Inf. Ulrich Nikolaus. In Zusammenarbeit mit einer studentischen Hilfskraft wurden in einer einmonatigen Vorbereitungsphase die notwendigen Voraussetzungen geschaffen, um die komplexe Aufgabe der Erstellung einer Multimedia-CD in studentischer Eigenarbeit innerhalb von nur 3 Monaten realisieren zu können: einführende Lehrveranstaltungen wurden vorbereitet, ein grober Zeitplan erstellt, Gruppen eingeteilt und Rollen definiert, die die individuellen Aufgaben der Projektteilnehmer genauer definierten.

Zu Beginn des Sommersemesters 1999 begann das eigentliche Projektseminar, an dem 17 Studenten der Wirtschaftsinformatik teilnahmen. Da die Teilnehmer des Projektseminars – Studenten am Beginn des zweiten Studienabschnitts – über keine oder nur geringe Vorkenntnisse im Multimedia- Bereich verfügten, war eine intensive Einarbeitung und Betreuung erforderlich. Durch eine Aufteilung in vier Untergruppen à 4 bis 5 Personen, von denen jede sich nur mit einem Teilaspekt der Multimedia-Entwicklung beschäftigte (Inhaltliche Planung & Konzeption, Layout & Design, Video- & Audioproduktion, Authoring & Programmierung) wurde dem Rechnung getragen.

Jeder Projektgruppe wurde ein Teambetreuer zugeordnet, der sie in begleitenden Lehrveranstaltungen von mindestens 4 Wochenstunden individuell auf die Aufgaben der jeweiligen Teams vorbereitete. Die Gruppe der vier Teambetreuer setzte sich aus zwei wissenschaftlichen Mitarbeitern (Ulrich Nikolaus/Video- & Audioproduktion, Thomas Schnetzer/Authoring & Programmierung) sowie zwei studentischen Hilfskräften, die bereits über Vorkenntnisse im Multimedia- Bereich verfügten, zusammen (Claudia Henghuber/Planung & Konzeption, Gerald Möhnle/Layout & Design).

Zielsetzung des Projektes war, innerhalb von drei Monaten (d.h. bis zum Ende des Sommersemesters) einen funktionsfähigen Prototyp der Multimedia-CD zu entwickeln. Aufgrund der sehr dichten Zeitplanung und der geringen Vorkenntnisse der Teilnehmer war ein gut durchorganisierte und stringente Projektplanung unabdingbar, um Fehlentwicklungen, organisatorisches Chaos und die damit verbundenen Zeitverluste zu vermeiden. Infolgedessen orientierte sich der Projektablauf stark an der von Ulrich Nikolaus in der Lehrveranstaltung "Multimedia II" vermittelten Vorgehensweise; zudem wurde auf eine systematische Dokumentation aller Arbeitsschritte in der bei Multimedia-Produktionen üblichen Form (Hypertext-Flowcharts, Drehbücher, Scribblebooks usw.) geachtet.

Abb. 4 – 1: Teambetreuer des ersten Projektseminars vor dem Projektplan

Um rechtliche Probleme durch die versehentliche Verwendung von urheberrechtlich geschütztem Bild- und Tonmaterial von vornherein auszuschließen, wurden sämtliche Materialien – Videos, Sprechertexte, digitale Photos sowie Grafiken und funktionale Flächen (Buttons) – in Eigenarbeit erstellt. Dafür stand im Multimedia-Labor des Lehrstuhls eine professionelle Software-Ausstattung zur Verfügung (*Adobe Photoshop* zur Grafikbearbeitung, *Adobe Premiere* zum Videoschnitt, *SEK'd samplitude pro* für die Audiobearbeitung und der *Macromedia Director* für das Multimedia-Authoring).

Der Austausch zwischen den einzelnen Arbeitsgruppen fand teils über eine eigens zu diesem Zweck eingerichtete Newsgroup, teils über innerhalb der Teams festgelegte Kontaktpersonen statt; Versammlungen mit sämtlichen Projektmitarbeitern waren eher die Ausnahme.

Höhepunkt der Projektzusammenarbeit war ein zehnstündiger Videodrehtag mit allen Beteiligten, an dem eine Videokonferenz-Verbindung zwischen drei Hörsälen aufgebaut und eine entsprechende Teleteaching-Veranstaltung simuliert wurde. Während des Drehtages wurde das gesamte Bild-, Video- und (Original-)Tonmaterial produziert, das für die CD benötigt wurde.

Zum Ende des Sommersemesters lag eine voll funktionale Demoversion der Multimedia-CD vor, bei der zwar eine Unterkapitel nur prototypisch implementiert waren, die aber vom grafischen Aufbau und von der Funktionalität her bereits einen guten Eindruck vom geplanten Endzustand vermittelte.

Aufgabe des zweiten Projektseminars im Sommersemester 2000 war eine grundlegende inhaltliche Überarbeitung des Protoypen sowie eine Vervollständigung und Aktualisierung. Auch an diesem Seminar nahmen wieder 16 Studenten teil; die Vorgehensweise war ähnlich zur ersten Veranstaltung; lediglich die Betreuung der Projektgruppen wurde teilweise von anderen Mitarbeitern des Lehrstuhls übernommen (Ulrich Nikolaus/Video- & Audioproduktion, Klaus J. Schäfer/Layout & Design sowie Claudia Henghuber/Planung & Konzeption und Holger Nösekabel/Authoring & Programmierung).

4.2.2 Inhaltsübersicht[1]

Die Multimedia-CD "Teleteaching über das Internet" bemüht sich, die Möglichkeiten einer multimedialen Visualisierung konsequent zu nutzen. Aus diesem Grunde wurde auf längere Textpassagen weitgehend verzichtet; die Informationsvermittlung erfolgt primär audiovisuell über Sprechertexte oder Videoeinspielungen. Inhaltlich gliedert sich die CD in vier Kapitel (vgl. auch Abbildung 4-2).

Im Kapitel **Theoretische Grundlagen** befinden sich neben einer Definition des Begriffs Teleteaching weitere Informationen zu Technik und Technologie des Teleteaching. Dazu gehören z.B. eine kurze Erläuterung des ISO/OSI-Schichtenmodells, eine Erklärung von Unicast- und Multicast-Broadcasting sowie Informationen zum beim Teleteaching an der Universität Regensburg verwendeten Software-Client (konkret: den sogenannten MBone-Tools vic, vat und sdr). In diesem Kapitel kommen zahlreiche Diashows und Animationen zum Einsatz.

[1] Hinweis: Da die Überarbeitung des Prototypen derzeit noch nicht ganz abgeschlossen ist, beziehen sich die nun folgenden Angaben noch auf den Inhalt des ersten Prototypen.

Abb. 4 – 2: Hauptmenü der Multimedia-CD „Teleteaching über das Internet"

Das Kapitel **Ablauf Teleteaching** in der Praxis ist weitgehend videobasiert. In ihm soll dem Benutzer ein möglichst realistischer Eindruck einer Teleteaching-Veranstaltung vermittelt werden. Um dabei alle wesentlichen Aspekte abdecken zu können – insbesondere die technischen Aspekte, die Sichtweise des Referenten sowie die der Zuhörer – wurde die Veranstaltung aus drei unterschiedlichen Perspektiven gefilmt, unter denen der Nutzer auswählen kann (vgl. Abbildung 4-3):

- aus der Sicht des Dozenten, der die Veranstaltung leitet,
- aus Sicht des Technikers, der die Veranstaltung vorbereitet und den Ablauf überwacht sowie
- aus Sicht der teilnehmenden Zuhörer.

Eine Zusammenstellung der positiven wie der negativen Erfahrungen mit dem Teleteaching findet sich im Kapitel **Erfahrungen am Lehrstuhl Wirtschaftsinformatik III**. Dieses Kapitel enthält einen geschichtlichen Rückblick auf die bisherigen Aktivitäten im Teleteaching-Bereich sowie eine Gegenüberstellung der erkannten Vorteile und Probleme. Ein weiterer Abschnitt mit einigen Video-Kurzinterviews mit Dozenten, dem Techniker und Teilnehmern (auch dies hätte wieder eine größere Realitätsnähe zum Ziel) ist zwar vorgesehen, im aktuellen Prototyp aber noch nicht implementiert.

Das Kapitel **Glossar** schließlich listet die wesentlichen Begriffe der Teleteaching-CD übersichtlich in textueller Form auf. So bietet das Glossar dem Interessierten die Möglichkeit, sich nochmals vertieft mit einigen Teilaspekten des Teleteaching auseinanderzusetzen.

Auch der oben bereits erwähnte Forschungsbericht ist als PDF-Dokument auf der Multimedia-CD enthalten.

Abb. 4- 3: Ablauf einer Teleteaching-Veranstaltung, dargestellt per Video

4.2.3 Programmsteuerung

Abb. 4 – 4: Übersicht über die Bedienelemente der Multimedia-CD

Die Multimedia-CD 'Teleteaching über das Internet' wird über die Maus als Eingabegerät gesteuert. Im Intro sowie zu Beginn eines jeden Kapitels geben die Sprecher des Programmes jeweils kurze Hinweise zur Bedienung. Die grundsätzliche Navigationsstruktur des Programmes sehen Sie in Abbildung 4-4 (die folgende Aufzählung beschreibt die in der Abbildung dargestellten funktionalen Flächen von links nach rechts und von oben nach unten):

- *Hierarchischer Pfad vom Hauptmenü zur aktuellen Seite:* Über den kleinen roten Pfeil am linken oberen Bildschirmrand läßt sich ein Pop-Up-Menü öffnen, im dem der Pfad vom Hauptmenü zur aktuellen Seite mit allen dazwischenliegenden Unterkapiteln angegeben ist. Durch Clicken auf eine der Überschriften gelangen Sie in das zugehörige Kapitel.

- *Übersichtsseite (geplant):* Über das Logo des Lehrstuhls für Wirtschaftsinformatik III soll in zukünftigen Versionen ein Zugang zur Sitemap (Hypertext-Flowchart) der Anwendung realisiert werden. Über die Sitemap wird es möglich sein, jedes Unterkapitel des Programmes direkt anzuspringen und so die derzeit noch recht unflexible Navigationsstruktur zu optimieren. Da die Sitemap im vorliegenden Prototyp noch nicht realisiert ist, verbirgt sich hinter dem Logo derzeit nur ein Link zum Hauptmenü.

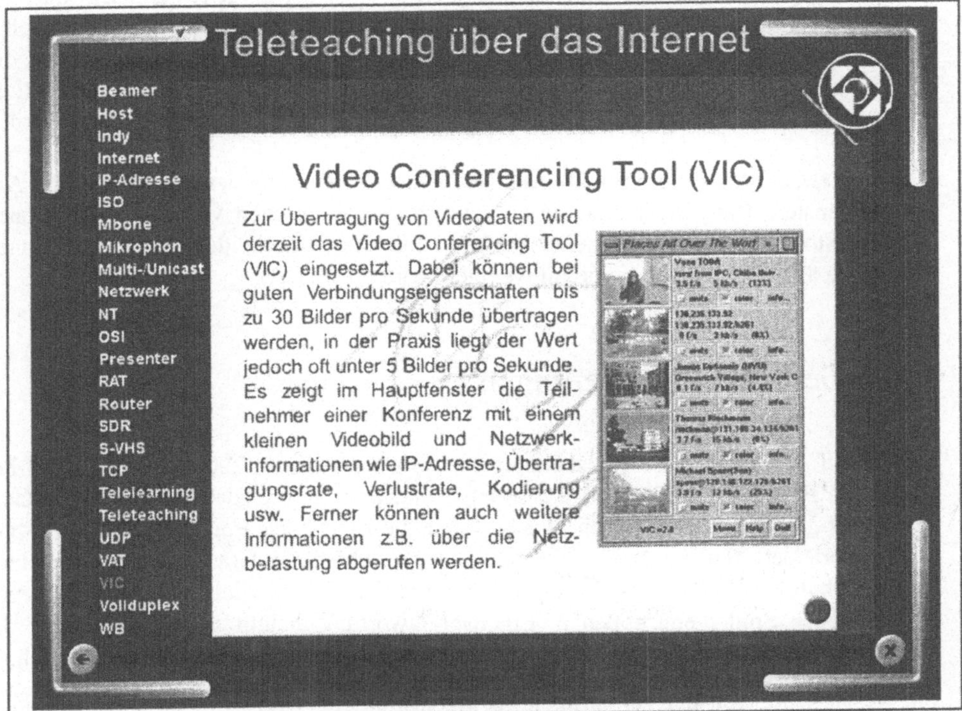

Abb. 4 – 5: Das Glossar der Multimedia-CD

- *Perspektivenwechsel im Anzeigefenster:* Diese (derzeit nur auf zwei Seiten der Anwendung vorhandenen) Auswahlfelder ermöglichen es, innerhalb eines Kapitels die im Anzeigefenster präsentierten Inhalte auszutauschen. Im Unterkapitel 'Durchführung' (Take-Nr. ??) hat der Benutzer beispielsweise die Möglichkeit, sich den realen Ablauf eines Teleseminars aus drei Perspektiven anzusehen: Aus der des Dozenten, der des Technikers und der der Teilnehmer. Die drei Auswahlfelder erlauben einen schnellen Wechsel zwischen diesen Sichtweisen; ein roter Pfeil vom Auswahlfeld zum Anzeigefenster gibt an, welche der Perspektiven gerade aktiv ist.
- *Zurück zur letzten Seite:* Über diesen Button ist kann der Benutzer zur letzten besuchten Seite zurückkehren.
- *Anzeigefenster:* Über diese Fläche im Zentrum des Bildschirms findet die zentrale Informationsvermittlung statt. Im Rahmen des Anzeigefensters werden zum Thema

des aktuellen Unterabschnitts Videos angezeigt, Slideshows abgespielt oder erläuternde Animationen angezeigt.

- *Programm beenden:* Über diesen Button kann das Programm verlassen werden. Vorher informiert noch ein Abspann über das Projekt und seine Beteiligten. Der Abspann kann durch Click auf die linke Maustaste beschleunigt (es wird dann die nächste Seite des Abspanns angezeigt) oder mit (STRG & Q) vorzeitig abgebrochen werden
- *Referenz zum Glossar:* Wichtige Fachbegriffe, die in den Videos oder Slideshows eines Unterkapitels vorkommen, erscheinen als Hotwords links neben dem Anzeigefenster. Jedes Hotword verweist auf einen Eintrag im Glossar. Ein Click auf einen Glossarbegriff öffnet ein entsprechendes Fenster über der aktuellen Bildschirmanzeige. Der Benutzer kann sich so über einen Fachbegriff informieren, ohne das Kapitel verlassen zu können. Eine Zusammenstellung aller Glossarbegriffe (also auch der, die keinen direkten Bezug zum Thema des aktuellen Kapitels haben) findet sich im Glossar selbst (Take-Nr. 4, vgl. Abbildung 4-5), das über das Hauptmenü erreicht werden kann.
- *Anzeigesteuerung:* Diese Funktionsleiste dient zur Steuerung der Präsentation im Anzeigefenster. Man findet hier die aus anderen Applikationen vertrauten Funktionen Start, Stop, Pause sowie schneller Vorlauf / Rücklauf (die beiden letzten Funktionen sind im aktuellen Prototyp nur auf wenigen Seiten realisiert).

4.2.4 Geplante Erweiterungen

Im Verlauf des zweiten Projektseminars im Sommersemester 2000 soll der oben beschriebene Prototyp grundlegend überarbeitet und erweitert werden. Während die Gestaltung der grafischen Benutzeroberfläche sowie die zugehörige Funktionalität weitestgehend unverändert bleiben wird, ist bezogen auf die inhaltliche Umsetzung der einzelnen Unterabschnitte teilweise eine intensive Überarbeitung erforderlich. Da die Inhalte von verschiedenen Studentengruppen in Eigenverantwortung erstellt wurden, differiert die inhaltliche Qualität und die grafische Gestaltung der Illustrationen teils noch erheblich.

Ein wesentlicher Teil der zukünftigen Weiterentwicklung wird daher in einer Harmonisierung der Gestaltung, einer inhaltlichen Korrektur und einer Überarbeitung unter dramaturgischen Gesichtspunkten liegen. Auch eine Aktualisierung ist vorgesehen. Vor allem die Aktivitäten des Lehrstuhls im Bereich des asynchronem Teleteachings, insbesondere Erfahrungen mit dem Portal der Virtuellen Universität Regensburg sollen dabei berücksichtigt werden.

4.3 CD ROM „Psychoakustik“

Multimedia-Anwendungen sind u.a. durch den Einsatz zeitvarianter Medien (Video, 3D-Animation und Audio) gekennzeichnet. Aufgrund dessen bieten sich Themenbereiche, welche sich mit Perzeption beschäftigen, also mit der visuellen oder auditiven Wahrnehmung des Menschen, für den sich der Einsatz von multimedialem Lernen geradezu an.

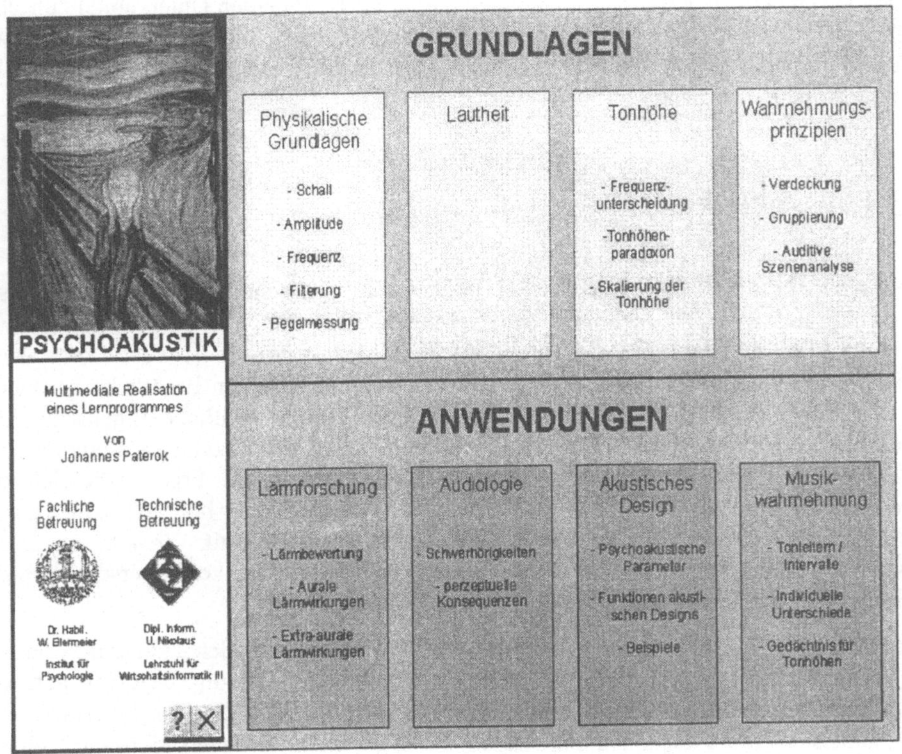

Abb.4 - 6: Hauptmenü der CD-ROM Psychoakustik

Die Psychoakustik ist ein solches Themengebiet. Im Wintersemester 1999/2000 beschäftigte sich ein Seminar am Institut für Psychologie der Universität Regensburg (Leitung: PD Dr. Wolfgang Ellermeier) mit dem Thema, wie sich ausgewählte Stoffgebiete der auditiven Wahrnehmung (z.B. Auditive Mustererkennung; Tonhöhenwahrnehmung; Lärmwirkungen; Schwerhörigkeiten) multimedial aufbereiten lassen. Die in diesem Seminar gesammelten Materialien und Ideen wurden im Rahmen einer Diplomarbeit am Lehrstuhl für Wirtschaftsinformatik III in ein Multimedia-Lernprogramm integriert. Dieses ist bereits die zweite an der Universität Regensburg entwickelte Multimedia-Anwendung zum Thema Psychoakustik (vgl. Bredl 1999). Beide Lernprogramme sind, obwohl von der Grundthematik ähnlich, inhaltlich völlig unterschiedlich.

Die Betreuung der Diplomarbeit erfolgte in Kooperation zwischen dem Institut für Psychologie (PD Dr. Ellermeier, inhaltliche Betreuung) und dem Lehrstuhl für Wirtschaftsinformatik III (Dipl. Inf. Ulrich Nikolaus, technische Betreuung). Als Entwicklungsplattform wurde das Autorensystem Toolbook II Instructor 6.5 von click2learn.com (ehemals Asymetrix Learning Systems) verwendet; Zielmedium war die CD-ROM. Einen ersten Eindruck von Applikation gibt der Screenshot in Abbildung 4-6.

Diese multimediale Lernanwendung soll in den nun folgenden Abschnitten genauer vorgestellt werden. Da bei der Entwicklung des Lernprogrammes auf den Einsatz von Audio ein besonderer Schwerpunkt gelegt wurde und sich die Anwendung inhaltlich mit dem

Thema Psychoakustik beschäftigt, enthalten die in nächsten beiden Unterkapitel zunächst einige grundlegende Informationen zur Psychoakustik bzw. dem Zusammenhang zwischen Multimedia und Audio. Eine genauere Beschreibung der Anwendung selbst folgt dann ab Kapitel.4. 2. 3.

4.3.1 Psychoakustik

Die Psychoakustik ist eine Wissenschaft, welche physikalische Methoden zur Untersuchung der auditiven Wahrnehmung des Menschen verwendet. Das menschliche Gehirn ist in der Lage, äußerst komplexe Höreindrücke zu verarbeiten; es ist jedoch kein physikalisches Meßinstrument. Stattdessen werden manche akustischen Eindrücke besonders hervorgehoben, andere wiederum eher unterdrückt. Eine wesentliche Eigenschaft des menschlichen Gehörs ist z.B., dass das Ohr nicht für alle Frequenzen gleich empfänglich ist. Der sensitivste Bereich der auditiven Wahrnehmung im Frequenzbereich der menschlichen Sprache (ca. 1000 Hz); für deutlich niedrigere oder höhere Frequenzen ist das Ohr jedoch vergleichsweise unempfindlich. Die Psychoakustik versucht u.a. zu ergründen, welche Konsequenzen sich aus diesen Empfindlichkeitsunterschieden der menschlichen Wahrnehmung ergeben.

Eine besondere Leistung des menschlichen Gehirns im Bereich der auditiven Wahrnehmung, mit der sich die Psychoakustik ebenfalls beschäftigt, stellt die scheinbar mühelose Verarbeitung komplexer Geräuschkulissen dar (Goldstein 1997, S.371). Im Alltag müssen zumeist mehrere Schallsignale (Radio, Straßenverkehr, Konversation, etc.) gleichzeitig verarbeitet werden. Die Psychoakustik versucht in diesem Zusammenhang zu ergründen, nach welchen Prinzipien Schallsignale zu bedeutungshaltigen Schallereignissen zusammengefaßt werden (z.B. nach Ähnlichkeit, zeitlicher Nähe oder guter Verlaufsgestalt; vgl. hierzu Goldstein 1997, S.372).

Zusätzlich zu den dargestellten Themenbereichen beschäftigt sich die Psychoakustik unter anderem mit Wahrnehmungseigenschaften der Schallsignale, psychophysischen Aspekten der auditiven Verarbeitung oder mit der auditiven Lokalisation (Goldstein 1997).

All diese Themenbereiche weisen ein wesentliches gemeinsames Charakteristikum auf: Zur Erforschung der geschilderten Wahrnehmungsprozesse ist es unabdingbar, Versuchspersonen direkt mit bestimmten Schallereignissen zu konfrontieren, um ihre Wirkung auf die menschliche Wahrnehmung studieren zu können. So kann es z.B. notwendig sein, einer Vielzahl an Versuchspersonen Tonpaare zu präsentieren, die in Frequenz und Amplitude (Tonhöhe und Lautstärke) variieren, um Erkenntnisse über die Lautstärkeempfindungen des menschlichen Ohres zu erhalten. Gleiches gilt für den Bereich der Tonhöhenwahrnehmung: Erkenntnisse über die Zusammenhänge zwischen einwirkenden Schallsignalen und subjektiven menschlichen Wahrnehmungen können nur durch die direkte Interaktion der Schallsignale mit den Rezipienten gewonnen werden (Stiller 2000, S.122).

Das bedeutet aber auch, daß zur Veranschaulichung dieser Zusammenhänge Dritten gegenüber der Einsatz von Audiosequenzen ebenso unersetzlich ist, da die subjektiven Empfindungen eben nur durch ein direktes Einwirken der Reize auf das Sinnesorgan ausgelöst werden können, und nur so eine vollständige Vermittlung aller Informationen möglich ist. Sollen also einem Dritten besondere Eigenschaften der menschlichen Wahrnehmung verdeutlicht werden, müssen diesem die entsprechenden Schallsignale präsentiert werden.

Gerade in einem multimedialen Lernprogramm zur Psychoakustik wird der Einsatz von Audio daher eine wichtige Rolle spielen: „Der entscheidende Vorteil, den ein multimediales Programm zur Psychologie des Hörens bietet, ist die Einbindung des dynamischen Mediums Ton, das hier nicht, wie bei anderen Programmen, nur eine mediendidaktische Funktion zur Erläuterung eines Lerngegenstandes hat. In der zugrundeliegenden Domäne ist vielmehr der Ton selbst der Lerngegenstand" (Bredl 1999, S.72).

4.3.2 Multimedia und Audio

In Multimedia-Anwendungen kommen neben zeitunabhängigen (Bilder, Texte etc.) auch zeitvariante Medien (Video, Audio, 3D-Animation) zum Einsatz (vgl. z.B. Steinmetz 1995). Gerade mit der Kombination vieler unterschiedlicher Medien verbinden sich Hoffnungen in bezug auf eine Erhöhung des Lernerfolgs: „Die Stärke multimedialer Lernsysteme kann in einem wesentlichen Element darin bestehen, redundant mit Hilfe eines Medienwechsels den Lernerfolg zu erhöhen" (Behrendt 1998, S.21).

Entscheidende Bedeutung erlangt hierbei die Eigenschaft der Multimodalität. Multimodal sind Angebote, die unterschiedliche Sinnesmodalitäten (auditiv, visuell usw.) bei den Nutzern ansprechen (Weidenmann 1997a, S.67). Durch eine multimodale Informationspräsentation kann

- das Auge durch visuelle,
- das Ohr durch akustische,
- der Mund durch gustorische,
- der Tastsinn durch haptische, taktile und
- die Nase durch olfaktorische Medien

erreicht werden. – Beim multimedialen Lernen werden derzeit hauptsächlich die auditive und die visuelle Sinnesmodalität angesprochen (Stiller 2000, S.117). Dabei ist die Wahl der Modalität abhängig von den zu vermittelnden Inhalten. Abstrakte und theoretische Lehrinhalte sollten z. B. vorwiegend durch Texte kommuniziert werden, während ein räumlich analoger Lehrinhalt ohne Bilder nicht vorstellbar ist (Stiller 2000, S.122). Ist der Lehrgegenstand jedoch auditiver Natur, „sollte eine auditive Informationspräsentation bevorzugt werden. Geht es z. B. um das Verstehen und Sprechen einer Sprache, so sollte nicht auf eine gesprochene Darstellung der Inhalte verzichtet werden" (Stiller 2000, 122).

Versucht man, die Einsatzmöglichkeiten von Audio in multimedialen Anwendungen zu klassifizieren, so bietet sich eine Einteilung in die Bereiche Sprache, Geräusche und Musik an. Hierbei beinhaltet der Bereich Sprache die Informationsvermittlung durch einen Sprecher, der ähnlich einem Nachrichtensprecher im Fernsehen textuelle Informationen vorliest. (Hintergrund)musik kann, wie z.B. auch im Film, als dramaturgisches Element zur Betonung und Verstärkung einzelner Passagen verwendet werden, Geräusche finden einerseits als „Navigationssounds“ Anwendung (d.h. sie geben z.B. akustische Rückmeldung, sobald eine Schaltfläche mit der Maus betätigt wurde), sie können aber auch andererseits als „O-Töne“ oder Tonbeispiele die Informationsübertragung unterstützen.

In einem Lernprogramm zur Psychoakustik haben die Bereiche Geräusche und Musik gegenüber der Sprache – im Gegensatz zu anderen Applikationen, wo die Sprache häufig dominiert – einen vergleichsweise höheren Stellenwert. Neben Audio sind jedoch die klassischen visuellen Medien wie Bilder, Texte, etc. mindestens ebenso wichtige und somit unverzichtbare Komponenten, da sie der Erläuterung und Veranschaulichung dienen. So können beispielsweise durch die Koordination dieser Medien mit den auditiven zu bestimmten Schallereignissen korrespondierende, erklärende Bilder präsentiert oder Experimentsituationen dargestellt werden.

Während der Einsatz von Bildern, Videos oder Animationen in Multimedia-Anwendungen bereits recht intensiv untersucht wurde, wird der Bereich Audio in der multimedialen Forschung leider noch weitgehend vernachlässigt. Judith Jeffcoate bemerkt dazu: „The Audio side of multimedia has attracted relatively little attention in the computer industry. This is partly because of the massive publicity devoted to video. It may also be because the use of audio in business information systems is not clear“ (Jeffcoate 1995, S.75). Ähnlich äußert sich hierzu Sascha Röder: „Die Bedeutung, die das Audiodesign bei Multimedia-Produktionen heute hat, ist vergleichbar mit der Entwicklung des Tons und Soundtracks beim Film. Zunächst waren nur Stummfilme ohne Ton möglich, später dann wurde der Stummfilm während der Vorstellung zumindest mit einem Klavier begleitet. Die ersten Filme mit Ton beschränkten sich auf die Verwendung geringster Mittel, bevor nach und nach das Sounddesign eine immer wichtigere Rolle zu spielen begann. Heute ist die Bedeutung des Tons beim Film unumstritten“ (Röder 1997). Welche Gestaltungsmöglichkeiten sich für Multimedia aus dem Audio-Einsatz ergeben, soll im folgenden am Beispiel der Psychoakustik-CD-ROM genauer erläutert werden.

4.3.3 Inhalt der CD ROM Psychoakustik

Im Wintersemester 1999/2000 wurde ein Pflichtwahlpraktikum mit dem Titel „Entwicklung und Evaluation eines multimedialen Lernprogramms zur Psychoakustik“ am Institut für Psychologie der Universität Regensburg unter der Leitung von PD Dr. Wolfgang Ellermeier veranstaltet. Ziel dieser Veranstaltung war es, neuartiges, bisher nicht verfügbares Lehr- und Lernmaterial zur Psychoakustik zu erstellen, das Texte, Abbildungen, Audiodemonstrationen und kleine Experimente in einem multimedialen Gesamtkonzept vereinigt. Die Teilnehmer/innen erarbeiteten sich dazu zunächst ausgewählte Stoffgebiete der auditiven Wahrnehmung anhand gängiger Lehrbücher, um diese anschließend für ein Referat multimedial aufzubereiten. Die in diesem Seminar gesammelten Materialien und Ideen zu ausgewählten Stoffgebieten der auditiven Wahrnehmung (z.B. Auditive Mustererkennung; Tonhöhenwahrnehmung; Lärmwirkungen; Schwerhörigkeiten) wurden im Rahmen einer Diplomarbeit am Lehrstuhl für Wirtschaftsinformatik III in ein Multimedia-Lernprogramm integriert.

Inhaltlich gliedert sich das Lernprogramm die Kapitel *Physikalische Grundlagen, Lautheit, Tonhöhe, Wahrnehmungsprinzipien, Lärmforschung, Audiologie, Akustisches Design* und *Lärmforschung*. Von diesen Kapiteln wurden im Rahmen der hier vorgestellten Diplomarbeit die Themenbereiche *Tonhöhe* und *Musikalische Wahrnehmung* vollständig ausgearbeitet.
Das Kapitel *Tonhöhenwahrnehmung* beschäftigt sich mit den Themen Frequenzunterscheidung, „Fehlender Grundton", Tonhöhenparadoxon, Oktavengleichheit sowie Skalierung der Tonhöhe. Beim ersten Thema wird dem Anwender demonstriert, wie groß der Frequenzunterschied zweier aufeinanderfolgender Töne sein muss, damit das menschliche Ohr sie gerade noch auseinanderhalten kann. Das zweite Thema beschäftigt sich mit dem Aufbau komplexer Klänge, die aus einem Grundton und mehreren Obertönen im Oktavabstand bestehen und demonstriert die Bedeutung des Grundtons für die Wahrnehmung der Klänge. Beim Tonhöhenparadoxon wird dem Anwender eine akustische Täuschung präsentiert, die mittels einer bestimmten Abfolge komplexer Töne einen scheinbar stetig ansteigenden (oder fallenden) Ton simuliert (s.u.). Die letzten beiden Bereiche dieses Kapitels beschäftigen sich schließlich mit der subjektiven Beurteilung relativer Tonhöhe, die bei der menschlichen Wahrnehmung signifikant von den objektiv meßbaren Frequenzen abweicht.

Das Kapitel *Musikalische Wahrnehmung* enthält die Unterabschnitte Grundlagen, Musikalische Tonhöhe, Experiment von Shepard, Tritonus-Paradoxie sowie Gedächtnis für Tonhöhen. Beim Thema Musikalische Tonhöhe werden Untersuchungen präsentiert, die sich mit der Beziehung zwischen Tonhöhe und Tonklasse beschäftigen. Eine Tonklasse umfaßt dabei all jene Töne, die zueinander Oktavabstand haben. Mit Hilfe entsprechender Experimente wird hier eine Unabhängigkeit zwischen Tonklasse und Tonhöhe postuliert. Dazu werden neben einer Darstellung der Begriffe Tonhöhe und Tonklasse in zwei weiteren Abschnitten dieses Kapitels ein Experiment von Shepard und die „Tritonus-Paradoxie" vorgestellt. Im Kapitel Gedächtnis für Tonhöhen wird die Leistungsfähigkeit des auditiven Kurzzeitgedächtnisses des Menschen demonstriert. Die Beurteilung der relativen Tonhöhen zweier aufeinanderfolgend präsentierter Töne wird um so schwerer, je mehr Töne dazwischen liegen, und je ähnlicher diese dem Ausgangston sind.

Zur Erläuterung dieser Themen kommen in dem multimedialen Lernprogramm unterschiedliche Medien zum Einsatz: visuelle (in Form von Grafiken, Animationen, Bildern und Videos) sowie auditive (in Form von Tonbeispielen). Dabei ist die Anwendung konsequent so aufgebaut, daß zu jeder Textabschnitt durch Tonbeispiele sowie ein veranschaulichendes visuelles Medium (Grafiken, Animationen) ergänzt wird. Von besonderer Bedeutung sind dabei, wie oben schon erwähnt, die Audiosequenzen. Die darin enthaltenen Geräusche, Töne, Klänge oder Musikstücke veranschaulichen dem Benutzer in auditiver From genau die Themen, die in theoretischer Form im Begleittext des entsprechenden Kapitels erläutert werden. In Verbindung mit der visuellen Veranschaulichung durch Grafiken oder Videos ergibt sich somit ein aufeinander abgestimmter Informationskomplex, der psychoakustische Themen in einer anschaulichen Weise präsentiert, die mit einem Lehrbuch ohne Einsatz von Tonbeispielen nur schwer erreichbar wäre.

4.3.4 Gestaltung der CD-ROM Psychoakustik

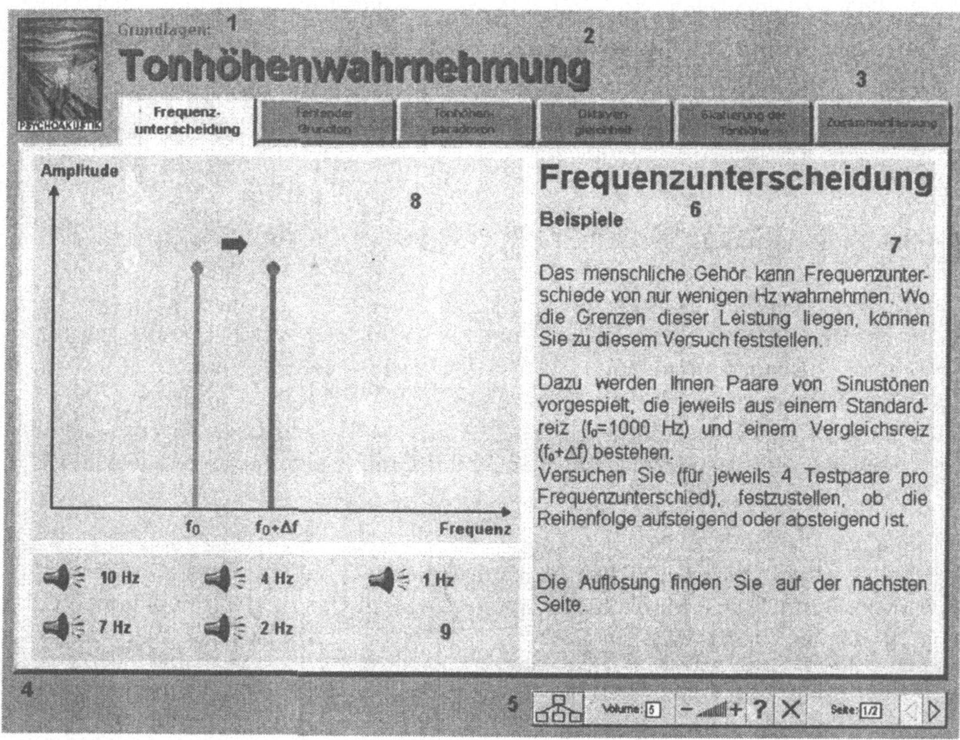

Abbildung 4 - 7: Layout der CD-ROM Psychoakustik

Bei der Entwicklung der Multimedia-CD-ROM wurde auf ein einheitliches Design Wert gelegt. So verfügen sämtliche Unterkapitel über einheitliche funktionale Elemente und ein gemeinsames Layout (vgl. auch Abbildung 18). Um die Orientierung innerhalb der Anwendung zu erleichtern, wird auf jeder Seite neben der Kapitelüberschrift (2) der übergeordneten Themenbereich angezeigt (1). Die inhaltliche Gliederung der innerhalb des Kapitels behandelten Themen wird mittels einer Karteikartenmetapher dargestellt. Die Reiter der Karteikarten (3) enthalten nicht nur die Überschriften der jeweiligen Teilgebiete, sondern sind zugleich auch funktionale Flächen, mit denen der Benutzer ein bestimmtes Themengebiet auswählen kann. Auf der Karteikarte selbst hingegen erscheinen dann die entsprechenden Informationen (4). Am unteren rechten Rand befindet sich eine Funktionsleiste mit Standard-Funktionselementen wie Lautstärkeregelung, Hilfefunktion, Beenden des Programmes usw. (5).

Die inhaltlichen Flächen innerhalb von Bereich (4) sind über alle Kapitel hinweg weitgehend einheitlich angeordnet. In vielen Fällen enthält eine Seite einen erklärenden Text, einige Tonbeispiele und eine veranschaulichende Grafik. Da die Grafik den zentralen Betrachtungspunkt der Seite darstellt, wurde sie im linken oberen Bereich plaziert (8). Der zugehörige Text ist rechts davon angeordnet. Er unterteilt sich in die Überschrift des Themenbereichs (6) und den eigentlichen Fließtext (7). Zusätzlich benötigte funktionale

Flächen – meist handelt es sich dabei um Tonbeispiele – befinden sich links unterhalb der Grafik (9). Zur klareren optischen Gliederung der Seite wurde jeder dieser drei Bereiche jeweils mit einem farbigen Feld unterlegt.

Die horizontale Raumaufteilung der inhaltlichen Flächen kann von Seite zu Seite variieren und hängt im wesentlichen von der Größe der Grafiken bzw. der Länge des Fließtextes ab; und es wurde jedoch versucht, ein weitgehend einheitliches Teilungsverhältnis beizubehalten. Auch Farben wurden bei der Gestaltung der Seiten bewusst eingesetzt. So wurde jedem Hauptkapitel dieser Anwendung eine eigene Grundfarbe zugeordnet; Der Bereich *Grundlagen* z.B. ist durchgängig in grün, der Bereich *Anwendungen* stets in blau gehalten. Auf diese Weise ist eine Einordnung der Teilbereiche schon anhand der Farben möglich. Innerhalb der einzelnen Kapitel werden jeweils mehrere Helligkeitsabstufungen desselben Farbtons verwendet; von ganz dunkel (Kapitelüberschrift) bis ganz hell (Hintergrundfarbe der Karteikarten), wobei die eine äquidistante Helligkeitsabstufung gewählt wurde. Auf diese Art und Weise ergab sich für die gesamte Anwendung eine harmonisch gestaltete Farbpalette.

4.3.5 Einige Beispiele aus dem Inhalt

Abb. 4 - 8: Seite zum Gedächtnis für Tonhöhen

Das erste Beispiel zeigt eine Seite zum Thema *Gedächtnis für Tonhöhen* (Abbildung 4-8) aus dem Kapitel *Musikwahrnehmung*. Hier wird dem Anwender demonstriert, wie die

Beurteilung der relativen Tonhöhen zweier Töne dadurch beeinträchtigt wird, dass dazwischen noch weitere, störende Töne eingeschoben werden. Dabei stören nicht alle Töne gleich stark; das Beurteilungsergebnis hängt vielmehr von der Tonhöhe der eingeschobenen Töne relativ zum Ausgangston ab. Je nachdem ob sich diese „interpolated tones" in der gleichen Oktave, eine Oktave höher oder niedriger als der Anfangston befinden, ist die Fehlerrate hoch, mittel oder niedrig.

Um dem Anwender diesen Sachverhalt zu verdeutlichen, werden ihm zunächst zwei Tonbeispiele präsentiert, die keine „interpolated tones" enthalten (Tonbeispiele 1 und 2). Hier stellt es keinerlei Schwierigkeit dar, die relativen Tonhöhen zu erkennen. Bei den weiteren Tonbeispielen sind jedoch zusätzliche Töne eingeschoben. Zu jedem der drei Bereiche a) gleiche Oktave, b) eine Oktave höher und c) eine tiefer sind jeweils zwei Tonbeispiele vorhanden. So kann der Anwender durch gezieltes Abspielen der Audiosequenzen die unterschiedlichen Schwierigkeitsgrade erkennen. Um dem Anwender die richtige Lösung der einzelnen Tonbeispiele auch visuell prasentieren zu können, ist auf dieser Seite eine Klaviatur abgebildet. Während der Wiedergabe der Tonbeispiele erfolgt hier synchron die Anzeige des Anfangs- und des Endtons. So kann der Anwender genau erkennen, welche relativen Unterschiede zwischen den beiden Testtönen liegen. Durch diese Kombination aus auditiver und visueller Präsentation wird eine anschauliche Darstellung zum Thema Tonhöhengedächtnis erreicht.

Die nächsten beiden Beispiele sind dem Kapitel Tonhöhenwahrnehmung entnommen. Im Abschnitt *Tonhöhenparadoxon* (Abbildung 4-9) werden drei Tonbeispiele präsentiert, die dem Rezipienten den Eindruck einer ständig steigenden respektive fallenden Tonfolge vermitteln. Eine ständig steigende Tonfolge, die trotzdem nie die menschliche Hörschwelle erreicht, kann es allerdings ebensowenig geben wie die stetig ansteigende Treppe auf der Zeichnung von M.C. Escher in Abbildung 4 - 9. Es muss also in beiden Fällen eine Täuschung der menschlichen Wahrnehmung vorliegen.

Abbildung 4 - 9: Die Treppe von M.C.Escher als visuelles Äquivalent zum Tonhöhenparadoxon

Um dem Anwender die Hintergründe dieses Paradoxons zu verdeutlichen, wurde in die auf Abbildung 4-10 dargestellte Seite eine Animation integriert, die den Ablauf der präsentierten Tonfolge veranschaulicht. Der Gesamtklang setzt sich aus mehreren Einzeltönen zusammen, deren Frequenzspektrum sich innerhalb einer Glockenkurve bewegt. Sämtliche dieser Einzeltöne bewegen sich beim Start eines kontinuierlich nach rechts (bei aufsteigendem Ton) respektive nach links (bei absteigendem Ton), so dass das menschliche Ohr den Eindruck einer ansteigenden Tonfolge erhält. Erreicht ein Ton die Obergrenze des angegebenen Frequenzspektrums, so wird er unauffällig ausgeblendet, also allmählich leiser, bis er nicht mehr zu hören ist. Für diesen nun „fehlenden“ Ton wird jedoch am unteren Ende des Frequenzspektrums ein neuer Ton erzeugt, der genauso unauffällig eingeblendet wird. Dem menschlichen Ohr entgehen jedoch diese Ein- und Ausblendeffekte; so dass es subjektiv nur eine stetig ansteigende Tonfolge wahrnimmt.

Die diesen Vorgang illustrierende Animation zeigt die Veränderungen des Frequenzspektrums grafisch an, indem jeweils ein bestimmter Ton farblich hervorgehoben wird, so dass der Benutzer seine „Wanderung“ durch das Frequenzspektrum visuell nachvollziehen kann. In Kombination mit dem erläuternden Text wird dem Anwender somit ein klarer Einblick in die Struktur dieses Phänomens gegeben.

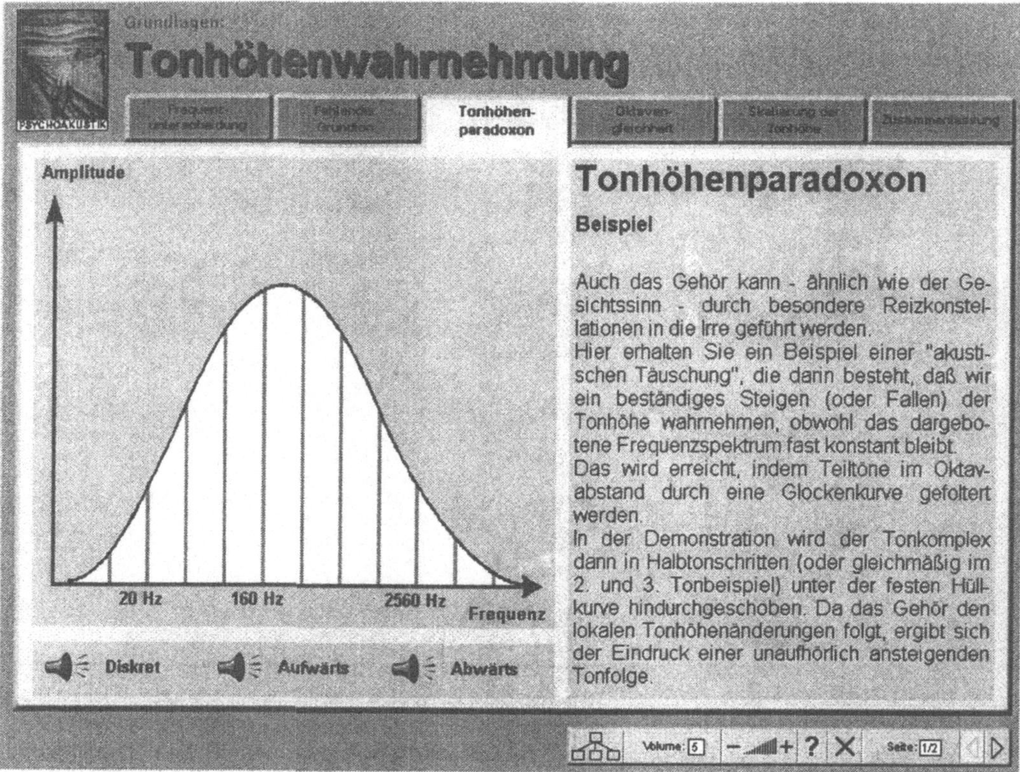

Abb. 4 - 10: Seite zum Tonhöhenparadoxon

Als abschließendes Beispiel zum Medieneinsatz wird hier noch das Thema *Skalierung der Tonhöhe* aus dem Kapitel Tonhöhenwahrnehmung vorgestellt (Abbildung 4-11). Stellt man Versuchspersonen die Aufgabe, zu einem Grundton den jeweils doppelt oder dreifach so hohen Ton ermitteln, so zeigt sich, daß die von den Probanden ausgewählten Töne keineswegs die doppelte oder dreifache Frequenz des Ausgangstones aufweisen – vielmehr liegen die Frequenzen deutlich darüber. Auf der angegebenen Seite wird dem Anwender anhand einer Grafik gezeigt, welche Frequenzen von Versuchspersonen als doppelt oder dreifach so hoch wie ein Ausgangston von 1000 Hz empfunden wurden. Gleichzeitig erhält der Benutzer die Möglichkeit, die entsprechenden Frequenzen in beliebiger Reihenfolge abzuspielen. Dadurch kann er seinen eigenen Höreindruck mit den beschriebenen Resultaten vergleichen, und die Ergebnisse auf diese Weise überprüfen.

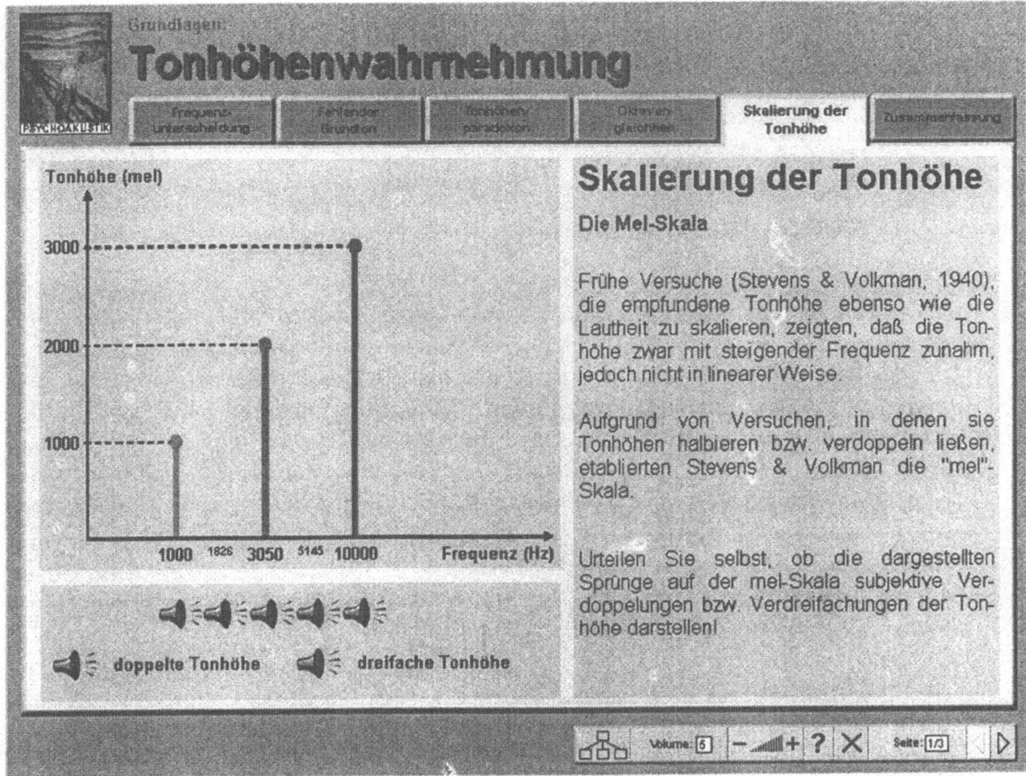

Abb. 4 - 11: Seite zur Skalierung der Tonhöhe

4.3.6 Zusammenfassung

In diesem Kapitel wurde eine Multimedia-Lernanwendung zur Psychoakustik vorgestellt, welche im Rahmen einer Diplomarbeit am Lehrstuhl für Wirtschaftsinformatik III der Universität Regensburg entstanden ist. In diesem Zusammenhang wurde insbesondere auch auf die Einsatzmöglichkeiten von Audio (Sprache, Musik, Geräusche) in multimedialen Anwendungen eingegangen und an einigen Beispielen illustriert, wie eine Kombination von geschriebenem Text, erläuternden Grafiken und Tonbeispielen bei der Wissensvermittlung eingesetzt werden kann.

4.4 Teleteaching-Plattform für eine virtuelle Universität

4.4.1 Konzeption und Entwicklung

Internettechnologien und Multimedia bieten seit einigen Jahren vollkommen neue Möglichkeiten. Viele dieser neuen Möglichkeiten wurden bei der Konzeption und Entwicklung des Internet-Portals der Virtuellen Universität Regensburg (VUR) eingesetzt. Das Portal, das entstand, ermöglicht asynchrones Teleteaching: Learning on Demand im Internet. Dies ermöglicht vollkommen neue Strukturen des Lernens, da Raum und Zeit den Lerner nicht mehr einschränken. Aber nicht nur für den Lerner ergeben sich neue Chancen und Möglichkeiten. Auch die Administration der Lehre erfährt grundlegende Verbesserungen und eine Flexiblisierung. Das vorliegende Kapitel stellt im Überblick die Konzeption und Entwicklung, sowie die Funktionen des Portals vor. Bereits an dieser Stelle wird auf die ausführliche Dokumentation des Systems verwiesen, die voraussichtlich im Sommer 2001 als Dissertationsschrift veröffentlicht wird.

4.4.1.1 Vorgehen

Die Entwicklung eines Internet-Anwendungssystems unterscheidet sich von der Entwicklung eines „normalen" Softwaresystems nur unwesentlich. Das Vorgehen im Entwicklungsprozess ist weitgehend übertragbar. Die vorhandenen Unterschiede liegen eher im Detail, z.B. ist die Oberflächenentwicklung sehr stark von den technischen Voraussetzungen abhängig, da die Gestaltungsmöglichkeiten durch die zur Verfügung stehenden Leitungskapazitäten und den damit verbundenen Übertragungszeiten eingeschränkt werden. Ein weiterer Unterschied liegt im Debugging und Testen des Systems. „Herkömmliche" Software wird i.d.R. plattformspezifisch programmiert (natürlich sind die Möglichkeiten der plattformübergreifenden Programmierung in anderen Programmiersprachen z.B. in C mit den „#ifdef-Anweisungen" bekannt, jedoch sind in der Praxis dies eher die Ausnahmen). D.h. das System wird nur für diese Plattform compiliert und deshalb auch nur auf dieser Plattform getestet. GUI-seitig müssen dann unterschiedliche Auflösungen etc. getestet werden. Ausnahmen sind hier nur wenige zu nennen, wie z.B. JAVA , das ebenfalls plattformübergreifend eingesetzt werden kann. Hier jedoch wird die Umgebungs-Konformität durch die JAVA-Virtual-Runtime-Machine erreicht, die zur Ausführung des Programms erforderlich und selbst plattformspezifisch ist. Bei der Web-Entwicklung stellt die Sicherstellung eben dieser Konformität eines der größten Hindernisse dar. Denn die Ausführung des Codes erfolgt auf unterschiedlichen Plattformen und in unterschiedlichen Browsern. Somit ist der Aufwand ein auf allen Plattformen und in allen Browsern nahezu identisch aussehendes Portal zu erstellen um ein vielfaches größer, als eine normale Softwareanwendung mit einem Toolkit für eine Plattform zu entwickeln. Es gibt jedoch auch Vorteile gegenüber herkömmlichen Softwareprojekten, z.B. entfällt das Compilieren des Codes, da die Interpretation im Browser auf Clientseite zur Laufzeit erfolgt. Dies hat gerade bei der Oberflächengestaltung mit Hilfe des Prototyping große Vorteile und spart Entwicklungszeit. Obwohl das Projekt von einem „One-Man-Team“ durchgeführt wurde, standen organisatorische Aspekte, wie z.B. Dokumentation und Versionskontrolle, ebenso im Pflichtenheft. Der Entwicklungsablauf wurde durch ein CVS-System verwaltet, das die einzelnen Versionen eines Dokuments serverseitig zentral in einer Verzeichnisstruktur speichert (Repository). Da das System den jeweiligen Entwicklungsstand speichert und somit den Zugriff auf die Vorgänger-Versionen jederzeit erlaubt, ist ein effizientes Programmieren möglich. Im Fehlerfall ist eine Lokalisierung des „Bugs“ problemlos möglich, da man nur die einzelnen Versionsstände abgleichen muß, um den fehlerhaften Programmierschritt zu finden. Ein weiterer Vorteil liegt in der automatischen Dokumentation der einzelnen Veränderungen durch die Versionierung im Repository.

4.4.1.2 Vorgehensmodell

Das Internet-Portal wurde in mehreren teilweise parallel ablaufenden Vorgängen entwickelt. Der Gesamtablauf gliedert sich in zwölf Phasen. Die verwendeten Methoden in der jeweiligen Phase wurden je nach Eignung dem Gegenstand und Ziel der Phase entsprechend gewählt. Das Vorgehensmodell als Gesamtentwicklungsablauf betrachtet, basiert auf dem klassischen Softwareentwicklungsmodell nach Balzert bzw. dem verfeinerten Wasserfallmodell von Pomberger/Blaschek , das jedoch in mehreren Schritten um Prototyping-Komponenten erweitert wurde. Grund für die Entwicklung eines eigenen kombinierten Vorgehensmodells war zum einen die Tatsache, daß sehr konkrete Voraussetzungen und Anforderungen gegeben waren, deren Einhaltung bzw. Um-setzung es galt durch sorgfältige vorausschauende Planung sicherzustellen (wie bei den klassischen Entwicklungsmethoden) und zum anderen die guten Erfahrungen des Autors bei der Entwicklung von Web-Oberflächen mit Hilfe des Prototypings. Diese beiden Ansätze wurden in dem entwickelten Vorgehensmodell vereint und entsprechend ihres Anwendungsbereichs kombiniert. Ein ebenso wichtiger Teil des Vorgehensmodells ist die zweifach vorhandene Systeminstallation. Diese Besonderheit ist jedoch nicht etwa eine spezielle Form der Systementwicklung, sondern beruht auf Sicherheitsvorkehrun-gen und den am Lehrstuhl gegebenen Rahmenbedingungen. Da die Entwicklung auf einem direkt an das Internet angebundenen und zudem noch mit weiteren wichtigen Diensten beschäftigten Server nicht sinnvoll ist, bzw. sogar eine Sicherheitslücke darstellen kann, wurde das Portal auf einem Entwicklungsserver im Intranet erstellt, getestet, abgenommen und danach auf den Laufzeitserver portiert. Das Modell im Detail wird in diesem Bericht nicht näher vorgestellt, da es den Rahmen des Berichts sprengen würde. Interessenten seien auf die im Herbst erscheinende Dissertationsschrift verwiesen. Hier werden nur grob die Phasen der Entwicklung genannt und kurz beschrieben:

1. Anwendungssystem Planung und Definition

2. Werkzeug und Systemauswahl

3. Installation Entwicklungsumgebung

4. Grobentwurf

5. Feinentwurf

6. Implementierung

7. Testinstallation der Betaversion
8. Portierung Laufzeitserver
9. Pilotphase des Portalbetriebs

4.4.1.2.1 Anwendungssystem: Planung und Definition

In der Planungsphase wurden zuerst die fundamentalen Eigenschaften des Portals evaluiert. Hierzu wurden unterschiedlichste Informationen gesammelt, die unter anderem durch eine umfangreiche Webrecherche und eine im Vorfeld der Dissertation durchgeführte Soll-Prozessmodellierung erarbeitet wurden. Aus dieser unstrukturierten Liste von Informationen entstand das Lastenheft für die Systemdefinition (siehe Abbildung 4-11). Aus dem Lastenheft sollen hier nur einige wichtige Punkte genannt werden, die vor allem die Systemauwahl beeinflußt haben:

AUSSCHNITT AUS DEM LASTENHEFT DES INTERNET-PORTALS:

1 Systemvoraussetzungen / Produktumgebung

1.1 Hardwareausstattung

- Serverseitig: SUN UltraSPARC II
- Clientseitig: Standard PC

1.2 Softwareausstattung

- Serverseitig: Betriebssystem SUN Solaris 2.6
- Clientseitig: Standard-Browser der Klasse 4 oder höher (Betriebssystem unabhängig)

1.3 Finanz-Budget

- Low-Budget-System; Einsatz von OpenSource-Software soweit als möglich

...

Abb. 4 - 12: Ausschnitt aus dem Lastenheft

Die Systemdefinition stellt die Verfeinerung und Detaillierung des Lastenheftes dar, mit dem Ziel eine vollständig, konsistente, eindeutige und durchführbare Produktdefinition zu erhalten. Dieses Anforderungsdokument, das Pflichtenheft, stellte dann die Grundlage für die spätere Systemabnahme dar. Nach mehreren Iterationen wurde das Pflichtenheft für das Internet-Portal der virtuellen Universität erstellt, das in Auszügen in nachfolgender Abbildung 4 - 13 abgedruckt ist.

PFLICHTENHEFT DES INTERNET-PORTALS:

1 Zielbestimmung

1.1 Mußkriterien

- Fachbereiche und Kurse müssen direkt auswählbar sein
- Lehrmittel müssen downloadbar oder/und anzeigbar sein
- Videos der Vorlesung müssen abspielbar sein
- ...

1.2 Wunschkriterien

- minimaler Konfigurationsaufwand auf der Userseite
- Video und Folien sollten gleichzeitig ansehbar sein
- Video sollte je nach Verbindung in bestmöglicher Qualität ansehbar sein (Sure Streaming)
- ...

2 Produkt-Einsatz

2.1 Anwendungsbereiche

- virtuelle Universität
- Teleteaching-Enviroment im Internet
- Downloadserver für jegliche Lehrmittel
- ...

2.2 Zielgruppen

- Erststudenten
- Nebenfach-Studenten
- ...

3 Produktvoraussetzungen

3.1 Software

- Server: SUN Solaris 2.6
- Client: Internet-Browser Version 4 oder höhre (OS-Plattform nicht entschei dungsrelevant)
- ...

3.2 Hardware

- Server: SUN UltraSPARC II
- Client: Standard-Computer mit Soundunterstützung
- ...

3.3 ...

4 Produktschnittstellen

- SQL-Datenbank
- ...

5 Produktfunktionen

- ...

6 Produktdaten

- ...

7 Produkt-Leistung

- ...

8 Benutzeroberfläche

- ...

Abb. 4 - 13: Pflichtenheft des Internet-Portals

4.4.1.2.2 Werkzeug und Systemauswahl

Die Systemauswahl ist gerade für Internetentwicklungen eine Basisentscheidung, die nicht nur den gesamten Verlauf der Entwicklung bestimmt, sondern auch den nachfolgenden Systemeinsatz grundlegend vorbestimmt. Die hierbei getroffenen Entscheidungen sind zum Großteil während der Entwicklung nicht mehr zu revidieren. Die Werkzeugauswahl ist teilweise ebenfalls von der gewählten Systemumgebung abhängig. Aus diesem Grund muß die Entscheidung sorgfältig vorbereitet werden, wobei möglichst alle Eventualitäten berücksichtigt werden sollten. Essentiell sind hier die Anforderungsdefinitionen aus der zweiten Phase, da sie die Entscheidungsgrundlagen liefern. Besonders zu nennen sind hier jedoch auch Einschränkungen, z.B. finanzieller Art, die die Entscheidungsfindung wesentlich beeinflussen. Das Grundsystem für ein dyna-misches Webportal besteht aus einer Datenbank, einem Transaktionsserver und einem Web-Server. Die Anfragen, die der Client an den Webserver schickt, werden von diesem an den Transaktionsserver weitergegeben, der aus der Datenbank die gewünschten Informationen abfragt, daraus eine statische HTML-Seite generiert und diese an den Webserver übergibt. Der Webserver kann diese Webpage dann wie eine herkömmliche Webseite an den Client schicken. Für den Client macht es keinen Unterschied, ob diese Seite dynamisch generiert wurde, oder ob sie schon statisch auf dem Webserver vorliegt. Die Entscheidung für die Systemauswahl war aufgrund einiger umgebungsbedingter Vorgaben und dem veranschlagten finanziellen Budget schnell getroffen:

- **Web- und Transaktionsserver:** ROXEN Challenger 1.3 Platform
- **Datenbanksystem:** MYSQL 3.22
- **Newsserver:** Netwin dNEWS V. 5.6
- **Chatserver:** SPiN Chat-System Gold 2.4
- **Mediaserver:** REALMedia Server BASIC (G2)
- **Entwicklungsbetriebssystem:** Mandrake Linux V. 6.1 / 7.0
- **Entwicklungsserver:** SuSE Linux V. 6.2
- **Editor:** WebMaker V. 0.8.5 und Bluefish V.0.3.6

Näher erwähnt sei hier nur der Roxen Webserver, der bereits seit geraumer Zeit am Lehrstuhl eingesetzt wurde. Grund für den Einsatz auch in diesem Webportal waren folgende Punkte:

- Web- und Transaktionsserver in einem System
- native Datenbankschnittstelle (kein ODBC-Subsystem notwendig)
- sehr schnelle Parsing-Engine
- umfangreiche HTML-Spracherweiterung, „RXML": RoXen Macro Language
- Modularer Aufbau (diverse Module lassen sich problemlos dazuladen, z.B. Guestbook)
- Sehr gutes, ausgereiftes Sicherheitskonzept; SQL-User-Datenbank-Modul, vollständige SSL-3 Unterstützung (bis 128 bit)
- Übersichtliches und einfach zu handhabendes Administrationsinterface (Webgateway)
- Lizenzkosten: keine, da GPL

4.4.1.2.3 Installation der Entwicklungsumgebung

Die Installation der Entwicklungsumgebung war bis auf einige kleinere Probleme schnell erledigt. Die Installation des SuSE-Linux-Servers gestaltete sich recht einfach, da in der Distribution nahezu sämtliche Tools und Softwarepakete als RPM -Dateien enthalten sind und diese somit durch das Installations- und Konfigurationstool einfach installiert werden konnten. Der Roxen Webserver wurde als Binary-Version installiert, was jedoch aufgrund des ausgereiften Installationsskriptes kein Problem darstellte. Die MySQL-Datenbank war in der Distribution enthalten und mußte nur auf den aktuellen Versionsstand gebracht werden. Der Newsserver mußte komplett kompiliert werden, da er nicht in der entsprechenden Binary-Version erhältlich war. Der Chat-Server der Firma SPiN GmbH, der uns freundlicherweise kostenlos zur Verfügung gestellt wurde, ist in Java geschrieben und erforderte somit eine Installation des JDK 1.2 von Blackdown . Der Mediaserver von REAL war ebenfalls als Binary-Version erhältlich und mußte nur entsprechend bei der Installation an die Dateisystemstruktur angepaßt werden.

Die Installation der Entwicklungs-Workstation gestaltete sich noch einfacher, da die Mandrake-Distribution für Workstations ausgelegt ist und neben einer grafischen Installation, Hardwareerkennung und automatische Konfiguration sämtlicher Plug&Play-Geräte ermöglicht.

4.4.1.2.4 System-Entwurf

Der Systementwurf der Entwicklung des Webportals besteht aus fünf Entwicklungsschritten:

- Datenmodell
- Systemarchitektur
- GUI -Analyse
- GUI-Prototyping
- Systemvalidierung

Diese wurden jedoch teilweise parallel durchgeführt, um den Entwicklungsprozess zu beschleunigen. In je zwei aufeinander folgenden Schritten wurden Datenmodell und Systemarchitektur sowie GUI-Analyse und GUI-Prototyping ausgeführt. Das Prototyping wurde eingesetzt um möglichst schnell eine Visualisierung des Systems zu erreichen. Als erste, grundlegende Komponente wurde das Datenmodell bzw. das Datenbankdesign entwickelt. Dieser Entwurf hat in der gesamten Entwicklung des Portals herausragende Bedeutung. Sämtliche Daten und deren Abhängigkeiten sind in diesem Modell abzubilden. Die Funktionalität, die Möglichkeiten der Abfragen und die redun-danzfreie Speicherung der Informationen hängen ausschließlich von der Richtigkeit, Vollständigkeit und der Qualität des Datenmodells ab .

Die Systemarchitektur beschreibt die Struktur des Softwaresystems durch seine Systemkomponenten und ihre Beziehung untereinander. Systemkomponenten sind wiederum abgegrenzte Teile eines Softwaresystems, die die Bausteine für die physikalische Struktur einer Anwendung darstellen. In nachfolgender Grafik (Abbildung 4-13) ist die Architektur des Portals in Form der Komponenten und Beziehungen zwischen diesen dargestellt:

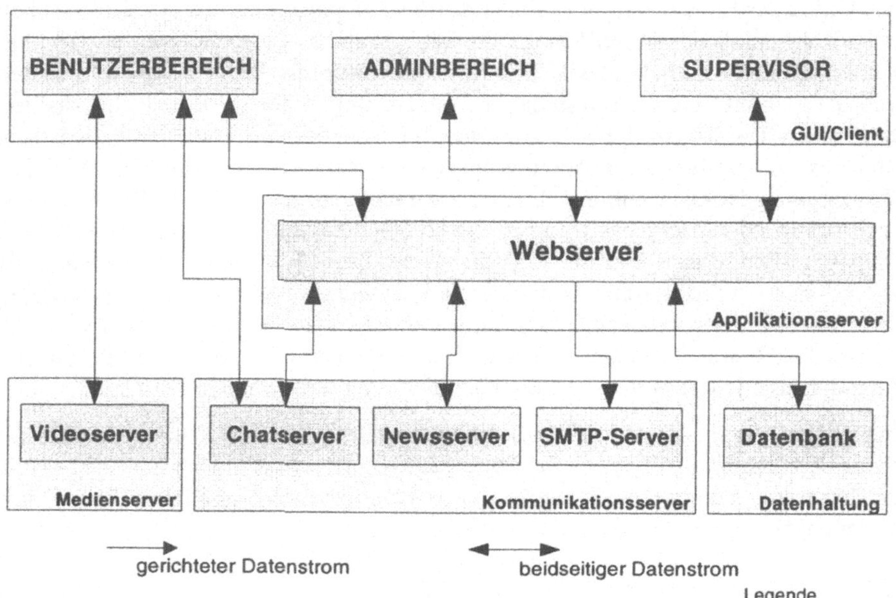

Abb. 4 - 14: Systemarchitektur des Internet-Portals der VUR

Die GUI des Portals wurde durch das Prototyping-Verfahren entwickelt. Grundsätzliche Design-Richtlinien wurden vorher festgelegt. Diese wiederholen sich in allen Seiten des Systems und sorgen deshalb für ein übersichtliches und einfach zu bedienendes System. Die Navigation des Portals wurde nach dem Karteireiter-System entworfen, da diese Art eine hohe Assoziation mit Bereichen der realen Welt aufweist und von jedem schnell verstanden wird. Sowohl die Hauptnavigation auf der ersten Ebene, als auch die Navigation der zweiten Ebene (Fachbereichs-Ebene) funktioniert nach diesem Prinzip. Ebenso wurde bei der Seitenstruktur darauf geachtet, daß jeder Hauptnavigationspunkt direkt von jeder Seite des Portals aus anspringbar ist und dadurch eine hohe Flexibilität entsteht. Das Grundlayout baut auf einer einfachen und übersichtlichen Struktur auf, wie in Abbildung 4-15 zu sehen ist.

Ein weiterer Vorteil des einfachen Grundlayouts ist die Bookmark-Möglichkeit, da aufgrund der sog. OnSite-Navigation (es werden keine Frames zur Navigation benutzt), jede Seite des Systems direkt aufgerufen werden kann. Hinzu kommt noch, daß die Seiten dynamisch aus der Datenbank generiert werden und deshalb bei jedem Aufruf den aktuellen Datenbestand wiederspiegeln.

Das einzige Modul des Portals, das nicht auf dieser Struktur aufbaut, ist die Virtuelle Vorlesung. Hier mußte ein Kompromiß gemacht werden, da Folie und Video gemeinsam auf einer Seite Platz finden mußten. Wie in Abbildung 4-19 zu sehen ist, ist dies auch gut gelungen. Um die Navigation hier nicht zu beeinträchtigen, wird das Vorlesungsmodul in einem neuen Browser-Fenster gestartet. Die Systemvalidierung wird durchgeführt, um vor der Implementierung den Entwurf auf eventuelle Fehler zu kontrollieren, die nachher nur noch mit erheblichem Aufwand zu korrigieren sein würden.

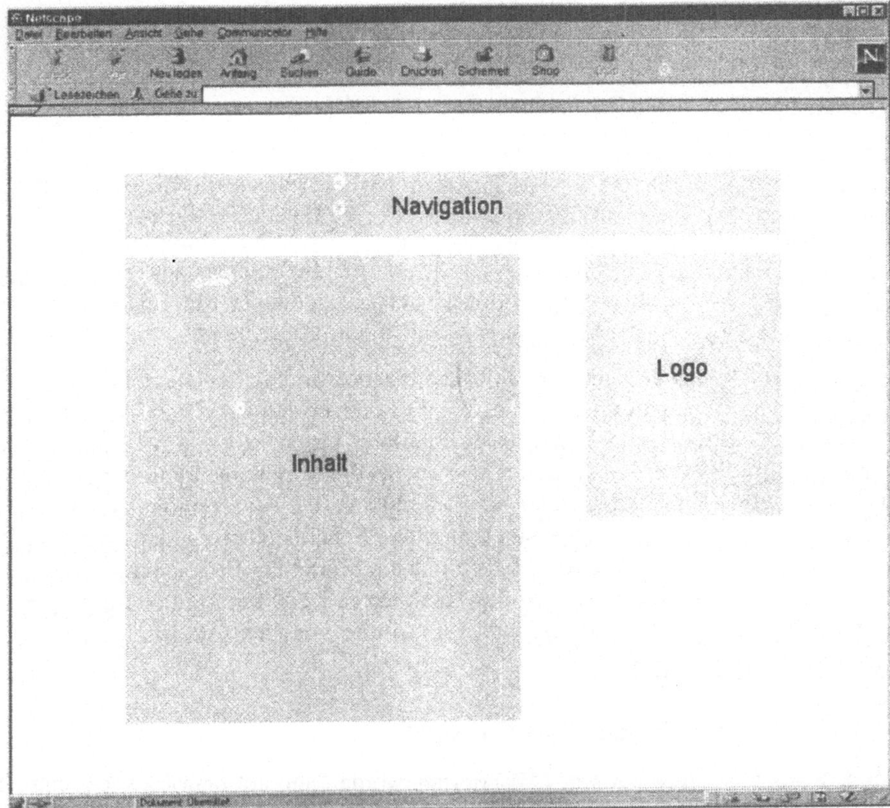

Abb. 4-15: Grundlayout des Portals

4.4.1.2.5 Implementierung

Die Implementierung des Systems bestand nun darin, die Vorgaben und Planungen zu realisieren. Die Systemkomponenten mußten zusammengefügt und die GUI mit der gewünschten Funktionalität ausgestattet werden. Das Rückgrat des Webportals stellt die Roxen Challenger Platform dar, die mit den entsprechenden Modulen bestückt werden muß. Aus der Vielzahl der benötigten Module seien hier nur die wichtigsten genannt:

- Main RXML-Parser

  (Haupt-Parser-Modul)

- SQL-User-Database
  (Modul zur Authentifizierung mit htaccess über eine SQL-Datenbank)
- SQL-Module
  (Modul für nativen Datenbankzugriff)
- SSL-Proxy
  (Modul für Secure Socket Layer – Proxy)
- Wizard Generator
  (Modul zur Generierung der Datenbank-Wizards)
- htaccess Support
  (Schutzmechanismus in Zusammenhang mit der SQL-User-Database)

Das System basiert auf dem in Abschnitt System-Entwurf durch das Prototyping entwickelte Layout, das durch die jeweils hinzuzufügenden Inhaltsteile die entsprechenden Seiten darstellt. Die automatische Generierung der Webseiten erfolgt durch die RXML-Sprache. Durch diese Makrosprache werden in die sog. Templates Variablen gesetzt, die je nach Aufruf die entsprechenden Anfragen durch SQL-Befehle aus der Datenbank auslesen. Der RXML-Parser der Roxen Platform ersetzt dann den RXML-Code mit den Variablen durch das Ergebnis der Datenbankabfrage in normalem HTML.

Die weitere Funktionalität wird durch Roxen-eigene Module realisiert (wie z.B. das Guestbook). Der Administrationsbereich, der mit den Datenbankwizards (siehe Abbildung 4-21) wohl eines der interessantesten Interface-Typen aufweist, ist mit dem sog. Wizard-Modul des Roxen-Webservers realisiert, das die Möglichkeit einer Seitenabfolge von HTML-Formularen erlaubt, die in sich geschlossen in einem Template ablaufen und mit einer Navigationsstruktur ausgestattet sind. Die Schnittstellen zu den angebundenen Fremdsystemen werden entweder ebenfalls durch ein Modul des Roxen Servers realisiert, wie z.B. das integrierte Mail-Formular, das durch ein PERL -Skript mit dem CGI -Modul des Servers kommuniziert, oder durch die Einbettung von Java-Applets, wie dies z.B. beim Chat-Client der Fall ist.

4.4.1.2.6 Testinstallation der Betaversion

Die fertiggestellte Betaversion des Webportals wurde dann auf dem Entwicklungsserver betriebsbereit installiert und getestet. Als Beta-Tester dienten die Arbeitskollegen und Freunde, die die grundsätzliche Funktionstüchtigkeit kontrollierten und entsprechend Bugreports ausfüllten. Die während des Tests aufgetretenen Fehler wurden umgehend im System behoben und der entsprechenden Testperson mitgeteilt, so daß der Test wiederholt werden konnte. Nach Abschluß der ausgedehnten Testphase konnte mit der Portierung auf den Laufzeitserver begonnen werden.

4.4.1.2.7 Portierung auf den Laufzeitserver

Der zum endgültigen Betrieb bestimmte Laufzeitserver, eine SUN UltraSPARC II mit dem Betriebssystem SUN Solaris 2.6, mußte zuerst mit den zum Betrieb notwendigen Softwarepaketen ausgestattet werden. Also wurde ähnlich der Entwicklungsserverinstallation Datenbank, Newsserver, Mediaserver und Chat-Server installiert. Die Roxen Challenger Platform war bereits in Betrieb und mußte nur an die Gegebenheiten angepaßt werden. Hier mußte jedoch noch wesentlich umsichtiger vorgegangen werden, da es sich um einen in Betrieb befindlichen Webserver handelte, der durch die Installationen nicht in Mitleidenschaft gezogen werden durfte. Nach Abschluß der Installation und der Funktionstests der einzelnen Bestandteile konnte der Source-Code überspielt werden und im Netz freigeschaltet werden. Die Sicherheitskonzepte wurden nochmals kontrolliert, um im Internet keinerlei Angriffen ausgesetzt zu sein. Nach umfangreichen Funktionstests konnte das System zur Pilotphase freigegeben werden.

4.4.1.2.8 Pilotphase des Portalbetriebs

Die Pilotphase des Portalbetriebs begann mit dem Sommersemster 2000. In diesem Semester sollten Erfahrungen mit dem Webportal gemacht und eventuelle Fehler bereinigt werden. Ebenso sollte die Akzeptanz bei den Dozenten und Studenten festgestellt werden. Im Herbst 2000 konnte dann anhand der gesammelten Erfahrungen und Ergebnisse überprüft werden, ob die Anforderungen vollständig erreicht wurden und welche Verbesserungen notwendig und sinnvoll erscheinen. Zum Wintersemester 2000 / 2001 ging das Portal in den Vollbetrieb.

4.4.2 Funktionen des Internet-Portals

Die Funktionalität des Internet-Portals der Virtuellen Universität Regensburg gliedert sich in drei Hauptbereiche:

- Userbereich
- Administrations- oder Dozentenbereich
- Supervisorbereich

Die Funktionen der drei Bereiche werden nun vorgestellt und beschrieben:

4.4.2.1 Userbereich

Den Userbereich des Internet-Portals erreicht man nach erfolgreicher Authentifizierung im Startscreen der Virtuellen Universität. Von dort aus kann über die Navigationsstruktur, die im Karteireiter-Design implementiert ist, auf die Inhalte des Portals zugegriffen werden. Durch die Navigation kann, wie in nachfolgendem Screenshot zu sehen ist, jeder Teilbereich direkt angesprungen werden. Folgende Teilbereiche sind zu erreichen:

- Info [nähere Informationen zu VUR]
- About [nähere Information zum Portal-System an sich]
- Fachbereiche [Zugriff auf die Fachbereiche der VUR]
- Bibliothek [Zugriff auf Links zu div. Bibliotheken]
- Aktuell [Aktuelle Nachrichten rund um die VUR]
- Cafeteria [Kommunikationsplattform für Studenten]
- Admin [Zugang zum Administrations- und Supervisorbereich]

Nachfolgend werden die Funktionen des Userbereichs, ausgehend von der Navigationsstruktur, beschrieben. Auf der Seite Info kann der Besucher sich über die Virtuelle Universität Regensburg und deren Ziele informieren. Ebenso wird durch eine überblickartige Kurzbeschreibung ein Einblick in die Funktionalität des Portals gegeben. Die Seite

About liefert Hintergrundinformationen zum System an sich, d.h. Technik, verwendete Software etc.. Über den Karteireiter Fachbereiche kann die Auswahlseite geöffnet werden, die im Anschluß unter Fachbereiche noch näher erläutert wird. Die Bibliothek-Seite bietet den Studenten eine Linksammlung von Online-Recherche-Möglichkeiten, die durch die Dozenten über den Administrationsbereich entsprechend gepflegt werden kann. Auf der Seite Aktuell werden die Nachrichten rund um die virtuelle Universität veröffentlicht. Dies erfolgt ebenfalls über den Adminbereich entweder durch die Dozenten selbst oder durch den Supervisor. Die Cafeteria stellt eine Kommunikationsplattform für die Studenten dar, deren Funktionalität unter Cafeteria näher beschrieben wird.

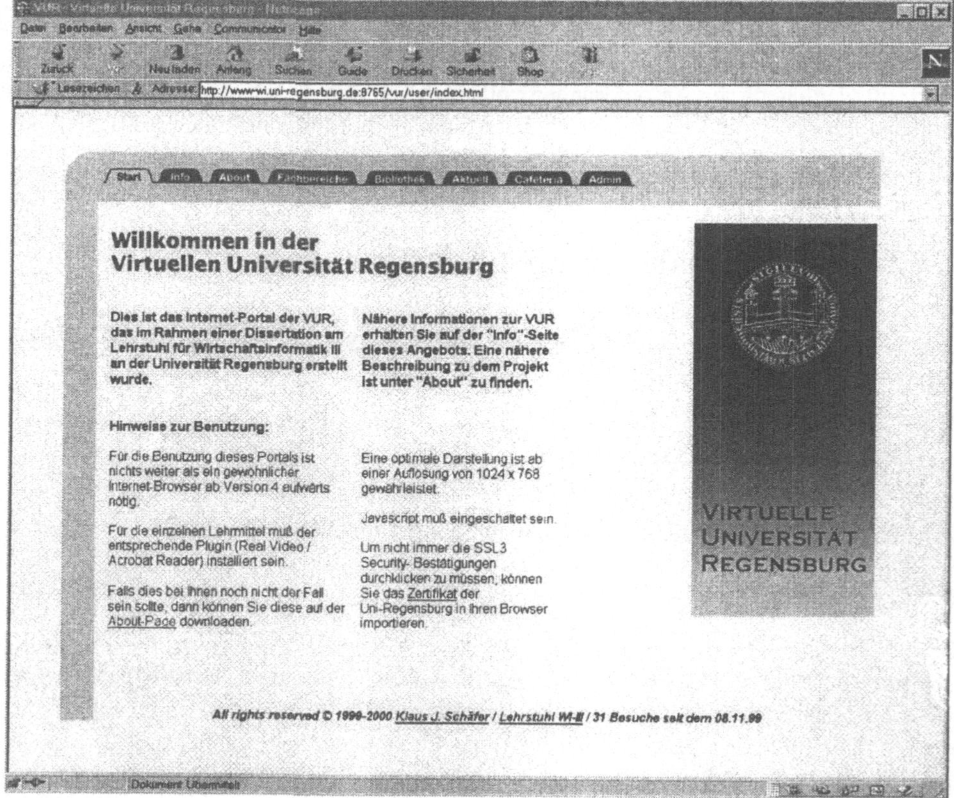

Abb. 4-16: Start-Seite der der Virtuellen Universität Regensburg

4.4.2.1.1 Fachbereiche

Die Auswahlseite für die Fachbereiche (Abbildung 4-16) stellt neben einer Suchfunktion den direkten Zugang zu den Rubriken der einzelnen Bereiche zur Verfügung. Die Navigationsstruktur auf dieser zweiten Ebene des Portals ist ähnlich der ersten Ebene aufgebaut und durch das Karteireiter-System ebenso konsistent gehalten. Die Auswahlmöglichkeiten sind in jedem Fachbereich identisch:

- Info [Detaillierte Informationen zum Fachbereich]

- Kurse [Link zur Kursauswahlseite des Fachbereichs]
- Suche [Suchmöglichkeit innerhalb des jeweiligen Fachbereichs]
- Kontakt [Link zur Kontaktseite des jeweiligen Fachbereichs]

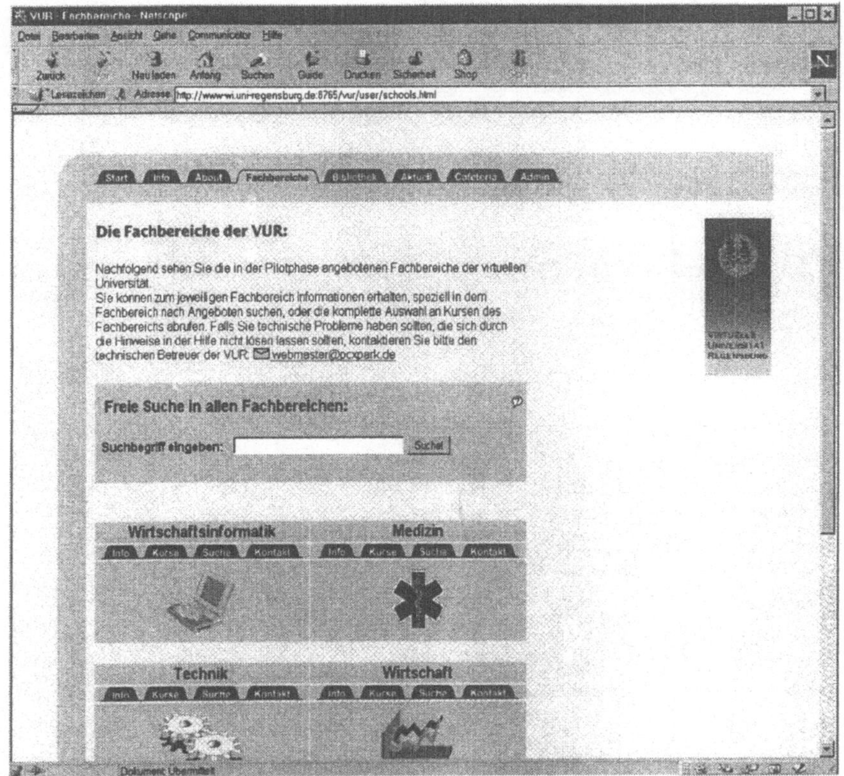

Abb. 4-17: Auswahlseite der Fachbereiche

Der Link Info führt auf die Informationsseite des jeweiligen Fachbereichs. Dort kann sich der Besucher detailliert über die Inhalte und Ziele des Bereichs informieren. Der Link Suche auf Fachbereichsebene ermöglicht dem Besucher die Recherche auf Ebene des jeweiligen Fachbereichs, wobei es sich hier um keine Volltextsuche handelt, sondern um eine Suche in der Datenbank des Portals, in der sämtliche Informationen und sog. Keywords (Kurzdefinitionen) für jeden Kurs und jedes Lehrmittel gespeichert sind. Der Karteireiter Kurse führt auf die in folgendem Screenshot abgebildete Seite.

Hier ist ebenfalls wieder die Hauptnavigation der ersten Ebene, wie auf jeder Seite des Portals, und die fachbereichsinterne Navigation der zweiten Ebene verfügbar. Der Besucher kann nun durch das direkte Anklicken der Kursbezeichnung die Kursbeschreibung abrufen. In der Spalte „Lehrmittel im Semester" kann er den Filter „Semester" entsprechend seines Informationswunsches einstellen und dann über den Button „Anzeigen" auf die Lehrmittelseite des Kurses gelangen. Die Lehrmittelseite ermöglicht das Abrufen der bereitgestellten Lehrmittel und virtuellen Vorlesungen Über den Button „Go" in der Spalte „Kontakt" erreicht man die Kontaktseite des jeweiligen Kurses. Diese entspricht im wesentlichen der Kontakt-Seite, die auch auf Fachbereichsebene angesprungen werden kann (und nachfolgend noch näher beschrieben wird), jedoch werden hier nur der Dozent des ausgewählten Kurses und die zur Verfügung stehenden Kommunikationsmittel aufgeführt.

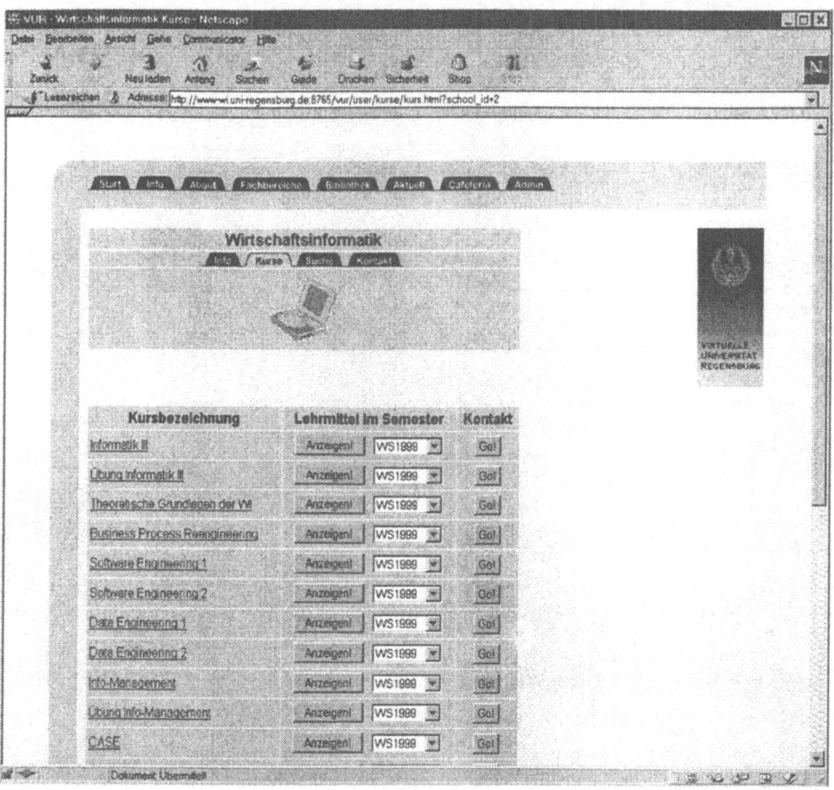

Abb. 4-18: Kursauswahl des Internet-Portals (hier als Beispiel im Fachbereich Wirtschaftsinformatik

Je nach Datei-Typ des zur Verfügung stehenden Lehrmittels wird die entsprechende Nutzungsmöglichkeit angeboten. Entweder die Datei kann angezeigt, gestartet oder heruntergeladen und dann offline betrachtet werden. Die Videos der virtuellen Vorlesungen sind im REALMedia-Format auf dem Portalserver abgelegt und werden über den REALMedia-Server gestreamt. Dies bieten bei jeder Bandbreite des Anschlusses des Clients eine optimale Übertragungsrate. Diese virtuellen Vorlesungen werden in einem extra konzipierten Modul angezeigt, das es ermöglicht, Video und zugehörigen Foliensatz parallel anzuzeigen (siehe Abbildung 4-19). Das Modul stellt zusätzlich zum Videostream einen Textstream zur Verfügung (im Screenshot unter dem Video zu sehen), der es ermöglicht, die aktuell vom Dozenten besprochene Folie zu nennen und somit dem Lerner die Mitverfolgung der Vorlesung zu erleichtern. Die bereits angesprochenen Kontaktseiten des Internetportals ermöglichen den Zugang zu den Kommunikationsmitteln. Je nachdem ob es sich um die Kontaktseite eines Kurses oder des gesamten Fachbereichs handelt, sind entweder der entsprechende Dozent, oder alle Dozenten des Fachbereichs aufgeführt. Dort kann die sog. Homepage des jeweiligen Dozenten angesprungen werden, auf der neben einem Bild des Dozenten, die postalische Anschrift, Telefon- und Faxnummer sowie die Email-Adresse aufgeführt sind.

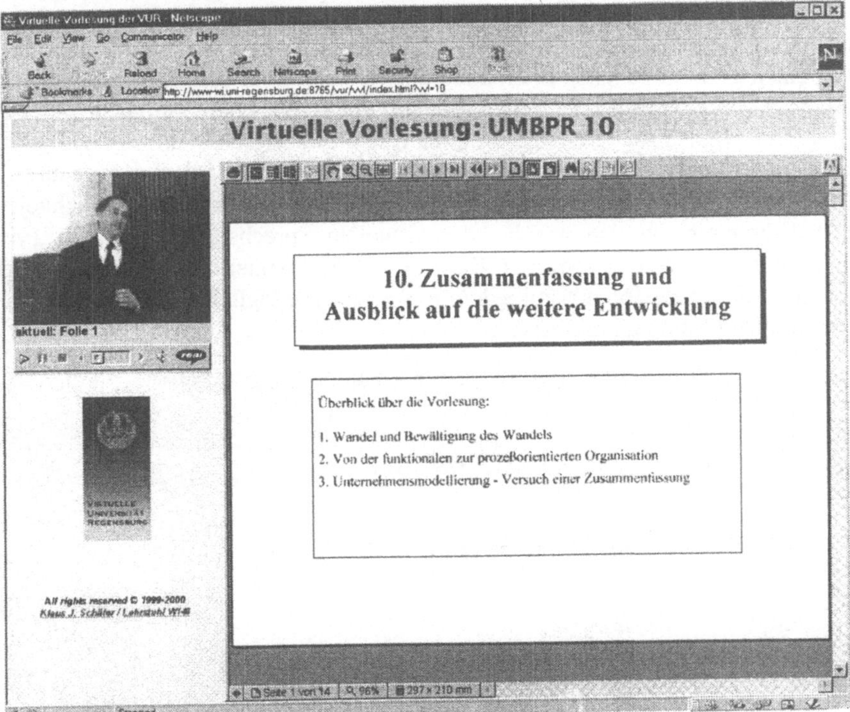

Abb. 4-19: Modul „Virtuelle Vorlesung“

Neben dem Homepagezugang ist es ebenso möglich direkt über ein Formular im Web eine Email an den Dozenten zu schreiben, ohne daß der Verfasser auf der Userseite eine Konfiguration vornehmen muß. Zusätzlich besteht die Möglichkeit sowohl asynchron als auch synchron mit den Dozenten oder auch den Mitstudenten in Kontakt zu treten. Als asynchrones Kommunikationsmittel wird zu jedem Fachbereich und zu jedem Kurs eine Newsgruppe angeboten, die sowohl herkömmlich direkt über das News-Protokoll im Internet angesprochen, als auch über einen in das Portal integrierten Webgateway benutzt werden kann. Über dieses Gateway ist es möglich die Newsgruppe genau wie in einem Standard-Newsreader zu benutzen. Es können Nachrichten verfaßt, gelesen und nach Stichworten durchsucht werden.

Als synchrones Kommunikationsmittel steht ein Chat-Modul zur Verfügung, das sowohl eine One-to-One-Kommunikation anbietet (Private-Dialog), als auch ein gemeinsames Chat-Forum, in dem in unterschiedlichen Räumen gemeinsam diskutiert werden kann. In diesem Modul, der sog. „Virtuellen Sprechstunde“ kann der Dozent mit einem Studenten direkt, als auch mit einer Gruppe von Studenten Probleme erörtern.

4.4.2.1.2 Cafeteria

Ein Bereich, der in keiner Universität fehlen darf, ist die Cafeteria. Als Treffpunkt für die Studenten dient er zur Knüpfung von Kontakten und ermöglicht die soziale Interaktion unter den Kommilitonen. Der Student soll im Laufe seines Studiums nicht nur den Studienstoff an sich lernen, sondern auch seine Teamfähigkeit schulen. Diesen Bereich virtuell abzubilden ist in seiner Vollständigkeit nicht möglich. Man kann nur den Versuch unternehmen, unterschiedliche Kommunikationsmöglichkeiten anzubieten, um auf diesem Weg einen Teil der sozialen Interaktion über das Portal zu ermöglichen. Wie in dem Screenshot in Abbildung 13 zu sehen ist, soll dies über vier Varianten geschehen: NEWS, CHAT, CONTACT, GUESTBOOK. Der Newsbereich stellt eine Newsgruppe zur Verfügung, in der sich die Studenten ohne konkreten Themenbezug asynchron austauschen können. Der „Chat" bietet in unterschiedlichen Räumen die Möglichkeit synchron zu diskutieren, ähnlich wie bei der virtuellen Sprechstunde, auch in „Private-Dialogs". Über das virtuelle schwarze Brett „Contact" können die Studenten Gleichgesinnte suchen. Das „Guestbook" soll jedem Besucher die Möglichkeit geben, sich zu verewigen und seine Meinung kund zu tun.

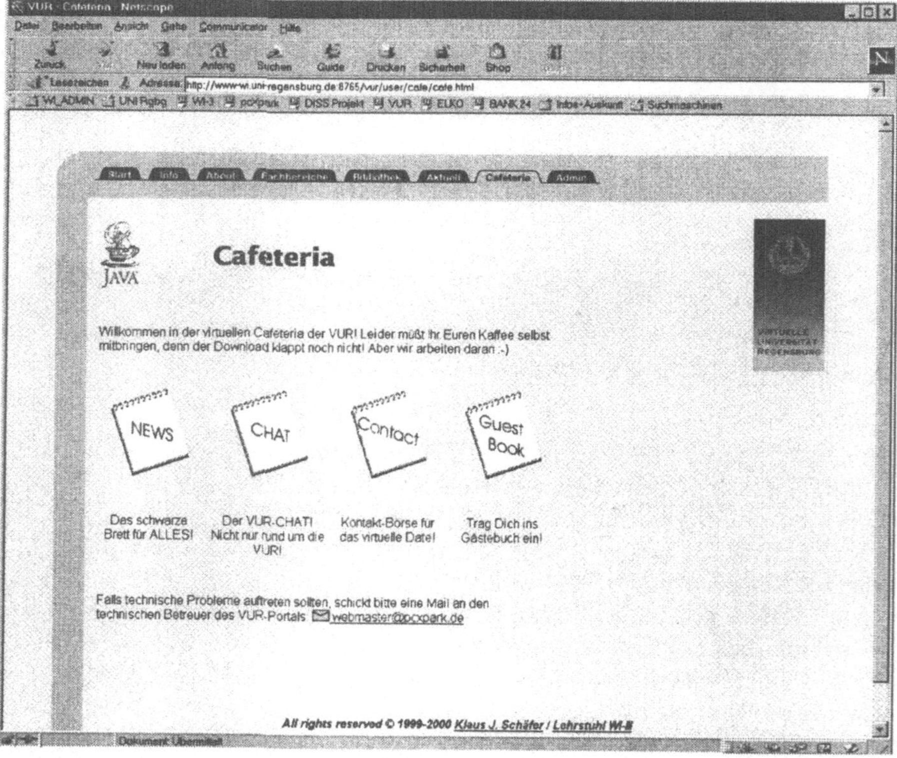

Abb. 4-20: Cafeteria des Internet-Portals

4.4.2.2 Administrationsbereich

Der Administrationsbereich ist einer der wichtigsten Bereiche des Portals. Er bietet den Dozenten die Möglichkeit vom Kurs bis zum einfachen Lehrmittel alles selbst einzutragen. Nachfolgender Screenshot in zeigt den Administrationsbereich mit eingeloggtem Dozent (User). Durch die Authentifizierung des Dozenten für diesen Bereich ist gewährleistet, daß dieser nur den Zugang zu den Kursen und Lehrmitteln erhält, die seinem Fachbereich angehören. Ebenso kann er ausschließlich seine eigenen persönlichen Daten und sein Paßwort ändern.

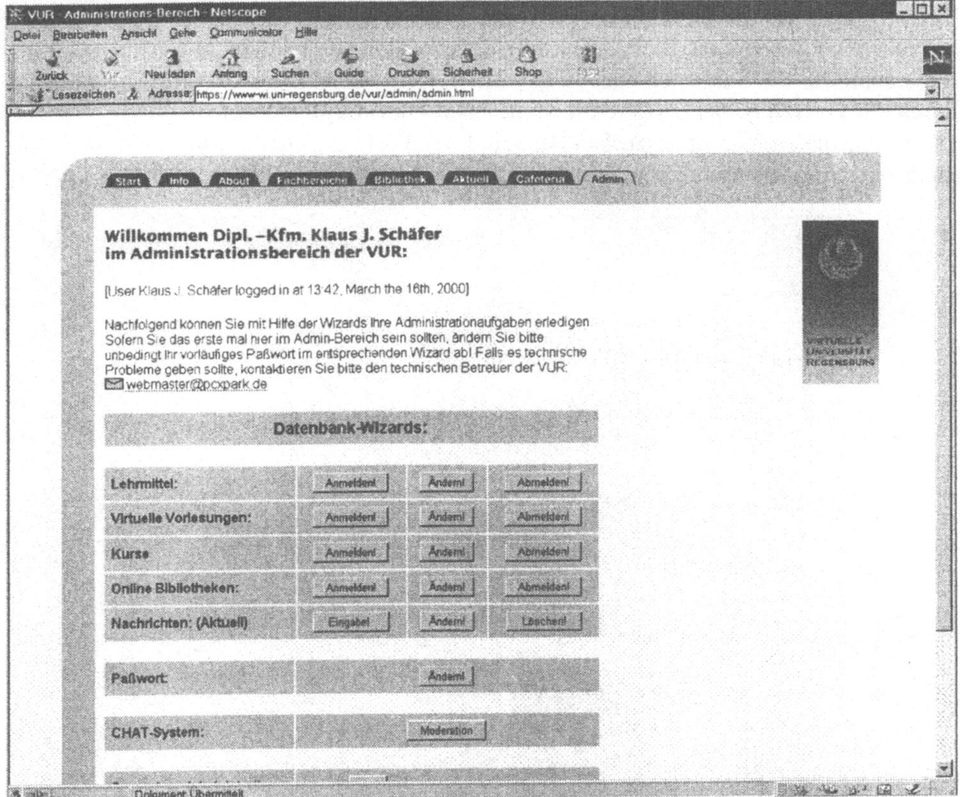

Abb. 4-21: Administration der Virtuellen Universität Regensburg

Das Portal basiert auf einer dezentralen Datenhaltung. Somit kann der Dozent die von ihm angebotenen Lehrmittel auf seinem Serverplatz bereitstellen, zu dem er i.d.R. direkten Zugang hat, und muß diese nicht zuerst auf den Portalserver hochladen. Die URL des entsprechenden Lehrmittels gibt er dann über einen Wizard, wie in Abbildung 4-22 dargestellt, in die Datenbank des Portals ein.

Durch diese Wizards kann der Dozent komplette Kurse seines Fachbereichs neu anlegen, diese ändern und auch wieder löschen. Im Hintergrund werden dazu automatisch die entsprechenden Newsgruppen auf dem Newsserver angelegt bzw. geändert und auch nach Wunsch gelöscht. Das gleiche gilt für Lehrmittel und virtuelle Vorlesungen der entsprechenden Kurse. Die Datenbank-Wizards sind wie normale Web-Formulare aufgebaut und müssen vom Dozenten nur ausgefüllt werden. Durch die implementierte Navigation kann bei Mehrfach-Formularen zwischen den Formularen gewechselt werden, um eventuelle Fehler bei der Eingabe sofort korrigieren zu können.

Es bedarf keiner weiteren Konfiguration, sämtliche Seiten werden bei Abruf dynamisch aus der Datenbank generiert und können ebenso „gebookmarked " werden. D.h. bei einem erneuten Aufruf über das Bookmark werden diese neu aus den aktuellen Datenbeständen generiert. Um dem Dozenten nicht nur die Bereitstellung, sondern auch die Erstellung der Lehrmittel so einfach als möglich zu machen, setzt das Portal z.B. im Bereich der Foliendarstellung auf das PDF-Format. Dieses kann durch einen einfachen Druckvorgang aus jedem Standard-Software-Paket erstellt werden. Es ist aber im Lehrmittelbereich genauso möglich, aufwendig erstellte Softwaremodule zu referenzieren und diese somit für die Studenten anzubieten. Zusammenfassend kann man also sagen, daß es durch das einfach bedienbare Administrationsinterface für die Dozenten möglich ist, ihre Unterrichtsmaterialien ohne großen Aufwand bei der Konvertierung im Web zur Verfügung zu stellen, ebenso aber auch aufwendige Lernsysteme bereitgestellt werden können.

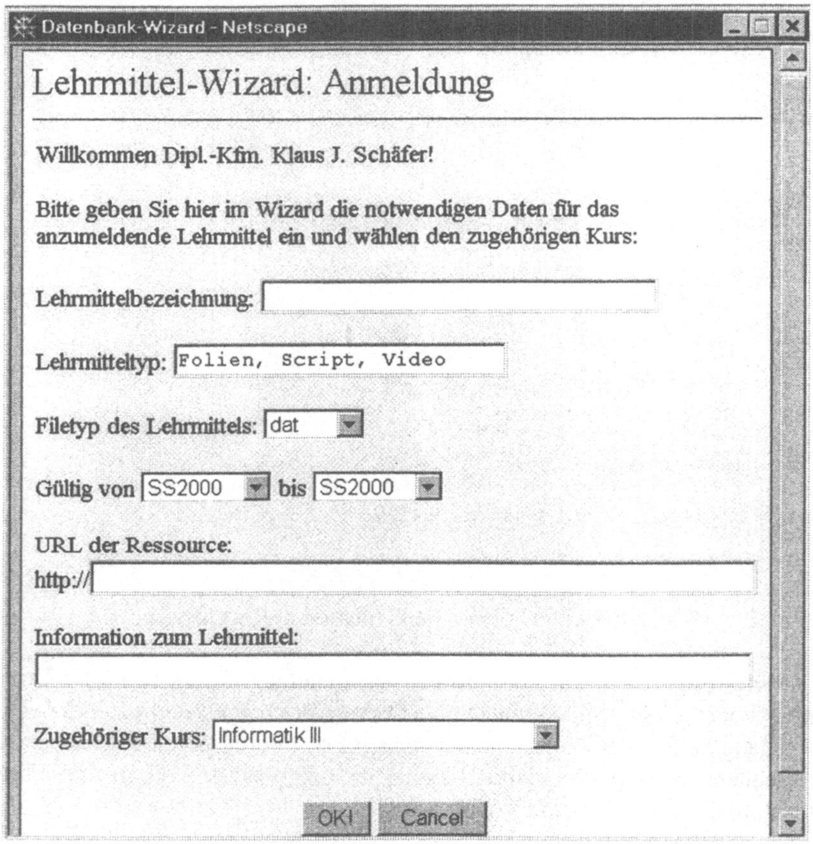

Abb. 4-22: Datenbank-Wizard des Internet-Portals (hier Bsp.: Lehrmittel-Wizard Anmeldung)

4.4.2.3 Supervisor-Bereich

Zum Supervisor-Bereich des Internet-Portals hat nur der Supervisor selbst und seine Stellvertreter Zugang. Er ist zusätzlich über ein Login mit Paßwort geschützt. In diesem Bereich (siehe Abbildung 4-23) kann der Supervisor sämtliche Administrationsaufgaben vornehmen, die nicht von den Dozenten ausgeführt werden dürfen. Folgende Wizards stehen zur Verfügung:

- Dozenten-Neuaufnahme
- Paßwort-Änderung
- Dozenten [An-/Abmeldung + Änderung]
- Fachbereichsbetreuer [An-/Abmeldung + Änderung]
- Fachbereiche [An-/Abmeldung + Änderung]
- Chat-System-Administration

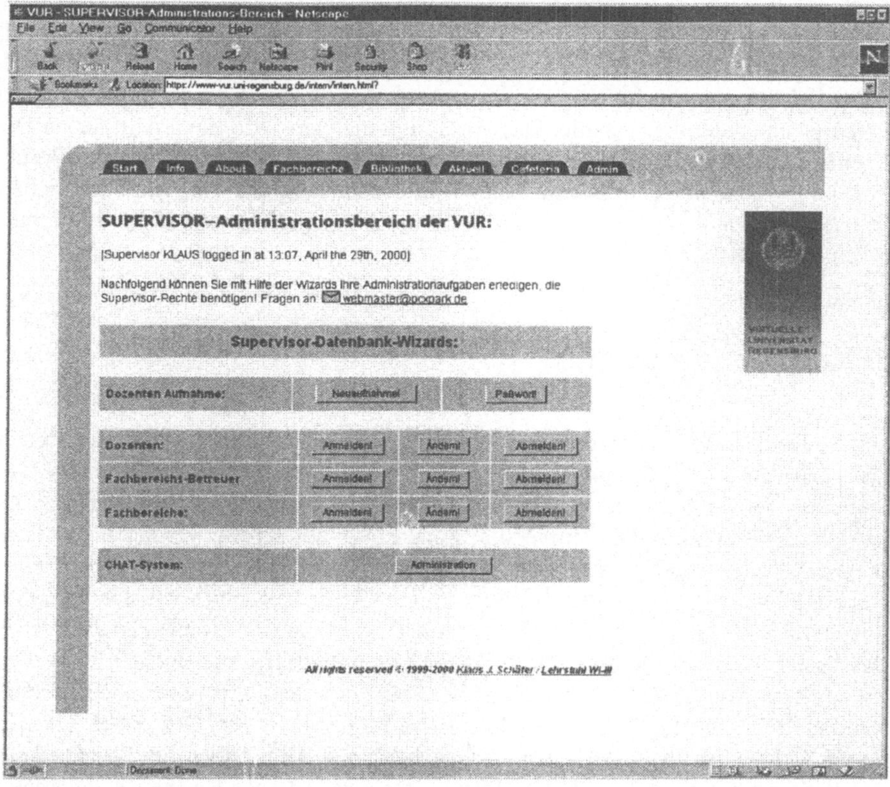

Abb. 4-23: Supervisor-Bereich des Internet-Portals

Der Dozenten-Neuaufnahme-Wizard dient der Übernahme der Anmeldungsdaten der Dozenten (nähere Beschreibung folgt im Anschluß). Die Paßwort-Änderung ermöglicht dem Supervisor ein neues Paßwort zu vergeben, falls einer der Dozenten sein Paßwort vergessen sollte. Die Dozenten An-/Abmeldung (und Änderung) ermöglicht die Anpassung der vollständigen persönlichen Daten der Dozenten, falls Fehler vorliegen oder ein Dozent ausscheiden sollte. Die Datenbank-Wizards für den Fachbereichs-betreuer dienen zum Neueintrag, der Änderung oder der Abmeldung des benannten Betreuers. Die Wizards für die Fachbereiche stellen dem Supervisor die gleichen Möglichkeiten zur Verfügung, wie es die Dozenten bei den Kursen und Lehrmitteln haben. Da hier jedoch umfangreicher in das Datenbanksystem eingegriffen wird, kann dies nur der Supervisor ausführen. Zusätzlich zu den Wizards ist hier das Chat-Server-Administrations-Interface in Form eines Java-Applets erreichbar. Die bereits angesprochene Dozenten-

Neuanmeldung besteht aus zwei Wizards, wobei der erstere der beiden durch einen Link auf dem Start-Screen der Virtuellen Universität verfügbar ist. Hier können sich Dozenten, die über das Portal ihre Lehrmittel verfügbar machen wollen, anmelden. Dazu ist es notwendig, daß der Dozent seine Daten, wie z.B. Name, Adresse, Telefon, Zeiten für die virtuelle Sprechstunde etc. im Wizard-Formular einträgt, und den Fachbereich, dem er angehört, auswählt. Diese Daten, die der Dozent eingegeben hat, werden in eine temporäre Tabelle der Datenbank geschrieben, die dann der Supervisor über den „Dozenten-Neuaufnahme"-Wizard im Supervisor-Bereich abrufen kann. Diese Daten werden dann vom Supervisor kontrolliert, mit einem Login-Namen und einem vorläufigen Paßwort ergänzt und dann durch den Wizard in die Dozententabelle der Portal-Datenbank eingetragen. Parallel dazu löscht der Wizard automatisch den übernommenen Eintrag aus der temporären Neuanmeldungs-Tabelle. Das vorläufige Paßwort wird dann dem neuen Dozenten per Email zugesandt, mit der Aufforderung, dieses beim ersten Besuch des Portals entsprechend abzuändern. Der Dozent kann von diesem Zeitpunkt an, wie beschrieben, mit Hilfe der Datenbank-Wizards im Administrationsbereich die notwendigen Eintragungen für seine Lehrmittelverwaltung im Portal vornehmen.

4.4.3 Resümee / Ausblick

Learning on Demand im Internet ist in Europa nur an sehr wenigen Institutionen derzeit verfügbar. Die USA ist hier einige Schritte voraus und bieten schon vollständige Studiengänge über das Internet an. Jedoch sind die technischen Lösungen und Ansätze mit der hier vorgestellten Virtuellen Universität Regensburg nur schwer vergleichbar, da sie auf anderen Anforderungen beruhen und eine andere Zielsetzung verfolgen. Die Zielsetzung des VUR-Internet-Portals liegt weniger in der Möglichkeit eines vollständigen Studiengangs (was aber ebenso machbar wäre), sondern eher in der Ergänzung und Vertiefung des bestehenden Unterrichts. Dazu ist es aber notwendig, daß nicht nur, wie bei anderen auf dem Markt befindlichen Systemen, ein Experten-Team die Inhalte für das Portal aufbereiten kann, sondern jeder Dozent die Möglichkeit hat, Content zu erstellen und diesen auch selbst im Portal verfügbar machen kann. Um jedoch bei den Dozenten auf Akzeptanz zu stoßen, muß das Portal ein einfach zu bedienendes Interface anbieten, das den Dozenten ohne tieferes Computerfachwissen durch die Aufgaben führt. Hier empfiehlt sich das VUR-Internet-Portal als kostengünstige, leistungsstarke, einfach zu administrierende Plattform, gleichermaßen für Dozenten als auch Studenten. In einer Zeit, in der Kosteneinsparung als eines der wichtigsten Kriterien für jegliche Entscheidung sowohl in Industriebetrieben, als auch in Universitäten genannt wird, kann das VUR-Portal mit seinen extrem niedrigen Anschaffungskosten glänzen. Das gesamte System basiert (bis auf zwei Ausnahmen, die jedoch ersetzbar sind) auf OpenSource - Software und steht selbst vollständig unter der GPL. Somit entstehen nur Kosten für die Hardwareausstattung und die Einrichtung des Systems. Die offizielle Pilotphase des Systems startete im Sommersemester 2000 und die Ergebnisse aus diesen Tests werden in die ständige Weiterentwicklung mit einfließen. Derzeit sind folgende Erweiterungen geplant:

- LDAP-Anbindung an das NDS-System der Universität Regensburg
- Modul zur virtuellen Vorlesung nur mit Ton und Foliendarstellung

- Vollautomatisierung der Dozenten-Neuanmeldung (automatische Login- und Paßwort -Vergabe
- Erweiterung des User-Tracking-Systems auf den Userbereich (derzeit nur im Administrationsbereich)
- Mailingliste für alle Interessenten
- Modul zur interaktiven Hausaufgaben-Bearbeitung
- etc.

4.5 Multimediales Lernen in der Medizin

Die internationale Chirurgie hat in den vergangenen Jahren eine Vielzahl innovativer Schübe erfahren. Angefangen vom immer umfangreicheren Spektrum der Organtransplantation, der Mikrochirurgie bis hin zu den patientenschonenden minimalinvasiven Verfahren der endoskopischen Chirurgie und der gerade beginnenden rechnergestützten Chirurgie, im Sinne der Robotik und der operativen Navigation im Bereich der Neurochirurgie mit einer Genauigkeit von einigen μ per Infrarotkalibrierung und - Reflektion der chirurgischen Instrumente im dreidimensionalen Raum.

Eine Herz-Lungen-Transplantation kann heute im Schnitt mit einer OP-Zeit von ca. 6 Stunden veranschlagt werden, während diese vor 10 Jahren noch nicht einmal im klinischen Einsatz realisierbar war. Operationen an der Netzhaut des Auges werden heute computergestützt ebenso erfolgreich durchgeführt, wie eine By-Pass-Operation am schlagenden Herzen mittels der Octopus-Technologie und etwa eine laparoskopische Cholezystektomie. Die Beispiele lassen sich über viele Disziplinen beliebig fortsetzen, nicht nur in der Chirurgie, sondern auch in der Anästhesie, der Diagnostik bis hin zur Zahnmedizin.

Mit Blick auf die Verbindlichkeit der Medizin, dem Wohle des Menschen, sowie der Erhaltung seiner Gesundheit zu dienen und vermeidbares Leiden von ihm fernzuhalten, entsprechen die zuvor genannten Innovationen sehr wohl den Intentionen des Hippokratischen Eides. Ebenso, wie sie der Verpflichtung zur ständigen Forschung und der Vermittlung des daraus resultierenden Wissensgutes zur ständigen Verbesserung der Patientenversorgung daraus entsprechen.

In der praktischen Betrachtung der zuvor genannten Fakten stellt sich die Situation für den Patienten in der heutigen Zeit so dar:

Durch die weitaus präziseren und umfangreicheren Möglichkeiten der Diagnostik sind wesentlich differenzierte Befunde und die daraus resultierenden Therapien möglich.

Im präoperativen Bereich lassen sich mit Blick auf die operative Phase derzeit einige Vorbereitungen straffen und eventuell mögliche alternative Präventionen auf einen optimalen Umfang komprimieren (erinnert sei hier beispielsweise an denkbare Komplikationen des Herzkreislaufes bei stark adipösen, oder suchtkranken Patienten.)

Im intraoperativen Bereich lassen sich durch eine optimierte Darstellung des Situs mittels endoskopischer Kameras mit einer hohen Bildauflösung extrem präzise Bilder des aktuellen Operationsfeldes entweder auf einen Monitor oder auf ein Head-Up-Display des Operateurs projizieren. Das wiederum hat zur Folge, daß die Schnittführung, Nahtqualität und die begleitende Assistenz eine erhöhte Präzision erfährt.

Dank der heute in vielen Bereichen möglichen, minimierten Intervention durch den Chirurgen erfährt der Patient in zunehmendem Maße eine signifikante Reduktion der Schmerzbelastung, eine deutlich reduzierte Rezidivrate und einen markant geringeren Klinikaufenthalt. Entsprechend evaluierte Daten belegen diesen Sachverhalt

Dieses hat nicht nur betriebswirtschaftlich, sondern folgerichtig auch volkswirtschaftlich positive Konsequenzen. Die jeweilige Verweildauer eines Patienten im Krankenhaus reduziert sich durchschnittlich um bis zu 30%. Der Faktor der Lebensqualität in der postoperativen Zeit stellt sich für die Patienten deutlich höher dar, als bei konventionellen Eingriffen bei vergleichbarer Indikation. Die Bereitschaft der Patienten zu einer rechtzeitigen Operation steigt unter diesen Voraussetzungen in raschem Umfang gegenüber den konventionellen Methoden. Hierbei gilt nicht nur der Aspekt der geringen Schmerzbelastung, sondern in jüngerer Zeit auch der Faktor der verkürzten Rekonvaleszenz und somit der verkürzten Abwesenheit vom Arbeitsplatz. Besonders bei Arbeitnehmern ab 40 ist dies ein wichtiger Aspekt, müssen sie doch bei längerem, krankheitsbedingten Fehlen am Arbeitsplatz eher früher als später mit dem Austausch gegen einen jüngeren Kollegen rechnen. Viele notwendige Eingriffe werden von den jeweils Betroffenen daher immer wieder verschoben, bis eine massive Intervention nicht mehr zu umgehen ist. Auf die in diesem Fall kontroverse rechts- und arbeitspolitische Rhetorik hinsichtlich des Kündigungsschutzes im Krankheitsfall soll und kann an dieser Stelle nicht eingegangen werden, da wir uns hier auf die medizinischen Aspekte konzentrieren wollen und nicht mit juristischen Phrasen, die in der Praxis ohnehin unterlaufen werden.

Die Medizin stellt ohne Frage auch einen wesentlichen wirtschaftlichen Aspekt dar. Investitionen müssen erwirtschaftet werden. Gerade die Investitionen in die neuen Technologien sind teilweise enorm hoch. In einigen Fällen übersteigen die Kosten einer High-Tech-Versorgung derzeit die einer konventionellen Therapierung. Einige Methoden der neuen Chirurgie bedürfen noch der Bereitstellung flankierender, konventioneller Methoden für den Fall der Fälle. Das kostet Geld.

Doch kann niemand ernsthaft erwarten, daß neue Verfahren und Technologien von heute auf morgen einsetzbar und vor allem, ohne finanzielle Primärverluste realisierbar sind. Nehmen wir als Beispiel die ersten Herztransplantationen. Diese waren zunächst sehr kostenintensiv und die Überlebensdauer der jeweiligen Patienten reichte nur wenige Monate. Rein wirtschaftlich gesehen, in jeder Richtung ein totales Verlustgeschäft. Heute gilt die Herztransplantation in den dafür qualifizierten Kliniken als Routine, die sich nicht nur für den Patienten hinsichtlich Lebenserwartung und Lebensqualität rechnet, sondern sich auch für die Versicherungsträger in einer wirtschaftlichen Größenordnung bewegt, die als refinanzierbar gelten kann.

Ein weiteres Beispiel soll die Vorteile der modernen Chirurgie für den Patienten und die Volkswirtschaft beleuchten. Im Falle einer Cholezystektomie lag die durchschnittliche postoperative Liegezeit eines Patienten in der Klinik zwischen 10 und 14 Tagen. Hinzu kam eine Rekonvaleszenz von gut 4 Wochen. Heute beträgt die Zeit bei einer minimalinvasiven Operation bei gleicher Indikation im Schnitt 5 - 6 Tage bis zur vollen Arbeitsfähigkeit. Die Schmerzbelastung ist für den Patienten deutlich niedriger und die Wiederherstellung der vollen Lebensqualität extrem kürzer, als bei einer konventionellen Versorgung.

Soweit der Blick in die jüngere Vergangenheit. Betrachten wir uns die Gegenwart, um die nahe Zukunft zu begreifen.

Die Chirurgie ist ein diffiziles Handwerk. Durch die fortschreitende Forschung wird jede Intervention durch den Chirurgen immer komplexer. Die vielseitigen Möglichkeiten der Diagnostik, sowie das differenzierte Monitoring des Patienten während einer Operation seien hier nur beispielhaft erwähnt. In jedem Fall gesellt sich heute in zunehmendem Maße die Computertechnologie als unterstützendes Mittel zu der chirurgischen Kunst. Die Resultate der Patientensicherheit und der operativen Präzision ergeben sich in der Konsequenz. Ein OP der Intensivmedizin trägt - optisch - inzwischen stark die Züge eines kleinen Rechenzentrums.

Neu hingegen ist der Einzug der interaktiven Kommunikation in der Chirurgie. Die Möglichkeit, verschiedene Systeme sinnvoll zu vernetzen, findet auch hier Zugang und sorgt für eine erhöhte Effizienz im Sinne des Patienten.

Es beginnt bereits während der Ausbildung des Medizinstudenten. Kaum ein Student der Medizin in der westlichen Welt hat keinen direkten Zugang zu einem Computer, der ihm als Lernhilfe dient, oder ihm die Kommunikation per Internet mit anderen Kommilitonen oder Professoren ermöglicht. Interaktive Lernprogramme stehen bereits vereinzelt zur Verfügung, um das im Hörsaal, im OP oder durch Bücher erlernte Wissen zu vertiefen und zu komprimieren. Der Zugriff auf verschiedene Datenbanken mit anonymisierten Patientendaten in aller Welt per Internet ist für den Studenten von heute längst eine Selbstverständlichkeit.

Doch auch die praktizierenden Ärzte akzeptieren in zunehmenden Maße die Vorteile der elektronischen Kommunikation. Nachdem die bislang verbreiteten Fachvideos von interaktiven CD-ROM-Programmen zunehmend abgelöst werden, kann hier von einer zunehmenden Akzeptanz ausgegangen werden. Die Möglichkeit der suchwortorientierten Selektion zu einem Thema bietet nicht nur einen enormen Komfort und eine starke Zeitersparnis bei der OP-Vorbereitung, sondern erlaubt in einigen Fällen vorbereitende Simulationen. Die Tatsache, daß sich solche Simulationen derzeit noch auf konservierte Daten beziehen, ist ein Faktor der derzeitigen Kommunikationstechnik. Doch mehr darüber später.

Auch die Fort- und Weiterbildung der praktizierenden Ärzte wird zunehmend durch die elektronischen Medien beeinflußt. Neben einem essentiellen Fundament an Basiswissen der indikationsbezogenen Anatomie und einem höchst flexiblen elektronischem Nachschlagewerk mit sinnvollen Verzweigungen in das Internet lassen sich bestimmte Operationen weitgehend auf elektronischer Ebene im Vorfeld simulieren, wobei relevante Patientendaten individuell eingebracht werden können. Ein entsprechendes Programm wird derzeit für den Bereich der komplizierten Herzchirurgie realisiert. Hierin können zuvor gegebene Parameter des Patienten den Verlauf der Operationssimulation massiv beeinflussen. Der Anwender muß vor der Simulation individuelle Patientendaten in das Programm eingeben und die daraus resultierenden Entscheidungen fällen und diese ebenfalls in das Programm eingeben. Diese Eingaben werden aus didaktischen Gründen zunächst nicht kommentiert. Die Auswirkungen eventueller Fehlentscheidung ergeben sich während der laufenden OP-Simulation. Der Anwender kann so in Ruhe lernen, bestimmte

Entscheidungen sinnvoll vorzubereiten, beziehungsweise plötzlich auftretende Komplikationen konstruktiv zu meistern, ohne daß ein realer Patient tatsächlich gefährdet wird. Ein vergleichbares Programm wurde bereits an der Universitätsklinik in Erlangen für die Anästhesie entwickelt und erfolgreich eingesetzt.

Neue Operationstechniken setzen neue Trainingsmethoden voraus. Gerade die minimalinvasive Operationstechnik erfordert von dem Operateur in vielen Bereichen ein massives Umdenken in den Bereichen der Visualisierung und der eigenen Motorik. Hinzu kommt die stark veränderte taktile Resonanz, die aus der Konstruktion der endoskopischen Instrumente resultiert. Diese Faktoren gilt es zu erlernen, um zukünftig erfolgreich und effizient als Chirurg tätig sein zu können.

Das ist leicht daher gesagt. Doch wer sich ernsthaft mit der Komplexität der minimalinvasiven Chirurgie in den Basiselementen auseinandersetzen will, der sollte einmal versuchen, sich die Schnürsenkel seiner Schuhe mit Hilfe von zwei Pinzetten korrekt zu schnüren.

Für das Basistraining der minimalinvasiven Chirurgie wurde vom European Surgical Institute des Hauses Ehticon in Norderstedt ein äußerst sinnfälliges und effizientes Trainingsprogramm entwickelt, das in erster Linie die zu verändernde Denkweise für die motorischen Abläufe in der minimalinvasiven Chirurgie trainiert. Einige der Kernelemente dieses Trainingsprogramms sind die Lokalisierung von Elementen, deren Fassung und spätere Positionierung in andere Elemente, bzw. die gezielte Manipulation dieser Elemente - z.B. in Form von Abtrennung einzelner Segmente. Dieses Trainingsprogramm läuft auf jedem Windows-NT-Rechner und bedarf als Eingabe- bzw. Operationseinheit lediglich zweier stilisierter Griffeinheiten, die denen der endoskopischen Instrumente nachempfunden sind. Eine nach Linkshand- und Rechtshand orientierten Fertigkeitsanalyse zeigt individuelle Schwachstellen und somit gegebenen Trainingsbedarf des Anwenders auf. Ein Trainingsreport dokumentiert den jeweiligen Fortschritt.

Für den fortgeschrittenen Chirurgen bietet sich neben den inzwischen bewährten Bio-Simulatoren ein vom Forschungszentrum Karlsruhe in Zusammenarbeit mit dem Universitätsklinikum Tübingen entwickeltes Trainingsprogramm auf der Basis der virtuellen Realität an. Dieses Programm befindet sich noch im Laborstadium, zeigt aber bereits heute den Trend der Zukunft. In fotorealistischen Darstellungen kann bereits jetzt eine komplette Simulation einer Uterusoperation simuliert werden, wobei Operationsfehler möglich sind und zu den entsprechenden Konsequenzen innerhalb des Situs führen. Eine unnötig lange Koagulation führt zum Beschlagen der virtuellen Kameraoptik und behindert somit die freie Sicht, die versehentliche Penetration eines Blutgefäßes bedingt das sofortige Setzen eines geeigneten Clips, sowie die umgehende Spülung und Absaugung des Situs. Die jeweils erforderlichen Instrumente, werden über externe Schalter gesteuert. Die gewebebedingte Reaktion der einzelnen Elemente ist derzeit nur auf dem Monitor sichtbar. Widerstände und Repositionierungen der jeweiligen Organe und Gefäße sind sehr realistisch.

Doch noch fehlt diesem Programm die taktile Resonanz für den Anwender und vor allem die Erweiterung auf andere Bereiche der Chirurgie. Diese Fragen werden in den nächsten Monaten geklärt sein. Ein wesentlicher Faktor ist jedoch die erforderliche Hardware, um derartige Programme zu realisieren. Noch wird mit extrem teuren Rechnern an dieser

Umsetzung gearbeitet. Aber es ist nur eine Frage der Zeit, wann diese notwendige Form der virtuellen Realität auch für die normale Universität finanzierbar ist.

Der Weg ist in jedem Fall aufgezeigt und im Sinne der modernen Chirurgie ist es wichtig und gut, daß hier eine grundlegende und fortführende Arbeit geleistet wird. Sie wird auf lange Sicht dem Patienten im einzelnen und der medizinischen Versorgung im allgemeinen von Vorteil sein.

Neben der Fort- und Weiterbildung ist aber auch der Bereich der praktischen Chirurgie zu sehen. Auch hier kündigen sich durch die neuen multimedialen Möglichkeiten einige Veränderungen an.

Der Erfahrungsaustausch unter Chirurgen ist nichts Neues. Fand dieser früher per Post statt, so wird er heute zunehmend per Internet oder eMail praktiziert. In der Zukunft wird diese Form der Kommunikation jedoch direkt online stattfinden. Das Stichwort lautet Telemedizin. Hinter diesem Begriff verbirgt sich eine enorme Vielzahl medizinischer Aktivitäten.

Ohne an dieser Stelle auf die vielschichtigen technischen Aspekte eingehen zu wollen, ergibt bereits eine oberflächliche Betrachtung dieser Praxis eine enorme Palette von Vorteilen für alle Beteiligten.

Bereits in der präoperativen Phase können die Meinungen eines oder mehrerer Spezialisten zu einem Befund eingeholt werden. Der Austausch der Daten erfolgt über Datennetze wie ISDN oder Satellitenlink, etc. Die Darstellung des jeweiligen Krankenbildes erfolgt in hochauflösender Technik, so daß der Konziliar einen präzisen Eindruck des jeweiligen Sachverhaltes erhält und somit ein fundiertes Statement abgeben kann.

Somit ist es möglich, ein optimal abgestimmtes Operationskonzept in direkter Zusammenarbeit mit hochqualifizierten Spezialisten, unabhängig von deren Standort, zu erstellen.

Im intraoperativen Bereich bedeutet dieses, daß im gegebenen Fall ein erfahrener Spezialist direkt in den Operationsvorgang per Videozuschaltung eingebunden werden kann. Dies erfolgt beispielsweise über eine OP-Kamera die entweder extrakorporal oder endoskopisch agiert. Ebenso lassen sich die aktuellen Daten von beispielsweise EKG oder MR in diese Informationen einbinden. Der Konziliar kann sich somit ein vollständiges Bild der Situation machen und daher eine kompetente Empfehlung aussprechen.

Diese Vorgehensweise der „Second Opinion“ gewinnt in der modernen Chirurgie immer stärker an Bedeutung. Hilft sie doch nicht nur dem weniger erfahrenen Kollegen durch den direkten Ratschlag eines erfahrenen Fachchirurgen eventuelle Entscheidungsfehler zu vermeiden, sondern auch die schnelle Befundung aktueller Situationen kompetent vorzunehmen.

Ein sehr wichtiges Projekt wurde zwischenzeitlich von der Charité in Berlin realisiert. Der Grundgedanke sieht die Schaffung von sogenannten „Centers of Excellence“ vor, die über ein hochqualifiziertes Potential von Fachspezialisten verfügen. Diese Spezialisten stehen den jeweils anfordernden Chirurgen vor Ort direkt online zur Verfügung. Doch nicht nur ihr Fachwissen ist verfügbar, sondern auch deren wissenschaftliche Einrichtungen. Und hier befinden wir uns bereits im Bereich der medizinischen Telematik. So kann beispielsweise ein Pathologe in Berlin ein Präparat im OP einer Münchener Klinik via

Datentransfer direkt unter dem Mikroskop untersuchen und befunden. Dabei hat er über eine entsprechende Datenleitung die Möglichkeit, die Einstellungen des Mikroskops in München von Berlin aus, direkt zu steuern.

Science Fiction? Keineswegs, sondern chirurgische Realität. Die Charité in Berlin hat dieses Projekt unter der Bezeichnung OP-2000 konsequent in die Realität umgesetzt, in dem ab Juni 1999 Centers of Excellence in 7 verschiedenen Orten in Europa und diverse Kliniken verbunden sind. Die derzeit noch auftretenden Engpässe der erforderlichen Datentransfers zur Wahrung einer optimalen Bildqualität sind eher als marginal zu betrachten. Wichtiger ist die Logik des Prinzips. Und die ist von bestechender Sinnfälligkeit mit Blick auf die Versorgung des Patienten und letztlich auch mit Blick auf die Wirtschaftlichkeit.

Nun mag sich so mancher fragen, was diese „elektronischen Spielchen" für einen praktischen Sinn machen. Diese - „Spielchen" - sind die konsequente Fortsetzung einer neuen medizinischen Versorgung. Hier werden im Heute Wege erschaffen, die unseren Kindern im Morgen zugute kommen werden. Es wäre unsinnig zu glauben, daß diese multimediale Interaktion ein Privileg der Chirurgie sei. Sie wird sich zweifelsfrei auf alle medizinischen Versorgungsbereiche erstrecken; genauso, wie sie es bereits in der Technik und vielen Bereichen der Wirtschaft tut. Und so mancher, der noch vor einigen Jahren eine Herztransplantation für eine kostspielige Absurdität hielt, freut sich heute, daß er sich dank eines Spenderherzens an seinen Kindern erfreuen und mit ihnen herumtollen kann.

Die zuvor genannten Aspekte zeigen das mittelfristige Ziel auf und damit stellt sich konsequenterweise die Frage nach dem Weg.

Die Einbindung der elektronischen Kommunikation und der elektronischen Aus- und Weiterbildung wird in Zukunft ein ständig wachsender Faktor in der Chirurgie sein. Dies ergibt sich aus den heute vorhandenen Mitteln und den in Vorbereitung befindlichen Innovationen einerseits, und der Notwendigkeit, diese Innovationen zielgerecht zu nutzen. Es steht außer Frage, daß die praktische Medizin immer komplexer wird. Das gilt auch für die Chirurgie. Differenziertere Kenntnisse der Krankheitsursachen haben ebenso differenzierte Therapiemöglichkeiten zur Folge, wie deren angewandte Technik. In dieser Betrachtungsweise kann gesagt werden, daß das erforderliche Wissen um eine Therapie erfolgreich an einem Patienten durchzuführen, mit der Zeit stetig an Komplexität zunimmt. Der Arzt als Mensch gerät an seine Leistungsgrenzen.

Moderne Technik kann hier bei aller Raffinesse nur bedingt eine Abhilfe schaffen. Entscheidend wird immer mehr die Spezialisierung des behandelnden Arztes auf ein punktuelles Fachgebiet mit einem fachübergreifenden Nebenwissen. Hier sind weniger die Inhalte des Nebenwissens von Bedeutung, sondern vielmehr das Wissen um die Quellen und deren Nutzbarkeit. Das in der Chirurgie seit jeher praktizierte Teamwork erweitert seinen Rahmen weit über den OP hinaus. Offline, wie auch Online. Die bereits zum Teil stattfindende „Second-Opinion" wird zunehmend an Bedeutung gewinnen, da sie einerseits dem Patienten eine optimale Beurteilung seiner Situation und seiner Therapierung zugute kommen läßt, den Chirurgen in problematischen Situationen entlastet und ihm so die Möglichkeit bietet, im Verbund mit erfahrenen Kollegen entspannter und somit konzentrierter zu arbeiten, und letztendlich auch wirtschaftlicher zu arbeiten, da somit die Möglichkeit eines kostspieligen Rezidives erheblich gesenkt werden kann.

Diese neue Form des partiellen Schwerpunktwissens mit fachübergreifenden Komplimentärkenntnissen wird mit Blick auf die optimale Patientenversorgung in der Zukunft immer stärker an Bedeutung gewinnen. Der Begriff Optimal ist in diesem Zusammenhang aus der medizinischen, wie auch aus der wirtschaftlichen Perspektive zu verstehen.

In einigen Bereichen der Chirurgie werden hier bereits in der Ausbildung einige interessante Ansätze realisiert. Die Basistechniken sind weitgehend vorhanden, denken wir nur an die zunehmende Zahl vereinzelter, interaktiven Lernprogramme und die Möglichkeiten der computergestützten Simulation. Doch noch stehen viele dieser teils sehr interessanten Lösungsansätze als „Insellösungen" im Raum, die weitgehend der Initiative junger, engagierter Ärzte aus dem jeweiligen Fachgebiet zu verdanken sind. Häufig spielt hier der verständliche Enthusiasmus für das eigene Fachgebiet die maßgebliche Rolle und übersieht dabei die notwendige, kooperative Interaktion mit den flankierenden Disziplinen.

Oft fehlt diesen Lernprogrammen auch die sinnfällige und zielorientierte Didaktik und eine entsprechend ausgelegte Konzeption. In einigen Fällen ist die praktische Umsetzung zwar von interessanter Aufmachung, doch scheint hier das Programm um seiner selbst willen entstanden zu sein und weniger, um anderen die Möglichkeit des gezielten Lernens zu geben.

Mit Blick auf die vor uns liegenden Ziele scheint es daher erforderlich, daß interaktive Lernprogramme - gerade in der Chirurgie - in einer interaktiven Produktion erstellt werden. Die wesentlichen Produzenten setzen sich in erster Linie aus erfahrenen Ärzten und didaktisch erfahrenen Programm-Designern zusammen, um ein sinnvolles Programm zu realisieren. Auch hier gilt das Prinzip der fachübergreifenden Kompetenz. Ein sinnvoll gestaltetes interaktives Programm entsteht durch die sinnvolle Interaktion der jeweils entsprechenden Kompetenzträger, sonst stellt es nichts weiter dar, als den Versuch, ein Buch auf elektronischem Weg zu kopieren, oder zu einer trivialen Spielwiese für „Click-the-button-freaks" zu werden.

Die Eingangs angesprochenen Techniken der Telemedizin und auch die der chirurgischen Simulation in einer virtuellen Welt stecken ohne Frage noch in den Anfängen und sind zunächst noch sehr kostenintensiv. Doch ein Vergleich mit den Ergebnissen vom Sommer letzten Jahres zeigt, wie rasant die Weiterentwicklung in diesen Bereichen vorangeschritten ist.

Es wäre unsinnig, zum heutigen Zeitpunkt mittelprächtige Wunder von der chirurgischen Telematik, der elektronischen Simulation oder der Robotik zu erwarten. Vielmehr werden sich diese Entwicklungen weniger spektakulär und als konsequente Innovation darstellen, deren Auswirkungen eine modernere und effizientere medizinische Versorgung darstellen.

Daß die Medizin neben ihrer humanen Verpflichtung auch ein wirtschaftliches Gefüge darstellt, ist nicht neu. Doch die Erwartungshaltung der Patienten und der allgemein zunehmende Kostendruck sorgt für eine zunehmende Schieflage. Gerade die Chirurgie hat in wachsendem Maße mit diesem Problem zu kämpfen.

Die neuen Technologien können hier zu einem Großteil für eine Entlastung sorgen. Diagnosen können mittels der Telematik zu einem Teil in speziellen Centers of Excellence durchgeführt werden, ohne daß der Patient seine Klinik verläßt. Mit Hilfe der Telekonsultation können nicht alltägliche Eingriffe unter der Führung eines externen Spezialisten im eigenen Haus durchgeführt werden; der Konsiliar ist online im OP. Damit kann der kostenintensive „Patiententourismus" auf ein notwendiges Minimum reduziert werden.

Verfeinerte Techniken erlauben kürzere Operations- und reduzierte Rekonvaleszenzzeiten, sowie eine raschere Verbesserung der Befindlichkeit der Patienten und deren Rückkehr in den Lebensalltag. Die Rezidivraten reduzieren sich mit der Anwendung neuer Operationstechniken.

Kliniken in weniger entwickelten Regionen können über entsprechende Datenverbindungen direkter an diesen Vorteilen partizipieren und diese direkt einsetzen.

Dieses Szenario beschreibt die chirurgische Zukunft. Allerdings darf an dieser Stelle nicht übersehen werden, daß diese Zukunft schon begonnen hat und bereits zwischen einigen europäischen Kliniken praktiziert wird. Doch dieses Szenario beschreibt noch mehr. Nämlich die Notwendigkeit des veränderten Lernens. Auf die Vorzüge der interaktiven Medien hinsichtlich Benutzerorientierung, ihrer Akzeptanz und ihrer nachgewiesenen Effizienz muß an dieser Stelle nicht mehr hingewiesen werden. Aufbauend auf die klassischen Methoden der Vermittlung des notwendigen Basiswissens kann mit den neuen Medien jedoch eine vorteilhafte Komprimierung der weiterführenden Lerninhalte erreicht und eine Zielorientierung für die neue Medizin geschaffen werden, in dem die Grundstrukturen der zuvor beschriebenen Technologien bereits in die didaktischen Grundzüge implementiert werden. Zielgerichtete Kommunikation und das profunde Wissen um die jeweils kompetenten Quellen für eine Second Opinion oder eine Telekonsultation, sowie die Gewöhnung an dezentralisiertes Teamwork werden eine wichtige Einrichtung der zukünftigen Medizin sein. Gezieltes Lernen mit neuen Techniken und einer spezifischen Konzentration der Lerninhalte ermöglicht neben einer Zeit- und Kosteneinsparung nicht nur ein kompakteres Lernen, sondern auch eine erweiterte Zeitreserve für die Erforschung neuer Bereiche und Therapien. Im Verbund mit den neuen Medien und den daraus resultierenden Möglichkeiten entstehen sehr schnell und fast folgerichtig neue Ansätze für Simulationen, die zuvor am Rechner vorgetestet werden können, bevor sie überhaupt ins Labor kommen. Learning by Doing heißt auch hier das Leitmotiv oder in diesem Bereich: „Mal sehen, was passiert" Im schlimmsten Fall stürzt nur der Computer ab. Doch können derartige Experimente auf dem PC durch ihre aufbereitende Eigenschaft helfen, die Kosten und den Materialverbrauch in Labors, Workshops und auch Biosimulatoren drastisch zu senken, ohne die Sinnfälligkeit des Erlernten zu beeinträchtigen. Hinzu kommt der Vorteil des dezentralen und zeitflexiblen Lernens nach eigener Entscheidung als sinnvolle Vorbereitung und auch Ergänzung zur praktischen Aus- und Weiterbildung.

Doch Zeit ist nicht der einzige defizitäre Faktor in der heutigen und der zukünftigen Medizin. Ebenso defizitär ist der Faktor Geld. Neues Wissen und neue Technologien haben ihre Kosten. Das ist jedem in der Wirtschaft und jedem Verbraucher bekannt. Die Tatsache, daß die neuen Wege der Medizin in ihrer Entwicklung meist teurer sind, als in der übrigen Wirtschaft erklärt sich aus der einfachen Tatsache, daß es hier nicht um Güter zur Erhöhung des persönlichen Wohlbefindens geht, sondern um die optimale Versorgung kranker Menschen. Entsprechend aufwendig sind die Erprobungen und Überprüfungen neuer Techniken und Technologien. Rückrufaktionen wie in der Automobilbranche üblich, sind in der Medizin aus nachvollziehbaren Gründen nicht möglich.

Das Patientenaufkommen in der Bundesrepublik hat sich nach Aussagen der Krankenkassen seit Beginn der Achtziger Jahre nicht signifikant erhöht, die Kosten jedoch fast verdoppelt. Das mag so stimmen.

In diesem Zusammenhang ist aber auch zu sehen, daß die jeweiligen Krankheitsbilder sich in zunehmendem Maße komplexer gestalten. Das liegt einerseits an der veränderten Lebensgewohnheit des Einzelnen, bedingt durch persönliche und extern bedingte Ursachen und an der - unbestreitbar verständlichen - Erwartung eines jeden Menschen in dieser Gesellschaft, an der erhöhten Lebenserwartung von derzeit durchschnittlich 4 Jahren partizipieren zu wollen. Als Beispiele seien in diesem Zusammenhang nur die zunehmend auftretende Adipositas und die damit verbundenen Komplikationen und Folgekrankheiten, sowie die zunehmende Zahl der Herz-Kreislauferkrankungen genannt. Dies nur als ein bescheidener Aspekt aus der Chirurgie.

Die genannten und vom Patienten erwarteten Interventionen sind aufgrund ihres materiellen Aufwandes sehr kostenintensiv. Das liegt einerseits in der hierfür erforderlich umfangreichen Forschung begründet, andererseits in der Tatsache, daß die neuen Technologien der Chirurgie noch nicht so lange im Einsatz sind, als daß sie sich bislang generell amortisieren konnten.

Die Auswertung der bisher evaluierten Patientendaten zeigt jedoch einen deutlichen Trend zum Vorteil der neuen Medizin für den Patienten, wie auch in gesamtwirtschaftlicher Hinsicht.

Setzt man beide Bilder zusammen so zeigt sich, daß die rechtzeitige Auseinandersetzung mit den neuen Mitteln der Medizin - nämlich den neuen Medien im Verbund mit den neuen Technologien - die zwar primär kostenintensiv sind, in der Folge jedoch im Wesentlichen nur Vorteile bieten. Voraussetzung hierfür ist eine zukunftsorientierte Schulung der praktizierenden Ärzte und vor allem des medizinischen Nachwuchses. Hierbei steht nicht die Quantität, sondern vielmehr die Qualität im Vordergrund.

Gefordert sind hier in erster Linie die dafür verantwortlichen politischen Institutionen, als auch die der Industrie, einen entsprechenden finanziellen Freiraum für die neuen Entwicklungen zu schaffen. Gefordert sind aber auch die professionellen Medienmacher, sich weniger Gedanken über raffinierte Special-Effects zu machen, sondern vielmehr um eine sinnvolle, anwenderorientierte Umsetzung ihrer Möglichkeiten im Programm-Design - zum Beispiel im Bereich der Medizin.

Sicher, Rentabilität ist ein ganz entscheidender Faktor in diesen zukunftsorientierten Betrachtungen. Doch wird sie in Geld oder Leben gerechnet? Wie lautet die Währung? Die Rentabilität all dieser Intentionen muß sich über die Gemeinschaft auswirken und sollte möglichst nicht durch vermeindliche Belastungen gemindert werden. Doch was ist eine vermeindliche Belastung -

Die zukunftsorientierte Investition in die Aus- und Weiterbildung praktizierender Ärzte und deren nächsten Generation?

Oder der betroffene Patient mit seiner Erwartungshaltung an die moderne Medizin?

4.6 Internet-Radio

Daß Audioübertragung im Internet heute bereits stark verbreitet ist und zunehmend an Bedeutung gewinnt, wird u.a. an der nahezu unüberschaubaren Zahl an Internet-Radios deutlich. Denn immer mehr Radiosender, egal ob öffentlich rechtlich oder privat nutzen die Möglichkeiten, die das mittlerweile „universale Informations –und Kommunikationsmedium" Internet bietet, um ihre Musikprogramme auch zum Online-Hören anzubieten. Abgesehen von den verschiedensten Musikrichtungen, sind auch aktuelle Nachrichten zum Tagesgeschehen, diverse Beiträge, Wettervorhersagen, zum Teil Live Entertainment und vieles mehr geboten.

4.6.1 Voraussetzungen auf der Benutzerseite

Um vom Radioangebot im Internet Gebrauch zu machen und die angebotenen Audiostreams auf dem eigenen PC abspielen zu können, gilt es bestimmte Hardware- und Software-Voraussetzungen zu erfüllen.

Bezüglich der Hardware werden abgesehen von den allgemeinen Systemanforderungen, welche einen Rechner mit ausreichendem Arbeitsspeicher vorsehen (32MB, vielleicht sogar 64MB), damit die sonstige Arbeit am PC nicht beeinträchtigt wird, eine Soundkarte (in der Regel schon eingebaut) sowie Lautsprecher benötigt, um die digitalisierten Audiodaten wiedergeben zu können. Was die Online-Kapazitäten betrifft, so wäre ein mindestens 56K-Modem ratsam, um einen möglichst störungsfreien Datenfluss zu ermöglichen, wobei eine noch bessere Akustik durch Internetzugang über ISDN oder das noch schnellere ADSL erreicht würde. Mit einer ISDN-Verbindung zum Beispiel werden Datenübertragungsraten von 64kBit/s oder sogar 128Kbit/s bei Kanalbündelung und damit eine gute Empfangsqualität erreicht. Allgemein gilt hierbei, je größer die zur Verfügung stehende Bandbreite und damit je höher die Datenübertragungsrate, desto besser die Ton –und Klangqualität. Probleme kann es allerdings dann geben, wenn der Zugang zum Internet über ein firmeninternes Netzwerk hergestellt wird, da hier häufig an der Schnittstelle zum Internet eine Firewall zum Schutz unerlaubter Zugriffe von außen installiert ist, so dass für Radiosignale oftmals der Durchgang versperrt wird.

Was die Software-Voraussetzungen angeht, so ist ein spezielles Abspiel Programm auf dem Rechner zu installieren, um empfangene Klangdateien der Radiostationen dekodieren und am PC anhören zu können. Dabei sind derartige Player-Programme manchmal bereits als Plug-In in Browsern installiert wie etwa der RealPlayer.

4.6.2 Problemfelder im Bereich Internet-Radio

Radiohören im Internet ist zumindest heute noch mit Beeinträchtigungen verbunden und bleibt damit verbesserungsfähig. Zwei Bereiche sind dabei besonders zu erwähnen, nämlich die Datenformate und die Klangqualität.

Beim Radiohören im Internet treten häufig im Bereich der erforderlichen Software Kompatibilitätsprobleme auf. Je nach Radiostation werden die Sounddateien nach anderen Musik-Standards codiert (digitalisiert und komprimiert). Dafür in Frage kommen zum Beispiel der RealAudio-Standard von Real Networks, MP3-Standard (MPEG 1 Audio Layer 3) der Frauenhofer Gesellschaft und Thomson Multimedia, WMS-Standard (WindowsMedia-Standard) von Microsoft, etc., wobei der RealAudio-Standard am weitesten verbreitet ist. Für den Radiohörer bedeutet dies jedoch eine Einschränkung bei der Auswahl der Radiostationen, da unter Einsatz eines speziellen Media-Players nur bestimmte Audiostreams, je nach Anbieter empfangen und (ab)gehört werden können. Während Musikprogramme, welche im RealAudio-Standard codiert sind, zur Entschlüsselung den RealPlayer von Real erfordern und Audiodateien im WMS-Standard den Windows-MediaPlayer, ist für Klangdaten im MP3-Format der kostenlose MP3-Software-Dekoder WinAmp bzw. der WinAmp-Minibrowser nötig. Daneben gibt es auch Sender, die ein eigenes Musikprogramm, welches zumeist von der zugehörigen Webseite geladen werden kann, zum Anhören der angebotenen Musikstücke erforderlich machen. Das ist zum Beispiel der Fall beim Internet-Radio HRXXL bzw. HR3 des Hessischen Rundfunks. Welches Kompressionsverfahren eingesetzt wird, ist zumeist auf der Homepage der entsprechenden Radiostationen erfahrbar. Auch die zugehörigen Player-Programme werden dort häufig kostenlos zum Download bereitgestellt.

Allerdings zeigt der Trend, daß Radiostationen ihre Musikdateien zunehmend in mehreren Streaming-Formaten anbieten und der Nutzer sich dann für eine entsprechende Player-Software entscheiden kann. So werden zum Beispiel auf der Webseite von Bayern 3 die Audiodaten wahlweise als MPEG-Streams oder RealAudio-Streams zur Verfügung gestellt, welche dann mit dem Windows Media Player bzw. dem Real Player gehört werden können. Ähnliches gilt für Antenne Bayern, welche ihr Programm hauptsächlich via Windows Media Player anbieten, für Comedy-Beiträge wird allerdings der Real Player benötigt.

Ein weiterer kritischer Punkt ergibt sich aus der Tatsache, daß die erforderlichen Bandbreiten im Internet häufig nicht ausreichend zur Verfügung stehen. Dieses lässt demnach nur begrenzte Übertragungsraten zu, so daß die Akustik der Sender keinem Hi-Fi-Audio genügt und noch verbesserungsfähig bleibt. Die Tonqualität reicht noch nicht an die einer CD heran. Denn während die CD für ein Stereosignal eine Datenrate von 172 KByte/s beansprucht, müssen im Internet häufig Übertragungsraten im kBit-Bereich ausreichen. Steht eine Verbindung mit höheren Datenübertragungsraten und besserem Datendurchsatz (56KModem, ISDN, ADSL etc.) zur Verfügung, so kann natürlich die Klangqualität gesteigert werden. Einige der Player prüfen dabei die effektive Datendurchsatzrate und passen die Datenmenge und damit die Tonqualität automatisch an. Mit den künftig weiteren Verbesserungen im Bereich der Streaming-Audio-Technik sowie der fortschreitenden Entwicklung der Bandbreiten werden Ton und Klang jedoch immer mehr an CD-Qualität gewinnen.

4.6.3 Klassifikation von Internet-Radios

Wie bereits angesprochen bietet das Internet mittlerweile eine beträchtliche Auswahl an nationalen, wie auch internationalen Radiosendern an. Je nach persönlichem Geschmack und favorisierter Musikrichtung stehen über 4000 verschiedene Stationen bereit. Werden diese hinsichtlich ihrer Internet-Nutzung und der Form des Radiobetriebs genauer untersucht, so lassen sie sich in zwei Kategorien einteilen, nämlich Bitcaster und CyberRadios

Bitcaster

Am häufigsten im Internet anzutreffen sind die sogenannten Bitcaster, das bedeutet Radiostationen, welche zeitgleich zu ihrem konventionellen „Radioauftritt" via Antenne auch online ihr Programm im Internet verbreiten. Der „Web-Radio-Hörer" hat also die Möglichkeit, sich mittels geeigneter Hardware und Software jederzeit in das Programm einzuklinken bzw. dieses wieder zu verlassen. Die Musik wird live im Internet übertragen, wobei ein leichter Zeitversatz von in der Regel ein paar Sekunden gegeben ist, was auf technischen Ursachen beruht. Schließlich müssen die digitalisierten und komprimierten Musikdateien bei Anforderung zunächst über das Internet transportiert und beim Empfänger mit Hilfe entsprechender Software erst wieder dekodiert werden, bevor sie „gehört" werden können.

Zu den Bitcastern im Internet zählen zum Beispiel das NetRadio von Bayern 3, einem der Pioniere des „Web-Radios", welches seit 1998 über das Internet sendet. Bayern 3 beschreibt sein NetRadio bzw. VRRadio selbst als „Interaktiv Radio rund ums Internet und mit dem Internet" und liefert auf der zugehörigen Webseite, abgesehen vom eigentlichen Musikprogramm, noch zahlreiche Zusatzinformationen wie aktuelle Nachrichten, Wettervorhersagen, Kinoangebote, diverse Serviceangebote, etc.. Aber auch Antenne Bayern und zahlreiche andere öffentlich rechtliche Sendeanstalten, wie etwa der Südwestrundfunk (SWR), im Web bekannt als SWR3 oder DASDING, der Westdeutsche Rundfunk (WDR) als Einslive, der Hessische Rundfunk als HRXXL bzw.HR3, MDR info des Mitteldeutschen Rundfunks (MDR; dessen Jugendsender Sputnik ist ebenfalls im Internet vertreten, sendet aber nicht live) oder die Deutsche Welle sind als Bitcaster im Netz präsent. Hinzu kommen private Radiostationen wie etwa Radio FFH oder Radio Sachsen Anhalt (SAW).

CyberRadios (Reine Webradios)

Eine zweite Kategorie unter den Internet-Radios stellen die „reinen Web-Radios" dar, auch Cyberradios genannt, also Radiostationen, welche ausschließlich das Internet zum Senden ihres Musikprogramms nutzen. Hierbei handelt es sich meist um kleine, private Sender. Zum Teil wird live übertragen. Meist jedoch stehen archivierte Beiträge oder bereits fertig produzierte Sendungen in einer Art „Hörbar" zum Abruf bereit. Man spricht hierbei auch von „Radio on demand", da der Benutzer zu jeder Zeit das gewünschte Programm auswählen und dann mittels geeigneter Player-Software online hören oder zuerst vollständig auf den eigenen Rechner laden und anschließend beliebig oft offline abspielen kann. Bei dem zur Verfügung gestellten Angebot handelt es sich meist um ein Special Interest Programm mit regionalen Bezügen oder bestimmten Musikrichtungen wie Techno, House-Musik, Klassik, etc..

Ein Beispiel für ein „reines Web-Radio" ist Betalounge, welches von San Francisco aus sendend, Streams zum Online-Hören via Real Player oder im Offline-Modus über einen MP3-Player zur Verfügung stellt. Neben Betalounge zählen auch der englische Sender InterFACE, sowie Gaialive aus Großbritannien sowie Eurotraxx zu dieser Kategorie an Internet-Radios. Nicht zu vergessen ist Webradio. Gaialive zeichnet sich dadurch aus, daß der Anwender die Anbindung ans Datennetz jeweils einstellen kann. Das größte Internet-Radio Deutschlands in dieser Kategorie ist das Webradio aus Berlin (sendet seit Mai 2000), dessen umfangreiches Programm bis zu 500 000 Hörer gleichzeitig „absurfen" können.

4.6.4 Sendersuche im Internet

Jeder, der Radiomusik online über das Internet genießen möchte, findet im Netz zahlreiche Möglichkeiten zum Auffinden der entsprechenden Sender bzw. um sich einen Überblick über das breite Angebot zu verschaffen. Zusammengefasst werden solche Orientierungshilfen häufig mit dem Schlagwort „Sender unter einem Hut".

So gibt es zahlreiche Webseiten, welche ganze Listen oder umfangreiche Radioverzeichnisse mit Links zu Radiostationen beinhalten, meist geordnet nach Station, Ort und Musikkategorie.

Der Nutzer kann demnach bequem per Mausklick die Seiten der entsprechenden Radiosender anwählen und deren Musikangebot nutzen oder deren Radioangebot direkt über diese Webseiten abrufen. Zu diesen Webseiten gehören zum Beispiel „On the air", welche ca. 1100 Sender aus dem Inland und Ausland zur Auswahl stellt, inklusive eines umfangreichen Verzeichnisses mit Web-Kameras, Radioweb, Massachusetts Institute of Technology (MIT), wo mehr als 9000 Radiostationen weltweit verzeichnet sind, Broadcast.com, Microsoft Radiostationsführer, Radio on the Internet, der Stationsführer zu Live- und On-Demand-Radios online und viele mehr. Auch im Abspiel-Programm RealPlayer sind bereits zahlreiche, v.a. amerikanische Web-Sender gespeichert, wobei das entsprechende Radioprogramm direkt über die Angebotsliste abrufbar ist. Darüber hinaus Hilfestellung leisten spezielle „Radio-Finder", wie etwa das kostenlos zum Download angebotene Programm Vtuner, welches nach Start das Internet nach Radiosendern entsprechend den Präferenzen des Nutzers durchsucht und die Ergebnisse in einer extra Liste sammelt. Außerdem stehen im Netz zahlreiche Radiosuchmaschinen für Hilfezwecke zur Verfügung, wie etwa Lycos Radio, welche auch selbst ein Internet-Radio betreibt oder auch der „radio-locator" (http://www.radio-locator.com/) der anhand verschiedener Kriterien nach gewünschten Radiosendern forscht.

4.6.5 Versuch einer Bewertung von Internet-Radios

Radio im Internet kann abgesehen vom angebotenen Musikprogramm nicht ohne weiteres dem konventionellen Radio via Antenne gleichgesetzt werden. Tatsächlich ergeben sich bei genauerer Untersuchung in mehrerlei Hinsicht interessante Unterschiede.

4.6.5.1 Weiterentwicklung des konventionellen Radios

Wird das Internet-Radio dem konventionellen Radio gegenübergestellt, so kann es in gewisser Weise als eine Weiterentwicklung dessen gesehen werden. Denn Radio im Internet ist interaktiver und kommunikativer, da neben der bisher üblichen Beteiligung der Hörer an der Programmgestaltung per Telefon und Fax, neue kommunikative Formen wie das Versenden von Emails, Foren, Chats, Internet-Telefonie sowie Audiokonferencing etc. möglich werden, um während der Sendung direkten Kontakt mit dem Moderator oder anderen Hörern aufzunehmen. Zudem werden musikbezogene Zusatzangebote meist in Echtzeit zum Programm bereitgestellt. So werden etwa Kurzinterviews mit Künstlern gesendet oder visuelle Informationen in Form von eingeblendeten Bildern zu CD-Covers, den Aufnahmestudios (z.B. bei Kpig Radio), u.s.w. gegeben. Das neue Radio gleicht also einem Multimedia-System. Alles in allem kann festgestellt werden, daß Radio im Internet seine Eigenschaften als „Nebenbei-Medium“ verliert, da sich der Hörer aktiv am Bildschirm mit dem angebotenem Radioprogramm auseinandersetzt, ohne die Klänge wie üblich im Hintergrund ablaufen zu lassen. Darüber hinaus scheint sich das Radio durch die neue Sendeform via Internet vom Point-to-Multipoint-Medium zum Point-to-Point-Medium verlagert zu haben, da hierbei Informationen gezielter an Hörer vermittelt und das Programm individuell auf die Bedürfnisse und Vorlieben des jeweiligen Nutzers zugeschnitten werden kann.

4.6.5.2 Beurteilung aus der Sicht des Radiohörers

Aus der Sicht des Hörers ergibt sich mit dieser neuen Sendeform im Vergleich zum herkömmlichen „Radiokonsum“ der Vorteil der weltweiten Empfangsmöglichkeit. Es besteht keine regionale Gebundenheit mehr, da lokale Sender auch problemlos überall im Ausland empfangen werden können und umgekehrt und damit ein größeres nationales und internationales Angebot zur Verfügung steht. Nicht zu vergessen ist jedoch, daß mit dem „Radiogenuss“ im Internet Online-Kosten für die Dauer des Radiohörens anfallen, was als wirtschaftlicher Nachteil gewertet werden kann. Dauerhafter Einsatz ist nur dann rentabel, wenn der Zugang zum Netz über einen möglichst preiswerten Anbieter hergestellt wird.

4.6.5.3 Bedeutung für die Radiomacher aus wirtschaftlicher Sicht

Auch aus der Sicht der Radiomacher ergeben sich Unterschiede zum herkömmlichen Radio. So lässt sich auf wirtschaftlicher Seite feststellen, daß Radio im Internet wesentlich billiger und unaufwendiger ist, da zum Teil hohe Investitionen in Rundfunktechnik, Rundfunkgebühren sowie Lizenzgebühren gespart werden können. So wird diese Möglichkeit des Radiomachens häufig von kleineren, privaten Sendern genutzt, welche sich als reine Web-Radios zu etablieren suchen.

Die online sendenden Radiostationen wissen jedoch auch, die zahlreichen zusätzlichen Vorzüge des Internet zu nutzen, welches nicht nur als bloßes Medium zur Musikübertragung dient. Es wird als zusätzlicher Vertriebsweg eingesetzt, welcher niedrigere Distributionskosten aufwirft und damit wirtschaftliche Vorteile bringt. Es wird genutzt im Bereich Public Relations, um Presse sowie Werbekunden mit Online-Angeboten zu bedienen oder um neue Werbekunden und Hörer zu werben, wie dies v.a. bei privatrechtlichen Stationen wie evosonic der Fall ist. Durch die zahlreichen, zum Teil programmunabhängigen Zusatzangebote (Informationen zu Komponisten, Werken, Veröffentlichungen, Einführungen in musikalische Grundbegriffe, Online-Bestellungen), die im Internet möglich werden, kann darüber hinaus eine stärkere Hörerbindung erreicht werden.

Die nachfolgende Auflistung von Hochschulinitiativen aus dem Bereich Internet-Radio zeigt, wie verbreitet diese Technologie bereits im Einsatz ist. In vielen Fällen wird allerdings kein regelmäßiges Programm gesendet.

- Kanal C Campus-Radio Augsburg
- Uni-Radio Berlin-Brandenburg
- Radio 100.000 Berlin
- Uni-Funk Bielefeld
- Radio c.t. Bochum
- Campus Cut - Uniradio Bonn
- Hochschulfunk Bonn
- Uniradio Bonn
- Campus-Radio Bremen/Oldenburg
- AUDIO MAX Darmstadt
- elDOradio Dortmund
- Hochschulradio Düsseldorf e.V.
- Radio DU mich auch Duisburg
- Radio Pegasus Eichstätt
- Uni Radio Essen
- BNC-Radio Frankfurt
- hr2-Campus-Radio Frankfurt am Main/ Kassel
- Uni-Radio Freiburg
- AStA la Vista Freiburg
- Stadt Radio Göttingen
- Uni-Radio Hamburg
- Studentenradio Hannover
- Arbeitsgemeinschaft Funk Heidelberg
- hsf Studentenradio Ilmenau
- AK UnRad Karlsruhe
- Uni-Radio Baden (Karlsruhe)
- Campus Welle Köln
- mephisto 97.6 - Die RadioAlternative - Universität Leipzig
- UNI radio Magdeburg
- RadioAktiv - Campusradio Mannheim e.V.
- NOVUM NetRadio Mittweida
- UNfunk Münster
- CampusRadio Oldenburg / Bremen
- La Ola - Die Uni-Welle Regensburg
- Univox Saarbrücken
- Radio Sirup Siegen
- Universitätsradio Tübingen
- Radio Dario Weimar

4.7 Internet-Telefonie und Audioconferencing

Eine besondere Form von Audiokommunikation im Internet stellt die Internet-Telefonie dar. Ihre „Geburt" liegt im Frühjahr 1995, als die Firma VocalTec ihr erstes Internet Phone vorstellt und es ermöglicht, unter Einsatz eines PC's über das Internet zu telefonieren. Mittlerweile ist es möglich, auch herkömmliche Telefone, Faxgeräte, Mobiltelefone oder spezielle InternetPhones einzusetzen.

Unter Internet-Telefonie versteht man die paketvermittelte Übertragung von Sprache über IP (Internet-Protokoll)-basierte Netze wie das Internet, aber auch Intranet bzw. LAN. Häufig wird auch von „Voice over IP" gesprochen. Dazu erfolgt zunächst in der Soundkarte des Rechners oder dem (Internet-)Telefon, je nach Telefonie-Variante eine Digitalisierung und Komprimierung der Sprachsignale nach bestimmten Audiocodecs, die sich in der Art der Sprach- bzw. Sampleauswertung unterscheiden. Hierzu zählen zum Beispiel die Adaptive Pulse Code Modulation (ADPCM, der ITU-Standard G.726) - eine verbesserte Form der Delta Pulse Code Modulation (DPCM) – wo Sampledifferenzen übertragen und Datenübertragungsraten von 32 Kbit/s erreicht werden, die Low-Delay Code-Excited Linear Prediction LD-CELP (ITU-Standard G.728), wodurch mit einer Bitrate von 16Kbit/s Telefonate bereits in ISDN-Sprachqualität ermöglicht werden oder auch der Mobilfunkstandard GSM 06.10-Standard (Global System for Mobile Communications), wodurch Datenraten von 13 Kbit/s/9,6 Kbit/s erzielt werden können. Das Voice over IP-Forum, eine Sektion des International Multimedia Teleconferencing Consortium (IMTC) hat sich jedoch auf das Multipulse Maximum Likelihood Quantization MP-MLQ-Verfahren, den G.723-Codec als Standardverfahren zur Kodierung von Audiosignalen geeinigt, welcher sich mit einer erreichbaren Bitrate von 5,3 Kbit/s bzw. 6,3 Kbit/s v.a. für Übertragungen mit geringer Bandbreite eignet und Sprachqualität nahe an jener der analogen Telefonie bringt. Die Netzlast ist hierbei angesichts der niedrigeren Übertragungsrate geringer, so daß sich mehrere Pakete puffern lassen. Dieser Audiocodec ist auch Bestandteil der Teleconferencing-Spezifikation H.323 für Audio- und Videokommunikation im Internet (auch im LAN), welcher im November 1996 von der International Telecommunication Union (ITU) verabschiedet wurde.

4.7.1 Technik der Übertragung und Voraussetzungen für die Internet-Telefonie

Da es sich beim Internet um ein paketvermitteltes Übertragungsmedium handelt, werden die Sprachsignale nach erfolgter Kodierung in voneinander unabhängigen IP-Datenpaketen gebündelt und mittels bestimmter Übertragungsprotokolle (Transmission Control Protocol/Internet Protocol TCP/IP, seit 1983 als Standard etabliert, User Datagram Protocol UDP, H.323) zum anfordernden Rechner bzw. Telefon-Partner transportiert, wo die Pakete durch entsprechende Telefonie-Software wieder dekodiert und in hörbare Audiosignale umgewandelt werden.

Über die TCP-Verbindung wird zwischen dem Sender- und Empfänger-Rechner zunächst das Signalisierungsprotokoll H.245 ausgehandelt (ITU-Standard vom März 1996 für den

Kontrollkanal für H.323), welches eingehende Signale beim Empfänger-Rechner anzeigt und Statusinformationen übermittelt. Die TCP-Pakete werden dadurch auf Fehler kontrolliert und gegebenenfalls korrigiert bzw. zurückgewiesen. Die Datenübertragung selbst erfolgt über UDP, welches jedoch nicht über eine derartige Kontrolle verfügt. Aus diesem Grund erreichen die UDP-Pakete den Empfänger schneller. Um allerdings Kontroll- und Korrekturmaßnahmen zu gewährleisten, wird entweder jeweils im selben Paket oder im Folgepaket Redundanz kodiert, aus der sich ein beschädigtes Paket beim Empfänger „reparieren" lässt. Zusätzlich erfolgt während der Sprachübertragung im IP-Netz eine Verbindungssteuerung zwischen den Rechnern durch das ITU-Standard-Protokoll H.323, welches für die Adressumsetzung zwischen den Rechnern, das Zonenmanagement und die Zugriffskontrolle zuständig ist („Call Control") sowie für die Interoperabilität zwischen den unterschiedlichen Systemen sorgt.

Damit Sprachübertragung und somit Telefonieren über das Internet erst möglich wird, gilt es bestimmte Hardware- und Software-Voraussetzungen zu erfüllen. Allerdings sind diese zum Teil abhängig von der eingesetzten Telefonie-Variante, welche später noch genauer erläutert werden.

4.7.1.1 Anforderungen an die Hardware

Geht man davon aus, daß klassischerweise der PC zum Internet-Telefonieren eingesetzt wird, so ergibt sich bezüglich der Systemanforderungen grundsätzlich die Notwendigkeit, einen Rechner einzusetzen, der mindestens über einen Pentium Prozessor oder vergleichbaren Prozessor mit zum Beispiel 100MHz sowie über 16MB RAM verfügt. Ferner benötigt wird mindestens ein 28,8KModem, wesentlich effizienter wäre allerdings der Modemstandard mit Übertragungsraten von 56Kbit/s oder sogar eine ISDN-Verbindung, wodurch mit Datenraten von 64Kbit/s eine bessere Übertragungsqualität erreicht würde. Sehr leistungsstark, allerdings für den Normalverbrauer in der Regel zu teuer, wäre eine Standleitung. Allgemein gilt hierbei, je höher die Leistung des Rechners und die Geschwindigkeit des Modems bzw. der Internet-Anbindung, desto höher die Qualität der Verbindung. Neben diesen grundsätzlichen Anforderungen an den eingesetzten PC wird des weiteren eine Soundkarte (am besten 16Bit-soundblasterkompatibel oder gleichwertig) benötigt, wobei die Vollduplex-Variante am günstigsten ist, da diese paralleles Sprechen/Senden und Hören/Empfangen ermöglicht. Prinzipiell einsetzbar ist auch eine Soundkarte im Halbduplex-Modus, welche aber Sprechen und Hören nur zeitlich nacheinander zulässt. Der Benutzer kann dabei den Gesprächsverlauf durch Tastendruck und Tastenfreigabe am Rechner steuern.

Als Zubehör nicht zu vergessen sind Lautsprecher und ein Mikrofon, welche an die Soundkarte angeschlossen werden. Günstiger wäre jedoch stattdessen die Verwendung eines Headsets, da hierbei die Rückkopplungen zwischen Lautsprechern und Mikrofon vermieden werden können. Alternativ dazu kann auch ein InternetPhone eingesetzt werden, zum Beispiel das InternetPhone der Firma Kronenberg, welches zwei Mikrofone und zwei Lautsprecher, je am Hörer und der Basisstation des Geräts besitzt, genauso wie das tragbare MaxPhone von Paramax, welches kostenloses Telefonieren über das Internet ermöglicht. Außerdem sind bereits PC-Steckkarten verfügbar, wodurch ein herkömmliches Telefon an den Rechner angeschlossen und als Endgerät für die Internet-Telefonie genutzt werden kann. SoundPointTM PC von Polyspan bietet zum Beispiel die

Möglichkeit zum Desktop-Audio-Conferencing, indem es an die Soundkarte oder die Videokonferenzkarte im PC angeschlossen wird.

4.7.1.2 Erforderliche Software

Zum Telefonieren im Internet via PC ist eine spezielle Telefonie-Software erforderlich, die in der Regel von den Telefonie-Anbietern kostenlos zum Download im Netz bereitgestellt wird. Teilweise sind diese Telefonie-Programme auch bereits in Browsern integriert, wie etwa NetMeeting im Microsoft Internet Explorer bereits installiert ist. Insgesamt steht ein breites Angebot an Internet-Telefonie-Software zur Verfügung. Zu den gängigsten Programmen gehören das InternetPhone von VocalTec (8,72 MB groß), Net2Phone von IDT (knapp 1,31 MB), NetMeeting von Microsoft (knapp 1,6 MB), PC2Phone (1,8 MB), Mediaring Talk 99 (3,8 MB), Webphone von NetSpeak, Conference (15,2 MB) von Netscape, etc. . Die meisten Programme bieten neben ihrer eigentlichen Funktion, ein Gespräch über das Internet zu ermöglichen, noch zahlreiche Zusatzfunktionen, wie etwa das Verschicken von Voice-Mails, Videoübertragung und/oder Bildtelefonie, Chattools, Whiteboard zum gemeinsamen Bearbeiten von Dokumenten, Application Sharing, Datentransfersysteme, gemeinsames Browsen im Internet, u.s.w. und machen damit das Abhalten von Audiokonferenzen, zum Teil sogar Videokonferenzen über das Internet möglich.

4.7.2 Audioconferencing – Point-to-Point- versus Multipint-Betrieb

Was die Audiokommunikation im Internet betrifft, so lassen sich bezüglich der Anzahl der miteinander kommunizierenden Personen zwei Kommunikationsformen unterscheiden. Im sogenannten Point-to-Point-Betrieb findet eine Audiodatenübertragung zwischen genau zwei Teilnehmern statt. Mit dem PC oder Telefon wird via Internet exakt ein Gesprächspartner angewählt. Demgegenüber steht der Multipoint-Betrieb, welcher ein Gespräch zwischen drei und mehreren Teilnehmern gleichzeitig ermöglicht. In diesem Fall ist von Audiokonferenzen zu sprechen, welche häufig in Kombination mit Videokonferenzen durchgeführt und bevorzugt im Unternehmensbereich in LAN's/Intranets eingesetzt werden. Audiokonferenzen über das Internet sind erst möglich geworden mit der Einführung des H.323-Standards der ITU vom Juni 1996, dessen drei Hauptkomponenten, H.323-Terminal, H.323-Gatekeeper (Adressumsetzung zwischen den teilnehmenden Rechnern, Bereitstellung von Mitteln, um H.323-Terminals, Gateways und MCUs ansprechen zu können), H.323-Gateway (Echtzeit-Vollduplex-Kommunikation zwischen den Terminals, Umsetzung der unterschiedlichen Protokolle und Standards bei nicht H.323-konformen Systemen) die Audiokommunikation im Internet/Intranet steuern.

4.7.2.1 Netzwerkvoraussetzungen (Multipoint-Technologie)

Um eine parallele Kommunikation mehrerer Benutzer zu ermöglichen, bedarf es spezieller Netzwerk-Voraussetzungen, der sogenannten Multipoint-Technologie. Dazu zählen die Multipoint Control Units MCUs, welche einerseits als Endstelle im Internet/LAN dienen, um drei oder mehrere Konferenzterminals in einer Multipoint-Konferenz zu bedienen. Zum anderen sind sie Anlaufstellen für eine zentralisierte Multipoint-Konferenz, in der alle teilnehmenden Terminals in einer Art Point-to-Point-Kommunikation über örtlich verteilte MCUs miteinander in Verbindung stehen. Als Beispiel kann die MCU-323-Multipoint Conferencing Unit von RAD-Vision dienen, welche automatisch für den Aufbau einer Audiokonferenz sorgt, wenn der Benutzer die gewünschte Nummer in den PC bzw. das Telefon eingegeben hat. Jeder, der dieselbe Nummer wählt, kann sich dann in die Konferenz mit einschalten. Es unterstützt Bandbreiten beginnend bei 64Kbit/s (für Voice-only-Gespräche), 128Kbit/s bis zu 1,5Mbit/s (für Multimedia-Gespräche).

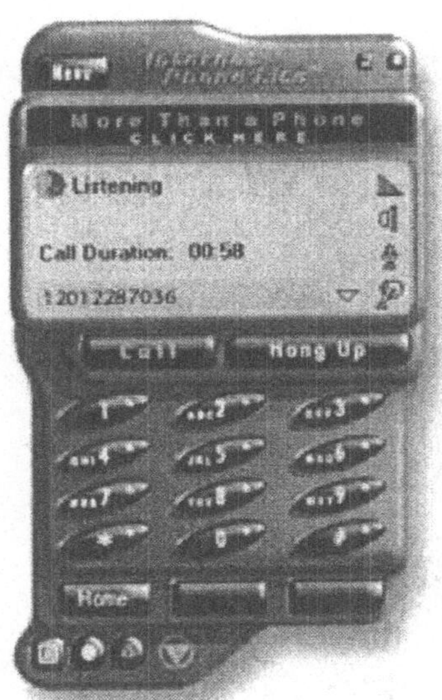

Abb. 4-24: InternetPhone (VocalTec)

Neben den MCUs spielen beim Audioconferencing auch die IP-Multicasts eine wichtige Rolle. Sie sind ein besonderes Merkmal des Standardprotokolls TCP/IP für die Kommunikation im Internet und LAN und erlauben es Applikationen, einen Datenstrom nach erfolgtem Kopieren an mehrere Teilnehmer gleichzeitig zu verschicken. Die Anzahl der benötigten Übertragungskanäle kann damit deutlich geringer gehalten werden. Zu erwähnen ist hierbei noch, daß mit der neuen Version 6 des TCP/IP-Protokolls verbesserte Multicast-Fähigkeiten geboten werden.

4.7.2.2 Beispiele für Konferenz-Software

Sollen unter Einsatz eines PC's Audiokonferenzen im Internet abgehalten werden, so bedeutet dies für den Benutzer die Installation eines speziellen Konferenz-Programms, welches - wie bereits erwähnt - neben der Audioübertragungsfähigkeit noch viele zusätzliche Konferenzfunktionen beinhaltet. So zum Beispiel die Konferenz-Software Conference von Netscape, welche Bestandteil der Programm-Suite Communicator ist und gemeinsam mit den anderen Komponenten installiert wird.

Ein weiteres Beispiel stellt die NetMeeting-Software von Microsoft dar (http://www.netmeeting.com/), welche zusätzlich Multimedia-Anwendungen wie Videokonferenzen bzw. Bildtelefonie und die Möglichkeit des Remote Desktop Sharing, um einen Rechner von einem entfernten Ort aus zu steuern, bietet. Durch spezielle Sicherheitsmechanismen kann der private Arbeitsbereich am Rechner des einzelnen Nutzers nach außen geschützt werden. Nachteilig an Microsofts Konferenz-Software ist jedoch die fehlende Plattformunabhängigkeit, so daß es sich für Teilnehmer mit verschiedenen Betriebssystemen nicht eignet.

Abb. 4-25: Netmeeting

Audioconferencing-Funktionalität bieten ebenfalls Cooltalk von Netscape, VocalTec's InternetPhone (http://www.vocaltec.com/), womit vom PC aus ein anderer PC oder ein Festnetztelefon angewählt werden kann (vgl. Abbildung 4-24) oder das Webphone von NetSpeak.

4.7.3 Varianten der Internet-Telefonie

Grundsätzlich lassen sich drei verschiedene Formen beim Telefonieren über das Internet unterscheiden, die im folgenden genauer erläutert werden sollen.

4.7.3.1 PC-zu-PC-Telefonie

Als ursprüngliche und am weitesten verbreitete Methode gilt die PC-zu-PC-Telefonie (zum Beispiel mit NetMeeting, InternetPhone, Net2Phone möglich).

Hierzu setzten beide Telefonie-Partner einen PC ein, zwischen welchen mittels geeigneter Telefonie-Software eine direkte Verbindung hergestellt wird. Ist der Rechnerkontakt gegeben, so kann über das angeschlossene Mikrofon direkt mit dem Gesprächspartner telefoniert werden. Um von einem PC aus direkt einen anderen PC „anzurufen", gibt es verschiedenen Möglichkeiten.

Eine Form besteht darin, die IP-Adresse des zu kontaktierenden Rechners einzugeben, um diesen im Netz zu identifizieren und direkt ansprechen zu können. Voraussetzung dafür ist allerdings, daß die IP-Adresse statisch ist, d.h. dem jeweiligen Benutzer fest zugewiesen wurde und bei jeder Einwahl zum Internet Service Provider (ISP) gleich bleibt.

Jedoch findet in der Praxis meist eine dynamische IP-Adress-Vergabe statt, dem Anwender wird bei jedem Verbindungsaufbau eine je neue Adresse zugewiesen. Die Online-Anbieter vergeben dabei eine „virtuelle", d.h. gerade unbenutzte Adresse. Abhilfe schaffen allerdings eingesetzte Vermittlungsserver (Gateways), welche von der Telefonie-Software kontaktiert werden und den Gesprächspartner dann anhand der Email-Adresse ermitteln, indem diese auf die zugehörige IP-Adresse umgesetzt wird. Ist lediglich ein Gesprächspartner mit einer dynamisch zugewiesenen IP-Nummer ausgestattet, so bieten im Internet statisch integrierte Call-Center Hilfe beim Verbindungsaufbau zum Partner. Durch Klick auf einen „Call-me-Knopf" auf der zugehörigen Webseite startet die Telefonie-Software auf dem PC und baut direkt die Verbindung zum Partner auf.

Eine weitere Möglichkeit, Kontakt mit dem gewünschten Kommunikationspartner aufzunehmen, bieten spezielle Verzeichnisserver, wo man sich zum Beispiel für Chats, Konferenzen oder auch zum Telefonieren anmelden kann. Andere Surfer können dann per Mausklick über den verzeichneten Namen anrufen.

Eine dritte Variante zur Kontaktaufnahme mit dem Partner sind die „virtuellen Treffpunkte". Dabei handelt es sich um Webphone-Server, welche meist von den Herstellern der Telefonie-Software betrieben werden. Nachdem sich der Anwender dort eingelogged hat, meldet sich das installierte Telefonie-Programm dort automatisch an, sobald die Online-Verbindung steht. Der Benutzer wird meist unter einem Pseudonym in einer Liste vermerkt, die für alle anderen Teilnehmer sichtbar ist und wiederum wird durch Anklicken des Namens die Webphone-Verbindung automatisch hergestellt.

Wird diese Methode hinsichtlich ihrer Vor- und Nachteile genauer untersucht, so gilt sie zunächst als die preiswerteste Möglichkeit, über das Internet zu telefonieren. Denn für die Dauer des Gesprächs, völlig unabhängig von Ort und Zeit fallen lediglich die Kosten für die Internet-Nutzung an. Wird die Verbindung über eine Standleitung hergestellt, so entfallen sogar die Einwahlgebühren zum Provider. In gewissem Sinne kostenlos wird diese Variante dann, wenn eine Flatrate, ein Festpreis für die Internetnutzung inklusive Telefongebühren, genutzt wird, da dann keine zusätzlichen Kosten verursacht werden.

Als Nachteil wäre zu nennen, dass der PC, der angewählt werden soll, online sein muss, um den Anruf zu empfangen. Dazu bedarf es also immer einer vorhergehenden Verabredung mit dem Gesprächspartner (zum Beispiel über Email), wie dies bei Nutzung der Webphone-Server der Fall ist oder des Zufalls. Ein weiterer Negativpunkt besteht darin, daß häufig die Kompatibilität der auf beiden Seiten eingesetzten Software nicht gegeben ist, womit wieder zuerst eine Absprache zwischen den Partnern nötig wird. Gleiches gilt für die Browser von Netscape und Microsoft, welche zwar über bereits integrierte Telefonie-Funktionen verfügen, aber nicht kompatibel sind. Als zusätzliches Manko dieser Variante gilt auch, daß hierbei noch keine vollständige Gewährleistung der Abhörsicherheit gegeben ist.

4.7.3.2 PC-zu-Telefon-Variante

Eine weitere Form der Internet-Telefonie stellt die PC-zu-Telefon-Variante (Internet-by-Call, zum Beispiel mit Net2Phone, PC2Phone, InternetPhone, etc.) dar. Hierbei nutzt der Anrufer wiederum den PC als Telefon und wählt damit ein konventionelles Telefon oder auch Faxgerät des Partners an. Was die Übertragung der Sprachdaten betrifft, so muss dabei ein Übergang vom paketvermittelnden Internet auf das verbindungsorientierte Telefonnetz (Public Switched Telephony Network PSTN) erfolgen, wo die Audiodaten nacheinander durch feste Leitungen transportiert werden. Diese Umsetzung vom Internet in das öffentliche Telefonnetz wird von Internet-Telephony-Service-Providern (ITSP, zum Beispiel NetCaller von Comundo, Go2Call, MSN Messenger Service, Callrewards, HotTelephone, etc.) hergestellt, wo sich der Benutzer auch zum Abrechnen der Gespräche im Vorfeld anmelden muss.

Nachdem dieser die Nummer des gewünschten Telefonanschlusses am PC eingegeben hat, kontaktiert die Telefonie-Software den ITSP, dessen Gateway die entsprechende Nummer auswertet und ins Telefonnetz weitervermittelt. Der Vermittlungsrechner setzt dazu die Sprachpakete, welche über das Internet ankommen, in analoge oder ISDN-Signale um und transportiert diese über die Telefonleitungen zum Empfänger. Entscheidend für die Qualität der Übertragung ist die Zahl der Internet-Gateways, welche der ITSP betreibt, weniger jedoch das eingesetzte Telefonie-Programm des Benutzers.

Möglich ist auch die umgekehrte Variante, via Telefon einen PC „anzurufen“. Dazu hat der Anwender für den Verbindungsaufbau zunächst die Nummer des nächsten Gateways zu wählen, welcher dann, nach erfolgter Eingabe der IP-Adresse durch den Anrufer zum Zielrechner ins Internet weitervermittelt. Aber auch hier ergeben sich aufgrund der meist dynamischen IP-Adress-Vergabe wieder Probleme beim Auffinden des „Partnerrechners“.

Auch bei dieser Form der Internet-Telefonie ist es interessant, Vor- und Nachteile genauer zu erörtern, welche sich hierbei vor allem im wirtschaftlichen Bereich ansiedeln. Was die Vorteile angeht, so bietet die PC-zu-Telefon-Variante wiederum klare Preisvorteile gegenüber dem konventionellen Telefonieren im Festnetz, vor allem, wenn Auslandsgespräche geführt werden. Denn wie beschrieben wird die Gesprächsvermittlung nur innerhalb des Ortsnetzes in herkömmlichen Telefonnetzen übermittelt. Dazu ist erforderlich, daß der ITSP einen Gateway in der Nähe des Empfängers unterhält. Die dazwischenliegenden Strecken werden über das Internet überbrückt, so daß als Telefonkosten, unabhängig von Tageszeit und Ort lediglich die Online-Gebühren sowie Ortsnetzgebühren bezahlt werden müssen. Andererseits fallen jedoch beim Benutzer zusätzlich, zum Teil sehr hohe Gebühren für den erforderlichen ITSP an, welche diesem zur Finanzierung des Verbindungsaufbaus innerhalb des Ortsnetzes, zur Internetnutzung, zur Unterhaltung der Gateways dienen, sowie um Aufwendungen für Marketingmaßnahmen, Abrechnungssysteme und Verwaltungsaufgaben zu begleichen. Jedoch bieten diese zum Teil für eine bestimmte Zeitspanne pro Monat kostenlose Gespräche oder unbegrenztes Telefonieren für einen bestimmten Betrag (zum Beispiel „Nordamerika-Paket" von NetCaller) an. Ein Vergleich mit früher zeigt, daß die Gebühren für ITSP damals wesentlich niedriger als die üblichen Telefongebühren waren. Durch den steigenden Wettbewerb auf dem Telekommunikationsmarkt und die stetigen Preissenkungen der Telefongesellschaften jedoch, lohnt sich Internet-Telefonie bei Einsatz eines Telefons nur noch in manche Länder – vor allem bei internationalen Gesprächen – wie etwa nach Japan oder Australien. Preisvorteile bei Gesprächen von Deutschland in die USA sind dagegen nicht mehr garantiert, was zum Beispiel das Angebot des ITSP Poptel vom September 1999 zeigt, welches mit einem Minutenpreis von 0,34 DM wesentlich höher als der günstigste Call-by-Call-Verbindungspreis von 0,15 DM im Telefonnetz liegt.

4.7.3.3 Telefon-zu-Telefon-Variante

Eine dritte Form der Internet-Telefonie ist mit der Telefon-zu-Telefon-Variante gegeben, welche als am zukunftsträchtigsten gilt. Ein PC ist hierzu nicht mehr erforderlich, stattdessen setzten beide Gesprächspartner ein konventionelles Telefon ein. Voraussetzung für das Telefonieren über das Internet ist auch hier wieder die Anmeldung bei einem Internet Telephony Service Provider (ITSP), wie zum Beispiel Interroute oder Deltathree, wo zu Abrechnungszwecken meist eine Art Telefonkarte erworben werden kann, die dann vom Benutzer abtelefoniert wird. So hält zum Beispiel Interroute die VIP card 66 zum Preis von 66 DM bereit, welche für 275 Tage im Jahr Intenet-Telefonie von jedem Festnetztelefon aus ermöglicht.

Um über das Internet zu telefonieren, besteht die Aufgabe des Anrufers darin, zunächst die Vorwahl des Telefonie-Providers, dann die Länderkennung, je nachdem wohin telefoniert werden soll und schließlich die Nummer des gewünschten Telefonanschlusses am Telefon einzugeben. Ist der Kontakt zum Dienstleistenden hergestellt, so startet dieser eine Vermittlungssuche zum Zielgateway. Dazu übernimmt zunächst ein anderer Gateway-Server des ITSP die Codierung der bereits im Telefon digitalisierten Sprachdaten, um diese dann über das Internet zu einem Gateway-Server zu transportieren, der sich in der Regel nahe am Empfänger befindet. Dieser übermittelt dann wiederum vom Internet in das Telefonnetz und konvertiert dabei gegebenenfalls verschiedene Übertragungsprotokolle. Das paketvermittelnde Internet wird also als bloßes Transportmittel für die Sprachdaten genutzt.

Setzt man sich mit den Vor- und Nachteilen dieser Variante auseinander, so ergibt sich als Pluspunkt, daß die Telefon-zu-Telefon-Kommunikation für den Nutzer die mit Sicherheit bequemste Möglichkeit darstellt, über das Internet zu telefonieren. Schließlich ist außer der Auswahl und Anmeldung bei einem ITSP kein Zubehör oder eine sonstige Ausstattung erforderlich. Außerdem bietet diese Variante oft die beste Audioqualität, da die Provider für Sprachverbindungen meist stärkere Leitungen zur Verfügung stellen, so daß seltener Aussetzer oder sonstige Störungen auftreten.

Dem lässt sich jedoch entgegenhalten, dass es sich bei der Telefon-zu-Telefon-Methode um die teuerste Kommunikationsform handelt. Das liegt v.a. an dem erforderlichen ITSP, welche hohe Gebühren – Nutzungsgebühren für den Vermittlungsrechner für die Dauer der Nutzung, sowie Verbindungsgebühren – berechnen. So lohnen sich Telefon-zu-Telefon-Gespräche via Internet im Vergleich zu normalen Call-by-Call-Gesprächen nur in wenigen Fällen, v.a. abhängig vom Land, in das telefoniert wird. Der deutsche ITSP Interroute etwa berechnet als Nutzungsgebühr für den Gateway drei Pfennig pro 30 Sekunden vom Festnetzanschluss aus (40 Pfennig vom Mobiltelefon aus) für die gesamte Dauer des Gesprächs. Hinzu kommen noch die eigentlichen Verbindungsgebühren für das Telefonat, welche innerhalb des deutschen Festnetzes unabhängig von der Tageszeit zehn Pfennig pro Minute, ins Mobilnetz 53 Pfennig pro Minute betragen.

4.7.4 Probleme bei der Sprachübertragung

Telefonieren über das Internet anhand der oben vorgestellten Methoden geht allerdings nicht immer reibungslos vonstatten. Im Gegenteil, es können zahlreiche Probleme bei der Sprachübertragung auftreten, die man aber zunehmend in den Griff zu bekommen scheint.

4.7.4.1 Beeinträchtigung der Sprach-/Tonqualität

Ein wesentliches Problem bei der Sprachübertragung über das Internet ist die häufig nur unzureichende Sprach- bzw. Tonqualität, die erreicht wird. Ursächlich dafür ist u.a., daß die zur Verfügung stehende Bandbreite einer Modemverbindung nicht ausreichend ist. Generell gilt, je größer die Bandbreite, desto niedriger die erforderliche Kompression der Audiodaten, desto geringer der Informationsverlust und damit je besser die Qualität der Sprache. Um ein Gespräch in üblicher Telefonqualität zu erzeugen, sind Übertragungsraten von 8Kbit/s nötig, welche aber von einem 14,4K Modem nicht erbracht werden können. Ein 28,8K Modem oder sogar 56K Modem schaffen dagegen höhere Datenraten und damit bessere Qualität, wobei, wie bereits zu Beginn erwähnt, ein ISDN-Anschluss (64Kbit/s) oder eine Standleitung am idealsten wären. Die Verbindungsgeschwindigkeit zum Provider und auch die vorhandenen Bandbreiten im Internet sind von entscheidender Bedeutung für die Qualität der Sprachübertragung. Problematisch ist dies vor allem beim Audioconferencing, welches hohe Bandbreiten zur Datenübertragung benötigt, die aber nicht immer ausreichend zur Verfügung stehen. Hohe Badbreiten sind auch sehr teuer. So ist es wichtig, auf eine effektive Ausnutzung und Einsparung von Bandbreiten zu achten, indem leistungsfähige Codecs eingesetzt werden, welche die Audiosignale zu einem Bruchteil ihres ursprünglichen Bandbreitenbedarfs komprimieren können

Die Güte der Sprache bei der Internet-Telefonie hängt des weiteren von der Qualität des verwendeten Zubehörs ab. So sorgen zum Beispiel ein „schwerhöriges“ Mikrofon, billige Headsets oder Kopfhörer, Lautsprecher und Mikrofone mit schlechter Klangqualität für unangenehmes Rauschen sowie undeutliche Sprachausgabe. Bei Verwendung von Lautsprechern und Mikrofon anstelle eines Headsets können zudem Rückkopplungen von E-chos über die Boxen ins Mikrofon auftreten.

4.7.4.2 Sprachverzögerungen und Aussetzer

Eine weitere Beeinträchtigung für ein Gespräch via Internet ergibt sich durch Verzögerungen und Aussetzer während dem Telefonieren. Eine Ursache dafür kann sich im Bereich der PC-zu-PC-Variante aus der Güte der Verbindung zwischen zwei Rechnern ergeben. Es ist möglich, daß keine direkte Kopplung zwischen den Online-Providern zustande kommt, so daß die Sprachdaten über Umwege geleitet werden und damit unter zeitlichen Verzögerungen beim Empfänger ankommen. So kann es zum Beispiel passieren, dass bei einem innerdeutschen Gespräch die Verbindung über dem Atlantik zustande kommt.

Inwieweit Verzögerungen der Sprachausgabe auftreten und auch die Sprachqualität beeinträchtigt wird, hängt nicht zuletzt von der jeweils aktuellen Netzbelastung ab. Ist das Netzwerk stark beansprucht, so wird es länger dauern, bis die „gesendeten“ Audiodaten beim Empfänger eintreffen. Hierbei zu erwähnen wäre, dass ein ISDN-Anschluß wie bereits herausgestellt, zwar Höchstgeschwindigkeit und damit insgesamt kürzere Verzögerungszeiten als eine Modem-Verbindung garantiert, jedoch keinen Mindestdurchsatz an Daten, so daß also bei „Verstopfung“ im Internet Beeinträchtigungen erhalten bleiben.

Eine weitere Ursache für Verzögerungen und Aussetzer bei der Sprachausgabe liegt im paket-basierten Transportsystem des Internets. So kann es passieren, daß einige IP-Datenpakete, welche die codierten Audiodaten enthalten, sich durch die Wahl verschiedener Übertragungswege im Netzwerk verspäten, unterwegs verloren gehen oder beim Empfänger in einer anderen Reihenfolge eintreffen, als sie gesendet wurden. Als Konsequenz kommt es zum „Verschlucken“ von Gesprächsteilen, die Sprache wirkt verzerrt und die Sprachausgabe verzögert sich.

4.7.4.3 Verbesserungen durch IP-Version 6

Den beschriebenen Problemen bei der „Paketvermittlung“ im Internet versucht man jedoch entgegenzuwirken. So etwa durch eine neue Version des IP-Protokoll-Standards (Version 6), der drei Subprotokolle (PSVP, RTP, RTCP) enthält, welche die Übertragung zeitsynchroner Daten sowie mehr Sicherheit im IP-Netz garantieren sollen.

Die Aufgabe des Resource Reservation Protocols (PSVP) besteht darin, ausreichend Bandbreite für die Audioübertragung im Internet zu reservieren. Dazu werden zwischen den zwei Endpunkten einer Verbindung bestimmte Parameter ausgehandelt – eine maximale Verzögerung (Delay) und ein minimaler Durchsatz an Daten – und die Überwachung dieses Flowspec gesteuert. Das IP-Netz garantiert die Einhaltung dieses Quality of Service mittels verschiedener Verfahren, wie etwa dem Guaranteed-Service-Verfahren, welches bewirkt, daß anderer Traffic im Netz unterbunden wird, sobald er die Flowspec gefährden könnte. Dem gegenüber steht das verbreitetere Controlled Load Verfahren, welches zugleich für eine bessere Auslastung des Netzes sorgt, da andere Stationen IP-Datenpakete solange senden dürfen, wie eine ausgehandelte Verbindung in den dazu festgelegten Parametern nicht beeinträchtigt wird.

Das zweite Subprotokoll, das Realtime Transport Protocol (RTP) soll der Übertragung von Echtzeitdaten im IP-Netz dienen. Es unterstützt das Erkennen von fehlerhafter Datenübertragung, Sicherheitsaspekte sowie die Inhaltserkennung. Jedes IP-Paket wird dazu seit Version 6 mit einem Zeitstempel (Time Stamp) bezüglich seiner Entstehungszeit sowie einer Folgenummer (Sequence Information) versehen, so daß die Daten beim Empfänger zeitsynchron und in richtiger Reihenfolge aneinander gereiht werden können.

Den dritten Bestandteil der IP-Version 6 bildet das Realtime (Transport) Control Protocol RTCP, welches v.a. für das Monitoring und Management der Echtzeitverbindungen zuständig ist. Es koordiniert Sender- und Empfängerprotokolle, unterstützt Absendererkennung, Multicast-to-Unicast-Translators sowie die Synchronisation von verschiedenen Medieströmen.

Literatur zum 4. Kapitel

Behrendt, E.: Multimediale Lernarrangements im Betrieb. Bielefeld 1998

Ellermeier, W., **Bredl**, K.: PSYCHOAK - Ein Lernprogramm zur Psychologie des Hörens. in: Lehner, F.; Nikolaus, U. (Hrsg.): Multimediales Lernen. Gabler: Wiesbaden 1999.

Euler, D.: (Multi-)mediales Lernen – Theoretische Fundierungen und Forschungsstand. Unterrichtswissenschaft, 4, 401 - 413, 1994

Goldstein, E. B.: Wahrnehmungspsychologie: eine Einführung. Heidelberg u.a. 1997

Hasebrook, J.: Wem nützt Multimedia - und warum? – Lebenslanges Lernen mit Multimedia. In: Pfammatter, R. (Hrsg.): Multi-Media-Mania. Reflexionen zu Aspekten neuer Medien (S. 101 - 124). UVK Medien, Konstanz 1997

Jeffcoate, J.: Multimedia in practice: technology and applications. New York u.a. 1995

Kumar, V.: MBone – Interactive Multimedia on the Internet. New Riders Publishing, Indianapolis 1996

Lehner, F.: Teleteaching in der Wirtschaftsinformatik – Erfahrungen an der Universität Regensburg. Bericht Nr. 25, Schriftenreihe des Lehrstuhls für Wirtschaftsinformatik III, Universität Regensburg, Februar 1999 (2. Aufl. März 1999, 3. erw. Auflage, Mai 1999)

Lehner, F., **Klosa**, O.: Teleteaching – Erscheinungsformen und Ergebnisse einer Umfrage unter Teilnehmern einer Televorlesung. Bericht-Nr. 28, Schriftenreihe des Lehrstuhls für Wirtschaftsinformatik III, Universität Regensburg, Mai 1999 (2. Aufl. Juni 1999, 3. Aufl. Januar 2000)

Röder, S.: Audiodesign bei Multimedia-Produktionen. Online im Internet. 1997 http://ncs2000.mediaaktiv.de/audiodesign/framesets/index.htm. Abfrage 01.12.2000

Schäfer, K. J.: Eine Plattform für Learning on Demand im Internet - am Beispiel der Virtuellen Universität Regensburg - Bericht Nr. 42, Schriftenreihe des Lehrstuhls für Wirtschaftsinformatik III, Universität Regensburg, Mai 2000

Steinmetz, R.: Multimedia-Technologie: Einführung und Grundlagen. Srpinger: Berlin u.a. 1995

Stiller, K.: Bilder und Texte in multimedialen Lernprogrammen. Eine empirische Studie zum Einfluß von gesprochenen Texten und Navigation über Bilder auf Lernprozeß und Lernergebnis. Regensburg 2000

Strittmatter, P., **Mauel**, D.: Einzelmedium, Medienverbund und Multimedia. In: Issing, L. J., Klimsa, P. (Hrsg.): Information und Lernen mit Multimedia (S. 47 ff.). Psychologie Verlags Union, Weinheim 1997

Weidenmann, B.: Multicodierung und Multimodalität im Lernprozeß. In: Issing, L. J., Klimsa, P. (Hrsg.): Information und Lernen mit Multimedia (S. 65-84). Psychologie Verlags Union, Weinheim 1997